HISTOIRE
DE LA PEINE DE MORT

PASCAL BASTIEN

HISTOIRE DE LA PEINE DE MORT

Bourreaux et supplices

Paris, Londres, 1500-1800

OUVRAGE PUBLIÉ AVEC LE CONCOURS DU
CENTRE NATIONAL DU LIVRE

ÉDITIONS DU SEUIL
*25, bd Romain-Rolland, Paris XIVe*

Ce livre est publié dans la collection
L'UNIVERS HISTORIQUE

ISBN 978-2-02-079754-2

www.seuil.com

À Nicole

Introduction

Un conte de deux villes

C'est auprès de suppliciés que ce livre a été pensé. Les masses de documents judiciaires que conservent aujourd'hui les fonds d'archives racontent, en un parcours jalonné de potences et d'échafauds, les crimes et les châtiments de milliers de condamnés à mort. Dans ces fonds anciens que l'on dépoussière lentement en les traversant, la somme des vies enlevées paraît irréelle tant leur histoire, toujours trop brève, donne le vertige. On l'a souvent dit, chaque dossier judiciaire est un drame avec sa mise en scène, ses acteurs, sa fin tragique. Le chercheur qui travaille ces archives, qui les apprivoise et qui, parfois, s'en éprend, comme l'a si bien décrit Arlette Farge[1], pénètre un monde sensible et fragile où les violences, les colères, les larmes et les regrets ont laissé des traces d'une exceptionnelle richesse. Or parmi les archives de la justice et de la police, procès-verbaux et testaments de morts sont d'immédiates fenêtres sur le larron, l'assassin, la potence et le métier de bourreau. Qu'on laisse un instant le souci (pourtant indispensable) du nombre des exécutés : l'historien se glisse alors parmi les spectateurs qui entourent l'échafaud, observe avec eux ces rituels constamment répétés et partage leur témoignage. Au-delà du style lourd et codifié des greffiers et des magistrats, les archives judiciaires des XVIe, XVIIe et XVIIIe siècles nous transmettent l'écho de corps meurtris et d'âmes affolées et portent,

1. Arlette Farge, *Le Goût de l'archive*, Paris, Seuil, 1997. Un exercice similaire a été entrepris par Carolyn Kay Steedman, *Dust. The Archive and Cultural History*, New Brunswick, Rutgers University Press, 2002.

en abondance, la marque de leurs cris et de leurs prières. Ces « archives de sang », comme les appelait un réformateur des Lumières[2], écrites à l'ombre des gibets et saisissant les derniers mots des suppliciés, ont nourri cette histoire de l'exécution capitale. Mémoire de la souffrance physique et morale, elles font sentir l'expérience vécue de la peine de mort.

La justice, en Occident, a la peine de mort pour fondement. La civilisation chrétienne repose sur une erreur judiciaire et le Christ, que la tradition fera offrande et chose sacrifiée, reste pourtant, d'abord et avant tout, un condamné à mort. La culture chrétienne jaillit ainsi d'une exécution capitale et le péché, la culpabilité et le jugement motivent notre rapport à l'éternité.

La peine de mort porte un objectif bien précis : assurer le salut par l'excès. Excès de violence, de vengeance et de morale. Et parce qu'elle est excessive, parce qu'elle retire tout ce que l'État prétend défendre et qu'elle ne peut jamais se penser sans l'idée de souffrance, l'exécution capitale s'inscrit bien au-delà du droit. La mort judiciaire, aujourd'hui disparue d'Europe tout en y restant sujet d'actualité, constitue une mémoire, un imaginaire, une culture de la justice : l'histoire de la peine capitale, c'est-à-dire l'histoire de la mort prononcée par la loi, dépasse largement l'opposition entre ceux qui s'en indignent et ceux qui la défendent. Bien autre chose qu'une riposte au crime, l'exécution capitale est un objet d'histoire culturelle à part entière.

Tout au long de l'époque moderne, elle a constitué un cas extrême, et donc rare, de la pratique judiciaire. Pas de bûcher quotidien, ni de cordon de pendus ceinturant étroitement la cité ; pourtant, la mémoire en a fait un spectacle permanent. Il est vrai que, au temps de Villon comme de Defoe, les gibets faisaient tanguer quelques dépouilles jusqu'à putréfaction ; dans les moments de crise, le gibet était plus vorace et le spectacle des supplices plus régulier ; le texte des jugements capitaux circulait sous forme d'imprimés entre les mains des justiciables,

2. Anonyme, *Essai sur le préjugé subsistant contre les familles des condamnés pour crime et sur la confiscation*, Neuchâtel, 1783, p. 39-40.

lettrés ou non ; et des histoires de revenants, âmes de criminels prises entre deux mondes, circulaient sur les lieux des crimes et près des potences. La mandragore ne poussait-elle pas à leur pied, née du sperme des pendus[3] ? Qu'on en eût été spectateur ou non, la peine capitale s'inscrivait dans une culture de l'image et du bruit, intégrait tout un système de croyances et de superstitions, frappait et formait l'obéissance et la foi des individus. Elle était l'aboutissement d'une affaire judiciaire mais le commencement, constamment renouvelé, d'un dialogue à plusieurs voix entre l'homme, l'État et Dieu.

Proposer un nouveau livre sur l'histoire de la peine capitale peut, à bon droit, susciter quelque étonnement. Cet ouvrage n'entend pas offrir un énième catalogue de supplices, un nouvel inventaire de lois et de décrets touchant tantôt son application, tantôt son abolition. Il s'agit plutôt de comprendre les fondements de la peine de mort, ses modalités, les peurs qu'elle imposait, les espoirs qu'elle pouvait paradoxalement inspirer et le rejet dont elle fit progressivement l'objet. Cette histoire de la peine capitale à l'époque moderne cherche à s'inscrire au carrefour d'une histoire sociale du religieux, d'une histoire culturelle du politique et d'une histoire religieuse du droit.

Dans un premier travail consacré aux rituels judiciaires au XVIIIe siècle, j'ai cherché à démontrer sous quelles pratiques et à travers quels gestes était mise en scène la justice pénale d'Ancien Régime[4]. Cherchant à dépasser le discours que les avocats, philosophes et autres réformateurs avaient écrit sur un système judiciaire cruel, arbitraire et incertain, c'est à l'organisation et aux significations des exécutions publiques que le livre s'était consacré. Mais parce que l'exécution publique était essentiellement constituée de condamnations au fouet, à la marque au fer rouge et au pilori, j'avais alors relativement négligé la

3. Laurens Catelans, *Rare et Curieux Discours de la plante appelée Mandragore, de ses espèces, vertus et usage, et particulièrement de celle qui produict une racine représentant de figure le corps d'un homme*, Paris, chez l'auteur, 1638, p. 3-4.

4. Pascal Bastien, *L'Exécution publique à Paris au XVIIIe siècle. Une histoire des rituels judiciaires*, Seyssel, Champ Vallon, 2006.

question de la peine capitale, tout simplement parce qu'elle était minoritaire dans le spectacle pénal d'Ancien Régime. Comme aujourd'hui, la justice civile à l'époque moderne occupait largement la mécanique judiciaire ; la justice criminelle s'y faufilait et, en son sein, la peine capitale était rare, sans doute inférieure à 5 % des arrêts prononcés[5]. En outre, consacré exclusivement à Paris, je m'étais peu intéressé aux justices étrangères, lors même que l'historiographie aurait facilement pu m'y amener. Ce livre entend ainsi investir, dans un temps plus large, ces questions alors délaissées : les pratiques et les imaginaires de la peine capitale tels qu'ils peuvent se comprendre, de la fin du Moyen Âge à la fin du XVIIIe siècle, dans les deux plus importantes capitales européennes de l'époque, Paris et Londres.

La place de Grève et le gibet de Tyburn

L'histoire de l'exécution capitale est surtout une histoire urbaine. Bien entendu, la justice expéditive de la maréchaussée en France ou celle, itinérante, du King's Bench en Angleterre élevèrent leurs gibets dans les campagnes et les villages du royaume[6]. Mais la ville, monde à part, n'en reste pas moins un poste d'observation particulièrement privilégié pour les changements, les ruptures et les pratiques d'une culture juridique en constante réinvention. Plus que tout autre espace, les grandes villes européennes – Paris et Londres au premier rang – ont

5. Hervé Piant, *Une justice ordinaire. Justice civile et criminelle dans la prévôté royale de Vaucouleurs sous l'Ancien Régime*, Rennes, Presses universitaires de Rennes, 2005 ; *id.*, « Des procès innombrables. Éléments méthodologiques pour une histoire de la justice civile d'Ancien Régime », *Histoire et Mesure*, 22/2, 2007, p. 13-38.

6. Pour la France, voir François Brizay, Antoine Follain et Véronique Sarrazin (dir.), *Les Justices de village. Administration et justice locales de la fin du Moyen Âge à la Révolution*, Rennes, Presses universitaires de Rennes, 2002 ; Antoine Follain (dir.), *Les Justices locales dans les villes et villages du XVe au XIXe siècle*, Rennes, Presses universitaires de Rennes, 2006 ; pour l'Angleterre, voir Simon Devereaux et Paul Griffiths (dir.), *Penal Practice and Culture, 1500-1900. Punishing the English*, Londres, Palgrave Macmillan, 2004 ; et Peter King, *Crime and Law in England, 1750-1840. Remaking Justice from the Margins*, Cambridge, Cambridge University Press, 2007.

marqué citadins et voyageurs étrangers par leur dimension, leur diversité, souvent par leur désordre, tout autant que par leur justice. La Conciergerie et la place de Grève, la prison de Newgate et le gibet de Tyburn sont des lieux de mémoire qui évoquent immédiatement le sort de milliers de suppliciés. Cette histoire de deux villes s'est donc imposée puisque leurs citadins s'observaient sans cesse, se flattaient de leurs profondes différences culturelles et enviaient parfois les modèles de l'autre : le regard jeté outre-Manche nourrissait constamment la perception de ses propres institutions et de ses propres usages. En outre, aucune étude récente en français ne s'est attachée à décrire et comprendre la cour criminelle de Londres au cours des XVIe, XVIIe et XVIIIe siècles. Or quand on s'intéresse au fonctionnement de la cour d'Old Bailey et aux condamnations capitales qu'elle faisait exécuter, on constate que les oppositions sont telles entre les univers judiciaires parisiens et londoniens que la comparaison permet de poser de nouvelles questions à des sources dont on a parfois le sentiment d'avoir épuisé tous les secrets.

L'examen d'un moment judiciaire aussi fort que l'exécution capitale à travers deux traditions juridiques et confessionnelles différentes pose de nombreuses difficultés. Historien de Paris, c'est d'abord avec cette familiarité que j'ai traversé les sources et l'historiographie anglaises. À l'origine, j'avais pour projet d'écrire une véritable histoire comparée de ces deux capitales mais à l'arrivée, je ne peux prétendre avoir répondu à cette première ambition. Plus modestement, je dirais que Londres, ici, m'a servi de riche contrepoint pour réfléchir et renouveler mon regard sur les exécutions à Paris. Je me suis, en somme, revêtu des habits du Londonien pour mieux comprendre le Parisien. D'une certaine manière, ce livre est une relation de voyage dans le monde des supplices. Bien qu'elle n'évite pas un certain déséquilibre dans le traitement des deux villes, la démarche, je crois, fut heureuse. Car si mes lectures et mes enquêtes successives ont dégagé de fortes similitudes entre les deux univers, sans doute d'autant plus mises en valeur que le milieu urbain s'y prêtait tout particulièrement, elles ont surtout révélé des distinctions fascinantes qui ne permettent pas d'embrasser d'un seul coup de pinceau, comme l'historiographie l'a longtemps fait, l'infamie, le courage, la compassion ou le salut. Charles Sanson n'exerçait pas tout à fait le même métier que Jack Ketch et l'on ne mourait pas de la même manière en Grève qu'à Tyburn. L'expérience de la mort n'est pas aussi partagée qu'on peut le penser.

Aucune question n'est plus récurrente, chez les historiens de la justice, que celle-ci : comment et pourquoi l'Europe est-elle passée, entre la fin du XVIIIe siècle et la première moitié du XIXe, d'une pénalité édifiée sur la souffrance et le supplice au système disciplinaire de l'univers carcéral ? L'essentiel des travaux consacrés à l'histoire des pratiques pénales cherche à interpréter cette rupture, à comprendre cette victoire des murs sur les gibets[7]. Les théoriciens du processus de civilisation, qui connaissent une fortune certaine dans l'historiographie de la justice des quarante dernières années, ont longtemps insisté sur l'adoucissement des mœurs par le contrôle, politique et religieux, des pulsions de violence des individus. Dans ce cadre, les supplices auraient alors servi d'utiles exutoires jusqu'au moment où, dans un ultime renversement, ils auraient provoqué chez le spectateur le dégoût et l'indignation. La dynamique des sensibilités dans l'histoire européenne développée par Norbert Elias, qui constitue sans doute la théorie la plus connue d'une chronologie de la conquête du monopole de la violence par l'État[8], est souvent interpellée, discutée et récupérée : bien qu'il ne traite de la peine que très succinctement, Elias suggère une théorie des comportements s'intéressant autant aux passions individuelles qu'au rôle de l'État

7. Voir notamment René Lévy et Xavier Rousseaux, « États, justice pénale et histoire : bilan et perspectives », *Droits et société*, 20-21, 1992, p. 249-279 ; et les bilans de Xavier Rousseaux, « Crime, Justice and Society in Medieval and Early Modern Times : Thirty Years of Crime and Criminal Justice History. A Tribute to Herman Diederiks », *Crime, Histoire et Sociétés*, 1, 1997, p. 87-118 ; « Historiographie du crime et de la justice criminelle dans l'espace français (1990-2005) : du Moyen Âge à la fin de l'Ancien Régime », *Crime, Histoire et Sociétés*, 10, 2006, p. 123-158.

8. Norbert Elias, *Über den Prozess der Zivilisation* (1939), surtout dans le second volume paru en français sous le titre *La Dynamique de l'Occident*, Paris, Calmann-Lévy, 1975.

dans leur répression. Ce processus civilisateur de « construction du surmoi » ne conduisit pas l'homme moderne à l'abandon de ses passions, mais bien plutôt à une privatisation des expressions de la violence[9]. Ce refoulement fait-il pour autant de la violence un objet de répulsion ? Ce dégoût civilisé à l'égard du supplice des criminels fut-il la rhétorique hypocrite de la bourgeoisie du XVIIIe siècle[10] ? La théorie sociopolitique d'Elias suggère que l'intensité de la peine, les moyens utilisés pour infliger la souffrance et les formes de cette souffrance pénale furent déterminés non seulement par des considérations d'ordre institutionnel ou idéologique, mais aussi en référence aux mœurs et aux sensibilités de la société. Pieter Spierenburg, qui reprit largement ce schéma, posa donc l'effacement progressif de l'exécution publique des supplices capitaux aboutissant, à la fin du XVIIIe siècle, au nouveau monde carcéral, comme le processus normal de la civilisation des mœurs et de l'urbanisation qui en fut une condition[11]. Randall McGowen, James Sharpe et John Beattie ont aussi été sensibles à cette interprétation pour l'Angleterre des XVIIe et XVIIIe siècles[12].

9. Voir notamment Robert Muchembled, *L'Invention de l'homme moderne. Culture et sensibilités en France du XVe au XVIIIe siècle*, Paris, Fayard, 1988 et *Une histoire de la violence. De la fin du Moyen Âge à nos jours*, Paris, Seuil, 2008.

10. Victor A. C. Gatrell, *The Hanging Tree. Execution and the English People, 1770-1868*, Oxford, Oxford University Press, 1994.

11. Pieter Spierenburg, *The Spectacle of Suffering. Executions and the Evolution of Repression. From a Preindustrial Metropolis to the European Experience*, Cambridge, Cambridge University Press, 1984. Pour Michael Ignatieff, suivant en cela le grand travail de Rusche et Kirchheimer sur les pratiques pénales et la montée du capitalisme, ce sont les prisons, les maisons de travail (*workhouses*) et les asiles qui marquent le déclin des châtiments corporels de l'ancien droit ; pas tant, selon lui, par civilisation des mœurs qu'en raison d'une idéologie concevant les pratiques pénales comme les instruments d'une certaine vision de la société et des luttes sociales qui la constituent. *A Just Measure of Pain. The Penitentiary in the Industrial Revolution, 1750-1850*, New York, Pantheon Books, 1978.

12. Randall McGowen, « The Body and Punishment in Eighteenth-Century England », *Journal of Modern History*, 59, 1987, p. 651-679 ; James Sharpe, « Civility, Civilizing Processes, and the End of Public Punishment in England », in Peter Burke (dir.), *Civil Histories. Essays Presented to Sir Keith Thomas*, Oxford, Oxford University Press, 2000, p. 215-230 ; John Beattie, « Violence and Society in Early Modern England », in Anthony N. Doob et Edward L. Greenspan (dir.), *Perspectives in Criminal Law. Essays in Honour of John Edwards*, Aurora, Canada Law Book, 1985, p. 36-60.

En un certain sens, le travail de Michel Foucault sur l'économie du supplice et la naissance de la prison[13] complète cette réflexion sur la « dynamique civilisatrice » de l'Occident. Le pouvoir pensé par Foucault, introduit dans *Surveiller et punir* par le supplice du régicide Damiens en 1757, détient les outils d'un appareil de contrainte qui fonctionne par ce qu'il appelait les « technologies politiques des corps ». Comme pour le supplicié de *La Colonie pénitentiaire* de Kafka, la justice pénale – c'est-à-dire la souveraineté politique qui s'exprime – marquait dans les corps l'absolu de la norme en traçant la lettre de la loi dans la chair. Or la prison ne constitue pas pour Foucault un adoucissement ou une désacralisation de la peine, mais le déplacement qualitatif et épistémique de mesures pénales désormais orientées vers l'âme plutôt que vers le corps des criminels. À l'abri du public, l'exercice du pouvoir n'en est que plus efficace ; infaillible, même, puisque la force est invisible. On connaît l'impact très large et durable des réflexions foucaldiennes dans la recherche universitaire sur le pouvoir.

Prise dans ces systèmes d'interprétation, l'histoire de la peine capitale suit toujours, à peu de choses près, le même parcours. Pourtant, on sait que ces deux grandes structures se heurtent à des objections considérables. L'historiographie récente a bien démontré que la conquête plus ou moins continue du monopole de la violence légitime par l'État, telle qu'élaborée par Norbert Elias, est d'abord une prétention bien plus qu'une réalité, et que l'évolution historique des sensibilités et des émotions n'est pas si simple ni si régulière[14]. De la même manière, l'économie du supplice foucaldienne ne tient pas compte des justiciables dans le système pénal d'Ancien Régime : proprement étatique, la justice aurait manifesté sa souveraineté toute-puissante dans la marque et la destruction. Or la justice est plus souvent pragmatique que

13. Michel Foucault, *Surveiller et punir. Naissance de la prison*, Paris, Gallimard, 1975.

14. Damien Boquet et Piroska Nagy, « Pour une histoire des émotions : l'historien face aux questions contemporaines », in Damien Boquet et Piroska Nagy (dir.), *Le Sujet des émotions au Moyen Âge*, Paris, Beauchesne, 2009, p. 15-51.

toute-puissante et joue constamment d'arbitrage et de négociation dans sa recherche permanente du consentement social. Ce livre voudrait ainsi poser le problème autrement et démontrer que la peine de mort n'est pas nécessairement le reflet d'une barbarie culturelle ou d'une civilisation inachevée, comme peut le suggérer le système eliassien, ni l'outil suprême de l'État absolu du paradigme foucaldien. Expérience de la mort, imaginaire de la justice, moment extrême de violence et figure médiatique d'envergure, la peine capitale oblige à réfléchir aux liens sociaux des communautés et à leurs idées de justice, d'éthique, de pénitence et de salut.

Voir la mort de près

Entreprendre une histoire culturelle de l'exécution capitale commande de multiplier les regards et de gravir les différents niveaux de discours qui ont été tenus, tout au long de l'époque moderne, sur la construction et la perception du dernier supplice. D'abord fondée sur les procès-verbaux d'exécution et le témoignage des ultimes instants des condamnés, cette recherche a souhaité réunir et confronter les sources les plus diverses pour prolonger les travaux des juristes et l'étonnement des chroniqueurs, matériaux traditionnels de l'historien de la justice pénale. Le défi relevé ici consiste donc à interpeller la plus large part des expériences, des sentiments et des représentations de l'exécution capitale tout au long de l'époque moderne. Pour l'historien, la peine de mort est un *espace* pétri d'archives, de littérature et d'images qu'il semble impossible de réunir exhaustivement.

Pour Paris comme pour Londres, quatre grandes catégories de sources ont été sollicitées. En amont de toute réflexion, les traités et commentaires juridiques, les recueils de jurisprudence et les collections de sentences doivent être interrogés. Sans Jousse ni Blackstone, l'enquête n'aurait aucun appui. L'archive judiciaire constitue le deuxième faisceau de notre corpus, peut-être le plus important. Des premiers interrogatoires jusqu'aux différents procès-verbaux d'exécution, ces documents sont le témoignage immédiat du processus judiciaire et de ses conclusions. Mémoire construite par le greffier, l'archive judiciaire ne révèle pas tout; comme pour les comptes rendus des procès de la cour d'Old Bailey, rédigés par des compilateurs ménageant leurs responsabilités au sein de leurs propres objectifs commerciaux, la production judiciaire n'est jamais neutre. Mais elle permet tout de même d'appréhender et de dégager une certaine forme de «réel» à travers formules convenues et paroles captives. La littérature de témoignage et les ego-documents[15] sont un moyen d'accès aux sensibilités des populations: ils constituent notre troisième corpus documentaire. On connaît la force et la finesse des journaux de Pierre de L'Estoile ou de Samuel Pepys, dont aucune étude sur le spectacle de l'exécution ne peut faire l'économie; de nombreux autres auteurs, moins connus et d'autant plus précieux, viendront enrichir ces regards. Enfin, l'iconographie, somme toute assez rare, et la littérature de colportage, plus abondante, permettront d'insister sur les représentations des châtiments capitaux et leur pouvoir sur l'imaginaire des citadins. L'écho de ces imprimés de modeste facture se saisit souvent dans les écrits des contemporains et, comme expérience du mourir, ces histoires tragiques, canards sanglants d'un côté de la Manche, *broadsides* et *chapbooks* de l'autre soulèvent de nombreuses questions sur les valeurs, les intérêts et les sensibilités de leurs lecteurs.

Ce qu'on saisit globalement dans ces différents matériaux, c'est que le dernier supplice n'est alors pas qu'un théâtre d'horreur; il met en place et réveille la peur, la vengeance, l'idée d'une certaine justice, mais aussi l'espoir et la rédemption. Violence domptée et mise au service du droit, la peine de mort s'est voulue l'instrument d'un pouvoir sans contestation, l'expression d'une violence sans confrontation: longtemps, elle a réussi à engager le

15. James S. Amelang, *The Flight of Icarus. Artisan Autobiography in Early Modern Europe*, Stanford, Stanford University Press, 1998; Jean-Pierre Bardet et François-Joseph Ruggiu (dir.), *Au plus près du secret des cœurs? Nouvelles lectures historiques des écrits du for privé en Europe du XVIe au XVIIIe siècle*, Paris, PUPS, 2005.

consentement de tous ses acteurs, même celui du condamné. En entreprenant l'histoire de la peine capitale, c'est l'histoire d'une inquiétude et d'un sentiment moral que je me suis mis à traverser.

L'économie générale du livre entend porter le lecteur dans une démarche à la fois thématique et chronologique. Le premier chapitre introduit l'espace dans lequel la peine capitale prend place. Un tableau sommaire de Londres et de Paris à l'époque moderne est tracé, puisque chaque quartier a ses significations, chaque inquiétude sa topographie, chaque cour criminelle ses gens de justice et ses procédures. Les règles du procès et les traditions juridiques seront ainsi examinées. De la cour de justice au lieu du supplice, c'est un chemin de règles, d'usages et de mémoires qu'on se met à parcourir. L'espace urbain comme l'espace judiciaire irrigueront tout le livre.

Le deuxième chapitre propose le portrait d'une profession. Des origines confuses de la fonction jusqu'à la fin du XVIIIe siècle, il s'agira de suivre et comprendre les évolutions techniques, sociales et imaginaires de celui qui accompagne, mieux que le juge, la peine de mort au cours de son histoire. Le bourreau est un important personnage culturel. « Exécuteur » peut certes se traduire par *executioner* ; mais « bourreau » n'a pas d'équivalent en anglais. Ses prérogatives, l'ignominie qui lui est attachée, la sacralité de sa fonction et l'identité de ceux qui le deviennent font de l'exécuteur un point d'analyse original pour confronter la nature du supplice entre Paris et Londres.

La scène étant alors montée et les acteurs largement décrits, les trois chapitres suivants empruntent une trame chronologique qui permet de mieux penser l'évolution séculaire de la culture du gibet. Le troisième chapitre cherche à mettre en place les liens qui se tissent – ou qui se rompent – entre le politique, le droit et le sacré au cours du XVIe siècle. Déjà, les XIVe et XVe siècles avaient profondément bousculé la présence de Dieu dans le jugement. Depuis le concile de Latran de 1215 où l'ordalie, « preuve par l'épreuve de Dieu », fut officiellement invalidée, l'intervention divine dans la justice des hommes s'effaça lentement au profit du prince. La Réforme accéléra le processus

– chez les protestants comme chez les catholiques, bien qu'à des rythmes différents – et les significations de la peine capitale en furent bouleversées. Non seulement le XVIe siècle vit, partout en Europe continentale, mais surtout en France et en terre d'Empire, le droit pénal se structurer et la procédure inquisitoire se systématiser, mais la typologie des criminels se métamorphosa et les protestantismes transformèrent considérablement le spectacle de l'exécution publique. En Angleterre, l'anglicanisme fonda une tout autre conception de l'hérésie, de l'autorité et de la justice de Dieu qu'il est important d'inscrire et de comprendre dans une culture de *common law*. On sait à quel point les liens entre le droit et le religieux sont serrés, ne serait-ce qu'en raison de la nature divine du pouvoir de juger. Les annales judiciaires de la période élisabéthaine sont les plus sanglantes de l'histoire du pays et le nombre des supplices dépasse largement, à cette époque, celui des cours françaises. Tyburn ne fut jamais autant sollicité que sous ce règne.

Le quatrième chapitre, en se consacrant aux XVIIe et XVIIIe siècles, s'intéresse à la voix des supplices. Parce que l'horreur du spectacle des exécutions a toujours été conçue à travers la vision des souffrances qu'il offrait, ce chapitre entend déplacer cette posture pour s'attacher plutôt à comprendre les sons et les bruits de la peine capitale. Cloches et prières solennelles, chansons d'échafaud et dernières paroles des condamnés permettent en effet de mesurer de nouveaux enjeux en éclairant des rituels et des principes juridiques largement négligés par l'historiographie. Ce ne sont pas seulement des imaginaires du supplice qui sont appréhendés, mais le statut d'une parole et, à travers elle, de la vérité que la confrontation entre les usages des deux capitales invite à considérer.

Le cinquième chapitre s'attache à l'histoire d'un malaise, celui des Lumières et de l'embarrassante question des exécutions capitales. Si raison et sensibilité sont la marque des différents discours de l'Europe éclairée, on comprend que le sentiment devienne, pour tous les champs du savoir, un nouvel instrument de la conquête du vrai : sentir c'est connaître ; l'émotion produit du sens. Que devient, dans ces circonstances, l'exemplarité du spectacle des supplices, à une époque qui redéfinit le rôle et la valeur des émotions dans la construction et le partage des savoirs ? La fin du XVIIIe siècle fut, à Londres, le moment d'importants débats sur la publicité des exécutions capitales. On rejeta Tyburn comme lieu de supplice pour préférer l'intégration d'un gibet démontable dans la ville, en face de la prison de Newgate. L'exécution devait alors être rapide, sans cortège préalable ; ce fut le premier pas vers une dépublicisation de la peine de mort. À Paris, on connut pendant un temps des débats similaires mais, dans un basculement radical, ce fut la Révolution qui transforma le spectacle du supplice. Instrument judiciaire et politique, puis icône culturelle qui se diffusa rapidement dans l'imaginaire de toute l'Europe, la guillotine bouleversa la peine capitale et, sans doute, contribua pleinement à la rendre plus écœurante que jamais. À Londres, elle fut le nouveau symbole de la tyrannie, un étendard pour souligner la barbarie française. À Paris, le spectacle de la Veuve bouscula tout : le métier de bourreau, à l'évidence, mais le regard du spectateur aussi. Machine du malaise après avoir été le trophée de la victoire révolutionnaire, la guillotine fut constamment déplacée et cachée, symbole de l'inquiétude sociale et politique de tout un siècle. Le dernier supplice n'eut jamais plus la même signification ; plus présente dans l'imaginaire peut-être que toute autre forme antérieure de supplice, la guillotine devint aussi, à Paris, l'instrument paradoxal d'un effacement progressif du spectacle des exécutions[16].

L'histoire de la peine de mort est moins une série de dispositions législatives décrétées par les tribunaux qu'un ensemble de pratiques inscrites au fil du temps et enregistrées dans la mémoire collective. Au début du XVIIIe siècle, dans ses *Réflexions sur les grands hommes qui sont morts en plaisantant*, André François Boureau-Deslandes écrivait : « C'est sans doute un ancien usage

16. On ne peut que renvoyer au catalogue de la très belle exposition du musée d'Orsay (16 mars-27 juin 2010) imaginée par Robert Badinter : Jean Clair (dir.), *Crime et châtiment*, Paris, Musée d'Orsay/Gallimard, 2010.

de la Justice que de mener tuer les hommes en cérémonie. On peut craindre qu'il ne change pas de sitôt[17]. » Ce sont, de fait, les significations de cette cérémonie et l'immense et complexe imaginaire qui l'encadre que ce livre, entre Paris et Londres, entend retracer.

17. Rochefort, Jacques le Noir, 1712.

Chapitre premier

Promenades et pas perdus
Londres, Paris et leurs tribunaux

« Toutes les capitales se ressemblent », écrivait Jean-Jacques Rousseau en 1762, dans l'*Émile.* Et dans le *Parallèle de Paris et de Londres* qu'il entreprit en 1780, Louis-Sébastien Mercier suggérait aussi la relative gémellité des habitants des deux capitales.

> Tous les deux sont dans une grande Ville où règnent le luxe, l'opulence et les mêmes vices. Dans tous les deux endroits, les hommes, et se perfectionnent, et se dégénèrent suivant qu'ils se livrent à l'étude, au bien, ou cèdent à leurs passions ; dans tous les deux il y a l'extrême indigence et l'excès de la fortune[1].

De fait, et surtout lorsqu'il s'agit de bourreaux et de suppliciés, d'aucuns saisissent les usages londoniens et parisiens comme semblables ou parallèles. Qu'y a-t-il donc, en effet, de si différent entre un pendu à Londres et un pendu à Paris ? Les fureurs et les souffrances humaines n'y furent-elles pas identiques et la mort à la potence la même issue ?

« Paris et Londres ne sont à mes yeux que la même ville. » Les rapports ambigus qu'entretenait Rousseau avec l'urbanité lui dictaient une telle affirmation alors que cette opinion mérite, à

1. Louis-Sébastien Mercier, *Parallèle de Paris et de Londres*, éd. Claude Bruneteau et Bernard Cottret, Didier Érudition, 1982, p. 61.

l'évidence, d'être très fortement nuancée. Capitales politiques, économiques et culturelles de leur royaume, traversées par un fleuve qui présida longtemps à leur dynamisme, incapables de freiner une croissance désordonnée qui absorbait, décennie après décennie, les faubourgs environnants, univers au cœur desquels se côtoyaient, souvent dans les mêmes quartiers, la misère et la richesse : Londres et Paris n'en étaient pas moins deux mondes tout à fait distincts où l'ordre urbain n'était pas réglé par les mêmes mécanismes, où le droit et le fonctionnement judiciaire étaient radicalement différents et où les mises en scène de la peine de mort n'avaient ni les mêmes fondements ni les mêmes lieux. Pour bien comprendre ces mondes il convient de s'y promener, d'en investir certains quartiers et d'interroger quelques habitants[2]. Le portrait sera forcément sommaire, mais permettra quand même de distinguer les convergences et les oppositions fondamentales de ces deux univers judiciaires.

Londres

Une carte géographique est une planche anatomique. Un seul coup d'œil sur celle des îles Britanniques suffit à comprendre que Londres, dès l'époque moderne, était le centre vasculaire de l'Angleterre, déjà le cœur d'un réseau de routes et de canaux qui reliaient tout le royaume. La ville en elle-même était un véritable petit monde. La littérature anglaise, avec ses écrivains géniaux des bas-fonds londoniens (Daniel Defoe, John Gay, Alexander Pope ou Jonathan Swift, pour ne citer que les plus célèbres), semble confirmer ce que les cartes de l'époque suggèrent, dans une topographie serrée de l'excès et de la confusion : ville tortueuse digérant les faubourgs, articulant dans son ventre des rues sinueuses, des maisons bâties les unes contre les autres et sur les autres, en une expansion désordonnée que le pouvoir,

2. Pour une analyse comparée des représentations littéraires des deux capitales, voir Karen Newman, *Cultural Capitals. Early Modern London and Paris*, Princeton, Princeton University Press, 2007.

sans succès, tentait de maîtriser. Les rues de Londres étaient un tunnel traversant un corps de briques, de poussière et de fumée. Le voyageur suisse César de Saussure, découvrant Londres au cours des années 1725-1726, soulignait, comme tant d'autres, le tracé et l'allure irrégulière d'une ville dont l'architecture même paraissait grouillante. « Ne vous attendez pas que je vous fasse trotter dans toutes les rues de Londres, ni que je vous parle de chacune en particulier. Je vous dirai seulement qu'il y en a quantité qui sont étroites, sales, mal bâties et fort laides. Mais il y en a aussi grand nombre de larges, droites et remplies de belles maisons[3]. » En règle générale, ses petites rues étaient animées par les activités commerciales et sociales, tandis que les plus larges voyaient circuler voyageurs et autres piétons plus curieux des monuments offerts par la capitale.

Même après l'incendie de 1666, dont Samuel Pepys a rapporté l'immense ravage dans son journal, Londres ne se reconstruisit pas selon les projets rationnels qu'avaient envisagés, dès le XVIe siècle, les humanistes de la Renaissance. D'une façon générale, la capitale avait repoussé au hasard et à la diable, défigurée dans un éparpillement inégal, confus et informe. Pourtant, ce développement urbain sans plan d'urbanisation n'excluait pas les embellissements : d'une part, les maisons détruites avaient été reconstruites en briques et en pierres, ce qui donnait un tout nouveau visage à la City qui avait perdu près de 85 % de ses bâtiments ; et, d'autre part, Londres achevait à l'ouest, dans les quartiers les plus riches de la capitale, de grandes et belles places publiques, comme Kensington Square et Golden Square. La croissance de la ville fut telle que, en 1700, Londres réunissait 10 % de la population anglaise ; à partir de la seconde moitié du XVIIIe siècle, elle surpassa Paris et devint la ville la plus populeuse d'Europe. Si l'on doit certainement se méfier de l'ironie de William Hogarth, ses représentations de la ville (*Southwark*

3. César de Saussure, *Lettres et Voyages de Monsieur César de Saussure en Allemagne, en Hollande et en Angleterre (1725-1729)*, Paris, Fischbacker, 1903, p. 76 (lettre III, 17 décembre 1725).

Fair, 1733 ; *The Four Times of Day*, 1736 ; *The Industrious' Prentice Lord Mayor of London*, 1747 ; *Gin Lane* et *Beer Lane*, 1751, etc.) rendent compte avec éloquence de la cohue, du vacarme et des bousculades londoniennes. Au cours du XVIIe siècle, les rues de Londres se pavent, s'éclairent, se nettoient et se canalisent au profit d'une circulation plus efficace et sécuritaire ; mais ces efforts ne tempèrent pas l'agitation d'une ville et la congestion des avenues et des ruelles restait une réalité quotidienne. Horace Walpole, fils du Premier ministre britannique Robert Walpole, rapportait, dans une lettre écrite en juin 1791, comment « par deux fois ce printemps [il dut] arrêter son carrosse dans Picadilly pour demander ce qui se passait, croyant à une émeute – pas du tout, c'était seulement des passants[4] ». Pour penser le crime et ses châtiments à Londres, il faut imaginer cette presse urbaine et ces tumultes et les insérer dans l'architecture de la ville.

Dessiné par ses murs, Londres ne se confinerait qu'à ce qu'on appelait alors la City. D'anciennes murailles subsistaient toujours au XVIIIe siècle, de Birdwell Dock jusqu'à la tour de Londres, en une vieille ceinture trouée par les portes de la Cité : Ludgate, Newgate, Aldersgate, Cripplegate, Moorgate, Bishopgate et Aldgate. Au cours du XVIIIe siècle, la Cité perdit ses logements au profit des banques et des autres activités commerciales. L'expansion de la ville fut en effet plus financière que résidentielle et si, au cours du XVIIIe siècle, la région métropolitaine se développa, la ville elle-même se stabilisa. L'aristocratie et la bourgeoisie se réfugièrent dans l'ouest de la Cité, dans le West End, où s'érigeaient les plus élégantes résidences de la capitale. Ludgate abritait une prison pour dettes tandis que, à l'ouest, la porte de Newgate était aussi celle où se dressait la prison où, entre leur jugement et leur exécution, les condamnés de droit commun de Londres et du Middlesex attendaient leur sort. Londres compte en fait, écrivait Defoe, plus de prisons publiques et privées que

4. Cité par Philippe Chassaigne, *Ville et Violence. Tensions et conflits dans la Grande-Bretagne victorienne (1840-1914)*, Paris, PUPS, 2005, p. 33.

partout ailleurs en Europe, « nonobstant le fait que nous soyons une nation de liberté[5] ».

Il faut pourtant englober dans la ville, que la juridiction d'Old Bailey nous aide à définir, un ensemble qui s'étend de Whitechapel à l'est à Hyde Park à l'ouest, et qui se déploie de Southwark au sud jusqu'à Islington au nord. Londres, en d'autres termes, se structurait alors en trois parties : la Cité d'abord, les faubourgs de l'ouest et Westminster ensuite, et enfin le front de mer entouré des quartiers pauvres de l'est et du sud. Palais royal abandonné par Henri VIII, Westminster devint le siège du Parlement et des principaux tribunaux dès la fin du XVIe siècle : c'était une ville en soi, à l'image sans doute de Versailles, quoique plus ancienne. Southwark ne fut incorporé à la Cité de Londres qu'en 1550 ; jusqu'alors le faubourg échappait aux réglementations de la capitale. Unique pont qui enjambait la Tamise jusqu'à la construction de celui de Westminster achevé en 1750, le pont de Londres, étroit et emmuré par des maisons et des boutiques, joignait la Cité au faubourg de Southwark. Le haut portail sous lequel on devait passer pour traverser le pont, le Traitor's Gate, était hérissé de têtes de criminels – essentiellement des rebelles – plantées sur des piques. Wat Tyler, Jack Cade, Thomas More, Guy Fawkes puis Oliver Cromwell y servirent d'avertissement exemplaire. Au nord du pont s'étendait ainsi la ville, où la tour de Londres et la flèche de l'église Saint-Paul, à l'est de Fleet Street, marquaient le ciel. En aval du pont se dressaient, dans le port, les milliers de mâts de navires qui faisaient vivre le commerce de la capitale. À l'est de Londres enfin, dans l'East End, croupissaient les miséreux de la capitale, dont les archives criminelles d'Old Bailey conservent tant de traces. Vers 1750 on peut sommairement proposer une « géographie londonienne du danger » : Whitechapel, Limehouse, Smithfield et Barbican dans l'East End, Saint-Gilles, Holborn et Covent Garden au centre, puis Southwark au sud de la Tamise.

5. Daniel Defoe, *A Tour Through the Whole Island of Great Britain*, Londres, Penguin, 1971, p. 286-336 pour le chapitre consacré à la capitale. Je traduis.

La rue londonienne était un monde où le voisinage était une famille, avec ses alliances, ses inimitiés, ses fils prodigues et ses marginaux[6]. À l'évidence, ce serait une erreur de faire des Londoniens une population flegmatique soucieuse du respect de l'ordre et de la loi, comme Louis-Sébastien Mercier ou Nicolas des Essarts le prétendaient à la fin du XVIIIe siècle. Dans ses *Observations sur Londres* (1777), François Lacombe était beaucoup plus sévère envers « la plus rude et insolente canaille qui existe sur le globe[7] », tandis que Hogarth et Rowlandson représentaient une violence urbaine particulièrement sauvage et cruelle[8]. La détresse et la fureur s'immisçaient au milieu des carrosses, des cabinets de lecture et des cafés. César de Saussure, encore, fut souvent témoin de la confrontation permanente, dans un même lieu, entre la beauté et l'horreur : dans sa correspondance, il raconte avoir monté la rue Ludgate-Hill, large et propre, pour y admirer les boutiques des marchands d'étoffes.

> La porte de Ludgate située au bout de cette rue est grande et haute. On met sur cette porte les têtes de ceux qui ont été exécutés pour crime de lèse-majesté, qu'on appelle ici haute trahison. Il y en a actuellement trois plantées sur des piquets. Vis-à-vis de cette porte, l'on voit la superbe cathédrale de Saint-Paul, au bout d'une rue courte et large. Cet édifice est le plus magnifique de Londres, et même de toute l'Angleterre[9].

D'un seul coup d'œil et sans vraiment s'en formaliser, Saussure contemplait, dans le ciel de Londres, les trois têtes de traîtres aux côtés de la flèche de l'église. Le sacré et le profane se partageaient tous les espaces sans réelle contradiction. Le supplice faisait pleinement partie du paysage urbain ; la tête du décapité était d'une certaine manière un élément d'architecture.

6. Robert Shoemaker, *The London Mob. Violence and Disorder in Eighteenth-Century England*, Londres, Hambledon and London, 2004.

7. François Lacombe, *Observations sur Londres et ses environs*, Londres, chez Lyde, 1777, p. 15.

8. *Four Stages of Cruelty* (1750-1751) et *Two Offenders Stand in the Pillory at Charing Cross in London* (1809).

9. César de Saussure, *Lettres…*, *op. cit.*, p. 84 (lettre III, 17 décembre 1725).

Après la guerre civile, la peste de 1665, l'incendie de 1666 et l'épisode puritain, moments de bouleversements politiques et sociaux de la plus grande violence, Londres revint à la vie de société : monde littéraire (Dryden, Addison, Defoe, Fielding), musical (Purcell), scientifique (Newton fréquenta la Royal Society dès 1672), Londres devint aussi la ville du café et du tabac. Au XVIIIe siècle, on quitta progressivement la rue pour une « sociabilité de l'intérieur » où, rapportait encore Saussure, chaque Londonien avait son club, son café ou sa taverne particuliers, où les espaces privé et public se confondaient[10].

Bien que les universités se soient installées hors de la capitale, on estime que tous les Londoniens nés après la Restauration savaient lire ou, à tout le moins, connaissaient quelqu'un qui le savait[11]. La présence de la cour et du Parlement influa largement sur le niveau culturel des habitants. Cette proximité avec l'imprimé et la lecture, entre les libelles et les gazettes, s'inscrivait pleinement dans le décor de la capitale. John Fielding eut d'ailleurs l'idée, en 1772, de faire placarder chaque semaine des affiches, les *Weekly Hue and Cry*, portant la description des voleurs recherchés. Le danger se lisait partout, dans les romans, sur les affiches, dans les comptes rendus des séances de la cour criminelle. Londres développa une sensibilité unique, que l'on percevait bien sûr dans l'extraordinaire dynamisme des *coffeehouses*[12], mais qui traversait aussi la cour criminelle, les prisons et le théâtre du gibet.

Londres et ses criminels

Réunie autour du Parlement le 3 juin 1780, le jour où lord George Gordon venait présenter une pétition s'opposant aux mesures procatholiques contenues dans le *Tolerance Act* de 1778,

10. Robert Shoemaker dénombre à Londres, pour l'année 1737, 207 auberges, 447 tavernes (qui vendent du vin), 531 cafés, 5 955 *alehouses* et 8 659 boutiques de spiritueux (*spirits shops*). *The London Mob*, *op. cit.*, p. 7.
11. *Ibid.*
12. Brian Cowan, *The Social Life of Coffee. The Emergence of the British Coffeehouse*, Yale, Yale University Press, 2005.

une foule de manifestants enflamma la capitale sous ce qu'on a appelé les « émeutes de Gordon » (*the Gordon Riots*). Jusqu'à ce qu'elle soit étouffée le 9 juin suivant, les émeutiers, très largement des artisans des quartiers populaires du East End, s'en prirent non seulement aux chapelles et aux riches propriétés catholiques, mais aussi aux prisons – Newgate, King's Bench, New Bridewell et Fleet – qui furent dévastées et dont les détenus furent relâchés. La salle du tribunal d'Old Bailey fut de même investie par la foule et les meubles transportés dans les rues et brûlés. Dans le vacarme et les bousculades d'une émotion populaire, la principale cour criminelle fut prise d'assaut, saccagée, environnée de cris de rage et d'imprécations. Cette cour allait décharger lord Gordon de toute responsabilité dans l'émeute, mais condamner plus d'une vingtaine de manifestants pour attaque à la propriété[13].

L'univers judiciaire londonien se concentrait sommairement entre Fleet Market, Ludgate Street, Newgate Street et l'église Saint-Paul, qui encadraient l'espace réunissant les principales prisons et cours criminelles de la capitale. Au coin de Fleet Street et de Fleet Lane, l'imposante Fleet Prison dominait le quartier. En longeant Fleet Lane vers l'est, le promeneur aboutissait ensuite sur la rue Old Bailey, face à la prison de Newgate. En regardant vers le nord, Ludgate Prison, au coin de Newgate Street et de Giltspur Street, était bien en vue ; un peu plus loin, à l'issue de Giltspur Street, West Smithfield, où de nombreux supplices de traîtres et d'hérétiques furent exécutés. C'est dans cet univers turbulent, aux côtés de cafés, de tavernes, d'hôpitaux, de marchés et d'églises, que la peine capitale se préparait. C'est là que la cour criminelle d'Old Bailey, juridiction de dernier ressort – car on ne connaissait pas en Angleterre de cour d'appel[14] – recevait ses accusés et renvoyait ses condamnés.

13. George Rudé, « The Gordon Riots : A Study of the Rioters and Their Victims », *Transactions of the Royal Historical Society*, 6, 1956, p. 93-114.

14. Les condamnés pouvaient faire une demande de pardon au souverain mais, pour un véritable dispositif d'appel des jugements, il faut attendre la loi de l'appel criminel de 1907 (*Criminal Appeal Act*).

Old Bailey, la cour d'assises de Londres, fut nommée d'après la rue où elle fut construite, tout à côté de Newgate Street et à proximité de la prison de Newgate, dans la partie ouest de la ville. Reconstruite en 1673 après sa destruction en 1666 par le grand incendie, Old Bailey était un haut bâtiment de trois étages annonçant, avec sa façade de briques froides et droites, la gravité des lieux et de ce qui s'y jouait. Une petite cour face à l'entrée du tribunal permettait aux gens de justice, aux plaideurs et aux témoins de se réunir en attendant leur convocation. Old Bailey n'avait qu'une seule salle d'audience, qu'un seul tribunal où les procès se suivaient à la chaîne en renouvelant, presque chaque demi-heure, plaideurs, témoins et jurés.

La division traditionnelle des crimes dans l'ordre légal anglais comprenait trois catégories : la haute trahison (crime contre l'État et fausse monnaie, le *petty treason* comprenant l'uxoricide[15], le meurtre domestique et celui d'un supérieur ecclésiastique par un clerc) ; les crimes contre la religion ; les crimes contre la société civile (*commonwealth*). C'est dans cette dernière catégorie qu'on trouve les crimes capitaux du droit anglais, les *felonies* : à l'assassinat, la sorcellerie, la sodomie, le vol de cheval, le vol domestique, le vol avec effraction et le vol avec violence des statuts du XVIe siècle s'ajoutèrent ensuite la bigamie, l'infanticide, l'adultère et le *petty theft* qui, progressivement mais lentement, furent revendiqués par les juges et les parties plaignantes. L'élargissement des crimes capitaux témoignait d'une volonté de classement du monde dans laquelle l'imaginaire de la norme et la construction de la marginalité prenaient forme : ce classement du monde, repensé procès après procès, était en constant ajustement.

À la fin du XVIe siècle et au début du XVIIe, les crimes contre la propriété, le brigandage et le vol par effraction obsédaient les cours criminelles anglaises. La courbe des procès et des condamnations connut une hausse très importante entre 1590 et 1620, avant de décliner au cours du XVIIe siècle et grimper

15. Uxoricide : meurtre du mari par son épouse.

de nouveau tout au long du XVIIIe siècle[16]. Depuis longtemps, l'historiographie a pu démontrer que l'accroissement des poursuites criminelles fut étroitement lié aux problèmes économiques de la fin de la période élisabéthaine : c'est dans ce cadre que la poursuite des crimes contre la propriété s'enracina et s'inscrivit dans les archives judiciaires comme le principal moteur de l'activité des cours criminelles. La détresse économique, expliquait notamment Douglas Hay dans une étude pionnière[17], se lisait directement au sommet des fourches patibulaires. La peur des crimes contre la propriété se diffusa rapidement : les cours improvisèrent, la répression se resserra, le *partial verdict*[18] – qui permettait de recourir au fouet plutôt qu'à la libération pure et simple – se multiplia. La seconde moitié du XVIe siècle vit, dans ces circonstances, un premier élargissement des crimes capitaux. Si l'on en croit les chiffres de Steve Hindle, qui conçoit la période 1550-1640 comme l'une des plus rigoureuses de l'histoire de la justice criminelle anglaise, dans tout le royaume d'Angleterre, près de 75 000 condamnés furent exécutés à mort, tous crimes confondus[19]. La moyenne annuelle serait ainsi douze fois plus élevée que celle du parlement de Paris à la même époque[20]. Que ces chiffres soient fidèles ou non à la réalité, il est confirmé que les gibets de Londres furent longtemps beaucoup plus voraces

16. J. S. Cockburn, « The Nature and Incidence of Crime in England, 1559-1660 : a Preliminary Survey », *Crime in England, 1550-1800*, Londres, Methuen, 1977, p. 49-71.

17. Et controversée : le travail de Douglas Hay a été sévèrement critiqué par John Langbein et Cynthia B. Herrup. Douglas Hay, « Property, Authority and the Criminal Law », in Douglas Hay *et al.*, *Albion's Fatal Tree. Crime and Society in Eighteenth-Century England*, New York, Pantheon Books, 1975, p. 17-63 ; John Langbein, « Albion's Fatal Flaws », *Past and Present*, 98, 1983, p. 96-120 ; Cynthia B. Herrup, *The Common Peace. Participation and the Criminal Law in Seventeenth-Century England*, Cambridge, Cambridge University Press, 1987.

18. Le *partial verdict* constitue sans doute la forme primitive du *plea bargaining* : il conférait au jury la possibilité d'exercer leur miséricorde ou, au contraire, leur sévérité, en ne déclarant l'accusé coupable que de certains chefs d'accusation.

19. Steve Hindle, *The State and Social Change in Early Modern England, c. 1550-1640*, Londres, Macmillan, 2000, p. 129. Ce chiffre est cependant tiré des estimations politiquement engagées de l'abolitionniste Thomas Buxton (1786-1845).

20. Robert Muchembled, « Fils de Caïn, enfants de Médée. Homicide et infanticide devant le parlement de Paris (1575-1604) », *Annales HSS*, 62, 2007, p. 1084.

que ceux de Paris. Au XVIIIe siècle, Londres était encore connue comme la «ville des gibets[21]». Le recours à la grâce, pour les périodes suivantes, aurait cependant permis de diffuser la miséricorde de la justice du roi tout en protégeant les intérêts de la classe dominante: instrument sélectif d'une justice de classe, où les crimes contre les biens auraient été les plus sévèrement réprimés. Les grâces étaient accordées par les ministres en réponse au climat ambiant, la justice étant plus implacable en période de criminalité élevée, mais plus miséricordieuse lorsque la criminalité était basse. L'exemplarité était là: non dans l'incertitude de la condamnation capitale mais dans celle de la grâce.

La loi anglaise ne définissait pas précisément ses crimes, et notamment ceux contre la propriété, sous une seule catégorie pénale: elle était plutôt divisée en un nombre croissant de crimes capitaux, ajoutant à chaque «précédent» une nouvelle infraction passible de mort. C'est ce corpus en constante expansion, en raison du poids de la jurisprudence dans la pratique judiciaire anglaise, qu'on appela le Code sanglant, le *Bloody Code*. Le *Bloody Code* donna aux poursuites criminelles du XVIIIe siècle une impulsion redoutable sur laquelle l'historiographie anglaise a beaucoup réfléchi: entre 1688 et 1820, c'est-à-dire pendant la montée en puissance du Parlement et les premières heures de la révolution industrielle, les statuts capitaux passèrent de 50 à 200 crimes, instituant les crimes contre les biens comme cibles principales des magistrats d'Old Bailey. Tuer un animal domestique, couper un arbre sans permission, déchirer un vêtement pendant qu'il était porté ou tenter d'endommager une propriété, entre des dizaines d'autres exemples, pouvaient mener au gibet. En suivant scrupuleusement le *Bloody Code*, enlever un enfant n'était qu'un délit mineur alors que voler la chaussure de ce même enfant, si elle valait plus d'1 shilling, était un crime capital[22]. Au cours du XVIIe siècle, sur le territoire des sentences

21. Harry Potter, *Hanging in Judgment. Religion and the Death Penalty in England*, New York, New York Continuum, 1993, p. 8 et suivantes.

22. L'exemple est formulé par Andrea McKenzie, *Tyburn's Martyrs. Execution in England, 1675-1775*, Londres/New York, Hambledon Continuum, 2007, p. 3.

capitales, la proportion des crimes de sang regagna du terrain, mais elle ne dépassa cependant jamais les crimes contre les biens. Après une période d'angoisse dont la floraison des *crime broadsides* porte témoignage, où la sorcellerie, le parricide, l'uxoricide et les grands crimes de sang ébranlaient l'idée d'une paix sociale toujours fragile, la sourde menace des classes laborieuses au XVIIIe siècle favorisa l'adoption par l'État de mesures disciplinaires et paternalistes, prétendument garantes de stabilité sociale[23]. Dans les débats de cour et les commentaires des juristes[24], de grandes catégories juridiques – trouble à l'ordre public (*Breaking the Peace*), dommage à la propriété (*Damage ot Property*), escroquerie (*Deception*)… – réunissaient plusieurs crimes capitaux particuliers, auxquels s'ajoutaient évidemment les types de délits que tout Londonien connaissait pour en avoir été auteur, victime ou lecteur : les vols, les crimes sexuels, les voies de fait et le meurtre.

Old Bailey

Les philosophes français des Lumières firent des procès par jury un symbole des libertés britanniques. La procédure accusatoire, qui se distinguait de la procédure inquisitoire en vigueur sur tout le continent européen, fut longtemps considérée comme une procédure plus humaine et plus équitable que le secret de la procédure criminelle française. L'*Habeas corpus*, grande charte octroyée aux barons en 1215, fut l'un des grands étendards de cette liberté britannique et fondait cette fierté anglaise de leur droit : nul sujet ne pouvait être condamné sauf par le jugement

---

Les critiques faisaient un usage abondant de ce genre d'anomalies scandaleuses dans leurs pamphlets. Or la réalité était en fait fort différente : comme en France, la sévérité des lois était bien distincte de la pratique judiciaire.

23. Edward Palmer Thompson, *Customs in Common*, Londres, Merlin Press, 1991.

24. William Blackstone reste le plus célèbre d'entre eux. Pour un catalogue raisonné des « félonies » du droit anglais, voir ses *Commentaries on the Laws of England*, 1769.

légal de ses pairs. Ce fut le début du procès par jury. En outre, à partir de 1679, le shérif devait révéler à la cour et à l'accusé d'où émanait le mandat d'arrestation et quelles étaient les charges données contre lui ; l'*Habeas corpus* mettait donc à l'abri de l'emprisonnement arbitraire[25].

En s'intéressant aux institutions pénales anglaises, juristes et philosophes français étaient frappés par la présomption d'innocence, l'*Habeas corpus*, le système de jury et la publicité des procès, ainsi que par l'obsession des juges anglais pour la lettre de la loi, c'est-à-dire la toute-puissance de la jurisprudence et des précédents juridiques[26]. Surtout, au XVIIIe siècle, les Anglais, de leur côté, fiers de leur système unique et original fondé sur la *common law* et les « libertés anglaises », dénonçaient dans le droit français la police des commissaires et des inspecteurs, le secret des procédures criminelles, l'arbitraire des juges, le recours aux lettres de cachet bien sûr, et l'usage de la torture comme instrument légal d'enquête. Ces oppositions – évidemment trop simples et qu'il faut absolument nuancer –, si elles existent jusqu'à un certain point dans la procédure et le fonctionnement des procès criminels, s'inscrivent surtout dans la culture des justiciables et, hors des tribunaux, se saisissent dans la charrette du bourreau, puis au pied de la potence avant l'exécution du supplice. La façon de juger détermine directement la façon de mourir au nom de la justice, puisque le rapport entre la vérité et la preuve fut, d'une procédure à l'autre, tout à fait singulière. On ne mourait pas pour les mêmes raisons, selon le droit romano-canonique et la *common law*.

La procédure accusatoire régissant l'activité judiciaire à la cour criminelle d'Old Bailey connut quelques ajustements légaux entre le XVIe et le XVIIIe siècle[27]. Au moment où les réformes

25. Suspendu en 1715 et 1745-1746 en raison de la menace jacobite.

26. François Lacombe commente : « Sur une table sont placés sept à huit volumes folio des lois. Le juge est obligé de les suivre à la lettre ; ainsi presque tous les procès roulent sur la question de fait, c'est-à-dire de savoir si l'objet du procès est ou n'est pas décidé par la loi. » *Observations sur Londres*…, *op. cit.*, p. 72.

27. John Langbein, *The Origins of Adversary Criminal Trial*, Oxford, Oxford University Press, 2003.

de Colbert et Louis XIV fondaient et déployaient l'appareil policier et judiciaire du royaume de France pour plus de cent vingt-cinq ans, la Glorieuse Révolution bouleversa aussi les tribunaux anglais. Pourtant, puisque la *common law* repose sur l'antériorité du droit, laquelle se traduit par la doctrine du précédent, la révolution anglaise s'appuya sur sa jurisprudence au contraire de la Révolution française qui, un siècle plus tard, chercha à faire table rase de tout l'ancien droit. Les cours criminelles anglaises, toujours au XVIIIe siècle, suivaient des procédures relativement stables depuis les XIIIe-XIVe siècles environ. La *common law*, disait-on, a toujours existé mais n'a pas de passé. Comme l'écrivait le grand juriste anglais William Geldart (1870-1922), « si toutes les lois du royaume devaient être abrogées, l'Angleterre posséderait encore un système de droit[28] ». On doit ainsi comprendre la primauté de la jurisprudence sur la loi dans une procédure qui reposait fondamentalement sur la responsabilité des parties.

Jusqu'à la création de la fonction de *Director of Public Prosecution*, en 1880, l'État anglais supervisait mal, faute de moyens, la procédure judiciaire et s'assurait difficilement que les crimes graves fussent punis. Dans la majeure partie des cas, la procédure était déclenchée soit par la victime, soit par un témoin. La participation des Londoniens au fonctionnement de la justice criminelle était, de fait, à la fois individuelle et collective : chacun portait la responsabilité individuelle d'identifier et de poursuivre les criminels puis celle, collective, de rendre le verdict sous la forme du jury. La responsabilité de dénoncer ou rapporter un crime relevait donc de la victime ou d'une quelconque partie. Contrairement à Paris, qui créa la lieutenance générale de police en 1667, Londres, renforçant pourtant sa garde à la fin du XVIIe siècle[29], ne disposait pas d'une force de

28. William Geldart, *Elements of English Law* (1907), cité par Antoine Garapon et Ioannis Papadopoulos, *Juger en Amérique et en France. Culture juridique française et* common law, Paris, Odile Jacob, 2003, p. 50.

29. John Beattie, *Policing and Punishment in London, 1660-1750. Urban Crime and the Limits of Terror*, Oxford, Oxford University Press, 2003, p. 22.

police organisée avant la création des *bobbies* en 1829. Pour les Anglais, la police était une chose étrangère, l'outil du despote, les chaînes animées du monarque absolu. Évoquer une police à Londres, c'était nécessairement penser à celle de Louis XIV et y voir une menace aux « libertés anglaises ».

Les *constables* ou *watchmen* ridicules dans certaines comédies de Shakespeare ou Ben Jonson donnent l'impression d'une police anglaise peu efficace, largement critiquée par la population. Bien que la méfiance londonienne à l'égard du contrôle de l'espace public puisse sans doute être associée aux droits et libertés individuelles perçus comme un héritage direct de la Glorieuse Révolution de 1688, des réformes pour maîtriser l'insécurité urbaine se multiplièrent dans la seconde moitié du XVIIIe siècle, notamment avec les *Bow Street Runners* (les « coureurs » de Bow Street), établis par Henry Fielding et chargés d'attraper les voleurs[30]. Malgré les émeutes de Sacheverell en 1710 ou de Gordon en 1780 et les projets de centralisation de l'administration policière soumis à leur suite au Parlement, l'institution policière demeurait une « entité étatique » dont les Londoniens se méfiaient – et la police française sous l'Empire ne fit rien pour inviter les Anglais à la confiance[31].

30. Elaine A. Reynolds, *Before the Bobbies. The Night Watch and Police Reform in Metropolitan London, 1720-1830*, Londres, Macmillan, 1998 et J. Beattie, *Policing and Punishment in London*, *op. cit.*, p. 169 et suivantes.

31. En décembre 1811 deux familles de Londres, les Marr et les Williamson, furent égorgées et leurs crânes fracassés, sur Ratcliffe Highway, dans le quartier *East End* de la capitale. L'affaire fit les gros titres de la presse pendant près de trois semaines et l'angoisse, face à la recherche des coupables, était à son comble. Pourtant, le comte de Derby faisait cette réflexion : « Ce genre de choses soulève l'indignation de ceux qui dénoncent l'inefficacité de la police. Pourtant, je soupçonne fort qu'il est quasiment impossible en pratique d'empêcher des horreurs de cette nature de se produire dans des quartiers de la ville exclusivement peuplés par la populace la plus vile et la plus dissolue du pays, à moins de confier aux magistrats des pouvoirs bien trop importants pour qu'il soit prudent de les leur abandonner ainsi. Les Parisiens ont une excellente police, mais ils payent bien cher. J'aime mieux qu'une demi-douzaine de personnes se fassent trancher la gorge sur Ratcliffe Highway tous les trois ou quatre ans, plutôt que de me retrouver soumis aux perquisitions, à l'espionnage, et autres méthodes de ce genre employées par Fouché. » Cité par Clive Emsley, « Police, maintien de l'ordre et espaces urbains : une lecture anglaise », *Revue d'histoire moderne et contemporaine*, 50, 2003, p. 8.

Londres et Westminster étaient protégés par une milice de plusieurs milliers d'hommes. Les *constables* constituaient l'équivalent du guet parisien, si l'on en croit Louis-Sébastien Mercier :

> Il n'est permis à personne de se sauver du connétable qui, tout seul, vous frappe sur l'épaule au milieu de la rue et vous dit : suivez-moi ; et on le suit. Il n'y a guère d'exemples qu'une fois touché on s'y refuse ; et chaque citoyen se prêteroit même à arrêter un homme qui se sauveroit[32].

La charge de *constable* n'était pas un métier et, comme les sergents dans la France médiévale[33], elle constituait une activité non rémunérée qui s'ajoutait à l'exercice normal d'une profession. À l'instar de celui de garde bourgeoise, le poste était confié à tour de rôle. Les *watchmen* prêtaient main-forte au *constable* ou au *baillif*, comme les archers du guet parisien. Londres était protégé par 12 000 à 15 000 *watchmen*.

« Les pouvoirs des *constables* sont très étendus », expliquait Nicolas des Essarts dans son *Traité de la police de la ville de Londres* (1801).

> Dans tous les cas de désordre le constable peut arrêter le délinquant et le conduire devant le juge de paix. Il peut arrêter de même tout homme accusé de félonie. Si l'accusation lui paraît fondée, il est même en droit de forcer pour cela les portes des maisons, sans qu'il soit obligé d'être muni d'un ordre du juge de paix ; cependant pour l'ordinaire ce n'est qu'en vertu d'un pareil ordre qu'il agit. Pendant la nuit, un watchman a les mêmes pouvoirs qu'un constable[34].

Après avoir été dénoncé, l'accusé était arrêté puis interrogé par le juge de paix, *justice of the peace*, principal magistrat du

32. Louis-Sébastien Mercier, *Parallèle de Paris et de Londres*, *op. cit.*, p. 65.
33. Valérie Toureille, *Vol et brigandage au Moyen Âge*, Paris, PUF, 2006.
34. Nicolas Toussaint des Essarts, *Tableau de la police de la ville de Londres*, Paris, chez l'auteur, 1801, p. 10-11.

royaume. Les affaires mineures étaient fréquemment renvoyées par le juge ; le *petty larceny*, l'équivalent du « petit criminel » de la procédure française, était plutôt renvoyé aux tribunaux correctionnels créés à Londres en 1553 et aux *London workhouses* dès 1699. Si le crime (*felony*) était suffisamment grave, l'accusé gardait prison jusqu'à la tenue du procès – à Newgate à Londres et New Prison pour le Middlesex.

Le *coroner* enquêtait sur la mort des sujets du roi. Officier permanent du comté de Londres, élu par les propriétaires et assisté d'un jury pour déterminer les causes d'un décès, il dressait un procès-verbal et rendait ses conclusions. Comme le juge d'instruction à Paris, il menait l'enquête et préparait un rapport qui rendait compte des circonstances de la mort et déterminait (après verdict d'un jury) les causes du décès : mort naturelle, accident, suicide, assassinat, etc. Bien qu'il y ait encore peu de travaux sur le travail du *coroner*[35], il semble que cette première étape de la procédure constituait l'une des plus importantes du processus judiciaire et du sort de l'accusé.

Les juges de paix interrogeaient la personne arrêtée, décidaient s'il fallait la relâcher ou la faire comparaître au tribunal et, depuis la fin du XVIIe siècle, jugeaient sommairement – c'est-à-dire sans l'assistance des jurés – les cas de vagabondage ou de prostitution. Or ils siégeaient aussi aux assises, c'est-à-dire à la cour criminelle d'Old Bailey. Ce n'est qu'à des époques fixes qu'on jugeait par jurés, aux *sessions :* la cour criminelle d'Old Bailey ne siégeait et ne rendait ses jugements que huit fois par an, plus ou moins régulièrement en janvier, février, avril, mai, juillet, août, octobre et décembre.

Avant les sessions d'Old Bailey se tenaient les sessions de la cité de Londres et du comté de Middlesex. En amont de l'ouverture de ces tribunaux, le greffier (*clerk*) de chaque cour dressait les actes d'accusation, selon des formules et catégories juridiques inscrites dans la jurisprudence ou les textes de loi, orienté par la

35. Roy F. Hunniset, *The Medieval Coroner*, Cambridge, Cambridge University Press, 1961.

nature du crime (parfois déterminée par le *coroner*) et l'identité du prisonnier. La détermination du chef d'accusation faisait du greffier un personnage fondamental de l'engrenage répressif parce que, en déterminant les chefs d'accusation et la nature des crimes, il posait l'éventail des peines qui pouvaient être prononcées contre le condamné.

Londres avait deux shérifs servant le Lord Mayor. Élus par les échevins de la ville, ils étaient responsables de l'ordre du comté. C'est eux qui convoquaient les membres du jury pour les diverses sessions prévues et présidaient aux exécutions.

Lors de deux sessions préliminaires, le Grand Jury se réunissait pour statuer sur la recevabilité des chefs d'accusation et décider si les indices étaient suffisants pour engager un procès : *No True Bill* ou *Bill Rejected* pour le non-lieu, et *True Bill* ou *Bill Forward* pour un renvoi au *Quarter Session*. Les magistrats présidant une cour adressaient un résumé (*charge*) au Grand Jury, rappelant les principes élémentaires du droit et les devoirs des jurés. Plaignants et témoins pouvaient alors témoigner, mais pas les accusés.

Le tribunal était installé au rez-de-chaussée du palais de justice. Les prisonniers étaient conduits en cour où on leur lisait les charges d'accusation avant de leur demander de plaider. L'auditoire commençait à remplir la salle du tribunal, réunissant des Londoniens de toutes conditions, curieux d'assister au duel des plaideurs et de connaître les détails les plus sordides des crimes reprochés ; quelques criminels, racontait-on, venaient y apprendre les principales règles de rhétorique et de droit pour préparer, par précaution, leur propre passage devant les jurés. En général, les spectateurs n'attendaient pas de grande surprise dans le plaidoyer de l'accusé. La cour encourageait ce dernier à plaider la non-culpabilité, puisque le procès pouvait entraîner une sentence plus douce que ce que le code appelait pour un verdict de culpabilité. Quant à ceux qui refusaient de plaider, ils étaient soumis à la « peine forte et dure », ou « presse »[36].

36. Ces expressions ne sont utilisées qu'en français, même par les Anglais.

Depuis le XVe siècle, juristes et humanistes anglais dénonçaient le recours à la torture sur le continent et célébraient son absence dans la pratique anglaise. S'il est vrai que la torture n'était pas inscrite dans la procédure judiciaire anglaise, elle fut pourtant parfois ordonnée par le Conseil privé (*Privy Council*) pour arracher des délations (et non des confessions) : l'historien du droit John Langbein recense un peu plus de 80 cas de ce type entre 1540 et 1640[37]. Or la peine forte et dure qui nous occupe ne fut pas, en soi, l'équivalent de la question à Paris : elle fut appliquée à ceux qui, accusés de crime capital, refusaient de plaider. Étendu sur le sol, le corps du prévenu recevait progressivement des poids placés sur la presse, de 45 jusqu'à 225 kg, jusqu'à ce qu'il accepte de plaider… ou jusqu'à la mort.

> Ils ont une espèce de question, qu'ils appellent la presse, dont on se sert lorsqu'un criminel ne veut pas plaider sa cause et qu'il récuse l'autorité et le pouvoir du tribunal. Dans ce cas-là, on le couche à terre, on lui attache les mains et les pieds à des pieux, de façon que son corps soit en croix et l'on met sur son estomac une planche, que l'on charge de poids, que l'on augmente de [demi-heure en demi-heure]. Le criminel est laissé dans cette situation, sans recevoir aucun aliment, jusqu'à ce qu'il veuille plaider sa cause et qu'il reconnoisse la validité du tribunal[38].

Les Anglais soutinrent longtemps qu'il ne s'agissait pas d'une torture puisqu'on ne cherchait pas l'extraction des aveux. En fait, la peine forte et dure est propre au procès par jury et la question « inquisitoire » serait illogique dans le cadre du débat contradictoire de la procédure accusatoire.

Pourquoi refuser de plaider ? Pourquoi accepter de se soumettre à la presse, parfois jusqu'à la mort ? Une mort sous la presse n'était pas une condamnation capitale puisque, en refusant de

37. John Langbein, *Torture and the Law of Proof. Europe and England in the Ancien Régime*, Chicago, The University of Chicago Press, 1976.
38. César de Saussure, *Lettres…*, *op. cit.*, p. 126 (lettre IV, 23 février 1726).

plaider, le prévenu évitait que le procès puisse être engagé : tout plaidoyer, de culpabilité ou non, revenait tout de même à reconnaître la légitimité du processus judiciaire. Andrea McKenzie explique plutôt le choix délibéré de la presse par certains prévenus comme une démonstration de courage et, à travers elle, comme une résistance héroïque au procès par jury et au bon droit du système pénal[39]. Il semble en outre que, comme la mort sous la presse n'était pas provoquée par un jugement légal et, par conséquent, ne pouvait occasionner la confiscation des biens d'un condamné de droit, elle ait été, pour nombre d'accusés, une manière d'assurer la sauvegarde du patrimoine familial. En 1772, avec l'abolition de la presse, le refus de plaider équivalait au plaid de culpabilité ; en 1827, au plaid de non-culpabilité.

Les cours royales étaient des *courts of record*, c'est-à-dire qu'elles conservaient les archives de leurs décisions ; elles étaient les seules qui traitaient du délit au pénal. Les trois cours de Londres, Oyer and Terminer, General Gaol Delivery et Quarter Sessions of the Peace jugeaient toute sorte de délinquants, généralement issus de la criminalité locale. La cour d'Old Bailey couvrait les juridictions des comtés de Londres et du Middlesex. Deux jurys distincts se relayaient donc dans leur fonction. Alors que l'un suivait les procès, l'autre se retirait pour rendre sa décision. Avant 1737, les jurés se tenaient de chaque côté de l'accusé ; mais la salle de cour fut réaménagée en 1737 afin que tous les jurés fussent assis ensemble. L'augmentation des affaires et le déséquilibre entre Londres et le Middlesex conduisirent progressivement le jury à rendre son verdict immédiatement après chaque procès. Il est clair que, en ces circonstances, la présence bigarrée des spectateurs, le bruit de leur impatience et leur réaction aux témoignages orientèrent plus d'une fois la décision des jurés comme celle des juges.

Bien que choisis par le shérif, les membres du jury pouvaient être récusés par l'accusé s'il nourrissait un doute sur l'impartialité

39. Andrea McKenzie, « "This Death Some Strong and Stout Hearted Man Doth Choose" : The Practice of Peine Forte et Dure in Seventeenth- and Eighteenth-Century England », *Law and History Review*, 23, 2005, p. 279-314.

de leur jugement : il n'était pas rare que les prisonniers fissent usage de ce droit, jusqu'à excéder le shérif qui avait alors le loisir de mettre un terme à ce jeu sans fin de récusation.

Les recherches sur l'institution des jurys sont nombreuses et les historiens de la justice pénale anglaise à l'époque moderne y ont souvent trouvé le cœur de leur division intellectuelle. Pour John Beattie, les jurys étaient choisis pour leur respectabilité, leur expérience et leur engagement dans les affaires locales. Selon Douglas Hay, les jurys, bourgeois et propriétaires, étaient là pour faire respecter les liens d'obéissance et de soumission des travailleurs face aux propriétaires. John Langbein soutient *a contrario* qu'ils avaient charge de clémence, limitant les condamnations capitales par le recours au verdict partiel[40], sous le coup duquel le condamné ne pouvait recourir au privilège du *clergy*, « clergie ».

> C'étoit autrefois un privilège qui étoit affecté aux gens d'Église, mais qui aujourd'hui s'étend aussi sur les laïques dans la conviction de certains crimes, et en particulier d'un meurtre particulier ou casuel. En vertu de ce privilège, on présente au criminel un Nouveau-Testament latin, en lettres gothiques, dont il doit lire deux versets.

Le *neck verse*, c'est-à-dire le « verset du cou » ou « verset du pendu », n'était pas tiré du Nouveau Testament comme le rapportait Saussure, mais consistait plutôt en deux versets du Psaume 51 de David[41].

> Si la personne préposée pour les lui faire lire, prononce ces mots : *Legit ut Clericus*, c'est-à-dire « il lit comme un clerc », ce qu'il fait toujours, quoique le prisonnier vint à lire fort mal, alors il

40. *Supra*, note 18, p. 32.
41. *Amplius lava me ab iniquitate mea : et a peccato meo munda me. Quoniam iniquitatem meam ego cognosco : et peccatum meum contra me est semper*. « Aie pitié de moi, Dieu, selon ta grâce : selon ta grande miséricorde efface mes forfaits. Lave-moi complètement de ma faute, et de mon péché purifie-moi. »

est seulement marqué à la paume de la main avec un fer chaud. Ensuite il est élargi[42].

En fait, le *benefit of clergy* ne fut vraiment qu'une formule qui signifiait un pardon pour une première offense, et qui fut étendu aux femmes en 1692.

Tout procès criminel étant public, chaque affaire pouvait accueillir son lot de spectateurs. Les nouveaux aménagements des années 1730 établirent un passage reliant le tribunal à la prison de Newgate où les accusés attendaient leur jugement. Le prisonnier pénétrait dans une cour bruyante de spectateurs, étouffante dans son exiguïté et intimidante dans son organisation spatiale : à la barre, l'accusé faisait face au boxe des témoins et aux magistrats assis au fond de la salle. Un immense miroir où venait se réfléchir la lumière du jour était placé au-dessus de la barre, favorisant la luminosité de la salle et permettant à l'ensemble du tribunal de suivre les gestes et les réactions de l'accusé. Derrière et au-dessus des jurés, des galeries pour l'auditoire étaient disposées dont les places étaient payantes. Les observations de Saussure, témoin privilégié, méritent encore d'être sollicitées.

> Voyons maintenant de quelle manière se rendent les jugements. Lorsque le tribunal est formé et que le prisonnier est à la barre, c'est-à-dire qu'il est comparu, les douze jurés sont appelés à prêter serment sur l'Évangile qu'ils jugeront au plus près de leur conscience. Ensuite on lit une espèce de petit procès-verbal du juge à paix, qui a fait saisir le prisonnier, par lequel l'on voit pourquoi et à l'instance de qui il a été arrêté. Après cela, Milord Grand Juge lui demande s'il est coupable du crime dont il est accusé. À quoi il faut qu'il réponde que non : autrement s'il avoue qu'il est coupable, son procès est tout fait, et on le juge suivant la loi. Mais c'est un cas que l'on ne voit guère ; tout criminel est bien aise de voir s'il pourra échapper à la justice en plaidant sa

42. Ces deux citations viennent de César de Saussure, *Lettres…*, *op. cit.*, p. 129.

> cause. Après que le prévenu a dit qu'il n'est pas coupable, on fait avancer celui à l'instance de qui il a été arrêté ; on lui fait prêter serment sur l'Évangile qu'il ne dira rien que la vérité, et il fait un récit aussi circonstancié qu'il le peut de ce qui s'est passé. S'il y a des témoins qui peuvent déposer quelque chose contre le prisonnier et confirmer ce que son accusateur a avancé, on leur fait prêter serment et ils disent ce qu'ils savent. De plus si quelqu'un peut déclarer par serment que le détenu est une personne de mauvaise vie et qu'il a été soupçonné de telle ou telle mauvaise action, on l'écoute. Lorsqu'on a entendu tous ceux qui ont quelque chose à dire contre le prisonnier, on lui demande s'il a quelque chose à dire pour sa défense et on le laisse autant qu'il veut. S'il a des témoins qui puissent avancer quelque chose en sa faveur, on leur fait prêter serment et ils disent ce qu'ils ont à dire. Une fois la cause entendue, le grand juge s'adressant aux jurés leur fait une récapitulation de tout le procès. Ensuite les jurés se retirent dans une chambre, où il n'y a aucun meuble, et où ils doivent rester sans avoir de lumière ni aucune espèce de nourriture jusqu'à ce qu'ils conviennent unanimement que le prisonnier est coupable ou innocent[43].

La description de Saussure propose une remarquable synthèse du déroulement régulier du procès et révèle plusieurs éléments d'importance. D'une part, le serment auquel seul l'accusé échappe, alors que tous les témoins doivent s'y plier. Ensuite, au cœur même du tribunal, le face-à-face du juge et du jury confère à la justice pénale anglaise une nature toute singulière qui l'oppose clairement à la procédure du Châtelet et du Parlement : avec le système de jury s'opère une articulation entre l'État et la communauté, qui suppose un tout autre imaginaire judiciaire.

Old Bailey n'était pas encore à l'heure du « doute raisonnable », tant s'en faut. Les juges pouvaient orienter les décisions des jurés et avaient le pouvoir (rarement revendiqué il est

43. *Ibid.*, p. 127-128.

vrai) de révoquer un verdict et de reprendre un procès s'ils en étaient insatisfaits. Ce fut vraiment avec la pénétration des avocats dans l'enceinte du tribunal que le procès par débat contradictoire, alors pleinement opposé à la procédure inquisitoire continentale, s'imposa[44].

Bien que la pratique ait toujours été permise, les avocats des plaignants n'entrèrent véritablement à la cour qu'à partir des années 1730. Avant cela, c'étaient les parties qui examinaient les témoins et résumaient l'affaire au jury en fin de procès. Le *Treason Trials Act* de 1696 légalisa les avocats pour les procès politiques, c'est-à-dire contre les cas graves de sédition, de fausse monnaie, de libelles et de brigandage ; puis, progressivement, les avocats investirent Old Bailey pour les crimes de droit commun[45]. À partir de 1752, la cour remboursa les dépenses liées à un avocat si le plaignant était pauvre et s'il avait remporté sa cause. En 1778, le remboursement fut élargi à tout procès victorieux. Enfin, l'avocat de la défense fut admis pour les cas d'infraction, de trahison et de crime (*felony*). Comme chez les juristes français, la défense, pensait-on, pouvait se passer de rhétorique, les magistrats étant considérés comme les meilleurs protecteurs des intérêts des accusés. Du reste, lorsque le secours d'un avocat devint pratique courante pour les plaignants, les cours ouvrirent aussi ce droit aux accusés, mais ce ne fut qu'en 1836 que les avocats de la défense purent s'adresser directement au jury[46].

Les procès étaient généralement courts, d'une demi-heure environ. Le *Petty Jury*, qui jugeait les faits et devait déterminer la culpabilité ou l'innocence du prévenu, ne se retirait qu'après une série de procès, souvent 5 ou 6, afin de rendre ses verdicts.

44. John Langbein, *The Origins of Adversarial Criminal Trial*, *op. cit.*

45. *Id.*, « The Criminal Trial Before the Lawyer », *The University of Chicago Law Review*, 45, 1978, p. 263-316 ; John Beattie, « Scales of Justice : Defense Counsel and the English Criminal Trial in the Eighteenth and Nineteenth Centuries », *Law and History Review*, 9, 1991, p. 221-267.

46. L'avocat de la défense bouleversa surtout la pratique judiciaire par ses contre-interrogatoires des témoins du plaignant, notamment lorsqu'il s'agissait de délateur ou de complice. Le doute alors se répandit, dans le monde de la preuve, sur les rumeurs ou les confessions précédant le procès.

Les comptes rendus imprimés des sessions témoignent de cette justice expéditive, où la cour pouvait conclure 15 à 20 procès criminels par jour car la décision du jury était, en général, prise rapidement. Dès la fin de la session, les accusés étaient reconduits à la cour pour entendre leur sentence. En cas de peine capitale, le condamné pouvait s'adresser au juge pour servir une éventuelle justification mais il était rare, d'après ce que rapportent les sources, que cette dernière intervention changeât quoi que ce soit. Bien que certaines peines aient répondu à certains crimes, les magistrats britanniques, comme les juges français, jouissaient d'une certaine souplesse grâce au principe de l'arbitraire judiciaire – appelé alors *discretion* : les magistrats pouvaient retarder l'exécution d'une sentence pour présenter le cas au Conseil privé et demander une grâce. À partir du règne de Guillaume et Marie (1689-1702), les décisions relatives aux condamnations capitales furent en effet confiées au Conseil du roi. Le « greffier de Londres » (*Recorder of London*) avait la responsabilité de préparer et présenter une liste de condamnés à mort, les *Recorder's Reports*, aux ministres et autres officiers du cabinet siégeant, généralement, en compagnie du roi[47]. Le nombre de suppliciés à Tyburn fut souvent très inférieur au nombre de condamnés à mort par Old Bailey : la déportation (*transportation*) en Amérique, puis en Australie, des condamnés à mort graciés fut un outil fondamental du fonctionnement pénal depuis le XVIIe siècle. Malgré les (ou en raison des) 200 crimes capitaux contenus dans le *Bloody Code*, le recours aux grâces était fréquent et, somme toute, faisait partie intégrante du système pénal. Le pouvoir discrétionnaire des magistrats, notamment par la commutation de la peine capitale en déportation, en était la clé. D'aucuns prétendaient même que l'incarcération puis la déportation étaient interprétées par les criminels comme des peines plus exemplaires que la mort, plus terribles pour le Londonien

47. John Beattie, « The Cabinet and the Management of Death at Tyburn after the Revolution of 1688-1689 », in Lois G. Schwoerer (dir.), *The Revolution of 1688-1689. Changing Perspectives*, Cambridge, Cambridge University Press, 1992, p. 218-233.

si viscéralement attaché à ses libertés. Il reste pourtant que le spectacle de Tyburn puis, à partir de 1783, les pendaisons face à la porte de la prison de Newgate, fut un événement parfaitement inscrit dans le calendrier de la capitale : un jour d'exécution était un jour chômé.

Le spectacle de Tyburn

Contrairement à la place de Grève de Paris, où furent régulièrement pendus et rompus voleurs et assassins, l'espace où l'on exécutait les condamnés à Londres, Tyburn, se situait à l'extrémité ouest de la ville, dans ce qui était encore la campagne au milieu du XVIIIe siècle[48]. D'autres lieux d'exécution étaient parfois en usage, comme Tower Hill pour la décapitation des traîtres, les ports de Wapping (*Execution Dock*) pour la pendaison des pirates condamnés par l'amirauté, ou Smithfield, dans le nord-ouest de la ville, pour le bûcher des femmes coupables de faux monnayage ou du meurtre de leur mari. Au cours du XVIIe siècle, certains meurtriers étaient même exécutés près de l'endroit où leur crime avait été commis. Mais le gibet à trois branches de Tyburn, érigé semble-t-il pour la première fois pendant la période élisabéthaine, fut le principal lieu de supplice jusqu'à ce que les pendaisons soient intégrées dans la ville en 1783, au-devant de la porte de la prison de Newgate. Juché sur un petit mont, à l'extérieur de l'angle nord-est de Hyde Park, au carrefour de trois routes qui menaient à Londres, à Westminster et à Oxford, un immense gibet à trois branches se dressait au cœur de cette large place pouvant contenir, d'après les différents témoignages que nous en gardons, près de 2 000 spectateurs. Les contemporains, comme Bernard de Mandeville ou Henry Fielding, ont continuellement critiqué Tyburn comme un espace malsain de réjouissance populaire : « foire » pour

48. À l'endroit où Marble Arch se dresse aujourd'hui, une pierre posée au croisement de Bayswater Road, Park Lane, Oxford Street et Edgeware Road y marque présentement l'emplacement de l'ancien gibet de Tyburn.

l'assistance, « jour de gloire » pour les condamnés. Quitter les cachots de la prison de Newgate pour traverser, vers l'ouest, le dédale menant à l'« arbre de Tyburn » (*Tyburn Tree*) permettait, au cours d'un long parcours, de réunir au convoi une foule de Londoniens curieux d'assister au spectacle que leur offrait Old Bailey, huit fois dans l'année.

De fait, il existait à Londres un véritable calendrier pénal. Il ne s'agit pas ici d'un simple clin d'œil au *Newgate Calendar*, cette célèbre production littéraire des XVIIIe et XIXe siècles réunissant les vies criminelles des plus fameux condamnés à mort de la capitale[49]. Londres prévoyait huit journées d'exécution par an, à peine quelques jours après la fermeture de la session d'Old Bailey. Au moins jusqu'en 1752, un jour d'exécution à Tyburn était, par définition, un jour d'exécutions en série.

Le système des châtiments reposait, à Londres, sur les trois principaux objectifs attribués à la pénalité : la correction, la rétribution et l'exemplarité. Le recours au fouet, à la marque (au pouce, si l'on profitait du *benefit of clergy*) et à l'exposition au pilori fut utilisé pour répondre publiquement à la transgression dans un certain calcul de souffrance et de honte qui, nous le verrons plus tard, ne répondait pas aux mêmes codes que ceux des exécutions parisiennes. La honte anglaise ne correspondait pas tout à fait à l'infamie française.

La place de Grève à Paris, l'actuelle place de l'Hôtel de ville, fut un lieu où, en définitive, toutes les peines pouvaient être exécutées ; Tyburn, au contraire, resta très souvent associé à son gibet permanent. De fait, la « pendaison par le cou » (*hanging by the neck*), selon la formule contenue dans les statuts, fut l'exécution la plus fréquente. À quelques rares occasions, une potence fut élevée dans la capitale, comme pour la répression des émeutes de Gordon où 12 émeutiers furent pendus à des endroits dif-

49. On en connaît de très nombreuses éditions, généralement des anthologies. Voir par exemple *The Complete Newgate Calendar*, éd. J. L. Rayner et G. T. Crook, Londres, Navarre Society Ltd, 1926, 5 vol., qui n'est pas aussi « complet » que le titre le suggère.

férents, sur le site des bâtiments qu'ils avaient vandalisés[50]. Mais l'« arbre de mort » fut le principal instrument du supplice. Chaque poutre pouvait porter 8 pendus et il n'était pas permis de prolonger le spectacle de l'exécution sur deux jours. Il était ainsi très fâcheux pour le déroulement du rituel d'exécuter plus de 24 condamnés en une seule séance. De la période élisabéthaine jusqu'aux années 1640, le taux d'exécution capitale était d'environ 200 par an pour la ville de Londres et le comté du Middlesex mais ces chiffres, notamment par le recours en grâce, diminuèrent considérablement après la Restauration[51]. En moyenne, et considérant la croissance démographique extraordinaire de Londres (400 000 en 1650, 575 000 en 1700 et 675 000 en 1750), jusqu'à la seconde moitié du XVIIIe siècle, entre 25 et 35 condamnations étaient exécutées chaque année. Ces taux sont bien sûr variables, plus élevés en temps de paix qu'en temps de guerre, où la jeunesse désœuvrée était mobilisée dans l'armée ; mais le nombre de suppliciés à Paris fut, de loin, beaucoup moins élevé.

Londres fut un espace de supplices. Les têtes fichées au sommet du pont de Londres en rappelaient durablement la réalité. Et la mort judiciaire prit aussi, comme dans les autres justices du continent, différents visages.

Tyburn accueillait l'essentiel des malfaiteurs condamnés par la cour criminelle d'Old Bailey : voleurs et meurtriers. Debout dans la charrette qui les avait menés au supplice, les condamnés étaient conduits directement sous une des poutres du gibet. L'exécuteur leur nouait la corde autour du cou, couvrait leur visage d'une cagoule puis, à son signal ou à celui du shérif, la charrette se dérobait sous leurs pieds. C'était alors, comme les contemporains le disaient, la « gigue de Tyburn » : les suppliciés s'agitaient et convulsaient jusqu'à ce qu'ils soient lentement étranglés à mort.

50. Peter Linebaugh, *The London Hanged. Crime and Civil Society in the Eighteenth Century*, Cambridge, Cambridge University Press, 1992, p. 362-365.
51. Andrea McKenzie, *Tyburn's Martyr*, *op. cit.*, p. 5-7.

Les unitariens Bartholomew Legatt et Edward Wightman furent les derniers hérétiques brûlés vivants à Londres, en 1612. Les femmes coupables de haute ou de petite trahison devaient aussi être brûlées. Près du gibet à Tyburn ou dans Smithfield, au nord-ouest de la Cité, là où se tenait la célèbre foire de Bartholomé (*Bartholomew Fair*), les condamnés étaient conduits, mains liées, au poteau du bûcher. On recouvrait leur corps de résine et de fagots. Emmurés de ces combustibles, ils étaient alors mis en flamme et ce ne fut qu'à la toute fin du XVIIe siècle que l'exécuteur reçut régulièrement (mais pas systématiquement) l'ordre d'étrangler le patient avant d'y mettre le feu. En 1788 encore, une femme coupable d'avoir fabriqué de la fausse monnaie fut brûlée et réduite en cendres devant la porte de la prison de Newgate, alors principal lieu d'exécution. Le supplice du feu ne fut aboli qu'en 1790[52].

La décapitation était réservée à la noblesse coupable de haute trahison. Exécuté à la hache, ce châtiment fut encore plus rare que l'écartèlement.

Réservé en France pour les régicides, l'écartèlement anglais – *drawn and quartered*, « tiré et coupé en quatre » – pouvait être prononcé contre les hommes coupables de trahison, haute et petite. Tiré sur une claie de la prison vers le lieu d'exécution, le condamné était ensuite pendu, détaché avant l'étouffement puis éviscéré, castré, décapité et coupé en quatre morceaux. Certaines variations pouvaient tempérer le supplice, comme lorsque l'exécuteur laissait mourir le condamné avant de le détacher de la potence : ce fut généralement le cas au XVIIIe siècle. Guy Fawkes et ses complices, les conspirateurs du *Gunpowder Plot* de 1605, complot dirigé contre la reine, furent tirés et coupés en quatre devant la cathédrale Saint-Paul ; tandis que le Français François-Henri de la Motte, condamné à la même peine pour espionnage en 1782, fut exécuté à Tyburn et ses morceaux jetés à la mer. Il fut le dernier à souffrir cette peine, les hommes étant ensuite condamnés à la simple pendaison.

52. Simon Devereaux, « The Abolition of the Burning of Women in England Reconsidered », *Crime, Histoire et Sociétés*, 9, 2005, p. 73-98.

Cet arsenal pénal resta à la disposition des juges jusque dans la première moitié du XIXe siècle, même si les magistrats restreignirent progressivement leur sentence à la pendaison et délaissèrent, surtout à partir des années 1770, les supplices capitaux aggravés. Les shérifs de Londres et du Middlesex furent parmi les principaux artisans des réformes pénales au XVIIIe siècle. Au plus fort des critiques contre le bûcher et l'écartèlement, les réformateurs anglais s'indignèrent de cet « héritage barbare de l'ancienne coutume normande qui vint souiller nos statuts[53] ». Cette cruauté, déclarèrent-ils, ne pouvait avoir que des origines continentales.

Paris

De la fin du Moyen Âge jusqu'aux réalisations d'Haussmann sous le Second Empire, Paris offrait au promeneur la vision d'un univers bigarré, bruyant et grouillant, avec ses rares instants de silence et ses spectacles de toute nature. À quelques minutes de la barrière Saint-Jacques, le visiteur qui s'approchait de la capitale s'étonnait, et peut-être se réjouissait de ce monde qui semblait produire un bruit de tonnerre par les mouvements qui l'habitaient. Dans son travail admirable sur *Le Peuple de Paris*, Daniel Roche dépeint une ville bavarde, multiple, au cœur de laquelle se côtoyaient bâtiments somptuaires et vilaines maisons sales, portes monumentales et impasses malfamées[54]. Serpentant au cœur d'une ville verticale, le Parisien distinguait à peine le ciel, quand il ne le découvrait pas qu'en place publique ou aux portes de la cité. En plein jour, le promeneur se frayait un chemin à travers des rues étroites et souvent tortueuses, se salissait les

53. Cité par Greg Smith, « "Civilized People Don't Want to See that Kind of Thing" : The Decline of Public Physical Punishment in London, 1760-1840 », in Carolyn Strange (dir.), *Qualities of Mercy. Justice, Punishment, and Discretion*, Vancouver, University of British Columbia Press, 1996, p. 31.

54. Daniel Roche, *Le Peuple de Paris. Essai sur la culture populaire au XVIIIe siècle*, Paris, Aubier, 1981.

bottes et les culottes dans les rivières d'eau boueuse et d'excréments engloutissant les pavés. La ville était haute, souvent étroite, et il suffisait presque de tourner la tête pour changer de société.

Paris tremblait ; tout y semblait mobile. Processions et mouvements de foule déferlaient comme une vague sur les lieux symboliques de la capitale, réactivant alors la mémoire des espaces. Gagne-deniers et chansonniers ambulants, portefaix et revendeurs de vieilles hardes, maçons, charretiers, manouvriers et domestiques criaient, parlaient, chantaient et bousculaient la ville à travers ses ponts, ses places et ses culs-de-sac. À ces cris, à ces complaintes et à ces éclats de conversation se distinguaient aussi la parole sacrée : chapelles, places publiques et cimetières en portèrent l'écho jusqu'à la Révolution. À partir de la seconde moitié du XVIIe siècle, la ville parut aussi prise de vitesse : les chevaux et les carrosses devinrent de véritables dangers qui s'approprièrent la circulation et menacèrent quotidiennement gens de peu et voyageurs non avertis[55]. Boulimique comme sa sœur anglaise, Paris ne cessait d'engraisser en intégrant les faubourgs environnants ; mais en son cœur, notamment après la mort de Louis XIV, elle ne cessa de se transformer par fragments : s'élevèrent alors des hôtels particuliers pour une élite qui réinvestissait la capitale, et s'ouvrirent des places royales, boulevards et promenades si chers aux embellissements des Lumières. « On bâtit de tous côtés », écrivait encore Mercier dans les années 1780. La ville changeait toujours, et les Parisiens avec elle.

La nuit, le guet veillait sur une capitale qui faisait peur et que la police cherchait à encadrer et à sécuriser. Les migrants, les déracinés et les gibiers de potence se terraient et se taisaient tandis que la garde éclairait les rues à la lueur de leurs lanternes. Les archives ont conservé ces récits d'inquiétudes nocturnes ; les rapports du guet conservés à la bibliothèque de l'Arsenal révèlent l'ivrogne, le pilleur de tombes ou la prostituée qui fuyaient dans le lacis des rues et des ruelles. Le jour, la ville était bruyante, la

55. Annick Pardailhé-Galabrun, « Les déplacements des Parisiens dans la ville aux XVIIe et XVIIIe siècles », *Histoire, économie, société*, 2, 1983, p. 205-253.

nuit, elle était menaçante sans, par ailleurs, être nécessairement plus dangereuse[56]. Avant qu'elle ne devienne la capitale de la jouissance et du raffinement, Paris était encore la ville de la proximité malodorante, de l'omniprésence du danger, du succès et des fortunes, certes, mais aussi de la peur, du sang et de la mort. La littérature comme les archives du désordre esquissent un portrait de Paris qui, pour être incomplet, n'en reste pas moins particulièrement complexe, petit monde de promesses et de périls et réservoir de tous les possibles.

Les archives de police et de justice rendent compte, pendant tout l'Ancien Régime, des incertitudes du quotidien dans la capitale. Le danger paraît omniprésent, mais le risque étant au cœur de toutes les préoccupations, il devint familier : vies fragiles, sans aucun doute, mais pas nécessairement tragiques[57]. Le temps des gifles fut aussi un temps des solidarités. Les vies racontées à travers les plaintes et les interrogatoires, voire à travers les procès-verbaux d'expertise immobilière ou médicale, même dans la correspondance des gens de justice inquiets et soucieux de leurs justiciables, témoignent de sensibilités et de rapports sociaux tissés autant par les conventions que par les besoins. Paris fut un univers où la vie, la mort et la foi se côtoyaient sans se contredire.

De fait, Paris grouillait autant de morts que de vivants. Bien sûr, on pataugeait en plein cœur de la capitale dans le sang que déversaient les tueries et les boyauderies, qui ne furent chassées de la ville que par les édiles enregistrés sous la Restauration[58]. Inutile d'insister longtemps, en outre, sur la multiplication des charniers et des cimetières tout au long de l'époque moderne ; sur l'« espace d'intégration et d'identité collective » que fut le cimetière des Saints-Innocents aux XVIIe et XVIIIe siècles[59] ; sur le

56. Alain Cabantous, *Histoire de la nuit, XVIIe-XVIIIe siècle*, Paris, Fayard, 2009.

57. Arlette Farge, *La Vie fragile. Violence, pouvoirs et solidarités à Paris au XVIIIe siècle*, Paris, Hachette, 1986 et, plus récemment, *Effusions et Tourments. Le récit des corps. Histoire du peuple au XVIIIe siècle*, Paris, Odile Jacob, 2007.

58. Sydney Watts, « Boucherie et hygiène à Paris au XVIIIe siècle », *Revue d'histoire moderne et contemporaine*, 51/3, 2004, p. 79-103.

59. Christine Métayer, *Au tombeau des secrets. Les écrivains publics du Paris*

carrefour que ces lieux constituaient entre le sacré et le profane, ni sur la difficile sacralisation du champ des morts que chercha à imposer la réforme tridentine à partir du XVIIe siècle[60]. Par-delà les cimetières, les archives de la police parisienne révèlent aussi la présence quotidienne des dépouilles que l'on découvre « dans les maisons, dans les rues et autres lieux publics ou particuliers; [d]ans les filets des ponts, vannes de moulins et sous les batteaux qui sont sur la rivière[61] », dépouilles que les archers du guet réunissaient dans un tombereau à la fin de la nuit et qu'ils conduisaient dans les basses geôles du Châtelet pour que les corps, espérait-on, pussent être identifiés[62].

Le Paris d'Ancien Régime fut un gigantesque réservoir de cadavres. Les archers, la maréchaussée ou les officiers de robe-courte avaient la responsabilité de conduire les corps morts qui leur étaient signalés à la morgue du Châtelet. De très nombreuses ordonnances du lieutenant criminel rappellent, placard après placard, cette réalité de la capitale.

> Le procureur du roy a reçu différentes plaintes de ce que les guichetiers des prisons du Grand-Châtelet [l]aissoient lesdits cadavres exposez dans la cour du Chastelet, sans les entrer sur le champ dans la basse geôle, sous prétexte que les archers qui conduisoient et apportoient lesdits cadavres refusoient de leur prêter secours pour entrer lesdits cadavres dans la basse geôle; et attendu qu'une pareille exposition répugne à l'humanité, est entièrement contraire à l'ordre public et ne peut causer que beaucoup de scandale[63].

---

populaire. Cimetière des Saints-Innocents, XVIe-XVIIIe siècle, Paris, Albin Michel, 2000.

60. Alain Cabantous, *Entre fêtes et clochers. Profane et sacré dans l'Europe moderne des XVIe-XVIIIe siècles*, Paris, Fayard, 2002.

61. Bibliothèque nationale de France (désormais BnF), F 23714 (857). Sentence prononcée le 11 juillet 1724 puis répétée en janvier 1742 (F 23715 [956]) et mars 1743 (F 23715 [1032]).

62. C'est à partir de ces corps et des procès-verbaux qu'ils ont suscités qu'Arlette Farge rédigea *Le Bracelet de parchemin. L'écrit sur soi au XVIIIe siècle*, Paris, Bayard, 2003.

63. BnF, F 21042 (90). Sentence prononcée le 16 mars 1745.

La chambre de police multiplia sans succès les ordonnances pour cacher, autant que faire se pouvait, la présence de la mort dans Paris. Les fossoyeurs qui transportaient les cadavres non identifiés par la population de la morgue jusqu'aux charniers des Saints-Innocents[64] étaient réprimandés par la chambre de police puisqu'ils

> s'arrestent journellement à plusieurs et différens endroits de la ruë Saint-Denis, y restent près d'une heure, occasionnant un concours d'un grand nombre de personnes auxquelles ils demandent et questent de l'argent sous prétexte de faire prier Dieu pour le deffunt, lequel argent ils vont boire ensuite entr'eux dans des cabarets et autres endroits, et abandonnent très souvent les cadavres dans ladite ruë[65].

À cette omniprésence de la mort et des morts inhumés, on doit aussi ajouter les spectacles permanents du deuil, que les billets et affiches communiquaient de plus en plus au cours des XVIIe et XVIIIe siècles[66], les dissections publiques qui, dès le XVIe siècle, constituaient un divertissement des plus courus par les cercles mondains[67], ainsi que les exécutions mises en scène par le bourreau, mises en mots par le greffier, parfois mises en chanson par quelque poète, que tous voyaient, lisaient et

64. « L'on m'a certifié, rapportait encore Louis-Sébastien Mercier, que les cadavres sont transportés dans les cimetières la nuit et qu'il n'en reste pas un seul dans les caveaux des églises. [M]ais enfin, ces vingt-mille cadavres ne sortent pas de la capitale ; et quand on songe que dans le cimetière des Innocents on enterre des morts depuis mille ans, que l'on n'attend pas que la terre ait achevé de consumer ces déplorables restes ; l'imagination révoltée repousse les tableaux qui viennent l'assaillir. [F]aut-il s'étonner que l'air soit vicié ? [Ô] superbe ville ! Que d'horreurs dégoûtantes sont cachées dans tes murailles ! » Louis-Sébastien Mercier, *Le Tableau de Paris*, éd. Jean-Claude Bonnet, Paris, Mercure de France, 1994, p. 114-121, chap. XLIII, « L'air vicié ».

65. BnF, F 23715 (600). Sentence prononcée le 6 juillet 1736.

66. Michèle Fogel, *Les Cérémonies de l'information dans la France du XVIe au XVIIIe siècle*, Paris, Fayard, 1989.

67. Rafael Mandressi, *Le Regard de l'anatomiste. Dissections et invention du corps en Occident*, Paris, Seuil, 2003.

entendaient au rythme régulier et rassurant des activités des cours criminelles de la ville.

Mise en scène, mise en mots, mise à mort : les exécutions capitales offraient, sur le principe de l'exemplarité judiciaire, le spectacle permanent de la violence fatale.

Car nous y sommes. À travers ces bruits et ces spectacles, crimes et châtiments se produisent et se mettent constamment en scène. De fait, les théâtres de la violence étaient nombreux à Paris : violence sacrée, violence de sociabilité, violence criminelle et violence judiciaire avaient leurs acteurs, leurs moments et leurs espaces. Les corps de Coligny en 1572 et de Concini en 1617 furent cavalés dans les rues, frappés, défigurés, émasculés par des Parisiens qui s'acharnèrent sur la chair et dans le sang pour l'amour de leur roi. Lorsque les bras et les jambes de François Ravaillac furent arrachés par quatre chevaux en place de Grève, en 1610, pour venger l'assassinat d'Henri IV, les spectateurs se ruèrent sur les morceaux et « il n'y eust fils de bonne mère qui n'en voulust avoir sa pièce, jusqu'aux enfans qui en firent du feu aux coings des rues[68] ». Dépeçage des corps, éviscération, exposition en trophées de la tête ou des parties génitales[69] : le massacre, sans être quotidien, tant s'en faut, subsiste et se maintient, terriblement, dans les champs du possible. Dans les journaux d'événements ou dans les récits de voyage, les histoires tragiques surviennent parfois. Paris fut riche de faits divers. Mais si la ville bouillonnait de violence, assurément, ce fut d'une violence ordinaire, surtout, qu'elle était imprégnée.

Bien qu'on cherchât à la réguler et qu'on y réussît généralement assez bien, la violence intégrait parfaitement Paris, ses murs et ses pavés. Le grand massacre des chats, par exemple, fit

68. Pierre de L'Estoile, *Mémoires et journal depuis la mort de Henri III (1589) jusqu'en 1611*, éd. Michaud et Poujoulat, Paris, Didier, 1857, p. 598.

69. Des guerres de Religion à la Révolution, les pratiques du massacre sont constamment réactivées. Voir par exemple Denis Crouzet, *Les Guerriers de Dieu. La violence au temps des troubles de religion (vers 1525-vers 1610)*, Seyssel, Champ Vallon, 1990 ; Bronislaw Baczko, *Comment sortir de la Terreur. Thermidor et la Révolution*, Paris, Gallimard, 1989 ; et, plus récemment, David El-Kenz (dir.), *Le Massacre. Objet d'histoire*, Paris, Gallimard, 2005.

rire bien des domestiques au XVIIIe siècle[70]. Jusque dans la seconde moitié du XIXe siècle, au plus tôt, la violence fut un phénomène social accepté, voire attendu. Le discours civilisateur inventé par les élites définit la violence et les codes dans lesquels elle pouvait s'exercer, mais rend également compte d'une violence qui, dans ce cadre préétabli, se conformait à une norme sociale globalement admise par la communauté. Le grand effort de pacification et d'organisation de la ville, que cherchait à mettre en place la lieutenance générale de police au XVIIe siècle, complétait le guet, la garde et la milice, déjà actifs depuis la fin du Moyen Âge. Or cela n'empêchait pas le juge de condamner au dernier supplice, ni les Parisiens de s'intéresser au spectacle de la souffrance. D'une certaine façon, le supplice fut aussi une forme de violence ordinaire.

Plusieurs sensibilités à l'égard des exécutions et des supplices capitaux coexistent, au Moyen Âge et à l'époque moderne, parmi la foule des spectateurs et chez les spectateurs eux-mêmes. Certes, le plaisir, l'inquiétude et la commisération sont des sentiments historiquement appris, que l'on peut être tenté d'inscrire dans une chronologie plus ou moins précise. Mais face au spectacle de la violence, il existe parfois une compassion sans répugnance, ou au contraire un dégoût sans contestation. Certes culturelles, violence et cruauté sont aussi des phénomènes légaux en constante redéfinition, individuelle et collective : les souffrances d'un écartèlement pouvaient être acceptées sans scandale si, dans l'esprit des spectateurs, elles s'inscrivaient dans le cadre d'une violence modérée, c'est-à-dire prescrite par la loi. On n'a pas toujours imaginé les souffrances d'autrui et, lorsqu'on a pu le faire, la violence ne choquait pas si elle était légitime : à l'exception de très rares anecdotes que les chroniques ou journaux d'événements

70. Robert Darnton, *The Great Cat Massacre. And Other Episodes in French Cultural History*, New York, Vintage, 1985. L'ouvrage raconte l'épisode du massacre de la rue Saint-Séverin : mal payés et méprisés par leur maître et son épouse, les ouvriers d'un imprimeur parisien battirent et égorgèrent les chats du quartier et loin de l'épargner, ils y inclurent, dans un grand éclat de rire, la chatte favorite de la patronne.

nous rapportent, le supplice reste banal. La violence du supplice n'est généralement pas une violence tragique, comme l'exprime parfaitement Philippe de Vigneulles (1471-1528), dans un commentaire que pourraient aussi faire nombre de chroniqueurs et diaristes des XVIIe et XVIIIe siècles :

> J'ay veu faire pour plusieurs raisons diverse justice, et essécuter diverse parsonne, tant homme que femme, pour diverse cas : desquelles je n'en dis riens pour cause de briesté. [...] À moy ne plaît de mestre tel chose en mon livre ; et ce me semble une chose de petite vallue de tel follie mettre en cronicques : car chose semblable et perreille avient tous les jours, de pouvre lairon ou aultre malfaicteur qui desroube, puis sont pandus. Et pour ce n'en fais compte d'en rien mettre, se n'est doncquez pour aulcuns grant cas lesquelles n'aviennent pas souvant, ou sinon doncque qu'il a aye aulcune chose à esmerveillier et non accoustumée de veoir ou ouyr[71].

On ne peut penser le consensus général qui rend le supplice possible qu'à la lumière de sa banalité.

Décors et lieux de mémoire

Tout endroit dans la ville pouvait constituer, au gré des magistrats et selon les circonstances de l'affaire, l'emplacement choisi pour l'exécution d'un supplice[72], mais trois lieux se partageaient largement, à Paris, l'imaginaire de la peine de mort.

Le pilori des Halles fut, pendant toute l'époque moderne, le seul instrument de supplice permanent de la capitale. Encore

71. Cité par Hannele Klemettilä, *Epitomes of Evil. Representations of Executioners in Northern France and the Low Countries in the Late Middle Ages*, Turnhout, Brepols, 2006, p. 95.

72. Malgré l'arrêt du Parlement du 19 janvier 1633 « portant défenses d'exécuter les condemnez à mort ailleurs qu'ès places publiques » (BnF, F 47101 [3]), l'usage de planter une potence sur le lieu du crime ne disparut progressivement qu'au cours du XVIIIe siècle.

au XVIe siècle on y décapitait des condamnés mais, depuis 1550 environ, cette petite tour octogonale, percée de hautes fenêtres pour qu'on puisse voir les criminels qu'on y exécutait, n'accueillit plus que les condamnés exposés publiquement pour leurs délits. Encerclées par les rues de la Tonnellerie, de la Fromagerie, de la Lingerie et de la Chaussetterie, les Halles étaient une grande place de marché où on brûlait les hérétiques au XVIe siècle. Lorsque la peine de mort fut écartée du pilori et de la place, on continua d'y fouetter et d'y exposer de nombreux voleurs et escrocs, et ce jusqu'à la fin de l'Ancien Régime[73].

Plusieurs petits gibets existaient aussi dans le Paris médiéval, au gré et aux frais de certaines justices seigneuriales ayant encore droit de haute justice ; ainsi, le gibet de l'abbaye de Saint-Germain-des-Prés apparaît encore sur le plan de Mérian de 1615. Pourtant, c'est Montfaucon qui marqua longtemps le paysage et l'imaginaire pénal de Paris. Situé aux environs actuels de la butte Chaumont, le gibet de Montfaucon constitua jusqu'au XVIIe siècle les fourches patibulaires les plus monumentales du royaume de France. Immense édifice de seize piliers de pierre, Montfaucon, légèrement à l'écart des remparts et que l'on découvrait à bonne distance de la ville, reste profondément inscrit dans la mémoire de la peine de mort, quand bien même il ne semble plus avoir été en usage depuis la seconde moitié du XVIIe siècle. Dès la fin du XVe, le gibet tombait en ruine et était régulièrement secondé par un gibet de bois plus petit dressé à ses côtés, le gibet de Montigny. L'un et l'autre étaient quelquefois rangés indistinctement sous l'appellation du gibet de Paris. François Villon et Claude Le Petit, sur le ton de l'humour, avaient fait de Montfaucon un symbole de cruauté judiciaire. Henri Sauval décrit le gibet avec précision, même si, au moment où il écrit son *Histoire et Recherche des Antiquités de la ville de Paris*, le gibet n'est plus utilisé par la justice royale.

73. Anne Lombard-Jourdan, *Les Halles de Paris et leur quartier (1137-1969)*, Paris, École nationale des Chartes, 2009, p. 139.

> Je ne saurois vous dire quand on a cessé de faire mourir les criminels à Montfaucon ; je sais seulement que quelquefois on ne les y portoit qu'après avoir été exécutés ailleurs, et je me souviens d'y avoir vû des corps attachés[74].

Grand ouvrage de maçonnerie, on accédait au gibet par une longue rampe de pierre que le bourreau franchissait avec les suppliciés. Les seize piliers de plus de 10 mètres de hauteur et d'au moins 1 mètre de largeur ponctuaient les côtés nord-ouest, nord-est et sud-est de l'édifice. Trois traverses de bois fixées entre chaque pilier permettaient, au total, de recevoir soixante chaînes (quinze chaînes pour les côtés nord-ouest et sud-est respectivement, et trente chaînes pour le grand côté capable de recevoir deux chaînes pour chaque fenêtre). Les documents réunis par Sauval dans ses *Comptes ordinaires de la ville de Paris*[75] retracent la dégradation et l'entretien de cette structure monumentale dont la ruine faisait sourire bien des cyniques.

> Vieil gibet d'emantibulé
> Par Enguerrand si signalé
> Pilliers maudits que les orfrayes
> Ont pris là pour leur tribunal
> Montfaucon avecque tes clayes
> Tu fais plus de peur que de mal[76].

Mais c'est la place de Grève qui constitue le principal lieu de mémoire des supplices à l'époque moderne. Dans une thèse récente, Julie Allard a bien démontré que la Grève était le carrefour de toutes les activités urbaines et qu'on aurait tort de la

74. Henri Sauval, *Histoire et Recherche des Antiquités de la ville de Paris*, Paris, Moette et Chardon, 1724, t. II, p. 585. La publication est posthume : Sauval naît en 1623 et meurt en 1676.
75. *Ibid.*, t. III, p. 257 et suivantes.
76. Claude Le Petit, *La Chronique scandaleuse, ou Paris ridicule*, Cologne, 1668, p. 39. Le Petit fait ici référence à Enguerrand de Marigny (1260-1315), homme de confiance de Philippe le Bel, qui fut pendu à Montfaucon sous Louis X.

réduire à un événement ou à un autre[77]. Mais si la place de Grève peut sans doute être pensée sans ses supplices, le Parisien pense le supplice très largement à travers son exécution en Grève. Aucun échafaud ni potence n'y étaient dressés en permanence ; elle faisait pourtant converger toutes les représentations de la peine capitale, très largement du Moyen Âge jusqu'en 1832, lorsque la guillotine fut déplacée à la barrière Saint-Jacques pendant plus d'un siècle. Les expressions « envoyer en Grève » ou « faire la grimace au Pont Rouge » étaient parfaitement intégrées dans la langue et, à travers elle, dans l'imaginaire.

On aurait tort, cependant, d'opposer les lieux de justice et ceux de la sociabilité ordinaire. En fait, quand on y regarde de plus près, les théâtres criminels ne sont jamais très éloignés des théâtres de la justice. Le « Paris actif et populaire » analysé par Arlette Farge et André Zysberg[78], celui de la violence ordinaire et criminelle, longeait la rive droite et la rive gauche de la Seine sans beaucoup s'éloigner des îles Saint-Louis et de la Cité, avec une largeur nord-sud qui allait approximativement du Louvre à l'église Saint-Gervais. Or les principaux lieux de justice et d'exécution se trouvaient dans ce spectre : la Cité, depuis le Palais jusqu'à Notre-Dame ; la rive droite, entre le Palais-Royal et le Temple ; la rive gauche, avec la place Maubert, la montagne Sainte-Geneviève, la rue Galande et la rue Mouffetard. Le quartier Maubert, pauvre, animé par son marché, accueillait souvent le convoi du bourreau. Plus loin, le faubourg Saint-Antoine était aussi un endroit de bousculades, de bagarres et de voies de fait ; à la fin du Moyen Âge, on y trouvait encore un gibet à quatre piliers. La Seine fut aussi un endroit criminel, sur les bords de laquelle on s'égorgeait, se suicidait et, jusqu'au XVIe siècle, on procédait à la noyade judiciaire. L'un des endroits les plus fréquentés de la capitale, le Pont-Neuf était le lieu où s'échangeaient les

77. Julie Allard, « La généalogie d'une figure de l'angoisse. Formes, pratiques et représentation de la place de Grève (Paris, 1667-1789) », thèse inédite, Université du Québec à Montréal/Université de Paris-Sorbonne, 2008.

78. Arlette Farge et André Zysberg, « Les théâtres de la violence à Paris au XVIIIe siècle », *Annales ESC*, 34, 1979, p. 984-1015.

petits imprimés de colportage et où on chantait les comètes, les naissances monstrueuses, les crimes et les supplices. La justice, somme toute, occupait entièrement l'espace de la ville. Aucun Parisien n'échappait à ses symboles, même si ceux-ci ne lui inspiraient pas nécessairement la peur.

Parmi les juges, les greffiers et les bourreaux

Dans le très beau chapitre qu'il consacre aux « heures du jour », Louis-Sébastien Mercier peignait magistralement le rythme de Paris à la fin du XVIIIe siècle. Chaque heure, la ville changeait de visage. Après les jardiniers, qui regagnaient leur marais à 7 heures du matin, puis les commis de bureaux, perruquiers, garçons limonadiers et laquais qui battaient les pavés à 9 heures jusqu'à leurs quartiers pour commencer leur labeur, surgissaient alors commis au greffe, procureurs et autres auxiliaires de justice : « sur les 10 heures, une nuée noire des suppôts de la justice s'achemine vers le Châtelet et vers le Palais : vous ne voyez que des rabats, des robes, des sacs, et des plaideurs qui courent après[79] », sans doute dans la rue Saint-Denis, la plus longue mais aussi la plus passante, bruyante et embouteillée de Paris. L'économie de la ville la traversait ; les grandes cérémonies royales et religieuses aussi, puisqu'elle reliait la rive droite au Pont-au-Change. Pour les gens de justice décrits par Mercier, c'était cette rue et ce quartier qu'on devait traverser pour pénétrer dans le Châtelet ou le Palais du Parlement.

> Là est une jurisdiction qu'on nomme le Grand-Châtelet ; puis des voûtes sombres et l'embarras d'un sale marché ; ensuite un lieu où l'on dépose tous les cadavres pourris, trouvés dans la rivière, ou assassinés aux environs de la ville[80]. Joignez-y une prison, une boucherie, une tuerie ; tout cela ne compose qu'un

79. Louis-Sébastien Mercier, *Le Tableau de Paris*, *op. cit.*, t. I, p. 873-874, chap. CCCXXX, « Les heures du jour ».
80. La morgue de Paris.

même bloc empesté, emboué et placé à la descente du Pont-au-Change[81].

Sur la rive droite de la Seine, près du fleuve, tout au bout de la rue Saint-Denis, s'élevait donc une forteresse quadrangulaire, assez peu étendue, dominée à l'est par un vaste donjon carré flanqué d'une tour ronde : le Grand-Châtelet[82]. Son institution constituait la plus importante justice criminelle du royaume depuis le Moyen Âge et c'est sans doute aux XIVe et XVe siècles, comme l'ont bien démontré les travaux de Claude Gauvard[83], qu'elle amorça sa réorganisation, sa centralisation, sa modernisation sous le modèle de la procédure inquisitoire, puis ses relations de plus en plus étroites avec la Tournelle du parlement de Paris[84]. De même, les transferts vers le tribunal de l'officialité en plein milieu d'un procès, demandés par tout accusé se réclamant de la cléricature, disparurent progressivement au cours du XVIe siècle : revendiquer l'état de clerc ne permettait plus d'échapper aux peines plus sévères de la justice laïque[85], le Châtelet occupant alors de plus en plus largement et exclusivement le champ du pénal. Avant les fusions juridictionnelles de 1674, Paris comprenait plus de 150 justices seigneuriales, auxquelles on devait aussi ajouter la justice municipale du Bureau de la Ville. Si la *Table des seigneurs qui ont droit de justice*

81. Louis-Sébastien Mercier, *Le Tableau de Paris*, *op. cit.*, t. I, p. 1075, chap. CCCXC, « La rue du pied-de-bœuf ».

82. Le Petit Châtelet, prison érigée sur la rive gauche de la Seine, fut rasé en 1782.

83. La bibliographie de Claude Gauvard est immense ; on lira cependant en premier lieu *« De grace especial ». Crime, État et société à la fin du Moyen Âge*, Paris, Publications de la Sorbonne, 1991, 2 vol. et *Violence et Ordre public au Moyen Âge*, Paris, Picard, 2005.

84. Esther Cohen, *Peaceable Domain, Certain Justice*, Hilversum, Verloren, 1996.

85. Robert Génestal, *Le « privilegium fori » en France du Décret de Gratien à la fin du Moyen Âge*, Paris, 1921-1924, 2 volumes. Voir aussi Bernard Schnapper, « À propos de la procédure criminelle du Parlement de Paris au temps de François Ier », *Voies nouvelles en histoire du droit. La justice, la famille, la répression pénale (XVIe-XXe siècles)*, Paris, PUF, 1991, p. 135-144.

qu'établit Sauval compte encore 25 seigneurs[86], la justice royale du Châtelet restait sans contredit, pour les affaires criminelles, le principal tribunal de la capitale.

Faisant face au Palais de justice, le Châtelet pouvait rendre ses jugements en dernier ressort à travers sa juridiction présidiale, pour les crimes commis par les vagabonds, les gens de guerre, les brigands et les sacrilèges ; mais prononcés sous la prévôté, les jugements portés en appel traversaient le Pont-au-Change et le quai de l'Horloge pour être vérifiés par les juges de la Tournelle criminelle du Parlement. C'est au Grand-Châtelet que se jugeaient, très largement, les crimes capitaux commis à Paris. Sur le fronton de la chambre criminelle, rapporte Sainte-Beuve, on trouvait ce distique de Santeul : *Hic scelerum Poenae ultrices posuere tribunal. Sontibus unde timor, civibus inde salus.* « Ce que je traduirai de la sorte : "Ici des châtiments vengeurs des crimes ont établi leur tribunal. Coupables, tremblez de crainte ! honnêtes gens, rassurez-vous"[87]. » Il faut imaginer le Grand-Châtelet comme un ensemble de grands bâtiments déjà anciens au XVIIIe siècle, aux murs sales et sombres tapissés par les signalements, les sentences et les arrêts de ses tribunaux. Les relents de la Seine au sud et les odeurs du sang et des viandes des boucheries de la paroisse Saint-Jacques au nord en cernaient les environs : frontières olfactives auxquelles aucun passant ne pouvait échapper, pas plus d'ailleurs que les gens de justice œuvrant dans les bâtiments ouest ou les prisonniers incarcérés dans la partie est de l'ensemble.

Le Châtelet constituait le siège de la justice ordinaire de la « prévôté et vicomté de Paris ». Outre la chambre du Conseil, le présidial et la chambre de police, il réunissait une chambre civile, présidée par le lieutenant civil, et une chambre criminelle

86. « Et tous les dessudits, qui sont au nombre de vingt-cinq, ont leurs Juges & Officiers, qui exercent la Justice envers leurs Justiciables, & chacun d'eux ont Voyeries, & ont Voyers à part. » Henri Sauval, *Histoire et Recherche des Antiquités de la ville de Paris*, *op. cit.*, t. II, p. 425-426.

87. Charles-Augustin de Sainte-Beuve, *Causeries du lundi*, Paris, Garnier, vol. 12, 1857, p. 30-31. Voir aussi Charles Desmaze, *Le Châtelet de Paris. Son organisation, ses privilèges*, Paris, Didier et Cie, 1870, p. 12.

que présidait le lieutenant criminel. Les deux lieutenants siégeaient seuls pour juger les délits qui ne comportaient pas d'instruction, c'est-à-dire qui ne demandaient pas d'enquête. Des lieutenants particuliers pouvaient les suppléer s'ils étaient dans l'impossibilité de siéger eux-mêmes. Pour les procès du grand criminel, où l'on retrouve l'essentiel des condamnations capitales, ils étaient assistés de conseillers, soit une cinquantaine de magistrats que l'on peut aisément retrouver dans les parutions annuelles de l'*Almanach royal.* Auprès de cette « colonne du criminel » siégeaient 3 avocats du roi, 1 procureur du roi et 8 substituts. Les cours criminelles jugeaient pendant toute l'année judiciaire, sauf en période de vacations : au Châtelet, l'activité judiciaire était suspendue tandis qu'au Parlement une commission spéciale, la chambre des vacations, se chargeait de suppléer aux tribunaux ordinaires[88].

La mort est manuscrite. Aux Archives nationales on en lit l'attente, les différentes étapes qui la décident, puis l'exécution. Les séries du Châtelet et du parlement de Paris sont riches, parmi les plus abondantes et ininterrompues de l'Ancien Régime. Si les archives judiciaires médiévales de l'institution ont été pauvrement conservées, détruites ou dispersées jusqu'à ce qu'elles soient réellement prises en charge par le greffe au XVIIe siècle[89], on peut tout de même y suivre, depuis les XIIIe-XIVe siècles, le fonctionnement de la procédure criminelle. Comment donc se mettait en mouvement la machine judiciaire ? De quelle manière un individu était-il saisi par la justice, interrogé, jugé puis exécuté dans le Paris d'Ancien Régime ?

À Paris, on le sait, c'est la procédure inquisitoire qui fondait la justice criminelle de l'ancien droit. Issue du développement des officialités à la fin du XIIe et au début du XIIIe siècle, elle fut élaborée et organisée dans le cadre de la poursuite des hérétiques,

88. Les dates de vacations du Châtelet étaient mobiles : elles commençaient le lundi suivant le 8 septembre et la rentrée avait lieu le lundi suivant le 28 octobre. Pour le Parlement, les dates étaient fixes : du 9 septembre au 27 octobre.

89. Olivier Poncet et Isabelle Storez-Brancourt (dir.), *Une histoire de la mémoire judiciaire*, Paris, École nationale des chartes, 2010.

puis appropriée par le droit laïc : progrès de l'enquête d'office (c'est-à-dire par le parquet ou le ministère public, et non plus simplement une partie privée), développement de la procédure écrite, du secret de l'enquête et de l'usage de la torture pour l'extraction des aveux qui, tous, vinrent remplacer, dans la procédure criminelle, les pratiques alors communes du système accusatoire. La voie de l'accusation était certes maintenue, mais le juge pouvait se saisir d'office d'une affaire et ouvrir une enquête (*inquisitio*), soit après la constatation d'un délit, soit simplement à partir de la rumeur publique (*diffamatio*). Favorisée par l'apparition du ministère public, notamment dans les justices royales, la procédure inquisitoire couvrit bientôt tout le champ du grand criminel. La justice du roi se saisit ainsi de toute affaire considérée d'ordre public ; elle remplaçait le plaignant et se chargeait d'enquêter, de découvrir la vérité, de transformer symboliquement ou réellement le délinquant qui dérogeait à l'ordre voulu par Dieu et le roi. Parce que c'est à la peine capitale qu'il faut nous intéresser, la procédure au grand criminel retiendra ici notre attention.

Pour être enclenchée, une procédure criminelle n'avait pas besoin d'être fondée par une plainte ou par une dénonciation. La seule reconnaissance du crime, la seule constatation du corps du délit, permettait à la justice de poursuivre d'office. Qu'il s'agisse d'un vol que l'on déclarait dans l'étude du commissaire ou d'un cadavre que l'on découvrait en pleine rue, le greffier, en présence du juge, rédigeait un procès-verbal qui exposait et constatait le crime commis. En ce sens, les rapports des médecins et chirurgiens ou les avis d'autres experts judiciaires furent fondamentaux pour constater qu'il y avait bien crime et pour déterminer la compétence des juges : leur avis d'autorité avait la même fonction que le verdict du jury du *coroner*. Les ordonnances de Villers-Cotterêts (1539), d'Orléans (1560), de Châteaubriant (1565), jusqu'à celle de Saint-Germain-en-Laye (1670), confirmèrent toutes que le procureur, ou le magistrat qui devait lui communiquer les pièces de la procédure, pouvait entreprendre l'enquête dès que le crime avait été vérifié. L'instruction préparatoire pouvait donc commencer.

L'information ne recueillait pas les preuves à proprement parler, mais préparait et réunissait les faits pouvant permettre de les déterminer. Jusqu'en 1670, en vertu d'une commission du juge, sergent, huissier, greffier ou notaire pouvait mener l'information, c'est-à-dire recevoir la déposition des témoins à charge ou favorables à la défense. Or l'ordonnance de Saint-Germain-en-Laye obligea les juges à s'occuper personnellement de cette étape préparatoire au procès. C'est donc la justice qui, lorsqu'elle n'avait pas l'accusé sous la main, cherchait à s'en saisir en lançant à ses trousses les archers du guet ou en sollicitant les Parisiens pour que des dénonciations puissent aboutir à une « prise de corps ». En s'adressant aux justiciables, le greffier, à travers les indications du commissaire de police ou d'un autre magistrat du Châtelet, décrivait le fuyard avec une sensibilité qui en dit beaucoup sur le regard des populations.

> Âgé de 34 à 35 ans, taille de 5 pieds 2 pouces, portant ses cheveux rougeâtres noirs, un peu crépus et en bourse, l'œil gauche pleurant, il dit que cela lui vient d'un coup qu'il a eu à la tête, trois petites cicatrices au-dessus de la lèvre supérieure du côté droit, visage brun et pâle, mauvais regard, marchand d'un grand pas allongé, et regardant toujours derrière lui, il a un habit de drap brun à boutons d'or, un surtout en forme de redingote de ratine d'un cendré sale doublé de la même couleur à boutons d'or, collet d'un velours bleu à grand poil le tout neuf[90].

Les exemples de ce type abondent et correspondent aux *Hue and Cry* pensés par Fielding dans le dernier quart du XVIIIe siècle. La menace du larron et sa dangerosité qu'on doit imprimer dans l'esprit des justiciables formèrent les premières dispositions des autorités pour surveiller les populations par un fichage des identités[91]. Assisté de son greffier, le juge entendait alors, séparément et en secret, les différents témoins réunis ; recueillies oralement dans

90. Archives nationales (désormais AN), AD III 10, 12 novembre 1738.

91. Vincent Denis, *Une histoire de l'identité. France, 1715-1815*, Seyssel, Champ Vallon, 2008.

une salle du Châtelet, les dépositions étaient transcrites par le greffier, qui en faisait ensuite lecture afin que le témoin pût confirmer les paroles ainsi notées. Les monitoires, auxquels pouvaient recourir les juges, lus au prône des paroisses et imprimés et affichés sur le mur des églises, appelaient les témoins à venir déposer devant la justice, sous menace d'excommunication contre ceux qui cacheraient quelque indice[92].

Caractéristique de la procédure inquisitoire, le secret de l'instruction visait à empêcher toute connivence entre les témoins et l'accusé ; tous les traités de droit le rappelaient constamment. Pourtant, la réalité fut beaucoup plus souple : les greffiers, à qui on interdisait de communiquer les témoignages et les pièces du procès, alimentèrent quand même longtemps les juristes et les arrêtistes[93] ; et les diaristes et mémorialistes des XVIIe et XVIIIe siècles, en relation avec quelque auxiliaire de justice, rapportaient souvent des détails pourtant confiés au secret de la procédure. « La loi qui prescrit le secret de l'instruction criminelle est encore aujourd'hui assez ouvertement violée[94]. » Pour les affaires les plus graves, c'est-à-dire les plus intéressantes pour la population, on peut penser que nombre de Parisiens, avant même la circulation des mémoires judiciaires des années 1760-1770[95], recueillaient ci et là des fragments de l'information. On retrouve ces paroles fugitives d'information volée ou de rumeur inconstante dans les journaux d'événements qui en rapportent l'actualité, ou dans les gazetiers de police qui s'en inquiètent[96].

92. Éric Wenzel, « Le clergé au service de l'État royal : le problème du monitoire à fin de révélations (XVIe-XVIIIe siècles) », *Cahiers d'histoire. Revue d'histoire critique*, 71, 1998, p. 96-108.

93. Serge Dauchy et Véronique Demars-Sion, *Les Recueils d'arrêts et Dictionnaires de jurisprudence, XVIe-XVIIIe siècles*, Paris, La Mémoire du droit, 2005.

94. François-Michel Vermeil, *Essai sur les réformes à faire dans notre législation criminelle*, Paris, Savoye et Delalain, 1781, p. 13.

95. Sarah Maza, *Vies privées, Affaires publiques. Les causes célèbres de la France prérévolutionnaire*, Paris, Fayard, 1997.

96. Gilles Malandain, « Les mouches de police et le vol des mots. Les gazetins de la police secrète et la surveillance de l'expression publique à Paris au deuxième quart du XVIIIe siècle », *Revue d'histoire moderne et contemporaine*, 42, 1995, p. 376-404.

L'activité judiciaire du Châtelet fut immense et des commissaires de police aux greffiers, en passant par les huissiers et les sergents, l'information circula sans doute à grande échelle.

Le juge chargé de l'instruction du procès devait, à la lumière des informations recueillies, citer l'accusé pour procéder à un premier interrogatoire. Dans les cas les moins graves, pour affaire d'injure par exemple, le juge pouvait simplement « assigner pour être ouï » ; mais pour un homicide, le décret de prise de corps s'imposait, conduisant alors à l'arrestation du suspect jusqu'au règlement de l'affaire. Les prisons, qui ne constituaient pas une peine sous l'Ancien Régime[97], accueillaient ainsi accusés, prisonniers pour dettes et condamnés à mort dans des conditions d'hygiène souvent lamentables. Les révoltes de prisonniers n'étaient pas rares, mais réprimées avec la plus grande sévérité.

L'interrogatoire de l'accusé était rédigé par le greffier, lequel transcrivait les questions posées et les réponses reçues. Les pratiques du greffier criminel du Châtelet et de la Tournelle du Parlement restent encore mal connues des historiens : ce fut un homme d'écriture, largement masqué par les paroles qu'il consignait sur papier timbré. On sait qu'il était souvent guidé par des mémoires fournis par le juge, ce qui lui permettait d'anticiper les questions qui allaient être posées ; on sait aussi que certaines formules convenues venaient remplacer les expressions plus imagées de la parole populaire, prononcées trop rapidement pour être saisies dans leur intégralité et estropiées par la justice, faute de compétence sténographique. Pour une histoire de la voix, cette pratique d'écriture est fâcheuse[98] ; mais pour l'historien de la justice, il reste encore possible de dégager gestes, paroles et regards de l'urgence, du mensonge et de la peur.

97. Il existe toutefois quelques exceptions, notamment à l'égard des tribunaux ecclésiastiques. Voir Nicole Castan, « Le régime des prisons au XVIIIe siècle », in Jacques-Guy Petit (dir.), *La Prison, le Bagne et l'Histoire*, Genève, Librairie des Méridiens, 1984, p. 31-42.

98. Même si Arlette Farge a la sensibilité d'en faire l'écho : *Essai pour une histoire des voix au XVIIIe siècle*, Paris, Bayard, 2009.

Afin d'éviter que le prévenu pût déguiser la vérité et de le contraindre, bon gré mal gré, à l'aveu, il devait prêter serment et n'était assisté par aucun avocat[99]. De nombreux débats eurent cours sur la légitimité du serment qui, pour certains jusnaturalistes, était « contre nature » : soit l'accusé se parjurait, soit il se condamnait ; jusqu'à la Révolution, il resta pourtant obligatoire.

> Le Juge lui fait lever en l'air la main droite, nue et sans gand, nud teste, et dit « Vous jurez et prommettez à Dieu sur la part que vous prétendez en Paradis de dire la vérité ? » L'interrogé répond oüy[100].

L'interrogatoire terminé, le juge le signait et le faisait contresigner par l'accusé, lorsque celui-ci en était capable. La procédure était ensuite examinée par le magistrat puis, s'il en voyait le besoin, le règlement était alors ordonné « à l'extraordinaire ». Les témoins devaient être « récolés » – on leur lisait leur déposition pour confirmer qu'ils n'y changeaient rien – puis confrontés à l'accusé. Cela remplaçait le débat contradictoire et la plaidoirie en usage sous la procédure accusatoire. Les échanges qu'on découvre sous la plume du greffier sont souvent violents, parfois conciliants, et produisent, certes dans le secret d'une chambre du Châtelet, les fragments qui fonderont la « vérité » consignée dans la rédaction de la sentence.

Le procès était « instruit » lorsque la confrontation était terminée. Le juge instructeur remettait les pièces au procureur, qui rendait alors ses conclusions définitives. Celles-ci, cachetées et jointes aux différentes pièces du procès, n'étaient pas motivées ; elles étaient remises au juge rapporteur – en général, le même qui avait instruit l'affaire.

Ce dernier, comme son nom l'indique, faisait rapport du

99. S'il avait les moyens de s'en associer un, celui-ci pouvait déposer un mémoire justificatif pour être examiné par la cour.

100. Antoine Bruneau, *Observations et Maximes sur les matières criminelles*, Paris, Cavelier, 1715, p. 136.

procès à ses collègues. En règle générale, on rencontrait au Châtelet 3 juges pour les procès pouvant être portés en appel, et 7 juges pour les jugements en dernier ressort ; à la Tournelle du Parlement, ils étaient 12. Les magistrats assemblés prenaient connaissance de l'affaire pour la première fois (ou à tout le moins des pièces du procès). Les conclusions du procureur du roi (pour le Châtelet) ou du procureur général (pour le Parlement) n'étaient révélées qu'après le rapport.

À la lumière de ces différents dossiers, discussions et rapports, l'accusé était de nouveau appelé et subissait enfin, devant tous les magistrats, son dernier interrogatoire. Lorsque les conclusions du procureur tendaient vers la condamnation à une peine afflictive – c'est-à-dire qui regardaient le corps du criminel –, l'interrogatoire avait lieu « sur la sellette », un petit tabouret de bois sur lequel le prévenu devait s'asseoir en guise d'humiliation[101]. L'accusé pouvait alors présenter sa défense, de vive voix, avant que le jugement ne fût rendu par les magistrats.

Les juges pouvaient rendre l'une des trois décisions suivantes : un jugement interlocutoire, un jugement d'absolution ou un jugement de condamnation. Dans le premier cas, la preuve étant insuffisante pour rendre un jugement définitif, les magistrats pouvaient demander à l'accusé de présenter ses faits justificatifs, le soumettre à la torture ou, plus fréquemment, déclarer un « plus amplement informé ». Pour un crime méritant la mort, si les présomptions étaient suffisantes contre l'accusé mais que l'aveu manquait toujours, l'application à la question préparatoire, c'est-à-dire à la torture, était déterminée.

En ce qui concerne le jugement de « plus amplement informé », il renvoyait l'accusé pendant un certain temps, ou indéfiniment ; l'accusé n'était pas complètement absous, mais il ne pouvait être rappelé à comparaître que si de nouvelles preuves apparaissaient. Il arrivait fréquemment qu'un tel jugement fût associé

101. Éric Wenzel, « La sellette… sur la sellette, ou les vicissitudes d'un séculaire instrument de la justice criminelle au siècle des Lumières », *Gens de robe et gibier de potence en France du Moyen Âge à nos jours*, Marseille, Images en manœuvres, 2007, p. 247-259.

à une incarcération le temps du « plus amplement informé », afin que l'accusé ne pût échapper aux mains de la justice ; mais le temps de ce jugement expiré, l'accusé pouvait alors présenter une demande d'absolution que les magistrats accordaient – s'ils ne rendaient pas un nouveau jugement de « plus amplement informé ».

Le jugement définitif, lorsque le procès pouvait donner lieu à la peine capitale, devait être rendu avant midi : c'était alors un jugement d'absolution ou de condamnation. La sentence la plus sévère contre l'accusé ne prévalait que lorsqu'il y avait une voix de majorité dans les procès qui se jugeaient à charge d'appel, et deux voix de majorité pour les jugements en dernier ressort. Généralisé dès le XVe siècle, l'appel en matière criminelle, automatique à partir de l'ordonnance de 1670 pour les peines afflictives – et donc pour toute condamnation à la peine capitale –, se portait à l'audience du Parlement qui rejugeait l'affaire en reprenant toutes les étapes de la procédure : nouveaux interrogatoires, nouvelles confrontations, nouvelles tortures. Même dans le cas d'une peine capitale, le jugement pouvait être aggravé en appel : une pendaison était élevée en condamnation au bûcher, on ajoutait une mutilation du poing, on modifiait le texte d'une amende honorable, on prolongeait l'exemplarité par une condamnation aux fourches patibulaires, on soumettait une nouvelle fois à la torture pour obtenir la révélation des complices… Le Parlement se méfiait des cours inférieures, même celle du Châtelet, et ses décisions étaient toujours définitives, à moins d'un arrêt du Conseil du roi ou d'une grâce royale. Mais comme les arrêts devaient être exécutés le jour même où ils avaient été prononcés, il était rare que les jugements du Parlement fussent cassés par le Conseil du roi, sauf dans le cas d'une procédure de réhabilitation (comme pour Calas ou Lally Tollendal, autre célèbre exemple d'erreur judiciaire du XVIIIe siècle). La grâce, généralement demandée par un magistrat entre la rédaction de l'arrêt et son prononcé, était plus fréquente. Le prononcé de la sentence, c'est-à-dire la lecture de l'arrêt de mort au condamné, déclenchait le rituel de l'exécution. Rien ne pouvait plus, alors, interrompre le supplice. De longs aveux prolongeaient éventuellement la cérémonie, parfois de plusieurs jours, mais aucune circonstance ne reportait plus l'exécution. Des condamnés étaient même exécutés le Vendredi saint, à Pâques ou le jour de Noël si leurs déclarations les avaient menés jusqu'à un jour de fête. « Cela ne se peut non plus retarder que les éclipses et les accouchements[102]. »

Gibiers de potence

Alors que le recours aux ordalies et au duel judiciaire déclina et disparut complètement au cours du XVe siècle[103], le système probatoire se rationalisa et posa l'aveu et le témoignage comme fondements principaux de l'enquête judiciaire. On connaît l'importance que revêtit alors l'aveu dans la procédure inquisitoire : on chercha d'abord à faire dire l'occulte, le Diable, le contre-nature, mais cela s'élargit ensuite vers la *veritas* dans son sens le plus entier : l'aveu devint la « reine des preuves[104] ». Conséquence paradoxale : c'est au nom de la rationalité pénale que l'aveu devait être obtenu, fut-ce au prix de la torture. Mais on ne peut « contraindre » à l'aveu que si les indices de culpabilité sont suffisants et si, surtout, le crime est capital.

« Crime capital » : la formule n'a pas vraiment de sens sous l'Ancien Régime puisqu'en France, jusqu'à la Déclaration des droits de l'homme de 1789, toute peine était arbitraire, c'est-à-dire qu'elle était prononcée à la discrétion des juges, selon les circonstances entourant la faute[105]. Si la procédure inquisitoire

102. Antoine Bruneau, *Observations*…, *op. cit.*, p. 102.

103. Robert Jacob, « Le jugement de Dieu et la formation de la fonction de juger dans l'histoire européenne », *Histoire de la justice*, 4, 1991, p. 53-78.

104. Mario Sbriccoli, *Crimen laesae majestatis. Il problema del reato politico alle soglie della scienza penalistica moderna*, Milan, Giuffrè, 1974 ; Jean-Claude Maire Vigueur et Agostino Paravicini Bagliani (dir.), *La parola all'accusato*, Palerme, Sellerio, 1991 ; Renaud Dulong (dir.), *L'Aveu. Histoire, sociologie, philosophie*, Paris, PUF, 2001 ; et Alain Boureau, *Satan hérétique. Naissance de la démonologie dans l'Occident médiéval (1280-1330)*, Paris, Odile Jacob, 2004.

105. Bernard Schnapper, *Les Peines arbitraires du XIIIe au XVIIIe siècle (doctrines savantes et usages français)*, Paris, LGDJ, 1974.

ne reconnaît pas, en principe, l'intime conviction des juges et qu'elle est légale, dans la mesure où seule une preuve complète peut fonder une condamnation[106], elle confère en contrepartie une certaine liberté dans la détermination des châtiments. Le pouvoir de juger tel qu'il était conçu par les magistrats était fondé sur l'équité, c'est-à-dire sur la responsabilité du juge de rendre une décision selon sa conscience plutôt que sur la lettre de la loi, principe profondément partial puisque le magistrat devait interpréter le juste et le bon et corriger, le cas échéant, l'ordre des lois[107]. Ce pouvoir d'appréciation du juge fut considéré avec faveur du XIIIe au XVIIIe siècle, jusqu'à ce que philosophes et réformateurs l'associent à une tyrannie et prônent, au nom de la raison, un code pénal fixe et implacable. Mais si chaque affaire devait être observée par les juges selon toutes ses circonstances, tant aggravantes qu'atténuantes[108], certains crimes – ou peut-être devrait-on dire « certains criminels » – étaient particulièrement ciblés par la mécanique judiciaire.

L'objectif de la loi « est de régler la société civile et de réprimer toutes les entreprises qui peuvent en déranger l'ordre et l'économie ». Si les crimes « demeuroient impunis », lit-on chez un célèbre juriste du XVIIIe siècle, « leur multitude augmenteroit tous les jours et tourneroit, à la fin, au renversement de l'État »[109]. La différence entre les délits et les crimes reste confuse avant la codification pénale élaborée par les révolutionnaires : à peu près équivalents dans l'ancien droit, les deux termes mesuraient selon les juristes, sans réelle netteté, la gravité de l'infraction.

106. La réalité est pourtant bien différente, comme l'a démontré Michel Porret, *Le Crime et ses Circonstances. De l'esprit de l'arbitraire au siècle des Lumières selon les réquisitoires des procureurs généraux de Genève*, Genève, Droz, 1995.

107. Yvonne Bongert, « Le juste et l'utile dans la doctrine pénale de l'Ancien Régime », *Archives de philosophie du droit*, 27, 1982, p. 291-347 ; et, pour l'impact politique de l'équité des juges, Jacques Krynen, *L'Idéologie de la magistrature ancienne*, Paris, Gallimard, 2009.

108. Le premier traité de responsabilité pénale parut en 1559 et formalisa, d'une certaine manière, le pouvoir discrétionnaire des magistrats. André Tiraqueau, *De poenis temperandis (1559)*, éd. André Laingui, Paris, Economica, 1986.

109. Daniel Jousse, *Traité de la justice criminelle de France*, Paris, Debure, 1771, t. I, p. IJ et IV.

Dans la pratique, les magistrats n'étaient pas contraints par des catégories juridiques et les archives criminelles offrent, en effet, pour chaque lieu et pour chaque temps, un tableau d'usages et de dénominations distincts. De même, « on a observé, et il est aisé de s'en convaincre par les registres des tribunaux, que dans le même espace de temps et à peu près dans les mêmes circonstances données, les exécutions à mort ont été moins nombreuses sous tel lieutenant criminel que sous tel autre [110] ». C'est dire les variations dans le paysage pénal parisien.

Bien que la théorie n'ait évidemment pas la souplesse de la pratique, la hiérarchie des crimes les plus graves fut pourtant généralement admise et confirmée par la majorité des juristes entre le XVIe et le XVIIIe siècle. En fait, le ressaisissement politique, religieux et doctrinal du XVIe siècle multiplia les textes pour affirmer et mettre en œuvre une répression plus rigoureuse des désordres et des écarts à la morale. Tout au long de la période, ces différents crimes ne seront pas traités sur le même plan par les magistrats, en raison de la signification politique ou religieuse qui leur était donnée ; mais jusqu'à la Révolution, au nom de l'État et de la Cité de Dieu, la typologie des crimes changea peu et proposait une synthèse du désordre universel que la justice du roi devait impérativement combattre.

D'un point de vue juridique, les crimes de lèse-majesté divine et humaine, les *crimen majestatis* tirés du code de Justinien, méritaient, lorsqu'ils étaient jugés, les peines les plus rigoureuses. On se souvient que Michel Foucault en a fait le fondement de son économie du supplice [111]. Cette catégorie englobait en réalité les offenses faites directement à la souveraineté royale. La lèse-majesté au premier chef désignait l'agression directe contre le roi et les membres de sa famille : ayant attenté à la vie d'une personne sacrée, le criminel trahissait Dieu et les hommes et il ne pouvait y avoir, en ces conditions, de circonstances atténuantes.

110. Joseph-Michel-Antoine Servan, *Discours sur l'humanité des juges dans l'administration de la justice criminelle*, La Haye, 1776, p. 34.

111. Michel Foucault, *Surveiller et punir. Naissance de la prison*, Paris, Gallimard, 1975.

Le droit alors s'effaçait ; le régicide devenait *sacer*[112], déchu de tous les attributs du sujet de droit. Si elle échouait, la tentative était toutefois aussi rigoureusement punie que le crime consommé ; toute dénonciation était obligatoire, même celles – pourtant interdites par le droit naturel – du père dénonçant le fils ou du prêtre ayant reçu une confession. Fontaine de toute justice, le roi pouvait, s'il le souhaitait, gracier le coupable, mais la folie n'était pas admise comme excuse par les tribunaux. La famille – autre exception juridique – était responsable du crime d'un de ses membres : sa maison était rasée, son nom supprimé et remplacé par un autre, ses membres bannis à perpétuité à l'extérieur du royaume[113]. Le crime de lèse-majesté au second chef, plus extensif, réunissait les autres grands crimes contre l'État : agressions contre les ministres de la Couronne, rébellion, fausse monnaie et le duel.

Imprégnés par l'esprit du concile de Trente et par les principes de la Contre-Réforme, les juristes prévoyaient contre les atteintes à la religion et face aux désordres sexuels des peines extrêmement sévères. Les premières se réunissaient sous la notion de lèse-majesté divine où s'inscrivaient l'hérésie, la sorcellerie, le blasphème et le sacrilège. Confiée au XIIIe siècle aux tribunaux de l'Inquisition, l'hérésie devint au XVIe siècle, avec le protestantisme, un véritable problème politique. D'abord crime d'opinion religieuse et de paroles blasphématoires, elle était alors poursuivie par le prince en raison de ses prérogatives de roi sacré, protecteur des valeurs de l'Église ; or les guerres de Religion transformèrent l'hérétique en un rebelle contre le souverain[114]. La sorcellerie, à son tour, crime religieux mais aussi politique parce qu'elle ébranlait l'ordre du roi, toucha Paris

112. Giorgio Agamben, *Homo sacer. Le pouvoir souverain et la vie nue*, Paris, Seuil, 1997.

113. Après l'exécution de Damiens le 28 mars 1757 pour l'attentat porté contre Louis XV, le Parlement rendit l'arrêt, le 29, supprimant le patronyme des parents du condamné : les Damiens décidèrent, le 5 avril, de prendre pour nouveau nom celui de Guillemant. BnF, F 23674 (20).

114. David El-Kenz, *Les Bûchers du roi. La culture protestante des martyrs*, Seyssel, Champ Vallon, 1997.

dans la seconde moitié du XVIe siècle jusqu'en 1640 ; l'édit de juillet 1682 étendit à l'ensemble du royaume ce que la capitale avait adopté quarante ans plus tôt, c'est-à-dire la qualification du sorcier en charlatan et la lutte contre la sorcellerie, l'empoisonnement et les pratiques superstitieuses[115].

On sait que la répression du blasphème fut souvent aléatoire ou appliquée pour des cas extrêmes : le blasphème étant répandu dans tous les états de la société, c'était lorsque les propos défendaient plutôt une position sacrilège, athée ou hérétique que sévissait la justice. Les écarts de langage restaient généralement impunis, même si certaines condamnations spectaculaires marquèrent profondément les mémoires[116].

D'abord circonscrit aux vols d'objets sacrés, le sacrilège s'étendit, avec la Contre-Réforme et la lutte contre les résistances protestantes, à la profanation et à la destruction des choses, des lieux et des personnes consacrés à Dieu, l'Église et les mystères de la foi. Le sacrilège conduisait théoriquement au bûcher, au mieux à la pendaison.

Comme le sacrilège, qui s'inscrivait entre le vol de droit commun et le crime religieux, le suicide, alors nommé « homicide de soi-même », associait de droit l'atteinte à la personne à la lèse-majesté divine. Le procès au cadavre fut une pratique commune dès le XIIIe siècle et la dépouille du criminel pouvait, en cas de condamnation, être pendue par les pieds puis jetée à la voirie avec les ordures et les carcasses d'animaux. Au cours du XVIIIe siècle, le suicide fut souvent attribué à une démence subite et, dans ces circonstances, la mémoire du défunt était exonérée de toute responsabilité ; mais longtemps, la peur d'être privé de sépulture retint les plus désespérés.

Les crimes contre les mœurs traversent différentes modulations répressives tout au long de l'époque moderne : la Contre-Réforme resserra la vigilance des magistrats et aggrava les peines

115. Robert Muchembled, *Le Roi et la Sorcière. L'Europe des bûchers, XVe-XVIIIe siècle*, Paris, Desclée, 1993.

116. Alain Cabantous, *Histoire du blasphème en Occident. Fin XIVe-milieu XIXe siècle*, Paris, Albin Michel, 1998.

prononcées contre certains comportements qui, du moins dans les textes, devaient conduire à la potence.

Les crimes « contre nature » étaient considérés, sous la plume des juristes, comme des fautes particulièrement graves. Si l'onanisme était unanimement condamné par les auteurs, la pratique judiciaire laissa le problème entre les mains du confesseur, chargé de démasquer discrètement la pratique et d'en freiner l'exercice. Seule la masturbation en public exigeait une intervention immédiate de la police, comme les archives du guet parisien en signalent quelques exemples. La sodomie (ou « pédérastie », « bougrerie » selon les textes de loi), que « les Pères de l'Église ont trouvé si horrible qu'ils ne luy ont point voulu donner de nom[117] », conduisait au bûcher[118] : reflet du sort réservé par Dieu à Sodome et préfiguration des flammes de l'enfer, la peine du feu contre le sodomite fut plus souvent prescrite par les juristes que prononcée par les magistrats. En effet, le crime paraissait si horrible – et si séduisant à la fois – que la justice préférait traiter les cas avec discrétion, par l'enfermement plutôt que par la main du bourreau. Louis-Sébastien Mercier choisit d'ailleurs de ne donner aucun titre au chapitre CCXLIII de son *Tableau de Paris*, « puisqu'il est des vices sur lesquels la censure doit se taire, parce qu'elle risqueroit de les dévoiler sans les corriger[119] ». En fait, les sodomites conduits au bûcher étaient généralement des assassins, violeurs ou sacrilèges, dont l'acte contre nature venait aggraver la sentence plutôt que constituer son principal chef d'accusation. Avec la création de la lieutenance générale de police, ce furent

117. François des Maisons, *Nouveau Recueil d'arrests et reglemens du Parlement de Paris*, Paris, Guillaume de Luynes, 1667, p. 422.

118. « Les femmes qui se corrompent l'une l'autre, sont appelées *fictrices* et *triballes* : c'est une espèce de sodomie, pour raison de quoi elles sont punies : les Canonistes ordonnent une peine plus douce en les condamnant à deux ans de pénitence. » Antoine Bruneau, *Observations…*, *op. cit.*, p. 404.

119. « La rigueur contre ces erreurs monstrueuses est un remède dangereux et le plus souvent inutile. Il est désavantageux d'attaquer ce qu'on ne peut détruire ; et lorsqu'il s'agit de la correction des mœurs, il faut réussir et ne point faire de vaines tentatives. » Louis-Sébastien Mercier, *Tableau de Paris*, *op. cit.*, p. 609. Voir aussi Michel Rey, « Police et sodomie à Paris au XVIIIe siècle : du péché au désordre », *Revue d'histoire moderne et contemporaine*, 29, 1982, p. 113-124.

les mouches et les « ordres du roy », c'est-à-dire les lettres de cachet, qui veillaient à étouffer le scandale et à faire enfermer les homosexuels. Crime plus grave encore, la bestialité était aussi punie par le feu. Le « péché muet » conduisait le coupable, la bête et les pièces du procès au bûcher pour effacer toute trace « d'un crime qui fait rougir la nature ».

Les autres crimes sexuels, s'ils étaient surveillés par la police parisienne et condamnés par les criminalistes, menaient très rarement à la potence ou à l'échafaud : des peines infamantes et afflictives, mais rarement capitales, intervenaient et servaient d'exemples aux Parisiens. L'adultère, qui ne concernait généralement que l'infidélité de l'épouse, pouvait être puni par le droit laïc par l'enfermement dans un couvent ; mais ce genre de scandale diminua tout au long de la période jusqu'à ne devenir, là aussi, qu'affaire de lettres de cachet. Les arrêtistes continuèrent à citer certains jugements capitaux rendus contre des amants lorsque, par exemple, le domestique couchait avec l'épouse du maître ; mais ces affaires étaient exceptionnelles. La bigamie pouvait conduire au carcan et aux galères ou à la maison de force, mais jamais à la mort. Le viol, appelé « rapt de violence », conduisait dans les faits à de rares condamnations : le règlement entre partis était souvent préféré par la famille de la victime, afin d'éviter que le déshonneur entachât la maison ; la castration avait complètement disparu au XVe siècle et la peine de mort était seulement appliquée, en règle générale, lorsque la victime était mineure et qu'il était parfaitement prouvé qu'elle avait combattu de toutes ses forces les assauts de son agresseur. « Moins la fille est âgée, plus celui qui l'a forcée est criminel[120]. » Le rapt de séduction pouvait aussi conduire à la potence : on désignait ainsi le mariage de deux mineurs consentants, que l'Église avait tendance à accepter mais que le droit laïc interdisait au nom de l'autorité paternelle. Une série de textes successifs déclarèrent crimes capitaux l'enlèvement et le mariage sans consentement,

120. Claude-Joseph de Ferrière, cité par Georges Vigarello, *Histoire du viol, XVIe-XXe siècle*, Paris, Seuil, 1998, p. 20.

mais les arrêtistes citaient constamment les mêmes jugements, et les négociations entre familles ou la dissolution du mariage réglaient généralement l'affaire.

Les proies du gibet et de l'échafaud étaient accusées, dans une très large majorité, soit de crime de sang, soit de crime contre la propriété. Au Moyen Âge et au XVIe siècle, la justice du roi resta relativement indulgente envers l'« homicide volontaire simple », commis dans la chaleur d'une bagarre et sans préméditation. Les travaux sur les lettres de rémission ont clairement montré la souplesse de la justice royale envers une violence fugitive qui ne remettait pas en cause l'ordre social[121]. L'assassinat qui, par définition, est prémédité, était en revanche irrémédiablement passible de mort. D'autre part, les XVIIe et XVIIIe siècles aggravèrent progressivement la notion de brutalité meurtrière, hésitant de plus en plus à délivrer des rémissions et forgeant, dans l'appareil judiciaire, une valeur modernisée de la vie humaine. En ce qui concerne les vols, les conditions de leur exécution et la nature du bien volé décidaient du sort à réserver au malheureux. Le petit larcin méritait généralement la marque, le fouet et le bannissement, parfois les galères à temps, mais le vol dans une église ou dans une maison royale, le vol domestique (trahir la confiance naturelle du maître était extrêmement grave), le vol par effraction et le vol avec violence étaient généralement punis par la peine capitale.

Les catégories juridiques étaient ouvertes et les magistrats pouvaient inscrire les faits inculpés dans la classification qui leur convenait. Cependant, cet inventaire très sommaire liste les crimes définis par les juristes auxquels devait répondre, tel que posé par les ordonnances et leurs commentaires, un arsenal pénal diversifié.

121. Claude Gauvard, *« De grace especial »*, *op. cit.* ; et Robert Muchembled, *La Violence au village. Comportements populaires et mentalités en Artois du XVe au XVIIe siècle*, Paris, Brepols, 1989.

Le jardin des supplices

La justice pénale parisienne est affaire de bricolages et de négociations. Dans les jugements criminels qui ne sont motivés qu'à partir du droit révolutionnaire, on peut parfois deviner certains calculs et compromis des magistrats, mais à moins d'une correspondance entre magistrats (comme celle, précieuse, des Joly de Fleury conservée à la Bibliothèque nationale) ou des notes bavardes d'un officier de justice attentif (telles celles du magistrat Thomas-Simon Gueullette, réunies dans un fond des Archives nationales[122]), les raisons d'une condamnation restent secrètes. L'échelle des peines et son utilisation par les juges s'inscrivent dans le même univers de souplesse juridique.

Le discours utilitariste n'est évidemment pas une innovation des Lumières, il apparaît déjà dans le *De criminalibus causis*, premier traité de droit pénal savant rédigé au XIIe siècle[123]. Aussi, la peine n'est légitime que si elle est parfaitement rationnelle, c'est-à-dire utile : de fait, la rétribution et l'exemplarité constituaient les fondements de tout l'appareil pénal. Daniel Jousse divisait ces deux objectifs en trois effets directs du châtiment. Le premier, pour les peines non capitales, corrigeait le délinquant. Le deuxième éliminait par le supplice capital le coupable, déterminé irrécupérable, évitant ainsi qu'il pût nuire de nouveau à l'ordre social qu'il avait bouleversé. Ces deux effets dérivaient de la fonction rétributive de la peine. Le dernier objectif, s'adressant cette fois au justiciable plutôt qu'au condamné, reprenait le principe didactique de l'exemplarité en imposant à tous le respect de l'ordre par la peur du châtiment[124].

Les juristes divisaient ensuite les peines en trois catégories :

122. Ces notes ont fait l'objet d'une édition récente : Thomas-Simon Gueullette, *Sur l'échafaud. Histoires de larrons et d'assassins (1721-1766)*, éd. Pascal Bastien, Paris, Mercure de France, 2010.

123. Jean-Marie Carbasse, « Note sur les fondements civilistes du *pactum pacis* médiéval », *Auctoritas. Mélanges offerts au professeur Olivier Guillot*, Paris, PUPS, 2006, p. 385-396.

124. Daniel Jousse, *Traité de la justice criminelle*..., *op. cit.*, t. I, p. III.

les châtiments qui regardaient l'intégrité ou la liberté du corps du criminel étaient appelés « afflictifs » ; ceux qui l'affligeaient dans son honneur étaient « infamants » ; ceux, enfin, qui le punissaient dans ses biens étaient des peines « pécuniaires ».

Les peines afflictives se subdivisaient en trois groupes distincts : les peines capitales, qui éliminaient le condamné par sa mort naturelle ou civile ; les peines afflictives corporelles, qui s'appliquaient publiquement contre le corps du condamné, comme le fouet, la flétrissure au fer chaud, l'exposition au carcan, l'amende honorable, l'assistance au spectacle du supplice d'un complice, et la promenade sur l'âne ; les peines afflictives non corporelles qui, bien qu'elles aient privé le condamné de sa liberté, ne s'exécutaient pas publiquement : c'étaient les galères, le bannissement et l'enfermement dans une maison de force. Toutes les peines afflictives produisaient une infamie de droit[125] : celle-ci n'était pas seulement une atteinte à la réputation du condamné, mais aussi une suite d'incapacités et d'interdictions liées à « l'honneur et à la probité ».

De tout l'arsenal pénal, seules l'admonition, l'amende simple et l'aumône n'étaient pas infamantes. Par conséquent, le rituel de l'exécution publique se fondait entièrement sur les peines capitales et les peines afflictives corporelles.

Il n'existe pas de codification pénale dans la législation criminelle d'Ancien Régime. Certes, grâce à l'article 13 de l'ordonnance de 1670, on peut édifier une certaine hiérarchie des châtiments. Mais les juges, forts du principe d'arbitraire qu'ils détenaient, étaient libres de choisir la peine appropriée au crime qu'ils condamnaient. Bien sûr, « il n'est pas permis aux juges d'inventer des supplices[126] » ; mais le concept de fixité des peines, cher aux réformateurs beccariens, apparaissait plutôt comme un obstacle pour les magistrats, tous convaincus de la singularité de chaque affaire portée à leur jugement. On ne pouvait

125. Voir *infra* chap. IV.

126. François Serpillon, *Code criminel ou Commentaire sur l'ordonnance de 1670*, Lyon, Périsse, 1767, t. II, p. 318.

peut-être pas inventer de châtiment, mais on pouvait construire une peine à partir des châtiments déjà existants pour mettre en scène, dans une arithmétique de la souffrance et de l'humiliation, l'horreur du crime par la rigueur de sa punition. Les magistrats parisiens n'appliquaient pas le *Spiegelstrafe* (« peine-miroir » ou « peine réfléchissante ») du monde germanique, où la violence judiciaire cherchait à reconstituer la violence criminelle sur le théâtre de l'échafaud[127]. Ce mimétisme pénal était entièrement fondé sur la vengeance. L'économie du supplice reposait plutôt sur un autre langage, un autre type d'écriture de la honte et de la souffrance dont la violence n'était pas le seul vocabulaire.

Plusieurs supplices en application aux XIIIe et XIVe siècles cessèrent de l'être dès le début de l'époque moderne, la cruauté de pareils châtiments – que le criminaliste conservateur Muyart de Vouglans qualifiait lui-même de « barbares » – paraissant trop abominable pour la majeure partie des tribunaux de France. Le supplice de l'écorchement disparut des usages français au XVe siècle. Il semble que le parlement de Paris supprima aussi l'enfouissement des femmes vers la fin du XVe siècle, au profit de la pendaison[128]. Jusqu'au début du XVIe siècle, le supplice de l'ébullition s'appliquait aux faux-monnayeurs qui étaient « suffoqués en eau chaude ». L'exécuteur saisissait le condamné, lié et garrotté, et le jetait dans une imposante marmite de cuivre pleine d'eau ou d'huile bouillantes (habituellement un mélange des deux). Dans un certain nombre de cas, une fois le condamné mort et bouilli, le bourreau

127. Anton Blok, « The Symbolic Vocabulary of Public Executions », in June Starr et Jane F. Collier (dir.), *History and Power in the Study of Law. New Directions in Legal Anthropology*, Ithaca, Cornell University Press, 1989, p. 31-54.

128. Voir la *Chronique* de Jean Chartier qui rapporte la première pendaison (selon lui) d'une femme dans la région parisienne le 18 avril 1449. *Chronique de Charles VII*, éd. A. Vallet de Viriville, Paris, Jannet, 1858, vol. 2, p. 67. Les coutumes de plusieurs régions méridionales de la France médiévale indiquaient que l'auteur d'un homicide, de quelque sexe qu'il fût, était enfoui vif sous le cadavre de sa victime, contrairement au nord du royaume où, selon Bernard Schnapper, aucun document ne mentionne l'existence de ce châtiment. Voir Jean-Marie Carbasse, *Introduction historique au droit pénal*, Paris, PUF, 1990, p. 274 et B. Schnapper, *Les Peines arbitraires...*, *op. cit.* Voir aussi Gabriel Des Maretz, « Note sur la peine de l'enfouissement », *Bulletin de la commission royale des anciennes lois et ordonnances de Belgique*, 10, 1921, p. 115-123.

le retirait de la chaudière et le conduisait au gibet de Montfaucon pour l'y pendre. En 1521, deux faux-monnayeurs furent bouillis à Paris au marché aux pourceaux, « et à cet effet a été mise une grosse fontaine de cuivre à la chaudière, laquelle fut mise sur un fourneau de pierre[129] ». Ce fut apparemment la dernière exécution de ce type dans la capitale. La justice parisienne conserva aussi la peine de mort par noyade dans la Seine jusqu'au début du XVIe siècle, comme en témoigne la copie d'un arrêt du Châtelet de 1531[130].

Ce catalogue de « châtiments médiévaux » fut bel et bien abandonné à Paris dès le début du XVIe siècle. La justice du roi ne se tint alors qu'à cinq types de supplices capitaux.

Châtiment le plus rigoureux de tout l'arsenal pénal, l'écartèlement regroupait une série de supplices. À partir du XVIe siècle, on ne le prononçait que contre les coupables du crime le plus abominable qui soit, la lèse-majesté au premier chef. Après avoir fait amende honorable et demandé pardon de son geste à Dieu, au roi et à la justice, le condamné se faisait couper ou brûler le poing parricide par l'exécuteur, puis tenailler aux mamelles, bras, jambes et cuisses avec des pinces chauffées à blanc ; sur les plaies, le bourreau versait ensuite un mélange bouillant de poix résine, d'huile, de plomb, de cire et de soufre fondus ensemble. Enfin, le patient, attaché par des liens de fer à un échafaud bas, avait les membres tirés par quatre chevaux jusqu'à l'arrachement. Les supplices de Ravaillac (1610) et Damiens (1757) se prolongèrent ainsi pendant près d'une heure et demie.

Le bûcher occupait le deuxième rang des peines capitales. Plus souvent employé au XVIIIe siècle comme complément d'une autre peine, afin de réduire en cendres une dépouille déjà pendue ou rompue, le bûcher reste *a priori* le châtiment des crimes sexuels, des sacrilèges, des blasphémateurs, des empoisonneurs et des

129. Henri Sauval, *Histoire et Recherche des Antiquités de la ville de Paris*, *op. cit.*, t. III, p. 604.

130. BnF, ms fr. 21731, fo 322. Le système pénal genevois conserve ce mode d'exécution jusqu'au XVIIe siècle. Voir Sonia Vernhes Rappaz, « La noyade judiciaire dans la République de Genève (1568-1619) », *Crime, Histoire et Sociétés*, 15, 2009, p. 5-24.

parricides. L'amende honorable presque toujours, et la perte du poing parfois, précédaient la peine du feu.

Peine appliquée aux assassins et aux voleurs de grand chemin, le supplice de la roue pouvait faire durer les souffrances des plus endurcis[131]. L'édit de 1534 stipulait que les criminels convaincus de brigandage

> seront punis en la manière qui s'ensuit, c'est à sçavoir les bras leur seront brisez et rompus en deux endroits, tant haut que bas, avec les reins, jambes et cuisses, et mis sur une roue haute plantée et enlevée, le visage contre le ciel, où ils demeureront vivants pour y faire pénitence tant et si longuement qu'il plaira à nostre Seigneur les y laisser, et morts, jusqu'à ce qu'il en soit ordonné par Justice, affin de donner crainte, terreur et exemple à tous autres de ne choir ne tomber en tels inconvéniens et ne souffrir, n'endurer telles et semblables peines et tourmens[132].

Un édit d'Henri II de 1547 étendit la liste des promis à la roue à tous les assassins, qu'ils aient eux-mêmes accompli le crime ou l'aient confié à un tueur à gages, les nobles comme les roturiers[133]. Appliquée à un corps presque nu, la peine de la roue était réservée aux hommes ; les femmes, « par décence », étant plutôt condamnées « à être pendues ou brûlées, suivant la nature du crime[134] ». Armé d'une barre de fer large de 4 à 5 centimètres, le bourreau abattait son instrument sur les membres du patient, deux coups sur chaque bras et autant sur les jambes, en terminant avec deux ou trois autres à l'estomac. Il le détachait ensuite de la croix, puis l'installait sur une petite roue de carrosse (appelée aussi « guéridon ») pour l'y attacher, face au ciel, le corps brisé et disposé de manière à ce que les talons, ramenés sous la roue,

131. L'avocat Barbier (1689-1771) parle d'un brigand ayant survécu vingt-deux heures sur la roue, jusqu'à ce que le lieutenant-criminel ordonnât au bourreau d'en finir avec lui. BnF, ms fr. 10288, f° 173.

132. BnF, ms fr. 21731, f° 15.

133. Jean-Marie Carbasse, *Introduction historique*..., *op. cit.*, p. 275.

134. Daniel Jousse, *Traité de la justice criminelle*..., *op. cit.*, t. I, p. 44.

touchent la tête. Les arrêts originaux sur parchemin – et non les minutes copiées sur papier – démontrent toutefois que l'usage le plus fréquent, surtout à partir du XVIIe siècle, était d'ajuster la durée du châtiment par un étranglement avant, pendant ou après que le condamné ait eu les os rompus. Les magistrats pouvaient ainsi juger avec fermeté et donner en spectacle un supplice terrifiant, mais ordonner un *retentum* pour abréger, de façon discrète, les souffrances du condamné. La peine capitale est ainsi pensée en termes d'intensité, mais aussi de durée.

« En crimes qui méritent la mort, le vilain sera pendu, et le noble décapité[135]. » Châtiment du roturier, la pendaison était employée contre les coupables de crime capital non aggravé, comme l'homicide simple, le vol domestique, le rapt ou la sédition. La pendaison fut sans doute le spectacle de la mort le plus familier de Paris.

Peine rare parce que réservée à la noblesse, la décapitation fut le seul supplice non infamant de l'arsenal pénal. Depuis la fin du Moyen Âge, le bourreau n'utilisait plus la hache, dégradante et jusqu'alors réservée aux roturiers[136], mais uniquement l'épée, pour préserver le condamné du déshonneur. « En France, écrit le juriste Ferrière, on décapite les Nobles qui ont mérité la mort, lorsque le crime qu'ils ont commis n'est point assez atroce pour les dégrader[137]. » Le noble convaincu d'homicide simple, de rapt, de sédition ou de duel jouissait alors du privilège de la décollation, tandis qu'il était mené à la potence ou à la roue s'il s'était avili par le vol (de quelque nature qu'il fût) ou par l'assassinat prémédité. Au XVIIIe siècle, la décapitation demeurait

135. Antoine Loysel, *Institutes coutumières*, Paris, L'Angelier, 1607, p. 73. Ce principe touche Paris, mais pas nécessairement l'ensemble du royaume de France. Ainsi à Bordeaux, la pratique est différente : voir Bernard Schnapper, « La répression pénale au XVIe siècle : l'exemple du Parlement de Bordeaux (1510-1565) », *Recueil de mémoires et travaux publié par la Société d'histoire du droit et des institutions des anciens pays de droit écrit*, 8, 1971, p. 1-54.

136. Christiane Raynaud, *À la hache ! Histoire et symbolique de la hache dans la France médiévale, XIIIe-XVe siècles*, Paris, Le Léopard d'Or, 2002.

137. Claude-Joseph de Ferrière, *Dictionnaire de droit et de pratique*, Paris, Brunet, 1749 (3e éd.), t. I, p. 624.

le supplice de loin le plus utilisé dans les États germaniques[138], alors qu'en France elle était devenue si rare, faute de nobles pour la souffrir, que le spectacle, exceptionnel, attirait les plus grandes foules.

À ces supplices capitaux peut également s'ajouter le châtiment appliqué au cadavre : la condamnation à être traîné sur une claie « dans les rues, attaché par les pieds à une charrette ou tombereau, la face contre terre », avant d'être pendu par les pieds à une potence puis jeté à la voirie, équivalait à une véritable mise à mort. De même l'exécution par effigie, c'est-à-dire la condamnation d'un criminel absent ou physiquement indisponible (comme la dépouille décomposée d'un suicidé), doit se comprendre, pour une peine capitale, comme « la représentation en peinture du genre de mort prononcée par arrêt ou sentence ; on figure sur du papier ou du carton le supplice ordonné, et on l'attache à un poteau sur la place publique[139] », en portant au bas de l'effigie les noms et qualité du condamné et son arrêt de mort. La mort était ainsi « mise en figure », c'est-à-dire dessinée, tandis que les autres peines afflictives (le carcan et le fouet) n'étaient inscrites que sur un tableau ou un placard. L'article 16 du titre XVII de l'ordonnance de 1670 précisait que seules les condamnations à la mort naturelle devaient être effigiées, les autres étant seulement inscrites sur un tableau placardé à un poteau[140].

Cet arsenal était familier des Parisiens. Pendant toute l'époque moderne, ces supplices étaient imaginés, racontés s'ils n'avaient pas été vus, dessinés par les spectateurs, chantés par les colporteurs, édifiés par certains prédicateurs. Le dernier supplice fut un théâtre où l'on accueillait surtout des hommes, même si près du quart des condamnés à mort, pour vols domestiques ou

138. Dans le Saint-Empire, le crime commis en public se châtiait par la décollation alors que ceux perpétrés en secret, comme le vol ou le guet-apens, étaient punis par la corde. Richard van Dülmen, *Theater des Schreckens. Gerichtspraxis und Strafrituale in der frühen Neuzeit*, Munich, Beck, 1995, p. 109 et 121.

139. François Serpillon, *Code criminel…*, *op. cit.*, t. II, p. 80.

140. *Ibid.*

infanticides essentiellement, furent des femmes. Les spectacles rares furent toujours les plus courus : une décapitation, une femme, un crime particulièrement sordide réunirent souvent d'imposantes foules. Si l'on s'élève au-dessus des toits de Paris, à vol d'oiseau, pour y trouver la fumée d'un bûcher ou la hauteur d'une potence, c'est d'abord l'ombre grouillante d'une foule réunie qu'il faut chercher. La place Maubert, la Croix-du-Trahoir[141] et, surtout, la place de Grève ressortent alors sans difficulté.

Londres et Paris paraissent aussi excessifs l'un que l'autre. Du XVIe au XVIIIe siècle, les deux capitales étaient bouillantes et tumultueuses, le lieu de tous les espoirs et de tous les périls et, surtout, le territoire de toutes les écritures : elles fondaient et produisaient de toute part des discours sur elles-mêmes qui permettent de reconstituer un certain imaginaire de l'urbanité et une certaine façon de penser l'appareil judiciaire et la notion de justice.

Ce survol sommaire de deux espaces et pratiques judiciaires distincts permet d'esquisser deux modèles juridiques à travers lesquels la peine capitale prend un sens différent.

La justice est d'abord un mode de production de la vérité. En confrontant les règles générales des cours parisiennes et londoniennes, c'est un rapport à la vérité qui se dégage, entre une mise à l'épreuve des récits, où l'on ne peut chercher mieux que la vraisemblance, et une conquête – voire une révélation – de la vérité dont l'aveu aurait été la clé de voûte. On comprend, en ce sens, que le moteur de la justice à Paris dût être la puissance publique, alors qu'à Londres elle restait l'action d'une partie. Contrairement au magistrat français, le jury anglais ne détenait aucune dimension morale car la fonction de juger se

141. C'est au coin de la rue de l'Arbre-Sec et de la rue Saint-Honoré, à la place de la Croix-du-Trahoir (ou Tiroir), qu'étaient pendus les criminels « convaincus d'avoir fait de la fausse monnoie, à cause que l'hôtel où l'on fabrique la monnoie n'est pas fort éloigné de cet endroit » (Germain Brice, *Description de la ville de Paris*, 1752). Lorsque la place de Grève ne pouvait accueillir une exécution pour cause de loterie ou de festivités, c'est à la Croix-du-Trahoir qu'on déplaçait généralement la potence.

dédoublait : le juge de paix dirigeait alors que le jury tranchait du vrai et du faux.

Le magistrat français, pour sa part, concentrait toutes les fonctions du pouvoir de juger. C'était lui qui, en définitive, maîtrisait le récit judiciaire. Il enquêtait, appliquait le droit, était responsable du *vrai* ; à lui incombait donc une part importante de sacralité dont il revendiquait d'ailleurs la majesté. La procédure inquisitoire est par essence politique ; s'en remettre à l'arbitrage des parties comme dans la procédure anglaise c'était démissionner, pour un juge du Châtelet ou du Parlement, de la responsabilité de justice que l'État devait réaliser ; c'était également renoncer au pouvoir conféré par Dieu, à travers le roi, de juger les hommes. Car la procédure accusatoire est, en soi, une compétition entre deux thèses : c'est d'ailleurs la raison pour laquelle il était illogique de soumettre l'accusé à la torture, puisque toute la structure judiciaire reposait sur le débat entre deux parties.

Alors qu'elle est transcendance à Paris, la loi est une « règle du jeu » dans l'univers de la *common law*. La justice française portait une dimension morale et sacrée où l'on devait faire confiance au juge, tandis que les règles de la *common law* cherchaient, fondamentalement, à rendre efficaces les relations entre les parties et à assurer la paix sociale (ce que communique bien la dénomination des magistrats, les « juges de paix ») en confiant le jugement à la communauté. Le jury ne racontait rien, n'écrivait rien ; il évaluait les preuves présentées par les parties et émettait un jugement binaire. En cour criminelle, le juge français n'était pas médiateur ou arbitre, il était représentant du roi, incarnation de la loi et, avec le prêtre, la source ultime et unique de vérité. Le juge de paix parlait plutôt en son nom propre, sans statuer au nom du souverain. Le statut de la culpabilité, inhérent au rôle joué par la vérité dans le processus judiciaire, est donc différent selon l'une ou l'autre de ces deux traditions juridiques. D'une certaine façon, un modèle de l'aveu s'oppose ainsi à un modèle de la preuve ; ou, en d'autres termes, une tradition verticale de l'ordre du monde contre une tradition horizontale de l'expérience. Les chapitres suivants pénétreront davantage ces différences structurelles.

La peine fut une réponse à ces procédures. Elle les concluait et, par la main du bourreau, les prolongeait.

Chapitre II

Bourreaux et *hangmen*
Le métier d'exécuteur

Les institutions et le personnel judiciaires ont fait l'objet des principales recherches en histoire de la criminalité et de la justice de ces dernières années. Juges, procureurs, notaires, commissaires de police ou avocats sont des agents ou des auxiliaires de la justice qui permettent en effet, lorsqu'on analyse leur condition, leurs origines sociales et leurs pratiques, de dégager le tableau des intermédiaires reliant le pouvoir judiciaire et les populations[1]. Ils furent les artisans de la relation de confiance toujours difficile que cherchait à établir la justice avec ses justiciables. Mais la justice pénale n'était pas qu'affaire de confiance ; elle suscitait aussi les doutes, les méfiances et la peur. Laquelle peur disposait elle aussi de ses intermédiaires, différents des premiers : les bourreaux.

Au-delà des critiques et des caricatures des assises qui traversent presque irrémédiablement les siècles, nul ne semble mieux incarner l'imaginaire de la peine que celui qui l'exécutait. Le bourreau trace l'histoire de la peine capitale, il en fut le terrible chroniqueur. Depuis la professionnalisation de cet art de calculer, préparer et donner la mort aux hommes, qui s'imposa vers le XIIIe siècle lorsque l'appareil de justice se développa et

1. Voir le travail pionnier de Bernard Guénée, *Tribunaux et Gens de justice dans le bailliage de Senlis à la fin du Moyen Âge*, Paris, Les Belles Lettres, 1963. Plus récemment, Claire Dolan (dir.), *Entre justice et justiciables. Les auxiliaires de la justice du Moyen Âge au XXe siècle*, Québec, Presses de l'université Laval, 2005.

multiplia ses champs d'action, impossible de penser la justice sans sa figure, ses instruments et les souffrances dont il fut le technicien.

Personnage indispensable de la machine judiciaire mais ambigu par l'ignominie qui paraît le caractériser, le bourreau fut le maître de la peine capitale et ce fut lui, et non le juge, qui constitua le principal intermédiaire culturel de l'ancien droit pénal. Les images les plus familières d'exécuteurs demeurent sans doute celles des représentations de la Passion, où ces personnages contrefaits, grimaçants et monstrueux s'acharnent à battre de verges le corps sacré du Christ. Les bourreaux paraissent y avoir les traits tirés par la douleur, signe du mal, contrairement au Christ dont le visage triste, épuisé peut-être, n'en reste pas moins beau, voire paisible[2]. On retrouve la même configuration des affects, la même opposition entre le sacré et le profane dans les représentations de saints et de martyrs de la fin du Moyen Âge. Toutefois, ces bourreaux étaient des déicides ; ceux que les souverains utilisaient pour mettre en œuvre leur justice ne furent pas représentés de cette manière. Ces derniers, figurés dans les enluminures médiévales, étaient des hommes ordinaires, sans aucun signe particulier de bêtise ou de cruauté : ils étaient calmes, paisibles, exécutaient le supplice sans être souillés par le sang et ne prenaient ni plaisir ni dégoût à l'opération d'une bonne justice[3]. L'Occident médiéval, dès les premiers siècles du haut Moyen Âge, inversa la représentation du procès pour placer, en un extraordinaire tour de force, la sainteté

2. Ruth Mellinkoff, *Outcasts. Signs of Otherness in Northern European Art of the Late Middle Ages*, Berkeley, University of California Press, 1994 ; et Jacques Le Brun, « Esthétique et christologie au XVIIe siècle », in Joseph Doré et Christoph Theobald (dir.), *Penser la foi. Recherches en théologie aujourd'hui. Mélanges offerts à Joseph Moingt*, Paris, Cerf, 1993, p. 631-643. Mitchell B. Merback, *The Thief, the Cross and the Wheel. Pain and Spectacle in Medieval Renaissance Europe*, Londres, Reaktion Books, 1999, analyse plutôt l'évolution des figures de Gestas et Dysmas, les deux larrons suppliciés aux côtés du Christ, comme une certaine transition entre les deux modèles.

3. Barbara Morel, *Une iconographie de la répression judiciaire. Le châtiment dans l'enluminure en France du XIIIe au XVe siècle*, Paris, Éditions du CTHS, 2007, p. 279-295.

du côté du tortionnaire alors que jusque-là, le chrétien avait surtout été figure de martyr[4]. Ce renversement fut fondamental pour la représentation, l'imaginaire et le fonctionnement de la justice du roi : les condamnés chrétiens, autrefois martyrs de Dieu, diabolisaient la justice humaine païenne au profit de leur sacrifice. Désormais, les cours de justice étaient chrétiennes et c'étaient les criminels qu'elles condamnaient qui devaient incarner le mal.

L'exécuteur était agent de la justice et serviteur de l'État, mais il fut aussi une figure noire de l'appareil judiciaire et porta à des degrés divers, selon le lieu, l'époque et l'univers pénal dont il faisait partie, la gravité de sa fonction et la méfiance, voire la haine, des populations. Paradoxe saisissant entre le respect d'une institution et le mépris attaché à l'un de ses auxiliaires.

L'origine de la fonction

Dans la Grèce antique, la responsabilité d'exécuter le criminel revenait à différents agents du processus judiciaire. Le chef de famille, *anax oikoio*, souverain de sa maison, exécutait lui-même ses serviteurs infidèles et tous ceux qui enfreignaient les règles de la discipline domestique. Les parents de la victime, sous la législation de Solon puis de Dracon, se chargeaient aussi de l'exécution de la peine. On connaît bien sûr l'exécution par la ciguë, confiée au condamné. On sait également, par la *Politique* d'Aristote, que les Onze, c'est-à-dire les magistrats, étaient eux-mêmes chargés d'appliquer les sentences capitales – lapidation, pendaison ou précipitation –, devoir « le plus indispensable mais aussi le plus pénible des magistratures ». Aristote suggérait en fait qu'on eût à choisir un juge d'un tribunal différent pour exécuter

4. Robert Jacob, « La décision judiciaire en Europe dans la perspective de l'histoire comparée. Éléments de synthèse », in Robert Jacob (dir.), *Le Juge et le Jugement dans les traditions juridiques européennes. Études d'histoire comparée*, Paris, LGDJ, 1996, p. 402. Voir aussi Philippe Buc, « Martyre et ritualité dans l'Antiquité tardive. Horizons de l'écriture médiévale des rituels », *Annales HSS*, 48, 1997, p. 63-92.

le condamné, afin d'éviter que la haine n'accable les membres d'une seule magistrature. La leçon est fondamentale :

> Remettre entre les mêmes mains condamnation et exécution, c'est donner double raison d'être haï, et faire exécuter toutes les sentences par les mêmes, c'est en faire les ennemis de tous[5].

En raison de la variété des cérémonials punitifs prévus par le droit, Rome dut progressivement recourir à un agent du pouvoir, écarter la victime du processus punitif et, avec le passage de la monarchie à la République, faire appel au licteur (de condition libre mais, en règle générale, affranchi) pour exécuter la sentence[6]. Chez les Romains, le tribun de la plèbe précipitait le condamné de la roche Tarpéienne alors que les magistrats, pourvus du droit de vie et de mort, confiaient leurs sentences aux licteurs. Bien que rarement prononcées, les peines capitales, par leur multiplicité, ne pouvaient être mises à exécution que par des hommes robustes, aux nerfs solides, rompus dans le métier. Les magistrats ne pouvaient plus exercer, dans la cité, le pouvoir punitif (*coercitio*) qui dérivait de leur *imperium* : c'était le licteur qui avait la terrible fonction de brûler, décapiter, crucifier, battre à mort ou noyer les parricides dans le Tibre[7]. Celui-ci serait donc vraisemblablement le plus vieil ancêtre du bourreau.

Il n'est pas évident de déterminer le moment ni les conditions de la naissance du métier d'exécuteur. On peut, comme Boucher d'Argis dans l'article qu'il lui consacrait dans l'*Encyclopédie*, recueillir ce que les traités et dictionnaires d'ancien droit avaient réuni sur la question et colliger les hypothèses, sans en

5. Aristote, *Politique*, livre VI, 8-11.

6. Il est possible que le *carnifex* dont on parle parfois dans les textes soit en fait le *lictor*.

7. Pour toute cette partie, voir *Du châtiment dans la cité. Supplices corporels et peine de mort dans le monde antique*, Rome, École française de Rome, 1984 ; et Eva Cantarella, *Les Peines de mort en Grèce et à Rome. Origines et fonctions des supplices dans l'Antiquité classique*, Paris, Albin Michel, 2000.

ajouter de nouvelles ni vérifier leur pertinence[8]. Mais le concept de « main-forte » qu'a récemment suggéré Robert Jacob permet de poser le problème en d'autres termes[9]. Il propose trois âges de la main-forte, c'est-à-dire du pouvoir et de la responsabilité d'exécuter la volonté des juges : le temps des esclaves, celui des serviteurs à gages et, vers les XIIe-XIIIe siècles, celui des professionnels. Le bourreau n'interviendrait que lors de la professionnalisation de cette violence extrême, laquelle ne tendait plus qu'au châtiment, distincte alors de la violence de contrainte exercée au nom du pouvoir et que réaliseront ensuite les sergents, les huissiers et les archers.

Pendant la lente organisation de la justice qui suivit la fin de l'Empire romain, les sentences rendues par les seigneurs, échevins ou rachimbourgs étaient exécutées par les soldats, voire par le juge lui-même. À Paris, il est possible que, jusqu'au XIIIe siècle, la fonction ait été assumée par le roy des ribauds, curieux officier de la maison du roi qui avait juridiction sur les prostituées, supervisait les maisons de jeu, encadrait les allées et venues des lépreux et qui, en certaines circonstances, pouvait être amené à exécuter des jugements criminels ; mais à cet égard, l'hypothèse est incertaine et les érudits se contredisent[10]. Tantôt dernier conseiller reçu dans le corps de la magistrature, tantôt premier échevin du corps de ville, la fonction était confiée au fil des mobilités sociales ; il fallut attendre la résurgence du droit romain, l'organisation progressive des villes et la formation d'une administration judiciaire plus réglée et centralisée pour voir, au XIIIe siècle, un bourreau professionnel assumer seul la charge d'exécuter les sentences criminelles. Le

8. *Encyclopédie, ou Dictionnaire raisonné des sciences, des arts et des métiers*, t. VI, p. 229 ; P.-J.-J.-G. Guyot, *Répertoire universel et raisonné de jurisprudence civile, criminelle, canonique et bénéficiale*, Paris, J. Dorez, t. XXIV, 1778, p. 51 et suivantes. C'est aussi ce que reprend Jacques Delarue, *Le Métier de bourreau*, Paris, Fayard, 1989.

9. Robert Jacob, « Licteurs, sergents et gendarmes : pour une histoire de la main-forte », *Entre justice et justiciables…*, *op. cit*, p. 37-54.

10. Ludovic Pichon, *Le Roy des ribauds. Dissertations de Du Tillet, Claude Fauchet, de Miraumont, Estienne Pasquier*, Paris, Claudin, 1878 ; et Anne Terroine, « Le roi des ribauds de l'Hôtel du roi et les prostituées parisiennes », *Revue historique de droit français et étranger*, 56, 1978, p. 253-267.

phénomène semble être à peu près le même pour toute l'Europe[11]. Les traces des exécuteurs se font plus fréquentes dès le début du XVe siècle et on retrouve à cette époque, par exemple dans l'Allemagne étudiée par Kathy Stuart[12], des registres identifiant nommément, dans leurs comptes, des bourreaux[13]. Aussi trouve-t-on en France « bourrel », « pendeur » et « pendour de larrons » mais, surtout, « exécuteur de la haute justice » ou « maître des hautes œuvres » ; en Angleterre *executioner*, *headman*, *hangman*, *whipper* ou *Finisher of the Law* ; *Scharfrichter* et *Nachrichter* dans le monde allemand ; *scherprechter* et *meester van den scherpen zwaarde* aux Pays-Bas, etc. La charge devint rapidement indispensable pour l'exercice et la représentation de la justice, même si, dans un parcours parallèle, le travail du bourreau s'inscrivit progressivement dans une économie de la honte[14].

« *L'exécuteur est le dernier des hommes aux yeux du peuple*[15] »

Avant la révolution économique et sociale de l'Occident médiéval, avant l'essor urbain et la division du travail, presque tous les métiers portaient en eux quelque tabou, qu'il s'agisse de l'argent (marchands, usuriers et changeurs), de la saleté (cuisiniers, teinturiers et foulons) ou du sang (barbiers, bouchers, soldats et bourreaux). Mais avec la nouvelle économie au XIIIe siècle, qui fit

11. Pieter Spierenburg, *The Spectacle of Suffering. Execution and the Evolution of Repression. From a Preindustrial Metropolis to the European Experience*, Cambridge, Cambridge University Press, 1984, p. 13-42.

12. Kathy Stuart, *Defiled Trades and Social Outcasts. Honor and Ritual Pollution in Early Modern Germany*, Cambridge, Cambridge University Press, 1999.

13. Jusqu'à cette époque il semble qu'en certaines régions les parents de la victime aient eu à exécuter le condamné, qu'il se soit agi d'une pendaison ou d'une décapitation ; ce fut le cas, par exemple, à Weimar. Nous verrons qu'en Angleterre la pratique n'avait pas été complètement abandonnée au XVIIIe siècle. Voir Pierre Braun, « Variations sur la potence et le bourreau. A propos d'un adversaire de la peine de mort en 1361 », in Jean-Louis Harouel (dir.), *Histoire du droit social. Mélanges en hommage à Jean Imbert*, Paris, PUF, 1989, p. 105-106.

14. Pour une vue d'ensemble de la profession au XVIIIe siècle, voir Florence Renucci, « L'exécuteur des sentences criminelles en France au dernier siècle de l'Ancien Régime », *Tijdschrift voor Rechtsgeschiedenis*, 76, 2008, p. 373-391.

15. *Encyclopédie*, *op. cit.*, t. II, p. 372.

du travail une source de mérite et du souci de l'utilité commune une vertu chrétienne, aucun métier ne fit vraiment obstacle au salut[16]. La prostituée et le comédien demeurèrent méprisés, mais les portes du paradis ne leur furent jamais vraiment fermées[17].

L'infamie de la fonction de bourreau ne semble pas avoir été immédiate ; l'Angleterre comme la France médiévales auraient relativement épargné leurs exécuteurs. L'avocat Maton de La Varenne, auteur en 1790 d'un mémoire judiciaire s'attaquant à l'infamie des exécuteurs et de leurs familles[18], situait en effet au XVIe siècle les premiers indices de l'ignominie inhérente au métier de bourreau. Avec la dynamique de l'Occident suggérée par Elias, qui aurait civilisé les mœurs à partir de la Renaissance, l'infamie du bourreau se serait donc développée et répandue aux XVe-XVIe siècles, globalement, dans tous les espaces urbains de l'Europe moderne. Claude Gauvard a récemment analysé la progressive criminalisation des tueurs à gages, ces « acteurs de la violence commanditée » qui, à partir du XVe siècle, furent enveloppés de puissants stéréotypes de diabolisation. Anonymes, violents et sans pitié, ces agents de la mort ne représentaient plus la violence de la riposte, mais bien la brutalité à l'état pur[19]. La

16. Jacques Le Goff, « Métiers licites et métiers illicites dans l'Occident médiéval », *Pour un autre Moyen Âge*, Paris, Gallimard, 1977, p. 91-107.

17. « Le comédien français s'excommunie d'office en choisissant son métier, ou du moins en en faisant la profession publique. Il ne peut alors en principe ni se marier, ni faire enregistrer la naissance de ses enfants, ni recevoir la communion et l'extrême-onction, ni être enterré dans un cimetière : il est rejeté de la communauté. Cette excommunication d'office est levée de même, c'est-à-dire sans qu'aucune démarche ecclésiastique soit nécessaire, dès que le comédien abandonne son métier. Mais dans la pratique courante, et sauf de rares et frappantes exceptions, ces règles ont été contournées, soit parce que les prêtres faisaient semblant d'ignorer ou ignoraient la condition du comédien, soit grâce à des déclarations purement formelles de renonciation. » Martine de Rougemont, *La Vie théâtrale en France au XVIIIe siècle*, Paris, Champion, 1988, p. 206.

18. La famille Sanson, de Paris, avait chargé l'avocat de s'attaquer au *préjugé* stigmatisant les bourreaux de France. Maton de La Varenne, *Mémoire pour les exécuteurs des jugemens criminels de toutes les villes du Royaume*, *où l'on prouve la légitimité de leur état*, Paris, Froullé, 1790.

19. Claude Gauvard, « La violence commanditée. La criminalisation des "tueurs à gages" aux derniers siècles du Moyen Âge », *Annales HSS*, 65, 2007, p. 1063-1094.

marginalisation progressive de l'exécuteur doit sans doute s'inscrire dans le même processus. Selon Pieter Spierenburg, l'évolution de son statut serait directement liée à l'urbanisation, à la centralisation du pouvoir, au développement de la procédure inquisitoire et à la civilisation des mœurs. La nature et les responsabilités de la fonction auraient alors différé selon les États et leur place dans le processus civilisateur, et le bourreau n'aurait pas suscité les mêmes réactions en France que dans le monde germanique ou aux Pays-Bas. Cela paraît d'autant plus vrai que l'Angleterre, du fait de la procédure accusatoire de son système pénal, ne répond pas à l'une des conditions du développement de l'infamie proposé par Spierenburg.

Il est vrai que les bourreaux de Paris et de Londres présentent d'importantes distinctions dans la nature de leur fonction, dans leur recrutement et dans la sacralité qui entourait leurs responsabilités. L'infamie elle-même portait des enjeux et des significations différentes dans chaque système culturel. Le regard croisé sur les métiers d'exécuteur et d'*executioner* révèle avec une certaine acuité la gamme des différences structurelles entre les deux professions et l'impact qu'elles eurent sur les racines de l'imaginaire pénal des populations. Officier du roi, le bourreau parisien fut lié à la sacralité du pouvoir des juges ; délégué du shérif, l'exécuteur londonien fondait son rôle et ses devoirs sur une tout autre forme d'autorité qui l'exemptait très largement de l'ignominie de son homologue d'outre-Manche. Avec des tueurs si différents, le dernier supplice ne pouvait que l'être aussi.

L'honneur, expliquait Montesquieu, est le principe fondateur de l'esprit des lois françaises[20]. Selon le juriste Charles Loyseau, l'officier, principal agent de la fonction publique monarchique, alliait pouvoir, honneur et profit :

> J'excepte seulement pour ce qui est de l'honneur celuy de l'Exécuteur de haute justice ; mais cet office estant contre nature,

20. Montesquieu, *L'Esprit des lois* (1748).

quoy que tres-nécessaire, ce n'est pas merveille qu'il soit irrégulier[21].

La table est mise: officier de justice du roi comme pouvait l'être le greffier ou le magistrat, l'exécuteur n'en possédait pas les honneurs. Alors que le titre de l'office était, partout dans le royaume, source de dignité, celui d'exécuteur, « contre nature », en était privé. D'après Loyseau, le bourreau fut un officier sans distinction, sans grade, sans rang, sans séance et sans honneur. En fait, il est difficile de déterminer si cette « contre-nature » de l'exécuteur n'était que culturelle ou si elle était ancrée dans l'ancien droit. Dans la seconde moitié du XVIIIe siècle, le juriste Guyot déclarait, dans son *Répertoire universel*, que « c'est un injuste préjugé qui fait regarder comme infâme l'exécuteur de la haute justice[22] ». Le praticien Serpillon écrivait encore qu'en France, nul n'est infâme sans y avoir été condamné par justice[23]. Pourtant, le juriste Ferrière déclarait sans ambiguïté : « L'office de bourreau est très-infâme, et il n'y a que des nations barbares qui en puissent juger autrement[24]. » Louis-Sébastien Mercier, qui se prononçait toujours sur tout, ajoutait que l'exécuteur était « sans contredit le dernier citoyen de la ville[25] » et protestait contre l'idée qu'on put remettre en question sa nature infamante.

> Il m'est arrivé plusieurs fois d'entendre débattre cette question : « si la personne du bourreau est infâme ? » J'ai toujours tremblé qu'on ne prononçât en sa faveur, et je n'ai jamais pu me lier d'amitié avec ceux qui le rangeoient dans la classe des autres citoyens. J'ai peut-être tort, mais je sens ainsi[26].

21. Charles Loyseau, *Cinq Livres du droit des offices*, Paris, L'Angelier, 1610, livre I, chap. VII.
22. P.-J.-J.-G. Guyot, *Répertoire universel et raisonné*..., *op. cit.*, t. VII, p. 157.
23. François Serpillon, *Code criminel*..., *op. cit.*, t. II, p. 677.
24. Claude-Joseph de Ferrière, *Dictionnaire de droit et de pratique*, *op. cit.*, t. I, p. 302. Ferrière, ici, visait à mots couverts le cas anglais.
25. Louis-Sébastien Mercier, *Le Tableau de Paris*, *op. cit.*, t. II, p. 106.
26. *Id.*, *L'An 2440. Rêve s'il en fut jamais*, Londres, 1785, t. I, p. 90.

Or on fait peut-être fausse route d'évoquer l'« infamie », qui fut une catégorie juridique dans l'ancien droit français[27], pour caractériser l'étrange nature du bourreau : l'exécuteur était tout à fait en droit de témoigner en justice, de rendre plainte et de faire un testament, ce que le condamné à une peine infamante ne pouvait faire. Il semble donc y avoir eu confusion chez certains juristes. De fait, chez les exécuteurs, dans les plaintes déposées à la justice qu'on retrouve dans les archives judiciaires du XVIIIe siècle, plutôt que de parler d'infamie, on préfère évoquer le « préjugé ». Des liens très étroits se tissent ainsi entre la théorie juridique, la pratique judiciaire et l'imaginaire des populations pour créer, dans un certain désordre, la figure complexe du bourreau. Joseph de Maistre, qui justifiait dans son premier entretien des *Soirées de Saint-Pétersbourg* (1821) la vertu des supplices et la nécessité de la fonction d'exécuteur, insistait sur cette étrange construction culturelle.

> Qu'est-ce donc que cet être inexplicable qui a préféré à tous les métiers agréables, lucratifs, honnêtes et même honorables qui se présentent en foule à la force ou à la dextérité humaine, celui de tourmenter et de mettre à mort ses semblables ? Cette tête, ce cœur sont-ils faits comme les nôtres[28] ?

L'« infamie » de l'exécuteur se manifestait, dans la population parisienne, de plusieurs façons. Il y avait d'abord l'insulte et la menace. Les livres de raison ou les échanges épistolaires rendent souvent compte, sous un ton badin et anecdotique, de ce genre d'épisodes qui finissaient plus souvent dans l'invective que dans les voies de fait. On retrouve par exemple des réticences à partager le même banc d'église ou à acheter le pain d'une même corbeille. La résidence à l'extérieur de la ville ou, comme à Paris, au cœur d'un instrument de supplice – le pilori

27. Michel Porret, « Atténuer le mal de l'infamie : le réformisme conservateur de Pierre-François Muyart de Vouglans », *Crime, Histoire et Sociétés*, 4/2, 2000, p. 95-105.

28. Joseph de Maistre, *Les Soirées de Saint-Pétersbourg, ou Entretiens sur le gouvernement temporel de la Providence*, Paris, Éditions de la Maisnie, 1983, t. I, p. 32.

des Halles – s'imposait de même pour éviter le contact ignominieux entre le bourreau et les « honnêtes » citadins et peut-être, surtout, pour éviter les bagarres que pouvaient engager tout dérèglement à l'égard de l'honneur.

Le rez-de-chaussée du pilori des Halles était habitable. Les lettres de provision des exécuteurs parisiens garantissaient ce droit à la

> maison et habitacion du pilory des halles, circonstances et dépendances [...], estant ledit pilory destiné pour pilorier les banqueroutiers et recevoir les exécutez à mort après que l'exécution en a esté faite, et ustanciles nécessaires pour la fonction de ladite charge[29].

Un arrêt du Parlement du 31 août 1709 interdisait aux exécuteurs de loger à l'intérieur des murs, à moins que ce fût dans la maison du pilori[30]. À Paris, aucune distinction n'était ainsi faite entre la fonction et son titulaire : l'environnement du bourreau devait correspondre à ses responsabilités puisque celles-ci correspondaient, foncièrement, à sa nature.

> Un bourreau fait ce métier par choix, écrivait le jusnaturaliste Jean-Baptiste René Robinet, et l'embrasse par intérêt comme profession, ou du moins par le hasard de sa naissance s'il est fils de maître : ce qui annonce au moins des sentiments bas et une âme de boue, et peut-être encore un cœur dur. [...] Néanmoins, comme il faut qu'il y ait ces espèces d'homme, [...] il convient d'adoucir, autant que la décence le permet, l'amertume du sort du dernier des membres de l'État[31].

29. BnF, ms fr. 21731, f° 330.

30. Dès la fin du XVIIe siècle, Charles Sanson emménagea dans un quartier reculé de la ville, la Nouvelle-France, sur la rue Poissonnière près de la barrière Sainte-Anne, et choisit alors de louer le pilori aux commerçants : « présentement il est environné de boutiques louées par l'exécuteur à des artisans ». Henri Sauval, *Histoire et Recherche des Antiquités de la ville de Paris*, *op. cit.*, t. II, p. 589.

31. Jean-Baptiste-René Robinet, *Dictionnaire universel des sciences morales, économiques, politiques et diplomatiques*, Londres, 1777-1783, p. 286.

Il était maître des hautes œuvres, c'est-à-dire maître de la honte et de la souffrance.

Les archives judiciaires du XVIIIe siècle, plus abondantes et bavardes que celles des époques précédentes, révèlent en outre quelques incidents. En 1743, le commissaire au Châtelet Agnan-Philippe Miché de Rochebrune reçut la plainte de Nicolas Gabriel Sanson, frère du bourreau de Paris, interpellé et menacé par trois passants alors qu'il était tranquillement perché à sa fenêtre. Contraint par arrêt de justice d'habiter aux confins de la ville, Sanson fut pourtant pris à partie chez lui, barrière Sainte-Anne. Le garde aux entrées Guillaume Daon témoignait et rapportait au commissaire qu'en traversant la barrière,

> le premier particulier montroit de loin à son camarade Charles Nicolas Gabriel Sanson, qui étoit à la fenêtre de la maison de son frère exécuteur de la haute justice, et il disoit en ces termes « Foutre, c'est lui » ; que ledit particulier étant enfin arrivé vis-à-vis ladite fenêtre, il s'écria encore « Foutre, c'est lui, c'est le bourreau » et « Je m'en fous car je suis dragon ».

Le témoignage du garde des entrées, ainsi que ceux des deux jardiniers aussi assignés par le commissaire, concordent avec celui de Sanson.

> Sur les six heures du soir, étant à la fenêtre donnant sur ladite rue Poissonnière, il a été dans le dernier étonnement que ledit dragon de la compagnie de Bidache s'étoit arrêté avec ledit particulier de la connétablie et ladite particulière vis-à-vis de la fenêtre de luy plaignant, et sans en avoir le moindre sujet, qu'il l'ait injurié en le traitant de bourreau et de Jean-Foutre, et qu'un tas de bourreaux comme luy plaignant n'étoit bon qu'à faire une capilotade, adjoutant encore que dans quelqu'endroit qu'il put rencontrer luy plaignant, il le couperoit ou feroit couper en morceaux ; lesquelles injures et menaces il a répétés plusieurs fois et il a fait un si grand vacarme qu'il s'est amassé au-devant de la maison de lui plaignant

une infinité de personnes, lequel fait peut avoir souvent des suites fâcheuses et exciter même à injurier gratuitement lui plaignant[32].

Nombreuses sont les anecdotes qui rendent compte du « préjugé » et du champ d'action réduit de l'exécuteur en terme de sociabilité.

> Ce jour sur le soir le nommé Sanson, exécuteur des hautes œuvres, se promenant au Palais Royal sous une des galeries dite le Camp des Tartares et y ayant soi-disant accosté une des élégantes impures qui ont coutume de fréquenter ce lieu devenu pour elles si avantageux ; avec laquelle il avoit déjà, par suite de conversation et de jolis propos, conclu comme une espèce de pacte ou de marché : n'est pas peu surpris de se voir tout à coup éconduit et congédié par la donzelle, probablement avertie sourdement de l'ignominieuse profession du personnage auquel elle s'étoit arrêtée. D'où il résulte une très plaisante rixe accompagnée d'injures et de menaces réciproques, dont s'amusent infiniment toutes les personnes qui en sont témoins et dont on s'entretient dans les petits soupers[33].

Bien qu'en aucun cas l'infamie des fonctions du bourreau ne fût formellement inscrite dans leurs lettres de provision, plusieurs auteurs du XVIIIe siècle prétendaient que l'exécuteur ne les recevait pas en main propre, mais devait les ramasser sous la table, où les jetaient avec mépris les chauffe-cire de la chancellerie[34]. Maton de La Varenne s'insurgeait contre ce « bruit dénué de fondement » et affirmait que l'exécuteur recevait en toute civilité ses provisions, remises entre ses mains par des hommes instruits « qui savent s'élever au-dessus des préjugés »[35].

32. AN, Y 10100. Je remercie Julie Doyon d'avoir porté ce document à mon attention.

33. BnF, ms fr. 6685, entrée du 6 février 1786.

34. *Encyclopédie*, *op. cit*, t. XIII, p. 496 ; Claude-Joseph de Ferrière, *Dictionnaire de droit et de pratique*, *op. cit.*, t. I, p. 871.

35. Maton de La Varenne, *Mémoire pour les exécuteurs…*, *op. cit.*, p. 6.

L'avocat condamnait également l'idée selon laquelle le bourreau aurait eu à prêter serment à genoux ; comme tout autre officier, il jurait au tribunal de son parlement debout, audience tenante. Nous n'avons conservé aucun texte relatif au serment prêté par les exécuteurs parisiens, mais sans doute ne fut-il pas si différent de celui prêté par les bourreaux d'Artois au XVIe siècle.

> Vous jurés et franchiés par vostre foy et serment, sur les saintes évangiles de Dieu, sur vostre part de paradis et la condempnation de vostre âme, que vous méterés à exécution ce que par les eschevins sera jugié ou enseigné, en ce qui aura regart à vostre office et si aucuns condempnés à mort ou aultrement vous dist aucune cose qui puisse porter prouffit au bien de justice, vous le noncherés aux bailly et ses eschevins ; ne les condempnés aucunement vous ne induirés contre le bien de justice, et obéyres aux dis maire et eschevins, et leur secret et conseil vous tenrés et célerés ; et en vostre office aucune fraude ne comméterés ; et se vous savés aucune cose contraire aux dis maire et eschevins à la dite ville, vous le noncherés[36].

Recruter des tueurs

Alors qu'à Londres la réputation de l'exécuteur semble avoir été étroitement liée au titulaire de la charge plutôt qu'au métier en lui-même, l'infamie de la fonction à Paris paraît avoir suivi un parcours qu'on pourrait, très sommairement, associer au développement de l'État moderne : modérée à la fin du Moyen Âge, elle aurait atteint un sommet au XVIIe siècle. Au XVe siècle, Capeluche fut mauvais sujet mais honnête bourreau : rien ne lui interdisait alors de devenir capitaine de la milice bourgeoise de la capitale[37].

36. Ad de Cardevacque, « Le bourreau à Arras », *Mémoires de l'Académie des sciences, lettres et arts d'Arras*, 2e série, 24, 1893, p. 168.

37. Bertrand Schnerb, « Caboche et Capeluche : les insurrections parisiennes au début du XVe siècle », in Frédéric Bluche et Stéphane Rials (dir.), *Les Révolutions françaises*, Paris, Fayard, 1989, p. 113-130.

Une erreur de lecture a longtemps fondé l'idée selon laquelle, après chaque exécution, le bourreau aurait reçu « une paire de gants » de la part du bailliage ou de la prévôté, symbole de son ignominie contagieuse. Or les documents comptables des XIVe et XVe siècles évoquent plutôt les *gans*, c'est-à-dire le « gain », en espèces sonnantes et trébuchantes, lié au travail effectué. Cette remise rituelle d'une paire de gants n'a jamais existé et ne doit donc pas être interprétée comme l'indice d'une quelconque infamie[38]. D'autre part, la pratique voulant que le bourreau demandât au condamné de lui pardonner sa mort ne s'appliquait plus en France au XVIe siècle, alors que l'usage avait été observé jusqu'à la fin du Moyen Âge pour les condamnés politiques. On n'a pas à pardonner un homme sans honneur ; la pratique disparut donc avec le développement de l'ignominie du bourreau. En revanche, l'usage se maintint en Angleterre jusqu'à la décapitation du jacobite Simon Fraser, exécuté à Tower Hill en 1747.

Quelles furent les causes de cette ignominie inhérente à l'office ? Et à Londres, pourquoi ne pas institutionnaliser la même marginalisation du métier ? D'aucuns y voient un symptôme parmi d'autres de la peur de la mort[39]. D'autres énoncent différentes hypothèses toutes liées, de près ou de loin, à une même question : devenir bourreau, était-ce choisir ou être choisi ? C'est sans doute l'étrange facilité de tourmenter et de mettre à mort qui fonda, en large part, la fascination envers le personnage. Entre l'interdiction de tuer du justiciable et l'obligation de tuer de l'exécuteur se glisse nécessairement la question de la cruauté du second.

Comme certains bourreaux se recrutèrent parmi les condamnés à mort, cette ascendance criminelle fut rapidement reprochée aux exécuteurs. Cet usage de combler une charge vacante par un

38. Pour ce genre de registres comptables, voir BnF, ms fr. 7645. On retrouve encore cette interprétation sur la paire de gants chez Michel Pastoureau, qui tout de même s'étonne du prix élevé que la justice leur attribue. « Une justice exemplaire : les procès faits aux animaux (XIIIe-XVIe siècle) », *Les Rites de la justice. Gestes et rituels judiciaires au Moyen Âge occidental*, Paris, Le Léopard d'Or, 2000, p. 180.

39. Michel Bée, « La société traditionnelle et la mort », *XVIIe siècle*, 106-107, 1975, p. 81-82.

condamné se pratiqua effectivement en France[40] et les juristes du XVIIIe siècle le signalaient encore dans leurs traités : les criminalistes citaient constamment un même arrêt, celui du parlement de Bordeaux du 13 avril 1674 selon lequel le nommé Dupré, dit Lajeunesse, fut condamné à servir d'exécuteur à perpétuité au lieu des galères auxquelles son crime l'avait destiné[41]. L'opinion populaire comme les gens de pouvoir gardèrent l'impression que la justice recrutait ses exécuteurs parmi les gibiers de potence, ainsi que le révèlent les propos prêtés à Turgot dans une lettre du 30 juin 1775, écrite à propos des revenus du bourreau :

> Le Ministre [Turgot] me marque qu'il seroit peut-être à désirer que cette classe d'hommes choisis parmi les criminels auxquels on auroit accordé la vie, ne pût prétendre que le simple nécessaire[42].

Or on sait que dès le début du XVIIe siècle les familles d'exécuteurs en France furent suffisamment nombreuses pour garantir une main-d'œuvre parfaitement formée pour combler l'essentiel des offices du royaume[43]. En fait, on voit davantage des exécuteurs se retrouver dans les archives judiciaires en tant qu'accusé ou plaignant que des criminels en sortir pour embrasser la profession.

La littérature anglaise abonde de récits où l'exécuteur était lui-même mis à mort pour ses propres crimes. Alcoolique, toujours en appétit pour les femmes de mauvaise vie, endetté et violent, de telles tares fondent plus le mépris de la profession chez les Anglais que ne semble le faire la nature même du métier

40. Condamné à mort le 19 août 1626 pour avoir conspiré contre Richelieu, le comte de Chalais fut décapité par un cordonnier, Charles Davy, que l'on avait gracié pour l'événement. L'inexpérience du bourreau valut au supplicié 29 coups d'épée.

41. Ainsi Brillon, *Dictionnaire des arrêts ou jurisprudence universelle des Parlemens de France*, Paris, Cavelier, Brunet et Gosselin, 1727, t. III, p. 213 ; ou François Serpillon, *Code criminel…*, *op. cit.*, t. III, p. 1099.

42. Lettre du sieur d'Agay au sieur Duflos, 30 juin 1775, AN, BB^3 206.

43. Voir les lettres de provision de bourreaux réunies dans le fond V^1 540 des Archives nationales.

en France. À Paris, à partir du moment où la charge devint clairement un office royal sous le règne d'Henri IV, la profession ne paraît pas particulièrement criminogène : on retrouve le bourreau à la cour pour la vente illégale de cadavres (Jean Guillaume en 1608), pour un cas d'adultère (Charles Sanson en 1696) ou, un peu plus souvent, pour avoir failli à une exécution (Charles Jean-Baptiste Sanson en 1751, puis Charles-Henri Sanson en 1784, pour des pendaisons maladroites).

Le bourreau parisien ne fut pas nécessairement une brute criminelle amatrice de bagarre : contrairement, d'ailleurs, à l'essentiel de ses collègues du reste du royaume, et même de Londres, ses revenus le mettaient à l'abri de la misère et d'une criminalité de détresse et de survie.

Le cas londonien fut bien différent : il ne semble exister aucune dynastie ni endogamie chez les exécuteurs anglais, et lorsque le valet ne succédait pas au maître, le titulaire quittait un métier – forgeron, *constable*, laboureur, etc. – pour embrasser, sans effet apparent d'avilissement, celui de bourreau. En dépit de quelques suggestions fugitives de Shakespeare[44], on ne trouve guère de preuve d'hérédité de la profession en Angleterre. Non pas vocation familiale ou dynastique donc, mais choix professionnel libre.

Une autre hypothèse voudrait que les activités parallèles de l'exécuteur, comme les basses œuvres ou la surveillance des prostituées, l'aient contaminé par l'ignominie de ceux qu'il côtoyait. À une époque que Sauval ne précise pas, le bourreau de Paris devait tuer tous les pourceaux qu'il croisait dans la ville ; il pouvait alors en garder la tête ou les mener à l'Hôtel-Dieu, où il en recevait 5 sols[45]. Les basses œuvres, c'est-à-dire « la vidange des cours et aisances, la riflerie [écorchement] et dépouille des bêtes mortes », semblent surtout constituer une particularité de l'Est de la France (Lorraine et Franche-Comté) et des pays allemands.

44. Voir *Coriolan* (1607), acte II, scène I.

45. Henri Sauval, *Histoire et Recherche des Antiquités de la ville de Paris*, *op. cit.*, t. II, p. 457 et 639.

Il est possible qu'en ces régions elles furent inhérentes à l'office de bourreau et c'est d'ailleurs là, apparemment, que l'opprobre fut le plus aigu et l'endogamie la plus étroite[46].

Considérons d'abord l'exemple parisien : il est possible de dresser la liste des titulaires de la charge d'exécuteur depuis le XIVe siècle et d'observer, à travers quelques fenêtres ouvertes au hasard, au gré des anecdotes et des témoignages, le parcours social et culturel d'une profession ignominieuse. Même si, en l'absence de lettres de provision, il reste difficile de retracer les individus qui ont occupé la charge d'exécuteur, le dépouillement fragmenté de nombreuses sources permet d'identifier, du XIVe au XVIe siècle, 17 bourreaux qui, apparemment sans lien de parenté, se succédèrent dans la capitale.

On trouve le premier d'entre eux dans le registre criminel de Sainte-Geneviève : Estevenot le bourrel, en 1300, fut rémunéré pour la pendaison d'un serrurier coupable de vols dans les maisons[47]. Le deuxième se fait connaître lors de la pendaison de Guillaume de Léans le 21 février 1333, condamné par le Châtelet pour complicité de meurtre.

> Le dit Guillaume au gibet confessa en l'eschielle à Nicolas, le bourriau, oultre tout ce qu'il avoit confessié dessus, que il avoit eu convenant à sesdiz freres que il leu envoieroit LX livres parisis et ainsi l'afferma il, ou peril et dampnement de l'ame de

46. Le 4 août 1741 fut baptisé Jean-Jacques Herman, fils de Jean Herman, bourreau de Morhange, et de Marguerite Renne, parente des exécuteurs de Nancy, Neuchâteau, Bar-le-Duc, et Sarreguemine ; il eut pour parrain Jacob Cané, bourreau d'Hellong (de la juridiction de Thionville), et pour marraine Ursule Grossolz, fille des exécuteurs d'Alsace, peut-être sœur de celui de Marmoutier, Friedrich Grossholtz. Lorsque Jacob Cané fit baptiser le 8 novembre 1767 son fils Nicolas, il choisit pour parrain Nicolas Spirkel, frère de son épouse Elizabeth et bourreau à Montlich, et pour marraine Anne Dilenbourges (dont on retrouve des parents à l'office de Thionville), veuve de Pierre Hoppe, bourreau de Freistroff. Et les exemples se multiplient à l'envi (AN, BB^3 210). Voir aussi, pour le cas allemand, Anton Blok, « The Symbolic Vocabulary of Public Executions », in June Starr et Jane F. Collier (dir.), *History and Power in the Study of Law*, *op. cit.*, p. 31-54 ; et BnF, ms Joly de Fleury 258, f° 181 et suivants.

47. *Histoire des justices des anciennes églises et communautés monastiques de Paris*, éd. Louis Tanon, Paris, Larose et Forcel, 1883, p. 362.

luy. Si comme ledit Nicolas, le bourriau, l'a rapporté par son serement[48].

Quelques années plus tard Colart Provignon, bourrel de Paris, fut mis à l'amende pour voies de fait, ainsi qu'en témoigne le registre criminel de Saint-Martin-des-Champs[49].

Le bourreau suivant se signale en novembre 1411, lorsque Mansart du Bois fut décapité pour sédition à Paris.

> Lequel ot la teste couppé es halles de Paris, et de force de ses espaulles, depuis qu'il ot la teste couppée, bouta le tronchet si fort qu'à pou tint qu'il ne l'abaty, dont le bourreau ot telle freour, car il en mouru tantost après six jours, et estoit nommé maistre Guieffroy. Après fut bourrel Cappeluche, son varlet[50].

Si Capeluche succéda à son maître jusqu'à sa propre exécution sur l'échafaud sept ans plus tard, il semble qu'il ait partagé pendant un certain temps la charge avec un confrère puisqu'en 1416 « Estienne le Bré, maistre de la haute justice du Roi nostre Sire », reçut 55 sols parisis pour les diverses dépenses qu'il avait dû avancer pour la mise à mort par ébullition de trois faux-monnayeurs[51]. Mais identifié comme « maistre », le Bré ne fut vraisemblablement pas celui qui exécuta Capeluche en 1418, car le bourgeois de Paris rapporte dans son journal avec quel sang-froid le condamné offrit une dernière leçon à son valet.

> Et ordonna le bourreau la manière au nouveau bourreau comment il devoit copper teste, et fut deslié et ordonna le tronchet de son coul et pour sa face, et osta du bois au bout de la doloaire et à

48. *Confessions et Jugements de criminels au parlement de Paris (1319-1350)*, éd. Monique Langlois et Yvonne Lanhers, Paris, SEVPEN, 1971, p. 43.

49. *Registre criminel de la justice de Saint-Martin-des-Champs à Paris au XIVe siècle*, éd. Louis Tanon, Paris, Willem éditeur, 1877, p. 98.

50. *Journal d'un bourgeois de Paris (1405-1449)*, éd. Alexandre Tuetey, Genève, Slatkine Reprints, 1975, p. 18.

51. Henri Sauval, *Histoire et Recherche des Antiquités de la ville de Paris*, *op. cit.*, t. III, p. 274.

> son coustel, tout ainsi comme s'il voulaist faire ladicte office à ung autre, dont tout le monde estoit esbahy; après ce, cria mercy à Dieu et fut decollé par son varlet[52].

Il est en effet difficile de savoir, à travers les sources disponibles pour cette période, si un seul bourreau exerçait dans la ville, s'il partageait la charge avec des confrères ou si certaines juridictions seigneuriales de la capitale disposaient de leur propre exécuteur. Leur recensement reste donc approximatif, même si les noms que nous retrouvons attestent tout de même un paysage professionnel particulier.

Ce sont ensuite les comptes de la prévôté de Paris qui mentionnent pour l'année 1425 la dépense suivante :

> À Jean Thiphaine, Exécuteur de la haute justice du Roi nostre Sire, la somme de vingt sols, pour avoir dépendu les corps morts de la grande Justice de Paris, ensemble les ossemens d'environ icelle et iceux enterrés, afin de refaire et reparer icelle Justice[53].

Le 28 août 1477, les quatre assassins de Petit Jehan Cousin, « filz de maistre Henry Cousin, maistre bourreau en ladicte ville de Paris, qui desja avoit fait plusieurs exploiz de bourreau, et entre les autres avoit coppé le col de messire Loys de Lucembourg », furent pendus « au gibet de Paris par les mains dudit maistre Henry »[54]. Henry Cousin apparaît aussi dans le célèbre *Testament* (1462) de François Villon.

L'année suivante, la prévôté paya 42 sols 2 deniers parisis à

> Pierre Philippart, maistre des hautes-œuvres, pour avoir abattu l'échafault de bois étant audit Pilori pour en refaire un neuf pour

52. *Journal d'un bourgeois de Paris (1405-1449)*, *op. cit.*, p. 110-111.
53. Henri Sauval, *Histoire et Recherche des Antiquités de la ville de Paris*, *op. cit.*, t. III, p. 278. Il s'agit de Montfaucon, déjà en ruine.
54. *Journal de Jean de Roye, connu sous le nom de chronique scandaleuse (1460-1483)*, éd. Bernard de Mandrot, Paris, 1894, vol. 2, p. 58 et 60.

> servir à l'exécution du duc de Nemours, et pour avoir abbatu les tuyaux où le sang coule audit échafaut, blanchi iceux tuyaux avec les appuis et le pavement d'icelui échafault[55].

Jaques Dulac apparaît ensuite dans un registre de 1502 pour sa nomination à la charge d'« Exécuteur des hautes œuvres de la Ville, Prevosté et Vicomté de Paris[56] ». Il est cependant probable qu'il partagea la charge avec un autre, puisqu'on lit dans le journal de Pierre de L'Estoile que

> le seiziesme jour d'aoust 1507, un nommé Jacquet [sans doute s'agit-il ici de Dulac] et l'autre Robin Serre, bourreaux de Paris, furent déclarés, par arrest de la Cour, inhabiles et déposés de leur office pour avoir failli à décapiter aucuns condamnés, et fust par ladicte cour ordonné recevoir audict office un nommé Maistre Florent, qui estoit bourreau de Meaux[57].

Celui-ci se signale aussi par sa maladresse puisqu'en avril 1517

> fut tué Fluraut, le bourreau de Paris, parce qu'il faillit à coupper la teste à un homme au pillory, par justice ; dont, après ce, fut tant oppressé de pierres, qu'il luy convint s'en aller mucer en la cave dudict pillory. Quoy voyant, le peuple mist le feu dedans ladicte cave ; parquoy fut iceluy bourreau estainct et trouvé mort[58].

C'est encore par son manque d'habileté que l'exécuteur suivant se révèle en juillet 1523 lorsqu'un gentilhomme d'Auvergne, chef d'une troupe de brigands, fut condamné avec son fils à être décapité en place de Grève. « Mais le bourreau de Paris, nommé

55. Henri Sauval, *Histoire et Recherche des Antiquités de la ville de Paris*, *op. cit.*, t. III, p. 433.
56. *Ibid.*, t. III, p. 533.
57. Pierre de L'Estoile, *Mémoires-Journaux (1574-1611)*, Paris, Tallandier, 1982, t. XII, p. 345.
58. *Journal d'un bourgeois de Paris sous le règne de François I*[er], *1515-1536*, éd. Ludovic Lalanne, Paris, Société de l'histoire de France, 1854, p. 53.

Rotillon, faillit à leur coupper les testes, dont il fut reprins de justice et mené prisonnier ès prisons du prévost de l'hostel[59]. » Il put néanmoins conserver sa charge malgré ce geste malheureux puisqu'on le trouve l'année suivante, accompagné d'un confrère, pour exécuter le seigneur de Saint-Vallier : « arrivé en Grève, fut livré ès mains de deux bourreaux, l'un nommé Rotillon, l'autre Macé, qui le prindrent et mirent en pourpoinct et en tel estat sur l'eschafault[60]. »

En 1529, ce sont une fois de plus les comptes de la prévôté de Paris qui notent une dépense de 6 livres tournois pour Pierre Pommerelle, « maistre des hautes œuvres », afin de couvrir la somme qu'il avait déboursée « pour l'achapt par lui fait d'une épée qu'il a convenu achetter aux dépens de Justice, pour executer les malfacteurs condamnés à être decapités[61] ». Et c'est enfin parce qu'un nommé Louschard fut pendu en 1591 pour corruption que l'on apprend le nom du bourreau qui le conduisit en Grève : le condamné « laissa sa peau aux corbeaux, et son beau manteau de peluche à maistre Jehan Roseau, qui le vendist dix escus sol[62] ».

C'est sans doute à la fin du XVIe siècle, peut-être à la mort de maître Roseau, que les exécuteurs qui lui succédèrent commencèrent à transmettre à leur fils ou à leur veuve la charge qu'ils avaient jusqu'alors exercée. De tous les précédents bourreaux relevés, aucune filiation nc semble apparemment unir les nominations, à l'exception peut-être des Cousin dont le père, du reste, survécut au fils.

59. *Ibid.*, p. 167-168.

60. *Ibid.*, p. 190-191. C'est à ce moment qu'un cavalier se déclara pour annoncer que le condamné venait d'être gracié par le roi.

61. Henri Sauval, *Histoire et Recherche des Antiquités de la ville de Paris*, *op. cit.*, t. III, p. 609.

62. Pierre de L'Estoile, *Mémoires-Journaux*, *op. cit.*, t. V, p. 142. En vendant le manteau du condamné, l'exécuteur usait en toute conformité des droits inhérents à sa charge : « À l'esgard de ceux qui sont executez à mort, le geollier de la prison a droict de prendre la ceincture du condamné [et] ce qui est au dessus de la ceincture appartient au bourreau. » Guy Coquille, *Institution au droict des François*, Paris, L'Angelier, 1607, p. 29. Par ailleurs l'exécuteur n'avait pas le droit de fouiller un condamné à moins qu'il y ait eu jugement de mort.

C'est en 1608 que l'on peut pour la première fois attester la propriété de l'office d'exécuteur de Paris à Jean Guillaume : un arrêt du Parlement lui défend de livrer aux chirurgiens la dépouille des condamnés à mort sans la permission préalable du doyen de la faculté de médecine ; une copie de l'arrêt fut portée le 11 février à son domicile, et « ledit Jean Guillaume a dit qu'il ne fait rien que par autorité de Justice, et qu'il se gardera de méprendre[63] ». Un procès-verbal d'exécution de la Tournelle évoque d'autre part un Jehan Guillaume, en mai 1648, comme exécuteur des sentences criminelles[64]. De même, Antoine Furetière dédiait son *Roman bourgeois* (1666) au « tres-haut et tres-redouté Seigneur Jean Guillaume, dit S. Aubin, Maistre des Hautes-Œuvres de la Ville, Prevosté et Vicomté de Paris ».

> Depuis que j'ay veu loüer tant de faquins qui ont des equipages de Grands Seigneurs, et tant de Seigneurs qui ont des ames de faquins, il m'a pris envie de vous loüer aussi[65].

Ce Jean Guillaume fut le successeur du ou des précédents Jean Guillaume mentionnés. La lettre de provision du 16 novembre 1674 octroyant l'office d'exécuteur de Paris à André Guillaume, signale clairement que ce dernier succédait à « Jean Guillaume son père, dernier paisible possesseur d'iceluy[66] », confirmant peut-être une troisième ou quatrième génération de bourreau.

L'exécuteur pourvu de lettres de provision était propriétaire de sa charge et pouvait donc légalement la transmettre : le bourreau désignait alors son héritier par la « clause de survivance », selon laquelle plusieurs individus devenaient détenteurs de l'office.

63. BnF, F 23668 (56), *Arrests portans defenses d'enlever les cadavres sans permission du Doyen de la Faculté de Medecine de Paris, de faire anatomie qu'en la presence d'un Docteur de ladite Faculté, aux officiers de justice de prendre aucuns droits pour l'enlevement desdits cadavres, et à l'exécuteur de la haute justice d'exiger plus grande somme que de trois livres*, p. 5.

64. AN, X^{2b} 1332, procès-verbal d'exécution de Marthe Godin, 28 mai 1648.

65. Antoine Furetière, *Le Roman bourgeois. Ouvrage comique*, Paris, Louys Billaine, 1666, p. 674.

66. BnF, ms fr. 21731, f° 333-334.

Le décès de l'un ne contraignait pas le ou les autres à se procurer de nouvelles provisions faute de quoi le successeur aurait été contraint de redemander et racheter l'office à son propre nom[67].

André Guillaume mourut sept ans plus tard, apparemment sans descendant masculin pour reprendre son office. La charge fut alors octroyée à son neveu Jean Carlié, comme le précise sa lettre de provision du 9 janvier 1682 :

> [...] sur le bon raport qui nous a été fait de la personne de Jean Carlié, nous luy avons pour ces causes et autres à ce nous mouvans, donné et octroyé, donnons et octroyons par les présentes, l'office d'executeur des arrests et sentences criminelles de nostre ville, prevosté et vicomté de Paris, que tenoit et exerçoit cy devant deffunt André Guillaume son oncle, dernier paisible possesseur d'iceluy, et ce fut la nomination qui en a été faite par sa veuve, au profit dudit Carlié[68].

Il est difficile de préciser pendant combien de temps Carlié occupa l'office que sa tante lui céda ; il est certain pourtant qu'il n'exerça pas très longtemps et que Nicolas Levasseur le remplaça assez rapidement. Mais Levasseur, comme le rapporte la lettre de provision de son successeur, fut destitué de sa charge sans grand délai, permettant ainsi le 23 septembre 1688 à Charles Sanson dit Longval d'obtenir et « exercer seul » l'office d'exécuteur de Paris, qui allait être transmis à sa descendance sans interruption jusqu'en 1847. Ainsi, le 8 mai 1707, Charles II succédait à Charles père ; le 9 septembre 1726, Charles Jean-Baptiste, 7 ans[69], à Charles II ; le 12 août 1778, Charles-Henri à Charles

67. Roland Mousnier, *La Vénalité des offices sous Henri IV et Louis XIII*, Paris, PUF, 1971, p. 46-54.

68. BnF, ms fr. 21731, f° 335 v-336.

69. Charles Jean-Baptiste Sanson ne fut institué que sur la promesse qu'un tuteur exercerait à sa place jusqu'à sa majorité. Généralement, la veuve se chargeait de trouver ce remplaçant, sans quoi la charge pouvait lui échapper et être octroyée à quelqu'un d'autre ; l'oncle maternel fut habituellement celui à qui la veuve confiait temporairement les fonctions.

Jean-Baptiste[70] ; la dynastie ne devait s'éteindre qu'au milieu du XIXe siècle avec la destitution d'Henri-Clément Sanson[71], petit-fils de Charles-Henri[72].

La question du recrutement pose évidemment celle de la formation. À cet égard nous avons très peu d'informations. Si, à la fin du Moyen Âge, à Gand, en Belgique, le bourreau devait passer un examen avant d'être institué[73], ce genre de procédure semble n'avoir jamais existé ni à Paris ni à Londres. Lorsque le jeune fils d'un exécuteur se faisait pourvoir avec son père à titre de survivance, non seulement la famille s'assurait la propriété de l'office après la mort du premier titulaire, mais la justice se trouvait aussi garantie que la charge serait toujours tenue par un bourreau expérimenté. En effet, les enfants du bourreau aidaient ou suppléaient au père ou s'employaient fréquemment comme valet chez d'autres familles. Sur l'échafaud, ils pouvaient parfois se contenter de tendre l'épée, la corde ou les ciseaux à l'exécuteur, mais le plus souvent ils l'aidaient à lier le patient, à maîtriser ce dernier s'il perdait son sang-froid ou à transporter la dépouille dans le tombereau lorsque le supplice était terminé. À Paris, au XVIIIe siècle, Charles-Henri Sanson demeura longtemps sous la supervision de son père Charles Jean-Baptiste : le 9 mai 1766, pour la décapitation du comte de Lally-Tollendal, Sanson fils, « sans mesurer son coup, le frappa au-dessous du crâne, beaucoup plus haut qu'il ne falloit ; le père, sur-le-champ, prit le damas [l'épée] des mains de son fils, frappa le second coup, et acheva de couper les chairs, ce qui fut fait en un instant[74] ».

70. AN, V[1] 540.
71. AN, BB[30] 536.
72. Ont aussi été conservées aux Archives nationales quatre lettres de provision d'exécuteur « de la prévosté de notre hôtel et grande prévosté de France », juridiction d'exception et de dernier ressort chargée des maisons et des jardins royaux. Le bourreau de la prévôté de l'Hôtel recevait 20 écus de gage par année. Trois de ces quatre lettres pourvoient un Sanson. AN, V[1] 540.
73. Pagart d'Hermansart, *Le Maître des hautes oeuvres ou Bourreau à Saint-Omer*, Saint-Omer, 1892, p. 17.
74. Siméon-Prosper Hardy, *Mes loisirs, ou Journal d'événemens tels qu'ils parviennent à ma connaissance*, éd. Daniel Roche et Pascal Bastien, Québec, Presses de l'université Laval, 2008, t. I, *1753-1770*, p. 155-156. Ad de Cardevacque

Pour l'État, les dynasties d'exécuteurs furent d'abord et avant tout des équipes, voire des écoles de bourreaux.

Tenter le même exercice de dresser le catalogue des exécuteurs pour le cas londonien confirme que le métier n'y avait pas la même nature, la même sacralité, à tout le moins la même flétrissure qu'en France à la même époque. L'identité des premiers exécuteurs ne se révèle que sous le règne d'Élisabeth[75]. En 1593, un certain Bull exerçait la charge, puis Derrick lui succéda, qui se manifesta en 1601 lorsqu'il décapita le comte d'Essex, condamné à mort pour trahison. Le valet de Derrick, Gregory Brandon, le remplaça, mais nous ignorons à quel moment exactement. On sait cependant qu'il exerça sans interruption entre 1616 et 1640, année de sa mort. Son fils Richard prit alors sa suite et mourut en décembre 1649. Il est impossible de savoir si c'est lui qui décapita Charles Ier ; mais c'est la seule fois, d'après les annales judiciaires londoniennes, qu'un fils succéda au père.

Après la mort de Richard Brandon, Lowen exerça la charge jusqu'à ce qu'Edward Dun apparaisse en 1661, lorsqu'il exécuta, à la restauration de Charles II, les dépouilles déjà bien décomposées d'Oliver Cromwell, Henry Ireton et John Bradshaw, qu'il se chargea d'exhumer, tirer sur une claie, pendre, décapiter puis enterrer sous les fourches de Tyburn. Les têtes furent fichées

---

signale également que si, vers 1638-1642, Jehan Héreng fut nommé bourreau d'Arras, son père, Andrien Héreng, promit aux autorités de la ville, « au cas qu'il faille trancher teste ou faire quelque autre difficile execution, de venir adsister sondit filz sans frais ni dépens de ceste ville ». Ad de Cardevacque, « Le bourreau à Arras », *op. cit.*, p. 183, note 1. D'autre part, un exemple de Nouvelle-France, qui peut très bien s'être aussi produit en quelque autre juridiction du royaume, illustre à quel point, en certaines occasions, les magistrats composaient avec leur bourreau inexpérimenté. En 1668, Jacques Bigeon, convaincu d'assassinat, devait être rompu vif mais « attendu la faute d'expérience suffisante » du bourreau Jacques Daigre, en poste depuis trois ans, le tribunal commua la peine en pendaison. André Lachance, *Le Bourreau au Canada sous le régime français*, Québec, Société historique de Québec, 1966, p. 56.

75. Sur cette liste d'exécuteurs londoniens, voir entre autres Arthur Griffiths, *The Chronicle of Newgate*, Londres, Chapman and Hall, 1884, vol. 1, p. 277 et suivantes ; et Horace Bleackley, *Hangmen of England. How they Hanged and whom they Hanged. The Life Story of « Jack Ketch » through Two Centuries*, Londres, Chapman and Hall, 1929.

sur le pont de Londres comme victoire du rétablissement de la monarchie légitime des Stuart. Dun mourut en 1663.

Celui qui lui succéda fut sans doute l'un des plus célèbres bourreaux de Londres, Jack Ketch, entre 1663 et 1686, qui acquit sa renommée grâce aux nombreux condamnés que lui offrit le règne de Charles II. Pendeur et décapiteur (*hangman* et *headman*), il pénétra rapidement l'imaginaire londonien : dès les années 1670, son nom fut utilisé dans le langage populaire pour évoquer la peine capitale. Les témoignages consignés dans les archives d'Old Bailey et les relations du chapelain de Newgate signalent à tout venant, sur le ton de la plaisanterie ou, inquiet, de la défensive, la présence de Jack Ketch. À tel point que les comptes rendus imprimés des procès criminels concluaient souvent leur bilan avec quelques vers plaisants pour amuser le lecteur.

> Seize condamnés, cinq à la main marqués au fer ;
> Et cinq déportés vers d'autres terres :
> Sept condamnés au fouet, et un à l'amende,
> L'amende fut minime, car la cour fut indulgente.
> Chacun de leurs crimes fut grave, j'ai donc bien peur
> Qu'il y aura fort à faire pour Ketch à cette heure :
> Doux Seigneur, tous ainsi que moi, délivre-les
> De l'empire de Ketch, et du gibet[76].

Le vieil âge affaiblit sans doute les compétences à la hache de Jack Ketch ; il manqua son coup en 1683 pour l'exécution de lord Russel, puis en 1685 pour celle du duc de Monmouth dont Jan Luyken a gravé l'horrible carnage. Destitué en 1686 pour avoir insulté le shérif, Pasha Rose lui succéda pendant quelques mois jusqu'à ce qu'il fût condamné à mort pour meurtre en mai de la même année : la justice rappela alors le vieux Ketch dans ses fonctions. Il mourut en novembre, laissant son nom comme dénomination populaire du métier de bourreau. Si à Paris on parle de « Charlot » jusqu'au XIXe siècle, à Londres « Jack Ketch »

76. *Old Bailey Proceedings*, 5 avril 1676, p. 7. Je traduis.

symbolisa le métier jusque dans les romans victoriens de George Gissing. Aussi, lorsque le chapelain de Newgate rédigea, en 1718, le discours de dernier instant (*last dying speech*) de John Price, ancien exécuteur de Londres et du Middlesex condamné à la pendaison pour vols et meurtre, le nom de Jack Ketch était accolé au sien comme dénomination de son ancienne profession : « John Price, vulgo Jack Catch ».

On ne sait pas qui occupa la fonction entre 1686 et 1714. Les archives parlent alors du *common hangman* ou de l'*executioner*. John Price devint exécuteur de la capitale en 1714 mais incarcéré pour dettes en 1715, il fut déposé de sa charge. William Marvell, forgeron de métier, le remplaça. À sa sortie de prison, Price exerça de petits travaux de maçonnerie pour subvenir à ses besoins, jusqu'à son exécution le 31 mai 1718. Ce fut Marvell qui le pendit.

Celui-ci fut condamné à la déportation en 1719 pour le vol d'un mouchoir[77], malgré les témoignages reçus en sa faveur, qui parlaient d'un « homme honnête et industrieux ». Son valet, un nommé Banks, le remplaça brièvement avant que Richard Arnet soit nommé exécuteur jusqu'à sa mort en 1728. Arnet exécuta les célèbres bandits Jack Sheppard, en novembre 1724, et Jonathan Wild, en 1725. John Hooper lui succéda de 1728 à 1735.

John Thrift exerça la fonction pendant plus de quinze ans. À sa première exécution, en 1735, treize hommes lui furent confiés pour être conduits à Tyburn. Plusieurs jacobites furent décollés ou écartelés par Thrift. Condamné à mort pour meurtre en 1750[78], il fut ensuite gracié puis réinstauré dans ses fonctions jusqu'à sa mort en 1752. Lui succéda alors Thomas Turlis, jusqu'en 1771.

Edward Dennis fut exécuteur pendant quinze ans, d'abord à Tyburn de 1771 à 1783, puis au cœur de Londres, à la Debtor's Door, juste à l'extérieur de la prison de Newgate. Dennis fut arrêté puis incarcéré pendant les émeutes de Gordon, mais

77. *Ibid.*, 14 octobre 1719.
78. *Ibid.*, 25 avril 1750.

relâché pour exécuter les autres manifestants. Il fut l'un des rares exécuteurs à recommander, à sa mort, son fils comme successeur, « à la parisienne » ; ce fut pourtant son valet, William Brunskill, qui fut choisi.

Celui-ci était *deputy* avant de collaborer avec Dennis à la porte de Newgate. Lorsque l'âge vint affaiblir son maître, il se mit à assumer une large part des responsabilités du bourreau : les exécutions, bien sûr, mais aussi la livraison des cadavres destinés aux chirurgiens et l'exposition des têtes de rebelles sur les ponts de la capitale. La charge laissée vacante par la mort de Dennis lui revint logiquement. On retrouve aussi Brunskill dans les archives judiciaires lorsqu'il demanda, à répétition, l'augmentation de ses gages, alors insuffisants pour un homme dont la nature de la profession, disait-il, empêchait l'exercice d'un second métier. Brunskill fut aidé par un laboureur, John Langley, qui le remplaça à sa mort en 1814. James Botting, valet de Langley, lui succéda en 1817 ; James Foxen, valet de Botting, en 1820, et William Calcroft, ancien *watchman*, occupa la fonction de 1829 à 1874.

Que peut-on tirer de ces deux catalogues d'exécuteurs ? Ne hâtons pas les conclusions. La France connut d'autres dynasties que celles de rois et de bourreaux[79]. La clause de survivance des offices royaux permit à de nombreuses familles d'asseoir leur ascendance sur des charges d'État : dans le seul champ judiciaire, il y eut d'importantes dynasties de magistrats, de greffiers, de procureurs et de notaires. Les bourreaux parisiens n'inventèrent pas la reproduction sociale ! On peut pourtant penser que l'hérédité des offices contribua à la formation de ce qu'on pourrait appeler une « communauté d'ignominie ». Je l'ai noté plus tôt, il semble qu'en France l'avenir des membres d'une famille d'exécuteurs ait été finement et scrupuleusement préparé puisqu'il ne paraissait pas possible d'exercer un autre métier, ni de s'allier, par épousailles, à l'extérieur du milieu des bourreaux : l'isolement

79. Delarue suggère pourtant ce parallèle dans *Le Métier de bourreau*, *op. cit.*, p. 42, 64 et 232.

conduisait à l'endogamie. L'apprentissage se faisait auprès des confrères, à même la potence et l'échafaud. Si on ne peut pas vraiment parler de corporation de bourreaux, une véritable communauté d'exécuteurs, de questionnaires, peut-être même de charpentiers réunirent les techniciens et les architectes de la mort judiciaire. Un dossier de quittances pour une exécution au carcan, tiré des archives du bureau de la ville de Paris de 1749, mais que l'on pourrait retrouver pour toute juridiction parisienne et presque à tout moment depuis le XVIIe siècle, révèle les liens très étroits entre les différents agents du droit de punir. Il contient les requêtes de Charles Jean-Baptiste Sanson, Louis Liénard et Jean François Barré. Sanson était le bourreau et devait être rémunéré pour avoir mis au carcan deux voleurs ; Jean François Barré, fils de l'exécuteur de Metz, était questionnaire, et fut chargé de fournir les écriteaux sur lesquels les crimes des condamnés devaient être inscrits ; Louis Liénard, ancien questionnaire, était alors charpentier de la cour et dut fournir les poteaux et carcans nécessaires à l'exécution.

L'univers des supplices fut ainsi géré par une communauté de parents, complices et professionnels de la douleur et de l'infamie[80]. Tous vivaient à la Nouvelle-France, chez Sanson. Les Ferey et les Jouenne dans le Nord-Ouest de la France, les Desmorets dans le Nord-Est et les Sanson à Paris furent, depuis le XVIIe siècle, bourreaux de père en fils, alors que les filles étaient échangées de famille en famille pour épouser les garçons. Progressivement, sans doute, la charge se mit à choisir son titulaire : être fils ou neveu de bourreau fermait toute autre possibilité d'alliance ou de métier. Un certain nombre d'exécuteurs anglais exercèrent parallèlement une autre profession ou quittèrent leur fonction (*constable* ou *watchmen* pour les uns, laboureurs ou briqueteurs pour d'autres) pour exercer celle du bourreau. À Paris, l'exécuteur semble avoir été reçu dans ses fonctions ; à Londres, il y était nommé. Ce n'est qu'au début du XIXe siècle que la critique bourgeoise contre la peine capitale allait entacher

80. AN, Z^1h^ 611. Je remercie Julie Allard de m'avoir signalé ce document.

l'exécuteur de Londres et lui faire porter le stigmate de la violence qu'il incarnait[81].

Les signes distinctifs

On imagine souvent le bourreau, en Angleterre comme en France, coiffé d'une cagoule rouge ou noire, torse bien souvent nu et un chat à neuf queues à la ceinture. Il faut rire de cette image qui tient largement des fantasmes sulfureux de l'époque de Félicien Rops et n'a jamais été vérifiée dans les documents. À la fin du Moyen Âge, il est vrai, il semble qu'on ait exigé de l'exécuteur qu'il portât un signe distinctif l'identifiant clairement parmi la foule, comme par ailleurs n'importe quel officier de justice – mais sans jamais, cependant, qu'il ait à se masquer[82].

Au XVe siècle, l'exécuteur parisien arbora apparemment pour costume officiel des chausses et un maillot de couleur rouge, sur lequel étaient brodées les armes de la capitale[83] ; mais l'usage semble avoir disparu au début de l'époque moderne. Les provisions d'exécuteurs que les archives ont conservées, d'André Guillaume en 1674[84] à Charles-Henri Sanson en 1778[85], ne signalent aucun costume particulier ni signe distinctif pouvant identifier le bourreau sur ou hors de l'échafaud. Dès le XVIe siècle, gravures et estampes montrent un bourreau qui, d'un point de vue vestimentaire, ne paraît pas se distinguer du militaire ou du gentilhomme. Louis-Sébastien Mercier se plaignait justement, à la fin du XVIIIe siècle, de ne pouvoir discerner l'exécuteur du

81. Ce malaise ne touche pourtant pas le peuple, bien au contraire. Voir Greg T. Smith, « "I Could Hang Anything You Can Bring Before Me": England's Willing Executioners in 1883 », *Penal Practice and Culture, 1500-1900. Punishing the English*, éd. Simon Devereaux et Paul Griffiths, Londres, Palgrave, 2004, p. 285-308.

82. À Londres en 1649, il semble que les bourreaux chargés d'exécuter Charles Ier aient porté une cagoule ; mais il s'agit là d'une exception liée aux conséquences politiques du régicide.

83. Alfred Franklin, *Dictionnaire historique des arts, métiers et professions exercés dans Paris depuis le XIIIe siècle*, Paris, Welter, 1906, p. 101.

84. BnF, ms fr. 21731, f° 333-334.

85. AN, V1 540.

galant le plus élégant, puisque aucun uniforme particulier ne venait révéler sa fonction.

> Il est frisé, poudré, galonné, en bas de soie blancs et escarpins, pour monter au fatal poteau : ce qui me paroît révoltant, puisqu'il devroit porter, en ces momens terribles, l'empreinte d'une loi de mort. […] L'extérieur de cet homme devroit l'annoncer[86].

Moins fortuné que son collègue parisien, l'exécuteur de Londres était habillé comme tout bon manouvrier : il n'affichait aucun signe de sa charge, portait son chapeau, sa chemise et ses pantalons comme n'importe quel citadin.

En fonction ou non, l'exécuteur circulait donc dans les rues de Paris ou de Londres sous l'apparence de n'importe quel habitant des villes. Pourtant, on le reconnaissait : son visage parfois, sa silhouette à coup sûr, sa voix peut-être faisaient partie intégrante de la mémoire des citadins. Le bourreau ne mettait pas seulement à mort, il exécutait toutes les peines de l'arsenal judiciaire : il attachait au pilori, fouettait jusqu'au sang, marquait au fer rouge, traînait le cadavre du suicidé sur une claie. Certains lieux, certaines places furent bien sûr privilégiés par les magistrats : la place de Grève, la place des Halles et la place Maubert à Paris, Tyburn, le Whipping Post (« poteau à fouet ») de Newgate ou de Bridewell ou le pilori de Charing Cross à Londres. Mais la justice du roi investissait tout l'espace urbain, se déplaçait dans les « lieux et carrefours accoutumés » dont la définition floue conférait à la pratique une évidente souplesse. Elle s'arrêtait donc parfois – au moins jusqu'au début du XVIIIe siècle – là où les crimes avaient été commis et loin de se cantonner à Tyburn, le bourreau occupait toutes les rues, tous les carrefours, toutes les places et tous les quais. Le croiser près des prisons de Newgate, sur High Holborn ou sur Oxford Street au retour

86. Louis-Sébastien Mercier, *Le Tableau de Paris*, *op. cit.*, t. II, p. 106. Quelques différences peuvent évidemment avoir existé selon les époques et les lieux. Voir par exemple Alexis Dubois, *Justice et Bourreaux à Amiens dans les XVe et XVIe siècles*, Amiens, Caron et Lambert, 1860.

d'une exécution, c'était le reconnaître ; témoin privilégié de la mort, il suscitait la curiosité la plus vive. Pourquoi attendre la parution d'un livret sur les derniers mots du supplicié, si l'exécuteur est là pour en servir tous les détails ? À Londres, après une exécution, un aubergiste avait avantage à inviter l'exécuteur dans son établissement, sachant que sa présence allait forcément attirer la clientèle.

À la tête du tombereau qu'occupait le condamné à mort, escorté de ses valets dont l'insolence est restée proverbiale, le bourreau parisien était aussi visible et familier. Précédé du chariot dans lequel s'entassaient ses instruments, on le suivait, curieux d'assister au spectacle de la justice. À le croiser seul, sans équipement ni équipage, on pouvait ne pas l'identifier ; mais comme il s'agissait d'un personnage public, actif presque quotidiennement, on se méfiait souvent de lui, on l'invectivait, on s'en éloignait quand on découvrait son identité, comme pour la prostituée de notre anecdote du Camp des Tartares[87]. Il fallut une ordonnance du lieutenant général de police pour que l'exécuteur pût, dans la seconde moitié du XVIIIe siècle, assister avec sa famille au théâtre sans se faire bousculer ou insulter[88]. En tout lieu, il incarnait lui-même la frontière de son infamie.

Il est difficile de comprendre la nature de la condition séparante du bourreau de Paris. Frontière entre le sacré et le profane que représentait son pouvoir de mort ? Exclusion en raison de la violence interdite qu'il incarnait ? Il y a de cela, sans doute. Le bourreau connaissait le secret des corps, manipulait les cadavres, résistait aux sortilèges des sorcières ; mais c'était surtout celui qui semblait pécher au nom du roi. « Il a ung nom fascheux et ennuyeux qui semble estre cruel, et severe, et pas humain », écrivait le juriste flamand Josse de Damhoudere dans ses *Praticques et Enchiridions* (1555). C'est la raison pour laquelle une ordonnance du parlement de Paris de 1681 interdisait « à toutes personnes de traiter de Bourreaux l'exécuteur ni ceux qu'il

87. Voir p. 105.
88. AN, C 101 (165).

emploie à le servir[89] ». Interdiction vaine, comme l'affaire Nicolas Charles Gabriel Sanson – qui se conclut par un hors de cour – a pu le démontrer.

Pour l'anthropologue Arthur Maurice Hocart,

> le garant de la loi doit être serein, le destructeur du mal doit user de violence. Voilà pourquoi il est besoin de deux personnes différentes : l'une pour régler le cours des étoiles et des hommes, et l'autre pour extirper les forces du mal de la nature et de l'homme[90].

Dans la procédure inquisitoire, dans l'espace parisien où le magistrat portait la sacralité de la justice, il y avait nécessité symbolique de réunir le mal dans l'exécuteur, pour libérer le roi et ses juges de la violence de la justice. Le cas anglais, lui, est tout à fait différent.

Les témoignages de mépris à l'égard du *hangman* sont beaucoup moins nombreux que ceux qu'on trouve pour Paris. L'exécuteur de Londres n'était ni exclu de la ville, ni porteur d'une sacralité négative qui aurait interdit sa fréquentation. Puisqu'il exerçait un métier de mort, on pouvait certes se méfier de sa personne ; mais si, à Paris, la fonction portait en elle-même l'ignominie de celui qui l'exerçait, à Londres c'était l'individu qui était pleinement responsable du mépris qui le touchait éventuellement. *L'Esprit des lois* fonde la culture politique et judiciaire de la France sur l'honneur et de l'Angleterre sur les libertés. À coup sûr, la façon dont la société française envisage l'ordre social porte une part importante de responsabilité dans l'avilissement du bourreau.

Mais il y a plus. Puisque le système pénal différait, qu'un jury de pairs et non un magistrat a déclaré le condamné coupable, le morcellement du jugement se répercutait-il dans l'exécution de la peine ? À Tyburn, ce n'était pas l'exécuteur qui jetait le condamné au bas de l'échelle, c'était plutôt la charrette qui se

89. *Ibid.*
90. Arthur Maurice Hocart, *Rois et Courtisans*, Paris, Seuil, 1978, p. 183.

dérobait sous ses pieds et les amis ou les parents du supplicié tiraient sur les jambes du malheureux pour accélérer sa mort. En quelque sorte, les fonctions mêmes du bourreau étaient différentes entre les deux capitales. La fonction du pendeur de Londres n'était investie d'aucune ignominie particulière[91]. Ce n'est pas l'exécuteur mais la nature du pouvoir de juger qui fut à l'origine de l'infamie et de ses avatars.

L'art du tourment

Les philosophes des Lumières saluèrent longtemps le système judiciaire anglais pour son humanité : humanité dans le jugement par jury, bien sûr, mais aussi humanité d'un système qui ne faisait pas usage de la torture, « instruction pour obtenir la vérité » que la procédure inquisitoire institutionnalisa et légitima dès la fin du XVe siècle. Pourtant, la procédure anglaise eut recours à un type de torture, la « peine forte et dure » ou presse[92]. Toutefois, ses objectifs et les souffrances qu'elle provoquait ne furent pas du tout les mêmes que ceux de la torture parisienne et elle n'était pas appliquée par l'exécuteur.

Bien qu'on la remît en cause dès le XVIe siècle, puis ponctuellement jusqu'à son abolition sous Louis XVI, à Paris, la question fut l'un des plus solides fondements de la procédure inquisitoire car elle constituait l'outil ultime pour obtenir l'aveu.

La torture n'était pas improvisée ; c'était une technique qui, pour reprendre les propres termes des juristes, devait arracher la vérité sans détruire le corps de l'accusé. Elle prit plusieurs formes dans le royaume jusqu'à la fin du XVIIe siècle, lorsque le parlement de Paris en entreprit une réforme complète en imposant, rapports des médecins à l'appui, l'uniformité des pratiques pour l'ensemble de sa juridiction. Jusqu'alors les usages étaient multiples comme en témoigne l'enquête ordonnée par

91. Mark S. R. Jenner, « Body, Image, Text in Early Modern Europe », *Social History of Medicine*, 12, 1999, p. 146.
92. Voir *supra* p. 41-42.

le procureur général du roi en 1697 avec des détails secs et terrifiants. La faculté de médecine de Paris rédigea une série de mémoires sur la question et dénonça certaines méthodes jugées trop dangereuses.

> L'extension, dans laquelle les bras, passés par derrière, sont ensuite relevés en haut comme dans l'estrapade, disloque tellement les bras des patients qu'ils sont en risque d'en rester estropiés toute leur vie. Pour ce qui est des questions qui se donnent avec des mèches ou avec les chaussons de cuir garnis de soufre et de poix, les patients en sortent les pieds et les mains brûlés et souvent hors d'état de s'en servir jamais.

La question des brodequins parut alors la plus prudente, à condition bien sûr

> de conduire la question avec assez de lenteur et de ménagement pour avoir le loisir de tirer la vérité de la bouche de l'accusé avant que l'excès de la douleur l'ait mis hors d'état d'y satisfaire, [et] d'attacher les planches, au lieu de cordes, avec quelques espèces d'écrou qu'on pourroit relascher promptement et plus ou moins au besoin.

Si l'accusé présentait physiquement trop de risque,

> soit par deffaut de conformation, comme un sujet qui seroit noué ; soit par quelque indisposition, comme ceux qui seroient affligez de goute, d'anchilose, de varices ou d'ulceres dans l'étendue des parties que l'on fait soufrir, la Faculté estime que pour ces sortes de sujets on peut se servir de la question qui est de leur faire serrer les pouces ou quelques autres doigts de mains avec l'étau[93].

Tout était alors matière de calcul et de prudence. Il s'agissait de faire souffrir sans endommager son patient.

93. BnF, ms Joly de Fleury 258, f° 252 et *sq*.

Dans la procédure judiciaire française, il existait deux types de question que les juges pouvaient ordonner : la question préparatoire et la question préalable. La question préparatoire faisait partie de l'instruction judiciaire et s'appliquait à un accusé passible de condamnation capitale, au sujet duquel on avait réuni suffisamment d'indices pour croire en sa culpabilité mais qui s'obstinait néanmoins à nier et déclarer son innocence. Dans la question préparatoire, l'individu n'était toujours qu'un suspect et n'avait pas reçu de sentence. Par conséquent, à Paris, « afin de ne pas imprimer une note d'infamie à celui qui n'est pas encore condamné à mort[94] », les cours criminelles jugèrent nécessaire de confier à un officier de justice quelconque, sergent, concierge ou même valet de geôlier, les fonctions relatives à la question préparatoire. On sait que les sergents de la fin du Moyen Âge exerçaient une seconde profession et il semble que certains d'entre eux combinèrent à leur charge celle de « questionnaire » ou « tourmenteur ». Parmi les comptes de la prévôté de Paris reproduits dans les *Histoire et Recherche des Antiquités...* de Sauval, on retrouve souvent le nom de Colin Feucher, sergent à verge et « tourmenteur-juré audit Chastelet ». Ces tourmenteurs participaient aussi à la préparation des exécutions : livrer à l'exécuteur les fagots nécessaires aux bûchers, les échelles pour la potence, les écriteaux ou les chapeaux de paille ; parfois même exposer des morceaux de condamnés à mort dans de grands sacs de treillis ou ficher la tête des suppliciés à des lames ferrées[95].

Les lettres de provision de questionnaires parisiens (car ce furent aussi des officiers du roi) qui ont été conservées pourvoient, dans la majeure partie des cas, des membres de famille de bourreau : ainsi Jean Desmorests (la famille Desmorests se dispersait dans le Nord du royaume), Georges Hérisson (des bourreaux d'Auxerre, Melun, Montargis et Senlis), Estienne Lefevre (parent avec l'exécuteur de Chinon), Louis Liénard

94. François Serpillon, *Code criminel...*, *op. cit.*, t. III, p. 921.
95. Henri Sauval, *Histoire et Recherche des Antiquités de la ville de Paris*, *op. cit.*, t. III, p. 336, 339, 341, 344 et 346.

(il était également charpentier avant de céder sa charge de questionnaire à son successeur), Jean-Baptiste Barré (des exécuteurs de Metz) et Nicolas Charles Gabriel Sanson (de Paris, bien sûr) furent successivement institués comme questionnaires de Paris[96]. Pour Furetière, le questionnaire est un « demi-bourreau qui donne la question [et] qui fait les tableaux de ceux qu'on exécute en effigie[97] ». Cette façon d'envisager l'office ne paraît pourtant pas tout à fait juste. L'infamie du bourreau fut légalement attachée à la fonction plutôt qu'à l'individu, puisque la question préparatoire – même si l'ordonnance de 1670 la définit comme peine – ne portait pas d'infamie.

Si le tourmenteur fut responsable de la question préparatoire, c'était le bourreau qui appliquait la question préalable destinée à arracher à un corps désormais confisqué par la justice la révélation des complices avant l'exécution du dernier supplice. Ce fut la charge, et non l'individu qui l'exerçait, qui fut communicatrice d'infamie.

Même dans l'excès, la justice française d'Ancien Régime était affaire de mesure. Elle l'était dans l'écriture des interrogatoires et des procès-verbaux, où la mise en mots de l'enquête déterminait déjà les différents degrés de la culpabilité du prévenu. Elle l'était aussi dans la faute et, bien sûr, dans le châtiment : le procès évaluait la faute et la peine devait en être l'expression. Nous l'avons vu, la peine capitale doit être conçue comme un calcul de souffrances capable d'ajuster, par une savante technologie de la honte et de la douleur, une quantité de justice à une quantité de crime.

96. Pendant les XVIe et XVIIe siècles de la répression de la sorcellerie, il semble que les accusés, en plus de subir la question préparatoire, étaient soumis à une autre technique d'enquête que le bourreau, lorsque ce n'était pas le chirurgien, était amené à appliquer : l'exécuteur fut chargé de découvrir la marque diabolique sur le corps des accusés. Ainsi, les bourreaux ou les chirurgiens qui cherchaient la marque diabolique piquaient la peau du suspect avec une aiguille jusqu'à ce qu'un point, celui qu'avait choisi le diable « la première fois qu'il a coppulation avec lesdictes sorcières », se montrât insensible. Voir Robert Muchembled, *Sorcières, Justice et Société aux XVIe et XVIIe siècles*, Paris, Imago, 1987, p. 200, note 84.

97. Antoine Furetière, *Dictionnaire universel* (1690), art. « Questionnaire ».

Pourtant, le droit d'Ancien Régime donne peu d'informations sur la souffrance. Sa mesure et ses remèdes furent généralement relégués aux chirurgiens et aux médecins. La douleur n'apparaît dans aucune table des matières des traités d'ancien droit français des XVIe-XVIIIe siècles[98]. Lorsque les criminalistes l'évoquaient dans l'appareil pénal, ils la considéraient en termes de durée, rarement d'intensité. Dans la pratique, cette intensité existait à l'évidence, dans la force des coups de fouet, dans le poids de la presse ou à travers les huit stades de la torture ; mais dans la réflexion des juristes, la souffrance était envisagée selon qu'elle était interdite (criminelle) ou prescrite (pénale). Dans la mise à mort, elle était un moyen de punir et, pour la justice du roi, un moyen d'exclure ; dans les tourments de la question, elle était l'outil de l'épuisement, de la confusion, l'instrument grâce auquel le mensonge était impossible à porter puisqu'on n'avait plus la force de le construire et de le défendre. Les procès-verbaux de torture ou d'exécution « traduisent » la plainte et le cri et rapportent la douleur dans ses expressions verbales ; le greffier captait ce dont le droit avait besoin, alors qu'il oubliait peut-être les insultes et les blasphèmes proférés. Le questionnaire et le bourreau calculaient la douleur ; techniciens des corps, les plus adroits les comprenaient mieux que les médecins[99].

Le bourreau devait avoir des nerfs solides. C'est sûr. Mais l'art du tourment pose aussi la question de la cruauté. D'abord, il faut considérer l'expérience de la douleur comme un phénomène historique. La résistance des hommes et des femmes de cette époque reste un sujet d'étonnement pour le lecteur du XXIe siècle qui parcourt les témoignages : les récits de guerre ou les expériences médicales bouleversent ; la résistance de certains suppliciés – et le regard des spectateurs – émeuvent tout autant.

98. Serge Dauchy, « Le jurisconsulte et le médecin. La douleur vue à travers les recueils d'arrêts (XVIe-XVIIIe siècle) », in Bernard Durand, Jean Poirier et Jean-Pierre Royer (dir.), *La Douleur et le Droit*, Paris, PUF, 1997, p. 149-157.

99. Pierre Bachoffner, « Bourreaux, pharmacie et chirurgie : un problème de santé publique en Alsace du XVe au XIXe siècle », *Revue d'Alsace*, 119, 1983, p. 139-150.

Il faut lire Ambroise Paré lorsqu'il raconte ses expérimentations chirurgicales sur les champs de bataille ; il faut lire aussi les observations de l'homme de lettres et magistrat Thomas-Simon Gueullette qui rapporte avec le plus grand détail, de la fenêtre à laquelle il avait réussi à se poster, le supplice du régicide Damiens en mars 1757.

> Les bourreaux ayant alors passé du côté gauche, c'est-à-dire de celui de la rue du Mouton où j'étais, je remarquai bien plus distinctement ce terrible supplice. Je vis le bourreau lui enlever un morceau considérable de la mamelle, le sang en couler, s'arrêter dans le moment par le plomb fondu que l'on y versa, et la plaie devenir toute noire. Cette opération se fit du côté gauche sur tous ses membres, comme on l'avait faite du côté droit. Ce malheureux poussait au ciel des cris furieux, secouait la tête avec une extrême violence et je voyais le bout de ses pieds, quoique ses jambes fussent fortement attachées sur la table, s'agiter ainsi que tout son corps avec des mouvements convulsifs qui faisaient horreur. Mais nulle pitié n'avait vu personne plaindre son sort. […] Tous ceux qui purent être témoins de l'exécution du scélérat Damiens le virent souffrir les cruelles peines qu'il méritait et qui durèrent plus d'une heure et demie sans que qui que ce soit, même les femmes qui ordinairement ont le cœur tendre, ayant plaint ce détestable parricide et souhaité que sa mort abrégea ses supplices : c'est de quoi j'ai été bien persuadé pour l'avoir vu par moi-même[100].

Bourreaux et spectateurs, à Paris comme à Londres, réinventaient constamment leur niveau de tolérance. Les actes de violence ordonnés par la justice appartenaient à des cadres de référence spécifiques. Réponse au crime, le châtiment était approuvé dans son principe[101] ; et la souffrance était souvent consentie

100. Thomas-Simon Gueullette, *Sur l'échafaud*, *op. cit.*, p. 219 et 223.
101. Mais pas toujours dans sa forme, comme la maladresse de certains exécuteurs le révéla souvent.

par les spectateurs au nom de la justice, et par le condamné par dévotion et amour du Christ. À l'évidence, même investi par la justice du roi, le bourreau restait un agent de la mort, un spécialiste du déchirement des corps.

Était-il cruel pour autant ? On le trouve impliqué dans moins d'« écarts de conduite » à Paris qu'à Londres, moins de rixes, de voies de fait et de blessures mortelles. Au contraire, plusieurs témoignages parisiens rendent compte d'une véritable sensibilité chez le bourreau, de préoccupations morales qui n'apparaissent pas nécessairement chez les exécuteurs de Londres[102]. Le confesseur de la marquise de Brinvilliers fut édifié par les paroles « humaines et chrétiennes » de l'exécuteur envers la condamnée[103], et l'on vit souvent le bourreau exhorter le supplicié sur l'échafaud lorsque, rompu vif, le désespoir menaçait ses dernières heures. Les dispositions à tuer partent du sens que l'on donne au geste et de la catégorie dans laquelle on inscrit les victimes : jusqu'à la toute fin du XVIIIe siècle, il n'y avait pas de cruauté à supplicier un criminel. La cruauté, c'était ce qui dérogeait du cadre de référence : c'était l'imprévu ; souvent, l'accident. Mais ce n'était pas le supplice *per se*.

Donneur de mort, marchand des corps

C'est en étudiant les frais de justice et le règlement des dépenses liées à des exécutions qu'il devient possible de saisir l'ampleur des responsabilités du bourreau et, plus largement, le déroulement complet des exécutions capitales. On peut bien sûr reconstituer soi-même l'organisation d'un supplice et inventorier les instruments qui lui furent nécessaires. Lorsqu'en octobre 1660 Samuel Pepys se rendit à Charing Cross pour y assister à l'exécution du

102. Ce paradoxe a particulièrement fasciné les écrivains romantiques, Alexandre Dumas au premier chef.

103. La marquise de Brinvilliers fut décapitée en place de Grève en juillet 1676 pour avoir empoisonné sa famille. La relation du père Pirot, son confesseur, est l'un des plus riches témoignages sur le rituel de l'exécution que nous ayons. BnF, ms fr. 10982, f° 143.

régicide Thomas Harrison, il l'y vit « pendu, écartelé et taillé en quartiers. [O]n coupa la corde sur le champ et sa tête et son cœur furent montrés au peuple, ce qui provoqua de grandes clameurs de joie[104] ». On peut aisément imaginer la corde, le coutelas et les tenailles, comme on imagine bien le « *God Save the King* » crié par l'exécuteur Lowen lorsqu'il brandit à la foule enthousiaste le cœur arraché de la poitrine du régicide.

Le manuscrit 7645 de la Bibliothèque nationale de France réunit plus d'une centaine de comptes, relevés de dépenses et reconnaissances de paiements qui permettent de retracer avec précision l'inventaire des outils de la mort. La corde, les chaînes et les anneaux de fer ; le soufre, la térébenthine, la résine, le gros bois, les fagots, la paille et les chandelles ; la perche pour y ficher une tête ; le sac de son pour y plonger le moignon ; le fouet pour battre, le couteau pour essoriller, la fleur de lys pour marquer et le chaudron pour bouillir, la claie, l'épée et l'équipage de chevaux. Dans l'appentis de la maison du pilori des Halles, on imagine aisément les étagères et les crochets fixés le long des murs où étaient suspendus cordes, chaînes, fers et couteaux ; on imagine aussi une table au centre de la pièce unique sur laquelle, peut-être, la dépouille du dernier pendu reposait.

Le travail du bourreau n'était pas seulement celui des larmes, des cris et de la destruction des corps ; il était aussi celui de la gestion et de l'entretien du matériel pour punir. Exécuter coûte cher, répétait à l'envi le bourreau aux autorités. D'autant que Paris, immense réservoir de coquins et de coupe-gorge, exigeait la dépense et l'entretien d'un équipage : chevaux et valets devenaient nécessaires pour l'exercice quotidien et exigeant de la justice. Cet immense arsenal devait répondre à la diversité des spectacles mis en scène par la justice du roi. Les ordonnances du parlement de Paris complètent cet inventaire des frais de la mort judiciaire.

104. Samuel Pepys, *Journal*, t. I, Paris, Robert Laffont, « Bouquins », 1994, p. 218.

> Les plaintes qui lui [la Cour] sont portées sur les droits exorbitans qui ont accoutumé d'être pris par l'exécuteur de la haute justice ont excité son zèle et son ministère pour faire donner des bornes et des règles invariables par l'autorité de la Cour contre ses exactions, et qu'on sçache dans le public les droits qui peuvent lui appartenir pour chaque heure de supplice, et pour les exécutions qui se ferront à l'avenir, et généralement pour tous les autres frais et droits nécessaires[105].

Aussi voit-on les tarifs « pour trancher la tête », « pour pendre », « pour l'amende honorable », « pour couper le poing », « pour rouer », « pour brûler et jetter les cendres au vent », « pour le fouet », « pour la fleur de lys », « pour attacher au pilory » ou « pour percer la langue », comme pour les accessoires nécessaires aux exécutions : « pour l'echaffaut, bois et clous », « pour la torche du poids de deux livres », « pour deux cens bûches et deux livres de poudre », ou « pour la roue quand le supplicié y doit être exposé et pour le pieu qui doit la soutenir ». Les autorités révisaient toujours à la baisse les demandes de paiements présentées par les bourreaux car, malgré la précision des règlements[106], les négociations avaient toujours cours.

L'entretien des instruments du supplice semble avoir été moins lourd pour l'exécuteur de Londres. Construction permanente, Tyburn n'était sollicité qu'à peu près tous les deux mois et l'exécuteur n'était d'ailleurs pas chargé de ses éventuelles réparations. Les dépenses envoyées à l'Échiquier réunissaient cordes et cagoules (pour les suppliciés), fagots pour brûler les entrailles ou chaînes pour pendre les meurtriers. Mais les avances étaient faites par le shérif, non par l'exécuteur qui, en soi, n'était qu'un délégué sans autre responsabilité que celle de bien s'acquitter de son travail. Il n'était pas un « professionnel » au sens technocratique du terme ; cette professionnalisation n'intervint que

105. AN, BB^{30} 176.

106. Dans un arrêt du parlement de Bordeaux de 1711, un taux horaire était même prévu pour le bourreau dès qu'il prenait en charge le condamné.

dans l'Angleterre victorienne[107]. Jack Ketch, en quelque sorte, ne fut pas un agent de la justice du roi. À Londres, jusque dans la seconde moitié du XVIIIe siècle, l'exécuteur était rémunéré à la tâche, sans gage annuel. En aucun cas son revenu ne put rivaliser avec celui de son confrère parisien ; au contraire, jusqu'à la fin du XVIIIe siècle, il dut exercer un autre métier pour subvenir à ses besoins et il semble que ce soit souvent la misère qui conduisit nombre d'entre eux à la cour, puis au gibet pour vols ou violences. Les shérifs de Londres et du Middlesex étaient entièrement responsables de l'organisation du spectacle, prenaient en charge son déroulement. Là encore, la distinction est fondamentale entre les cas français et anglais : à Londres, celui qui était officiellement et légalement chargé de l'exécution des jugements de mort, c'était le shérif. L'exécuteur n'était qu'un mandataire. Sans exécuteur, c'était même le shérif, le sous-shérif ou un quelconque député qui devait mettre à mort.

Le bourreau parisien, propriétaire de sa charge et officier de la justice du roi, s'il était sans honneur, ne fut certainement pas sans argent :

> Pour ledit office avoir, tenir et doresnavant exercer, enjouir et user des gages, droits, fruits, profits, revenus, émoluments, exemption de tous subsides, de guet, gardes, pont, péages, passage, entrée en vin et autres boissons pour sa provision seulement, ainsi que du droit de port d'armes offencives et deffencives à luy et à ses serviteurs pour sûreté de leur personne à cause de sondit office[108].

Les provisions de l'exécuteur omettent cependant d'indiquer un droit fondamental : celui de la dépouille, c'est-à-dire la propriété du corps du condamné. Une législation existait à l'égard du commerce des cadavres et de la vente aux chirurgiens pour leurs exercices anatomiques. Le bourreau, qui disposait des

107. Greg T. Smith, « "I Could Hang Anything You Can Bring Before Me"… », *op. cit.*

108. AN, V1 540, lettre de provision de Charles-Henri Sanson, 12 août 1778.

corps de ceux qu'il avait exécutés, se faisait souvent l'intermédiaire de ce commerce de mort. « Un des droits de l'exécuteur de la haute justice est d'avoir la dépouille du patient, ce qui n'est pourtant pas observé partout de la même manière[109]. » Un arrêt du 11 avril 1551 menaçait d'une amende ceux qui faisaient ce trafic avec l'exécuteur tandis qu'un arrêt du 28 mars 1658 condamnait le bourreau Jean Guillaume, le greffier criminel du Châtelet et deux exempts à restituer les 55 livres perçues pour la vente d'un cadavre[110].

En France, le condamné était dépouillé de tout, de ses biens comme de son corps. Le bourreau était alors responsable du cadavre selon les ordres reçus de la justice. Après le supplice, le corps pouvait être utilisé pour les fourches patibulaires, remis à la faculté de médecine, restitué à la famille si le souverain en avait décidé ainsi par grâce royale ou abandonné à l'exécuteur. Or en Angleterre, au contraire, le principe de l'*Habeas corpus* était poussé jusqu'à son aboutissement ultime : le condamné était propriétaire de son corps et, par conséquent, était habilité à le vendre avant son supplice. Nombre d'étudiants en chirurgie profitèrent de ce commerce de l'urgence, en échange d'une somme plus ou moins élevée permettant au condamné de s'acheter quelques bouteilles ou de meilleures collations avant son exécution. Plus fréquentes et plus violentes en Angleterre[111], les émeutes autour des gibets pour sauver les dépouilles des tables anatomiques furent beaucoup plus rares en France.

Au-delà de la vente du corps aux chirurgiens, l'exécuteur pouvait en monnayer des débris ou concocter divers remèdes. La graisse de meurtrier, la corde de pendu, la cendre de sorcière, le sang du gentilhomme[112] – bref tout ce que les croyances

109. P.-J.-J.-G. Guyot, *Répertoire universel et raisonné…*, *op. cit.*, vol. 24, p. 55.

110. Alfred Franklin, *Dictionnaire historique des arts, métiers et professions…*, *op. cit.*, p. 101.

111. Peter Linebaugh, « The Tyburn Riot Against the Surgeons », in Douglas Hay *et al.*, *Albion's Fatal Tree. Crime and Society in Eighteenth-Century England*, New York, Pantheon Books, 1975, p. 65-117.

112. Le 28 juin 1608, racontait Pierre de L'Estoile, un jeune gentilhomme fut décapité en place de Grève. « Et aussi tost que le bourreau lui eust trenché la

populaires jugeaient efficace – faisaient l'objet d'un commerce dont le bourreau de Paris tirait parfois d'appréciables profits. On sait que l'exécuteur de Londres, de son côté, vendait aussi la corde ou le voile ayant servi au supplice, voire, parce qu'il s'agissait de son privilège, les vêtements ou les bijoux portés par le condamné avant sa mort.

Les mains d'un pendu pouvaient guérir les kystes, les cancers et les écrouelles, prétendait le peuple de Londres, si bien que sous Tyburn il n'était pas rare de trouver des mères soulevant leur enfant vers les cadavres, pour que le contact des doigts des suppliciés sur leur joue leur procure quelque heureux effet[113]. L'univers magique attaché aux suppliciés conférait à l'exécuteur un certain monopole de ces superstitions et des bienfaits qu'elles paraissaient prodiguer. Ainsi, selon Thiers, la corde de pendu, porteuse de chance pour les jeux de hasard, guérissait aussi des maux de tête si on s'en liait les tempes ; une dent de mort soulageait les douleurs dentaires si on la frottait sur celles qui faisaient souffrir ; et se coiffer de la chevelure d'un pendu trempée dans le sang d'un oiseau rendait invisible[114]. Le droguiste parisien Pierre Pomet se désolait, à la fin du XVIIe siècle, du commerce que le bourreau faisait de la graisse de condamné (qui soulageait la goutte, la gale, les rhumatismes et les luxations) :

> Nous vendons de l'axonge humaine, que nous faisons venir de plusieurs endroits. Mais comme chacun sçait qu'à Paris le maître des hautes-œuvres en vend à ceux qui en ont besoin,

---

teste, il prist un entonnoir et en vida tout le sang dans une bouteille : si qu'il en demeura fort peu de respandu sur l'eschaffaud ». Pierre de L'Estoile, *Mémoires-Journaux*, *op. cit.*, t. IX, p. 97. Richard van Dülmen rapporte qu'en plusieurs États allemands, les autorités permettaient à leur exécuteur de recueillir le sang des décollés et de l'offrir à boire aux nombreux malades qui se pressaient à l'échafaud : *Theater des Schreckens*, *op. cit.*

113. Tim Hitchcock et Robert Shoemaker, *Tales from the Hanging Court*, Londres, Hodder Arnold, 2006, p. 205.

114. Jean-Baptiste Thiers, *Traité des superstitions. Croyances populaires et rationalité à l'âge classique*, présenté et annoté par Jean-Marie Goulemot, Paris, Le Sycomore, 1984, p. 131, 135, 138, 144 et 145.

c'est le sujet pour lequel des droguistes et les apothicaires n'en vendent que très peu.

Pomet poursuit :

> Les droguistes d'Angleterre, surtout de Londres, vendent encore des têtes de mort sur lesquelles il y a une petite mousse verdâtre, à qui on a donné le nom d'Usnée. [L']Usnée est une excroissance semblable à une mousse verte qui naît et croît à la hauteur de deux ou trois lignes, au dessus et aux environs du crâne des hommes qu'on a pendus et laissés un très long temps aux fourches patibulaires. Les droguistes anglois font venir ces têtes d'Irlande, où l'on a accoûtumé de laisser au patibulaire les corps de pendus jusqu'à ce qu'ils tombent en pièces[115].

Doit-on s'étonner que ces têtes n'aient pas été anglaises, mais irlandaises ?

Les connaissances du bourreau dans l'art de la souffrance et dans celui d'infliger rapidement ou non la mort en firent un personnage reconnu pour ses compétences de guérisseur et de rebouteux, surtout dans le monde germanique, dans une moindre mesure en France, et rarement à Londres. Cette conception de dons exceptionnels de l'exécuteur, parfois d'ordre empirique, parfois de nature magique, ne fut pas sans être fondée sur quelque expérience : sa connaissance de l'anatomie lui valait d'intervenir dans les réductions de fracture et les rhumatismes, entre autres maux. Certains Parisiens privilégièrent ainsi les services offerts par le bourreau sur ceux des médecins et chirurgiens. En fait, dans la plupart des provinces de France, le choix entre le bourreau et le chirurgien relevait de la décision du patient, à l'exception des opérations de chirurgie exclusivement réservées au second. Le 24 octobre 1738, le parlement de Paris confirmait une sentence de la justice de Mantes rendue en faveur de la

115. On se servait de l'usnée pour soulager les crises d'épilepsie. Pierre Pomet, *Histoire générale des drogues*, Paris, Loyson et Pillon, 1694, deuxième partie, p. 7.

veuve de l'exécuteur du lieu, qui avait été accusée de pratiquer la chirurgie.

> Mais elle avoit prouvée qu'elle ne se servoit point d'instruments de chirurgie pour ses opérations et qu'elle les faisoit gratuitement et dans la vue d'être utile au public, et particulièrement aux pauvres[116].

Officiers du roi, outre le salaire ponctuel attaché à chaque exécution, les bourreaux parisiens profitèrent de privilèges fiscaux et en nature. Sur chaque lettre de provision s'accumulaient des termes qui, nous l'avons vu, semblaient donner au bourreau un ensemble de bénéfices : « gages », « fruits », « profits », « revenus », « émoluments », « libertés », « exemptions », « franchises » et « droits ». Si bon nombre de bourreaux, à travers le royaume, eurent peine à vivre de leurs revenus, l'exécuteur de Paris put jouir d'importants profits, certes en constante redéfinition entre la fin du XVᵉ et le début du XVIIIᵉ siècle. Dans une ordonnance de 1480 énonçant les droits du bourreau de Paris, il était précisé que « quant un homme est justicié pour ses démérites, ce qui est au dessoubz de la ceinture est à luy, de quelque prix que tout soit[117] », ce que semble contredire Guy Coquille qui fixe le droit « au-dessus » de la ceinture[118]. Jaques Dulac touchait une certaine somme sur les marchands de laine[119], mais ce n'était plus le cas deux siècles plus tard ; progressivement, certains droits disparurent, comme le péage du Petit-Pont, les 4 sols parisis annuels pour « chacun malade de St. Ladre [lépreux] demeurant

116. Jean-Baptiste Denisart, *Collection de décisions nouvelles et de notions relatives à la jurisprudence*, t. III, Paris, chez Savoy, 1755, p. 721.

117. BnF, ms fr. 21731, f° 331 v.

118. Pierre de L'Estoile se fait témoin de cette confusion : le 19 janvier 1596 un Espagnol condamné à la roue fut préalablement appliqué à la question : « Lorsqu'on lui donna la géhenne, on lui trouva cent doublons cousus en un coing de ses chausses, dont il y eust procès entre [Nicolas] Rappin et le bourreau, à qui les auroit, soustenant l'un et l'autre que ledit argent leur appartenoit. » Pierre de L'Estoile, *Mémoires-Journaux*, *op. cit.*, t. VII, p. 44-45.

119. Henri Sauval, *Histoire et Recherche des Antiquités de la ville de Paris*, *op. cit.*, t. III, p. 533.

en la banlieue de Paris[120] » ou les cordes prélevées sur les cordiers. Selon ses provisions de 1674, André Guillaume recevait des prieurs de Saint-Martin, le jour de la fête de leur patron, « six pintes de vin et une douzaine de pains de vingt sols », alors que l'abbaye de Sainte-Geneviève lui devait une fois par an « huit pintes de vin et deux douzaines de pains et des petits gasteaux qui guérissent les fièvres, et à déjeûner à celuy qui est avec luy ».

Mais ce fut sans doute le havage qui constitua le plus considérable des droits du bourreau. Malgré son abrogation le 3 juin 1775 par Turgot, certaines juridictions du royaume l'octroyaient encore en 1790 ; Paris l'avait aboli dès 1726 pour le remplacer par des gages fixes de 16 000 livres par an[121].

Droit d'origine seigneurial concédé aux bourreaux, mais aussi à certains particuliers ou même aux hôpitaux[122], le droit de havage consistait à percevoir sur les marchands une certaine quantité de denrées en nature, ou son équivalent en monnaie, selon les convenances du bailliage ou la volonté du commerçant. Si la mesure perçue s'évaluait d'abord selon ce que pouvait saisir l'exécuteur dans une main, il fut ensuite décidé qu'il pourrait prélever sa marchandise avec une cuillère de bois ou de fer dont la prise équivalait à une poignée, ou en indiquant au marchand, du doigt ou à l'aide d'un petit bâton, ce qu'il réclamait[123], pour éviter de souiller les produits dont se seraient privés les clients suivants[124]. L'exécuteur pouvait recueillir lui-même cet impôt ou enjoindre ses valets de le faire à sa place. À Paris, l'étendue des marchés l'obligea à charger ses valets de cette tâche. Les

120. BnF, ms fr. 21731, f° 331.

121. AN, O¹ 70 (521). L'auteur des mémoires apocryphes des Sanson évalue les revenus du havage à Paris, au début du XVIIᵉ siècle, à environ 60 000 livres par année. Henri-Clément Sanson, *Sept Générations d'exécuteurs (1688-1847). Mémoires des Sanson*, Paris, Dupray de la Mahérie, 1862, vol. 2, p. 134.

122. BnF, F 23654 (193) et F 23675 (202).

123. Au XVIᵉ siècle, l'exécuteur de Dijon pointait aux commerçants les produits qu'il revendiquait à l'aide du petit bâton « d'ung pied et demi de long » qui le distinguait des autres sujets. Michel-Hilaire Clément-Janin, *Le Morimont de Dijon. Bourreaux et suppliciés*, Dijon, 1889, p. 62.

124. Alfred Franklin, *Dictionnaire historique des arts, métiers et professions…*, *op. cit.*, p. 383 ; P.-J.-J.-G. Guyot, *Répertoire universel et raisonné…*, *op. cit.*, t. XXIV, p. 55.

lettres de provision de Charles Sanson font la liste des produits prélevés : « œuf », « pommes, poires, raisins et autres denrées venant tant par terre que par eau », « poids verts, nèfles, chènevis, graines, millet, noix seiches, chastaignes, noisettes, noix en cerneaux », « beurre, fromage, volailles et poisson d'eau douce », « fèves vertes en escosse », « oranges et citrons », « huîtres », « ballets », « charbon » et « cordes ». Il s'agissait d'un privilège considérable, dont les profits dépassaient sans commune mesure ceux des autres bourreaux de France. De manière à reconnaître ceux qui avaient déjà été prélevés, les valets marquaient à la craie une croix dans le dos des marchands. Bien que cette habitude fût fort impopulaire et que les commerçants aient régulièrement réclamé aux autorités de la supprimer, il semble qu'elle fût en usage jusque dans la seconde moitié du XVIIIe siècle. Legrand d'Aussy écrivait à ce sujet en 1782 : « J'ai questionné plusieurs hortillons qui, sans être extrêmement vieux, m'ont dit avoir été marqués ainsi pendant leur jeunesse[125]. » Le havage semble avoir existé en Écosse, mais jamais à Londres.

Le droit de havage ou le traitement annuel de 16 000 livres qui le remplaça au XVIIIe siècle, joint aux revenus des châtiments quotidiens exécutés dans les rues de la capitale (fouet, marque ou supplices capitaux), fit du bourreau à Paris un personnage très à son aise. C'était « un officier poudré, galonné et en escarpins » dont la charge n'était pas gratuite : 6 000 livres au XVIIe siècle, soit à peu près la valeur d'un office de procureur au Châtelet[126]. L'ignominie, semble-t-il, avait un prix.

Jack Ketch ne fut pas un bourreau. Sa fonction ne fut pas vénale, il ne fut pas officier de justice, tout juste un « pendeur » exécutant les instructions du shérif. Il était évidemment désigné par la cour comme exécuteur de Londres et du Middlesex, mais

125. Pierre Jean-Baptiste Legrand d'Aussy, *Histoire de la vie privée des Français, depuis l'origine de la Nation jusqu'à nos jours*, Paris, Pierres, 1782, t. I, p. 127.

126. Je compare le coût de l'office de Charles Sanson en 1688, avec le prix courant des offices au Châtelet de Paris en 1685 et 1690 tel que présenté par Robert Descimon, « Les auxiliaires de justice du Châtelet de Paris : aperçus sur l'économie du monde des offices ministériels (XVIe-XVIIIe siècles) », *Entre justice et justiciables…*, *op. cit.*, p. 305.

sa position dans l'arbre de justice n'était pas celle occupée par Jean Guillaume et Charles Sanson, serviteurs de l'État royal se transmettant de père en fils la charge et les profits qui lui étaient attachés. Ketch ne fut pas fils d'exécuteur ; Price, son successeur, put exercer un autre métier après sa destitution et son remplacement par William Marvell. « Il ne résulte de [l'état des exécuteurs de Londres] aucune incapacité aux autres professions », plaidait justement l'avocat Maton de La Varenne en 1790, pour opposer la bonne réputation de l'exécuteur anglais à celle, désastreuse, des bourreaux français[127].

Les Charles Sanson étaient riches ; les Jack Ketch étaient souvent miséreux et n'abandonnaient généralement leur fonction que lorsqu'ils se retrouvaient eux-mêmes condamnés par la cour et exécutés à Tyburn. Ketch ne fut pas exclu de la ville, ne portait aucune trace particulière de marginalisation. Sanson et les siens, disaient plusieurs juristes, étaient infâmes ; de droit, peut-être pas, mais de fait, sans aucun doute. Car Londres ne connaissait, ni pour ses exécuteurs, ni pour ses condamnés, l'infamie fondamentale à la pénalité française. Honte, certes, mais pas infamie.

Personnage sombre et secret, détenteur de savoirs obscurs pour briser et séparer les corps, le bourreau de Paris jouait un rôle confus entre le sacré et le profane. Sans lui, la justice ne pouvait fonctionner. Le « pendeur » de Londres, *hangman*, n'était pas de la même nature. L'un était un double inversé du magistrat ; l'autre, l'instrument d'un jury de douze membres.

127. Maton de La Varenne, *Mémoire pour les exécuteurs…*, *op. cit.*, p. 8.

CHAPITRE III

Une culture chrétienne du gibet

Tout ne fut pas qu'opposition entre la France et l'Angleterre. Il existait une culture chrétienne du gibet à partir de laquelle l'exécution capitale forma, pendant quelques siècles, une certaine façon de penser la justice du roi. Jusqu'à ce que la réforme luthérienne et la répression des hérétiques vinssent bousculer les rituels judiciaires des deux capitales, les justices pénales parisiennes et londoniennes partagèrent même certaines évolutions historiques.

LE RETRAIT DE DIEU DE LA JUSTICE DES HOMMES

Lorsqu'il pénètre aujourd'hui un dépôt d'archives anciennes, l'historien remarque immédiatement, en France comme en Angleterre, le « bond moderne » des fonds judiciaires : la fin du XVe et le début du XVIe siècle s'écartent largement, par la somme des documents, de la période médiévale qui précède. D'un strict point de vue matériel, les parchemins font de plus en plus place au papier, les liasses s'épaississent et le nombre de boîtes croît au fil des décennies. Disposés chronologiquement sur le sol, les documents forment une pente toujours ascendante : le goût de l'archive est aussi un vertige. Et quand on y regarde de plus près, qu'on ouvre les dossiers et qu'on interroge les institutions qui les ont produits, on constate que les cours criminelles ont désormais davantage d'officiers ; avec le même rythme, sans surprise, elles ont aussi davantage de prévenus. Cette transition signalée par les plaintes, les interrogatoires, les jugements, les grâces et les relevés de compte des greffes des cours de justice, est l'un des indices les plus probants de ce que l'historiographie a convenu d'appeler le développement de l'État moderne.

Mais pour que cette transition ait pu se réaliser, il fallut qu'un autre basculement se soit préalablement préparé. Il serait évidemment trop simple de séparer d'emblée les causes d'un côté, les effets de l'autre; mais il importe tout de même d'insister ici sur le déplacement fondamental dont la justice de Dieu allait faire l'objet et qui, d'une certaine manière, allait débarrasser la justice des hommes de l'inquiétante présence de la divinité. Du quatrième concile de Latran (1215) jusqu'à la seconde moitié du XVIe siècle, Dieu allait lentement quitter la justice humaine et ne plus y intervenir. Cette responsabilité incombait désormais exclusivement au roi et à ses juges, qui embrassèrent alors pleinement et totalement le champ du pénal.

Une justice du roi sans jugement divin

L'ordalie judiciaire est désormais bien connue: l'organisation des épreuves du fer rouge, de l'immersion dans l'eau, de la présentation au cadavre ou de l'ingestion du pain et du fromage[1] fonda longtemps un certain type de stratégie judiciaire capable, pour assurer la paix, de déterminer, à travers un rituel bien précis, la partie victorieuse du conflit: le jugement de Dieu devait trancher là où les hommes en étaient incapables. Bien qu'elle n'ait pas été limitée aux seules affaires criminelles, l'ordalie reste souvent associée à ce type de procès: on la sollicitait lorsque les preuves réunies ne suffisaient

1. Voir Jean Gaudemet, « Les ordalies au Moyen Âge: doctrine, législation et pratique canoniques », *La Preuve*, 2e partie, Bruxelles, Librairie encyclopédique, « Recueils de la Société Jean Bodin pour l'histoire comparative des institutions », 1965, p. 99-135; Robert Jacob, « Jugement des hommes et jugement de Dieu à l'aube du Moyen Âge », in Robert Jacob (dir.), *Le Juge et le Jugement dans les traditions juridiques européennes. Études d'histoire comparée*, Paris, LGDJ, 1996, p. 43-86; *id.*, « La parole des mains. Genèse de l'ordalie carolingienne de la croix », in Claude Gauvard et Robert Jacob (dir.), *Les Rites de la justice. Gestes et rituels judiciaires au Moyen Âge occidental*, Paris, Le Léopard d'or, 2000, p. 19-62.

pas à déclarer un coupable et lorsqu'un jugement, quelle qu'ait été son origine, paraissait le seul frein aux cycles des vengeances.

L'ordalie au fer chaud est assurément l'épreuve la plus inscrite dans notre imaginaire, à tel point que la langue («je mettrais ma main au feu») en a fait l'expression du serment ou d'une parole de confiance: les deux parties devaient tenir un fer rougi à blanc ou plonger leur main dans l'eau bouillante et attendre, après un nombre de jours convenu par le prêtre, les effets de la guérison. L'innocence et la culpabilité devaient se révéler par l'état des plaies. Dieu était constamment interpellé et forcé, en quelque sorte, de répondre. Or le concile de Latran de 1215 interdit le recours à l'ordalie et déclara que ce genre d'épreuves relevait d'une pratique superstitieuse de résolution des conflits: nul ne devait plus désormais y recourir. L'abandon des pratiques ne fut évidemment pas immédiat, mais comme les ordalies avaient toujours été convoquées par les juges puis présidées par un prêtre, le rituel judiciaire, désavoué par l'Église, n'arriva plus, progressivement, à prendre prise. Seuls le duel judiciaire et la cruentation, c'est-à-dire le saignement du cadavre à la vue de son meurtrier[2], se maintinrent pendant encore quelques siècles. Dans la procédure judiciaire, la fin des ordalies eut des conséquences fondamentales. Robert Jacob a fort bien démontré ce processus, non de désacralisation, mais de déplacement de la sacralité judiciaire qui allait toucher très largement l'Europe du Nord-Ouest à partir du XIIIe siècle.

L'Angleterre et la France vécurent différemment ce déclin de la divinité du jugement. En Angleterre, l'invention du jury remplaça presque immédiatement l'ordalie. «La parole de vérité des douze, le *verdict*, prend exactement la place du jugement de Dieu[3].» La

2. Jean-Jacques Vincensini, «Entre pensée savante et raison narrative: le clerc médiéval et le motif du "saignement accusateur" (ou cruentation)», in Danièle James-Raoul et Olivier Soutet (dir.), *Par les mots et les choses. Mélanges de langue, de littérature et d'histoire des sciences médiévales offerts à Claude Thomasset*, Paris, PUPS, 2005, p. 833-857.

3. Robert Jacob, «Le jugement de Dieu et la formation de la fonction des juges dans l'histoire européenne», *Archives de philosophie du droit*, 39, 1995, p. 85-104 (pour la citation, p. 100).

Magna Carta Libertatum, Grande Charte des barons imposée à Jean sans Terre en 1215, prépara cette transition. La voix de Dieu entendue à travers l'épreuve ordalique fut désormais celle des douze prononcée après la tenue des débats. Le centre de gravité du procès bascula alors du côté des parties, le jury se substituant à l'intervention divine[4]. En France, en revanche, ce fut du côté du juge que bascula le centre de gravité, réunissant à la même époque l'héritage romain de l'Inquisition et l'héritage franc de la nature transcendante du jugement[5]. Le juge de la procédure inquisitoire, maître d'une enquête caractérisée par l'écriture et le secret, réunit toutes les étapes du procès et incarna la transcendance absolue du jugement. Le jury du côté anglais et le juge du côté français héritèrent d'un pouvoir autrefois attribué à Dieu.

Le juge français n'avait pourtant pas toute la liberté d'écraser ou d'acquitter les prévenus qu'on soumettait à sa science. Il était

4. Le rôle et les responsabilités du jury évoluent profondément pendant toute la période médiévale. Selon l'historien du droit John Langbein, du XIIIe aux XVe-XVIe siècles, les jurés eurent un rôle actif dans l'enquête et, dès le départ, étaient déjà informés de la cause portée en procès : le shérif les avait souvent choisis dans le voisinage où le crime avait été commis de façon à ce que le juré fut *aussi* un témoin. « Il était alors du devoir des jurés, aussitôt qu'ils étaient sollicités par le shérif, d'entreprendre leur propre investigation à propos des faits sur lesquels ils devaient plus tard statuer devant la cour. Ils devaient réunir des témoignages, les considérer, puis porter leur ultime jugement dans leur verdict. » Je traduis. Il semble qu'à la fin du Moyen Âge les jurés venaient au tribunal davantage pour parler que pour écouter. Ce ne fut qu'aux XVe-XVIe siècles que le jury cessa d'être actif dans l'enquête et que la poursuite privée – celle du plaignant – conduisit alors pleinement le procès. Deux statuts furent arrêtés sous Marie en 1554-1555 visant à combler la faille où un crime sans plaignant se retrouverait sans poursuite, donc impuni. Les juges de paix durent alors prendre la responsabilité de la poursuite, toujours sur le modèle de la poursuite privée. John Langbein, « The Origins of Public Prosecution at Common Law », *American Journal of Legal History*, 17, 1973, p. 313-335.

5. L'Eglise construisit la démonologie et le sabbat comme prolongements de l'hérésie, pour ensuite y consacrer ses moyens judiciaires. Les pères de l'Inquisition furent les premiers auteurs des traités démonologiques : Bernard Gui (vers 1323), Nicolas Eymerich (vers 1376) et Henri Institoris (1486). Alain Boureau, *Satan hérétique. Naissance de la démonologie dans l'Occident médiéval*, Paris, Odile Jacob, 2004 ; pour le développement de la procédure inquisitoire à travers la recherche de l'aveu « indicible », voir Jacques Chiffoleau, « Avouer l'inavouable : l'aveu et la procédure inquisitoire à la fin du Moyen Âge », in Renaud Dulong (dir.), *L'Aveu. Histoire, sociologie, philosophie*, Paris, PUF, 2001, p. 57-97.

ministre de Dieu dans l'exercice de sa fonction. Au droit divin des rois faisait pendant le droit divin des juges[6] : la conscience du magistrat établit son propre tribunal et c'est pourquoi la raison, alors pleinement au service de la foi, devint le ressort principal du procès. On saisit ainsi tout le poids du système probatoire, de la rationalité pénale et de la culture de l'aveu qui caractérisent la procédure française jusqu'à la Révolution. Au croisement de la règle juridique et de la foi, cette conscience, mère de l'arbitraire des magistrats, fut aussi un lien direct avec Dieu. Réceptive au droit romain et canonique, la conscience du juge fondait une nouvelle forme de sacralité judiciaire. Rendus sur les règles du droit, les jugements dans la procédure inquisitoire n'étaient pas motivés, car le secret entourait la justice transcendante du souverain, fut-elle fondée sur la rationalité pénale. Le juge taisait ses raisons, c'était sa prérogative et son devoir, gage de l'infaillibilité du droit et de la justice.

En revanche à Londres, le jugement du jury n'engageait pas la conscience du juge : à l'issue du débat contradictoire tranché par les jurés, s'opérait un calcul du pour et du contre et on plaçait sa confiance dans les expériences passées. Le procès devint une question de fait réglée par le jury, et non une question de morale qu'aurait incarnée la conscience du juge. Plus réfractaire à l'in fluence extérieure du droit savant, la justice anglaise fut surtout jurisprudentielle[7]. Paris et Londres : la règle imposée par le haut, contre le fait exposé par le bas. La lente centralisation et l'autonomisation de la justice criminelle en France et en Angleterre, du XIIIe au XVIe siècle, furent la conséquence directe de l'effacement du jugement de Dieu dans la résolution des conflits : la disparition du jugement divin obligea le souverain et ses juges à prendre les responsabilités que Dieu, désormais, leur avait déléguées. Les hommes prenaient la charge de la justice terrestre. Seul le serment judiciaire, qui fait appel à la sentence

6. Jean-Marie Carbasse et Laurence Depambour-Tarride (dir.), *La Conscience du juge dans la tradition juridique européenne*, Paris, PUF, 1999.

7. Voir chap. I.

divine, ne disparut ni de la procédure anglaise ni de la procédure française.

Émotions fortes
Culture de la violence et communication judiciaire

On a beaucoup écrit sur la violence au Moyen Âge et à la Renaissance. Quotidienne, mortelle, impitoyable. Les ravages de la peste, les carnages de la guerre et la terreur des bûchers ont longtemps fondé une image de misère et de mort de l'Occident médiéval que *L'Automne du Moyen Âge*, de Johan Huizinga, a décrit comme un espacc de violence et de cruauté judiciaire. Dans cette histoire de l'émotion et de l'imaginaire, Huizinga a reconstruit un monde d'excès et de passion, rompu par l'instinct beaucoup plus que par l'intelligence. Violents et impulsifs, les hommes et femmes des XIVe et XVe siècles auraient conçu la justice au carrefour d'« une conception barbare du talion et d'une horreur religieuse du péché » et auraient cherché la confiance en la justice – celle du seigneur, de l'évêque ou du roi – dans l'aventure des potences et des écorchements. L'odeur du sang aurait été le parfum rassurant de la morale sauvegardée. Comme Durkheim avant lui[8], Huizinga concluait que « la fin du Moyen Âge [était] devenue, par excellence, une époque de cruauté judiciaire[9] ». Le bûcher des hérétiques de la première moitié du XVIe siècle, dont les gravures terribles du Néerlandais Jan Luykens ont répandu largement l'horreur, prolonge cette impression. Écartèlement, ébullition et décapitation firent, dans le déchirement des chairs et les fontaines de sang, le spectacle de la justice du roi.

Il est difficile de définir ce qu'est la violence, à quel moment et sous quelles modalités elle est légitime ou criminelle, quand

8. Émile Durkheim, « Deux lois de l'évolution pénale », *L'Année sociologique*, 4, 1899-1900, p. 65-95.

9. Johan Huizinga, *L'Automne du Moyen Âge*, Paris, Payot, 1975, p. 27. La première édition néerlandaise a été publiée en 1919.

elle mérite sanction et quand elle peut être arbitrée, négociée ou même ignorée. La violence n'est pas seulement une action, la cause d'une blessure ou d'un affront à l'honneur : elle est aussi une émotion et une expérience et n'est contraire ni à l'intelligence ni à la rationalité[10]. L'historien doit décoder les traces qu'il retrouve du passé, dépasser l'histoire de la criminalité et de la répression judiciaire pour réfléchir à l'affectivité et aux phénomènes multiples que déclenche la violence à travers le temps : on le voit encore aujourd'hui, elle peut susciter les larmes, le rire ou le silence, la peur ou la fascination, la colère ou le plaisir[11]. Faire de l'exécution capitale un strict théâtre d'épouvante ou, au contraire, un banquet morbide pour cannibales, reste profondément réducteur. Le « massacre comme divertissement », tel qu'a pu le suggérer une longue tradition littéraire dont Huizinga est issu, est ainsi un sérieux raccourci historique. La violence n'empêche ni l'inquiétude ni les solidarités.

Paris et Londres furent, lorsque Henri VIII et François Ier accédèrent au pouvoir au tout début du XVIe siècle, des villes bruyantes où la violence était intégrée à la vie quotidienne beaucoup plus qu'à la marginalité. Les citadins, comme les paysans, avaient l'honneur au bout du poing. À une époque où l'espace public se distinguait encore mal de l'espace privé et où chacun savait que la représentation de soi était la seule réalité valable, la réputation et l'honneur étaient les fondements de toute sociabilité ordinaire[12]. La violence qui défendait publiquement un affront était un rituel de communication sociale. Le geste et la parole, dans une ville de bruits et de vacarmes, faisaient et défaisaient les solidarités et il était alors normal qu'en pleine rue un combat, même fatal, vînt rétablir des liens rompus : c'était d'ailleurs cette publicité, cette mise en

10. Daniel Baraz, *Medieval Cruelty. Changing Perceptions. Late Antiquity to the Early Modern Period*, Ithaca, Cornell University Press, 2003.

11. Robert Muchembled, *Une histoire de la violence*, *op. cit.* ; et Pieter Spierenburg, *A History of Murder. Personal Violence in Europe from the Middle Ages to the Present*, Cambridge, Polity Press, 2008.

12. Yves Castan, *Honnêteté et relations sociales en Languedoc. 1715-1780*, Paris, Plon, 1974.

spectacle de l'honneur par le combat qui distinguait le meurtre de l'assassinat et qui pouvait faire d'un coup de couteau funeste la réponse légitime à une querelle. D'ailleurs, quelques décennies auparavant, à la fin du Moyen Âge, la ville était encore le lieu de charivaris urbains, où les bruits des cloches, des tambours et des chants grivois venaient s'inscrire dans l'espace des identités et des liens sociaux[13].

Mais cette parole si chère à la construction des identités, ces bruits si rapides pour former ou détruire les réputations pouvaient aussi s'incarner dans la rumeur, le faux bruit et la mauvaise nouvelle, si souvent à la source de profondes angoisses collectives. C'est à ce moment que la justice ne fut plus simplement là pour punir, mais qu'elle fut désormais sollicitée pour protéger. Constamment sur le qui-vive dans le combat permanent des représentations de soi, le citadin, sa famille, son quartier ou sa paroisse portaient aussi un regard inquiet sur la rumeur : la ville diffusait la peur collective, celle des épidémies, de la guerre et de l'insécurité urbaine, puis celle de cette nouvelle population migrante dont on devait se méfier. La justice pénale s'inscrit au carrefour de cette volonté d'organiser la paix sociale et de répondre à une opinion que l'urbanisation et les mouvements de population inquiètent. Le développement des justices royales s'inscrit dans ce contexte de peur et de volonté d'être rassuré.

Sans doute parmi les plus importants travaux consacrés à la violence et à l'ordre public au Moyen Âge, les recherches de Claude Gauvard sur la justice du roi aux XIVe et XVe siècles ont complètement réévalué l'image excessive esquissée par Huizinga[14]. Il existe assurément une culture de la souffrance et de la mort propre à la fin du Moyen Âge[15], mais elle ne se réduisait pas aux massacres ni aux supplices. La loi ne fut pas simplement pourvoyeuse de mort et de mutilation, bien au contraire. Ce que

13. Jacques Le Goff et Jean-Claude Schmitt (dir.), *Le Charivari. Actes de la table ronde organisée à Paris (25-27 avril 1977)*, Paris, Éditions de l'EHESS, 1981.

14. Claude Gauvard, *« De grace especial »*, *op. cit.*

15. Esther Cohen, *The Modulated Scream. Pain in Late Medieval Culture*, Chicago, University of Chicago Press, 2010.

Gauvard a pu montrer pour la France, et ce qu'on peut aussi voir chez John Bellamy pour l'Angleterre[16], c'est que la justice en tant qu'institution de pacification se mit progressivement en place dès le XIIIe siècle, notamment après la fin des ordalies judiciaires. Les cours de justice n'étaient pas encore préoccupées par l'acquisition du monopole de la violence : l'ordre pouvait être obtenu par la paix, et celle-ci n'avait pas nécessairement besoin de la répression pour exister. Le lien social et la sujétion se négociaient plus qu'ils ne s'imposaient.

L'avancée des justices royales et leur pénétration dans la résolution des conflits s'imposèrent d'abord par l'arbitrage, la mise à l'amende et le recours à la grâce du prince. Sans l'ordalie judiciaire pour régler un différend et identifier les torts, la vengeance était devenue, pour nombre de justiciables, l'instrument privilégié de résolution des conflits. La justice royale tenta ainsi de se substituer à la vengeance privée liée aux diverses querelles d'honneur. La vengeance ne fut jamais complètement déchaînée et les travaux d'anthropologie juridique ont pu montrer qu'elle a toujours répondu à des codes et fait l'objet d'une régulation : la vengeance était, en soi, une violence légitime[17]. Or ce que la justice royale chercha à faire à la fin du Moyen Âge, ce fut de confisquer certaines formes de vengeance en posant le roi et ses cours criminelles comme les principaux arbitres de la résolution des conflits. Les peurs collectives favorisèrent ce transfert : à l'ombre des grandes exécutions spectaculaires, l'« autre » justice du roi, celle des petites peines, des médiations et des grâces, paraissait plus douce. En matière de gestion de la violence, les initiatives publiques tendaient désormais à se substituer aux initiatives privées : le souverain devint entièrement responsable de la paix du royaume et des équilibres sociaux. Le déclin de

16. John Bellamy, *Crime and Public Order in England in the Later Middle Ages*, Londres, Routledge, 1973 ; et *The English Criminal Trial in the Middle Centuries : Felony Before the Courts from Edward I to the Mid-Sixteenth Century*, Toronto, University of Toronto Press, 1998.

17. Voir notamment le grand travail dirigé par Raymond Verdier, *La Vengeance*, Paris, Cujas, 1982-1986, 4 vol.

la justice de Dieu s'opère ainsi, à l'évidence, par la montée en puissance de la justice du prince : la vengeance comme justice légitime était en profond recul, les justices ecclésiastiques et seigneuriales ne pouvaient plus délivrer de grâce ni condamner à la peine capitale, et les justices royales concentraient en leurs tribunaux la part la plus large des crimes capitaux.

D'un point de vue culturel, ces efforts distinguèrent lentement, dans l'esprit des populations, les violences admises et les violences criminelles… mais à des rythmes et avec des succès évidemment variables et nuancés : on sait par exemple qu'il fallut de longs siècles pour que le duel cesse d'être une pratique personnelle et généralisée de résolution des conflits[18]. La mise à l'amende pécuniaire, l'amende honorable pour réparer un affront privé[19], la condamnation à une peine corporelle et la menace du gibet furent l'arsenal de cette longue transition. La grâce et la peine capitale furent des outils de conquête fondamentaux pour la justice royale, jouant un rôle tout à fait similaire et se faisant les principaux instruments de la communication judiciaire déployée par les rois.

En Angleterre, à partir des XIIe et XIIIe siècles, au moment où l'institution du jury se mit en place, la notion de félonie fut élargie : les crimes capitaux furent généralisés et tombèrent sous le ressort exclusif des cours royales. L'homicide s'inscrivit alors dans trois catégories : défini comme coupable, il pouvait mériter la peine de mort ; excusable, il pouvait être pardonné par le roi ; justifiable, le jury pouvait l'acquitter à travers son verdict. Un siècle plus tard, la jurisprudence précisa davantage la nature de l'homicide : légitime défense (*self defense*), meurtre ou homicide simple (*manslaughter*) et assassinat ou homicide grave (*murder*)[20].

18. Pascal Brioist, Hervé Drévillon et Pierre Serna, *Croiser le fer. Violence et culture de l'épée dans la France moderne, XVIe-XVIIIe siècle*, Seyssel, Champ Vallon, 2002 ; V.G. Keirnan, *The Duel in European History. Honour and the Reign of Aristocracy*, Oxford, Oxford University Press, 1989.

19. Jean-Marie Moeglin, « Pénitence publique et amende honorable au Moyen Âge », *Revue historique*, 604, 1997, p. 225-269.

20. J. M. Daye, « The Early History of Murder and Manslaughter », *The Law Quarterly Review*, 83, 1967, p. 365-395.

Cette multiplication des catégories permit alors de recourir à des peines corporelles sans toujours user de la peine de mort, tout en laissant le roi faire usage de sa grâce si une condamnation capitale était prononcée.

La justice française, selon une procédure évidemment différente, disposait à peu près des mêmes stratégies, à travers notamment les lettres de rémission, qui commencèrent à être émises sous le règne de Philippe le Bel dès 1305. Une supplique était adressée à la chancellerie par un meurtrier s'étant préalablement livré à la justice : avant même la tenue du procès, le crime pouvait être remis si le prince considérait que la violence avait été occasionnelle, que la récidive était improbable et que la mort était accidentelle plutôt qu'intentionnelle. Ni la rémission ni la grâce ne faisaient pourtant oublier la faute ; comme la peine, elles répondaient à la pénalisation de l'homicide (qu'on saisit à peu près au même moment en Angleterre) et cherchaient à faire taire la vengeance et à reconstituer la paix civile[21]. L'État royal s'inscrivait ainsi dans le registre de l'arbitrage et du pardon. Ceux qui finirent à la potence furent très largement des étrangers sans possibilité d'insertion sociale ou des indésirables dont la communauté consentait à se débarrasser. La peine capitale apaisait les angoisses collectives, tandis que la grâce ou les peines modérées venaient maintenir et garantir les liens sociaux. C'est ainsi qu'on doit d'ailleurs interpréter les différents rituels de grâce auxquels on avait encore recours au XVIe siècle, mais qui disparurent des usages lorsque la politique répressive se fit plus ferme sous les Tudor et les Valois-Angoulême. On connaît par exemple la pratique de la « grâce par mariage subséquent » : les chroniqueurs rapportent des anecdotes souvent amusantes, la jeune fille offrant de sauver le beau criminel en l'épousant, le condamné préférant la corde à l'épouse contrefaite qu'on lui proposait. La possibilité de réintégrer un jeune homme vigoureux dans la société et de calmer les ardeurs de cette jeunesse impulsive motivait ce genre

21. Claude Gauvard, *« De grace especial »*, *op. cit.* ; et Robert Muchembled, *La Violence au village (XVe-XVIIe siècle)*, *op. cit.*

de pratique, qui n'était certes pas systématique et qui devait être coordonnée et légitimée par l'enregistrement d'une lettre de rémission. Les violeurs épousant leur victime ou le petit criminel d'occasion que le peuple souhaitait voir sauver pouvaient recevoir une grâce, alors que l'assassin ou le récidiviste n'avaient aucune chance d'en bénéficier[22]. Pouvoir de vie et pouvoir de mort constituaient les deux visages d'une même puissance.

Dans ce laboratoire des pratiques punitives que furent les XIVe et XVe siècles, les rois savaient se montrer rigoureux, notamment pour les crimes politiques. En Angleterre, on peut rappeler le terrible supplice de Hugh Despenser le Jeune, le favori d'Édouard II, en novembre 1326 : éviscéré, émasculé, coupé en quatre, ses intestins furent brûlés, sa tête fichée sur le pont de Londres et ses bras et jambes portés en quatre différents endroits du royaume[23]. Près d'un siècle plus tard, le *Journal d'un bourgeois de Paris* rapporte des exécutions similaires : en novembre 1411, Colinet de Pisex,

> faulx traistre, fut despecé les quatre membres, et à chascune des maistres portes de Paris l'un de ses membres pendus, et son corps en ung sac au gibet, et [la tête de ses six complices] en les halles sur six lances, comme faulx traistres qu'ilz estoient[24].

Le crime politique fut alors une façon pour le roi de témoigner au peuple que sa rigueur n'était entravée par aucun privilège (alors que c'était faux, évidemment) ; ce fut aussi, comme Michel Foucault l'a illustré avec le supplice de Damiens, le lieu d'une nouvelle déclaration de souveraineté inscrite à travers les corps, dans une explosion de chair célébrant la puissance absolue du

22. Pierre Lemercier, « Une curiosité judiciaire au Moyen Âge : la grâce par mariage subséquent », *Revue historique du droit français et étranger*, 33, 1955, p. 464-474.

23. Katherine Royer, « The Body in Parts : Reading the Execution Ritual in Late Medieval England », *Historical Reflections/Réflexions historiques*, 29, 2003, p. 319-339.

24. *Journal d'un bourgeois de Paris (1405-1440)*, éd. Alexandre Tuetey, Genève, Slatkine, 1973, p. 17.

roi. Les chroniques du temps procèdent à de nombreux récits d'exécution où l'assistance, innombrable répètent les témoins, s'émouvait du mourir des nobles, si rares sur l'échafaud, et des condamnés « contre nature » qui avaient bousculé l'ordre naturel des choses par leurs crimes proprement innommables, comme le « péché muet ». Une foule « comme on n'en a jamais vu » devint un lieu commun des histoires d'échafaud, alors que les petits larrons tanguant à la potence intégrèrent lentement le paysage banal du quotidien urbain, ainsi que le rappelait Philippe de Vigneulles dans sa *Chronique*. La fin du Moyen Âge et la Renaissance construisirent lentement une mémoire du supplice. Paris et Londres concentrèrent progressivement le spectacle des exécutions capitales. Les bois de justice du roi s'inscrivirent alors pleinement dans une nouvelle culture urbaine.

La hausse des affaires portées devant les juges accéléra lentement la transition entre une justice de pacification et une justice de répression par la peine corporelle. La présence du roi par la grâce avait permis d'inscrire certains crimes capitaux dans la conscience des justiciables où un acte de violence, même gracié, intégrait le champ nouveau des transgressions. Avec la croissance des affaires portées en cour, la justice fit de plus en plus usage des peines et le spectre des crimes rémissibles se fit de plus en plus étroit. À Paris et à Londres, l'exécution des malfaiteurs se multiplia et apparut progressivement comme le premier symbole de la justice du roi, même si les grâces ne furent pas abandonnées. La raison de punir devint déjà une raison d'État. La population, progressivement, suivit et intégra cette transition procédurale et judiciaire. L'exécution publique, la peine de mort et la grâce furent au cœur du passage d'un système de vengeance vers un système de droit : pour pouvoir punir, il fallut renoncer à la vengeance. Pour les rois justiciers, les mécanismes du pardon suivaient étroitement les mécanismes de la peine ; éliminatrice, la peine capitale fut aussi un instrument du lien social.

Faire pénitence avant la peine

« Faire justice », dans les textes de l'époque, signifiait mettre à mort. On sait que, même si Dieu n'intervenait plus dans le jugement, il était toujours présent et, pour le tribunal qu'il devait un jour présider à la fin des temps, guettait ceux qui détenaient alors la responsabilité de juger. Au tribunal, tantôt le crucifix, tantôt le Christ du Jugement dernier rappelaient que la justice des hommes était la première étape avant le jugement de Dieu. La cour de justice n'était pas un lieu ordinaire ; son architecture n'était pas religieuse, mais elle était tout de même un espace de sacralité. Une sacralité judiciaire avec ses rituels, ses formules consacrées, ses frontières, ses seuils et ses interdits[25]. La justice des hommes était sacrée parce que sur terre, sans intervention divine possible, elle était infaillible.

L'exécution capitale fut aussi, d'une certaine manière, un moment de sacralité. La peine de mort, à l'exception peut-être de l'amende honorable pour la France, constitua sans doute le châtiment le plus lourd de charge religieuse et spirituelle au XVIe siècle. Le spectacle de l'exécution faisait appel à toute une série de symboles, traditions réinventées et coutumes « immémoriales » dont la somme n'offrait pas nécessairement un message univoque et cohérent : dès la fin du Moyen-Âge, mais surtout dès les premières décennies du XVIe siècle, autorités religieuses et royales luttèrent sur l'échafaud, se dénoncèrent et se contredirent souvent, au profit d'un théâtre profondément polysémique.

Les théologiens ne furent pas contre la peine capitale, malgré la maxime *Ecclesia non sitit sanguinem* (« l'Église n'aime pas le sang ») que revendiquait l'Église. Les traités politiques de Nicolas de Clamanges ou de Jean de Gerson appelaient à la rigueur pénale et demandaient au roi de recourir abondamment au dernier

25. Antoine Garapon, *L'Âne portant des reliques. Essai sur le rituel judiciaire*, Paris, Centurion, 1985 ; et Association française pour l'histoire de la justice, *La Justice en ses temples. Regards sur l'architecture judiciaire*, Paris, 1992.

supplice, d'abord pour protéger la communauté, ensuite pour permettre aux criminels de se recueillir et de se sauver au pied de la potence.

Tout le christianisme repose sur l'idée du jugement[26] et se confond, profondément, avec le sentiment de la dette. Mais l'exécution capitale fut-elle pour autant un acte sacrificiel, comme certaines études ont pu l'admettre[27] ? Ni la mort ni le cérémonial ne créent l'acte sacrificiel, et il ne suffit pas d'accumuler les analogies pour faire de la peine capitale une immolation et une offrande à Dieu. Il est certain, et les témoignages qui le rapportent sont abondants, que de très nombreux condamnés préparèrent leur salut dans une représentation tout à fait sensible de la Passion du Christ, au cœur de discours et de prières où l'on confondait souvent la mort avec Dieu à la mort pour Dieu. La relation sacrificielle est simple. Le destinateur (le sacrifiant) offre la chose destinée (le sacrifié) au destinataire (Dieu)[28]. L'Amérique puritaine des XVIIe et XVIIIe siècles cultiva ce schéma[29], mais ni Paris ni Londres n'eurent recours à ce système de significations. Les magistrats avaient certes un ordre moral à sauvegarder, mais ils n'étaient pas des « guerriers de Dieu[30] » ; et on ne confiait pas à un jury le soin de choisir le moment et la cause qui méritaient d'être offerts au Dieu vengeur. Certes, la place centrale de la crucifixion et des martyrs dans la spiritualité des XIIIe-XVe siècles imposa des parallèles avec la mort du criminel qui

26. Il n'est d'ailleurs pas inutile de souligner que le moment où les justices royales se transformèrent et furent réinventées par le désinvestissement de Dieu dans la mécanique des jugements, fut aussi celui où le purgatoire se développa comme modèle judiciaire. Jacques Le Goff, *La Naissance du purgatoire*, Paris, Gallimard, 1981.

27. Michel Bée, « Le spectacle de l'exécution dans la France d'Ancien Régime », *Annales ESC*, 30, 1983, p. 843-862 ; John Bossy, *Christianity in the West, 1400-1700*, Oxford University Press, 1985, p. 158.

28. Henri Hubert et Marcel Mauss, « Essai sur la nature et la fonction du sacrifice », in Henri Hubert et Marcel Mauss (dir.), *Mélanges d'histoire des religions*, Paris, Félix Alcan, 1909, p. 1-130.

29. Louis P. Masur, *Rites of Execution. Capital Punishment and the Transformation of American Culture, 1776-1865*, Oxford, Oxford University Press, 1989.

30. Denis Crouzet, *Les Guerriers de Dieu. La violence au temps des troubles de religion (vers 1526-vers 1610)*, Seyssell, Champ Vallon, 1990, 2 vol.

pouvait chercher, dans les *exempla*, le guide du bien mourir. Mais le criminel ne fut ni saint ni martyr car ses juges étaient chrétiens : ce fut d'ailleurs le cœur du problème pendant la répression des réformés au XVIe siècle, et le pouvoir royal eut tôt fait de comprendre les enjeux de cette question[31]. L'exécution capitale ne fut pas un sacrifice, même si la mort sur l'échafaud s'inscrivait dans une expérience profondément collective où le rachat et la damnation furent au cœur des espoirs et des inquiétudes. Une communauté ne se débarrassait pas de ses exclus en les offrant à Dieu. Le Christ n'était pas honoré par le don qu'on pouvait lui faire d'assassins, de sodomites et autres indésirables. L'exécution capitale pouvait être une expérience spirituelle, mais elle ne fut pas un événement sacrificiel.

Pour la justice du roi, l'exécution capitale visait à convaincre la foule de la présence, de la puissance et de la légitimité de son pouvoir. L'exemplarité cherchait bien sûr à prescrire l'obéissance par la peur des supplices, mais la peine capitale devait surtout se motiver elle-même : ce fut là toute l'importance du rituel, dans la reconnaissance duquel le spectateur était assuré du bon droit de l'exécution. Le rituel judiciaire fut une technique de persuasion et de communication ; il fut le nœud du fonctionnement du politique que la peine de mort mettait en jeu.

Pour les spectateurs, qui choisissaient lors de chaque supplice le rôle qu'ils voulaient jouer, le cérémonial de l'exécution pouvait devenir le théâtre d'une édification, d'un contentement pour le sang versé, d'une colère tragique ou d'une compassion envers son prochain. Expérience collective, la peine de mort retenait l'attention et l'assistance, le plus souvent, restait attentive aux derniers gestes et aux dernières paroles du condamné.

Pour le condamné, l'exécution capitale fut la réponse au crime qu'elle dénonçait et imposa, surtout, l'urgence d'une préparation à la mort. Tout au long du XVIe siècle et jusque dans la première moitié du XVIIe, les derniers instants des suppliciés suivent à Paris et à Londres, à peu de choses près, les mêmes

31. David El-Kenz, *Les Bûchers du roi*, *op. cit.*

impératifs. La marche au supplice pouvait être une marche au salut. Elle offrait l'opportunité d'une pénitence et l'occasion de faire une bonne mort[32]. Jusqu'aux années 1640-1660, Londres et Paris partagèrent des *artes moriendi* relativement similaires[33], des « arts de mourir par la main du bourreau » aux nombreux points communs.

Dans leur cachot, les condamnés pouvaient être consolés par le chapelain de la prison. En France, la présence du confesseur aux côtés du condamné fut demandée par le prédicateur Jean de Gerson à Charles VI[34], qui y consentit par une ordonnance de 1397.

> Que d'oresénavant à toutes personnes qui pour leurs démérites seront condempnées à mourir, soit offert par les ministres de la justice par laquelle ilz seront détenus et condempnez, et leur soit baillié et administré le sacrement de confession, selon l'ordenance de nostre dicte mere Sainte Église, après ce qu'ilz auront été condempnez et examinez sur tous les cas dont ladicte justice les vouldra examiner, et ainçois qu'ilz se partent du lieu où ilz seront détenuz, pour estre menez au lieu où ilz devront estre exécutez, et que à eulz confesser à prestres, soïent induiz par lesdis ministres de la justice, ou cas qu'ilz seroient si esmeuz ou surprins de tristesce, qu'ilz ne auroient congnoissance de la vouloir ou demander[35].

32. Les confesseurs et consolateurs de condamnés à mort invitaient leurs pénitents à reconnaître le privilège de leur sentence capitale. Le supplicié pouvait ainsi se préparer à la mort. Le sort des soldats qui mouraient au combat fut au cœur de nombreux débats au Moyen Âge : qu'arrivait-il de leur âme alors qu'ils mouraient dans la colère, souvent dans le blasphème, en état de péché mortel ? Ce n'était pas la mort qui terrifiait ; c'était la mauvaise mort. Shakespeare en est encore un formidable témoin : *Henri V*, acte IV, scène I.

33. Roger Chartier, « Les arts de mourir, 1450-1600 », *Annales ESC*, 31, 1976, p. 51-75 ; Richard Wunderli et Gerald Broce, « The Final Moment Before Death in Early Modern England », *Sixteenth Century Journal*, 20, 1989, p. 259-275. Voir aussi Marianne Carbonnier-Burkard, « Les manuels réformés de préparation à la mort », *Revue d'histoire des religions*, 217, 2000, p. 363-380.

34. Jean de Gerson, « Pour l'Information du très crestien roy de France », *Œuvres complètes*, Paris Desclée, 1960, t. VII, p. 341.

35. *Recueil général des anciennes lois françaises, depuis l'an 420 jusqu'à la Révolution de 1789*, éd. Jourdan, Decrusy et Isambert, Paris, Plon, 1824, t. VI, p. 776.

Si c'est à partir de ce moment qu'un condamné pouvait être absous après s'être confessé, celui-ci n'obtint jamais la permission de communier et de recevoir l'extrême-onction. C'est aussi à cette époque que Pierre de Craon fit ériger une grande croix de pierre devant Montfaucon pour que les condamnés puissent s'y confesser; cette croix disparut avec Montfaucon au cours du XVIIe siècle.

Il serait pourtant faux de croire que, avec cette initiative, le rituel de l'exécution était devenu un rituel de réintégration. L'historienne Esther Cohen suggère en effet que, aux XIIIe et XIVe siècles, le supplice capital fut un rituel d'expulsion et que la signification de l'exécution bascula totalement avec la possibilité du rachat par la confession[36]. En fait, le salut ne fut jamais placé complètement entre les mains du roi et même sans la présence du confesseur, le criminel repentant était susceptible d'éviter la damnation. Les condamnés pouvaient implorer la foule de prier pour eux, ainsi qu'on le lit dans certaines chroniques du XIVe siècle[37]. L'expérience religieuse ne fut pas totalement tributaire des ecclésiastiques, comme elle le devint en grande partie au cours de la seconde moitié du XVIIe siècle, au plus fort de la Contre-Réforme. Avant comme après l'ordonnance de Charles VI, les larmes eurent, aux yeux des contemporains, une efficacité parallèle, voire comparable à celle de l'eucharistie. La formule consacrée du « don des larmes[38] » rend bien compte qu'elles pouvaient être considérées comme une preuve de la grâce divine. Les paroles et les gestes, joints à l'expérience des larmes, pouvaient ainsi suppléer à l'eucharistie. Les larmes du repentir des péchés s'écoulaient comme le sang du Christ, s'y apparentaient et, en définitive, traçaient la voie du salut.

De son côté, le protestantisme anglais n'abandonna pas

36. Esther Cohen, *The Crossroads of Justice. Law and Culture in Late Medieval France*, Leyde, Brill, 1993, p. 181 et suivantes.

37. *Chronique parisienne anonyme du XIVe siècle*, éd. Amédée Hellot, Nogent-le-Rotrou, 1884, p. 50 et suivantes.

38. Piroska Nagy, *Le Don des larmes au Moyen Âge*, Paris, Albin Michel, 2000.

immédiatement dans sa pratique religieuse le rôle fondamental que devait jouer une « bonne fin » dans le salut du mourant. Qui ne se souvient pas du dilemme auquel Hamlet est confronté lorsque, le poignard à la main, il se prépare à assassiner Claudius[39] ? C'étaient les dernières pensées au seuil de la mort, le repentir sincère d'une dernière prière qui pouvait effacer les péchés d'une vie et sauver le pénitent d'une damnation éternelle. De fait, même dans une théologie protestante où la notion de prédestination est inhérente à celle du salut, la parole et les gestes des derniers instants continuaient d'être importants sur l'échafaud. La justification de la bonne mort protestante fut pourtant bien différente de celle de la théologie catholique. Selon les théologiens anglais, les derniers instants devaient être consacrés au combat contre Satan. Recourir aux saints était une superstition papiste, disaient-ils ; mais renoncer à Satan était une force et, en soi, la preuve de l'élection. La pénitence du protestant ne servait pas à être sauvé, elle servait plutôt à savoir si l'on était sauvé.

Le confesseur parisien pouvait exhorter son pénitent en lui rappelant les souffrances du Christ ou des martyrs et en l'invitant à implorer la Vierge à son secours. On trouve encore dans les bibliothèques publiques quelques rares guides imprimés pour aider les prêtres à encourager les condamnés à mort qui leur étaient confiés. Les prières mariales furent au cœur du cheminement spirituel du supplicié et à chaque instant, du départ de la conciergerie du Palais jusqu'à la potence ou l'échafaud, il fallait oublier les malheurs terrestres et se pénétrer de l'amour de Dieu.

Le temps passé en prison avant le supplice était variable. À Londres, le prévenu connaissait sa sentence depuis le jour où s'était tenu son procès et restait donc à la prison de Newgate jusqu'à ce que les sessions d'Old Bailey fussent terminées et qu'un jour d'exécution eût été prévu par le shérif. Jusqu'à la seconde moitié du XVIIIe siècle, on comptait généralement une à deux semaines de délai. À Paris, en raison de la procédure écrite de l'*inquisitio*, l'écriture du jugement était distincte de son prononcé :

39. Shakespeare, *Hamlet*, acte III, scène III.

l'arrêt n'était effectif que lorsqu'il était lu au condamné, que la sentence était mise en paroles par le greffier[40]. Des conclusions de la cour jusqu'à la lecture du jugement, il pouvait donc se passer beaucoup de temps, et c'est justement de ce temps dont certains magistrats profitaient pour entreprendre des démarches de grâce et préparer le spectacle, toujours étonnant et reçu avec joie, de la miséricorde du roi au pied de la potence. Lorsque le jugement était lu au condamné, généralement à 10 heures le matin, l'exécution était commencée : le supplice devait se tenir le jour même. À Paris, la préparation à la mort se faisait donc dans l'urgence et l'on avait généralement moins de six heures pour se confesser, se réconcilier, recevoir l'absolution et affronter la mort avec résignation.

Le trajet emprunté par le convoi était défini par le shérif ou l'un des magistrats du Châtelet et empruntait souvent une route familière que pouvaient suivre les curieux, à Londres au son de la cloche du sonneur de Saint-Sépulcre (l'église d'Old Bailey), et à Paris au cri du bourreau ou de ses valets. À partir de 1500 et probablement jusqu'au début des guerres civiles, le condamné faisait une halte rue Saint-Denis, à la chapelle érigée par les Filles-Dieu, et recevait des mains des religieuses du pain et du vin (non bénits). À la même époque, mais jusqu'à la fin du XVIIIe siècle, c'est à une auberge de Saint-Gilles que le convoi des condamnés s'arrêtait pour boire du courage avec quelques pintes de bière ou de l'eau de vie. Le chapelain de Newgate (*Ordinary of Newgate*) ou le capucin ou confesseur de Sorbonne qui accompagnaient les condamnés consolaient leurs pénitent, leur faisaient répéter des psaumes ou des prières, préparaient avec eux leur discours à la potence et les engageaient, avec fermeté, à poursuivre la confession de leurs péchés et à révéler aux autorités judiciaires les complices de leur forfait. La délation fut, chez les catholiques, une condition du salut ; se taire, même par amour pour ses amis, était un désaveu de la bonté et de la miséricorde de Dieu et une participation directe aux stratégies

40. *Infra*, p. 220 *sq*.

diaboliques du Malin. Chez les protestants, avant le scepticisme du second XVIIe siècle, cette obstination était une preuve de la damnation éternelle.

Mais c'était sur le lieu du supplice que se jouait réellement la bonne mort. À Tyburn, la foule pouvait attendre le convoi de l'exécuteur dès le matin puisque le spectacle avait été prévu depuis plusieurs jours. Des estrades de bois étaient érigées par la ville et les places, payantes, étaient rapidement comblées. Surélevé sur son monticule, le gibet, environné de curieux, se présentait comme une arche sous laquelle les condamnés devaient passer. Il faut imaginer le bruit des jeux et des cris, le vent libéré de la ville qui soufflait sur Tyburn, la brume ou la pluie qui pouvaient aussi faire du supplice un spectacle d'ombre et de boue. Il n'était pas rare qu'à Paris les intempéries aient vidé les places et que le condamné et le bourreau aient atteint la Grève ou les Halles à la surprise de quelques artisans ou passants, spectateurs accidentels d'une mort prononcée cinq ou six heures plus tôt. La potence ou l'échafaud avaient été montés le matin, en face d'un Hôtel de Ville qui, au XVIe siècle, était en constante reconstruction.

Dans les deux capitales, la leçon de l'échafaud se posait aussi à travers le discours que le condamné pouvait accepter de faire à l'assistance. Le chapelain ou le confesseur prenaient certes parfois la parole, mais leur rôle n'était pas de prononcer un sermon[41] : c'est le condamné qui devait prouver ou chercher son salut en avouant ses méfaits, en demandant pardon à Dieu et au roi et en invitant les spectateurs à la vertu et à l'obéissance. Pour l'historien James Sharpe, le discours anglais de l'échafaud fut une victoire finement coordonnée par la justice royale : avec l'aide du chapelain, ces *last dying speeches* furent la démonstration éclatante d'une intériorisation de l'obéissance voulue par le roi. Accepter le pouvoir du prince, même quand il tue, consacre la victoire absolue de la toute-puissance du roi[42]. Le discours du

41. Ce fut plutôt l'une des caractéristiques du rituel puritain de la Nouvelle-Angleterre. Voir Ronald Bosco, « Lectures at the Pillory : the Early American Execution Sermon », *American Quarterly*, 30, 1978, p. 156-176.

42. James A. Sharpe, « Last Dying Speeches : Religion, Ideology and Public

condamné sur l'échafaud fut caractéristique du rituel anglais de l'exécution et, jusqu'à la fin du XVIIIe siècle, il fut le moment le plus attendu du spectacle jusqu'à devenir un véritable genre littéraire.

Pour Paris, les chroniques et les procès-verbaux d'exécution du XVIe siècle abondent, de même, de ces discours à l'échelle de la potence. En dépit de certains imprimés qui peuvent laisser croire à une véritable institution patibulaire de la performance oratoire[43], il semble cependant que la prise de parole avant le supplice y ait été relativement expéditive. C'était parfois le greffier qui s'adressait à la foule pour lui demander de prier pour le supplicié. Les cris de détresse, lorsqu'on les lit sur le papier timbré des archives du Châtelet ou de la Tournelle, sont extrêmement touchants. Le greffier et le confesseur s'unissaient alors pour calmer le condamné et l'exhorter à pardonner à ses ennemis : il n'était pas rare que le signal ne soit donné au bourreau qu'après une seconde absolution consentie par le prêtre. Prières, leçons ou invectives, cette parole disparut progressivement au cours du XVIIe siècle ; le « discours du dernier instant » devint alors une pratique typiquement anglaise, comme les contemporains le signalèrent jusqu'au XIXe siècle.

Juste avant le coup fatal, dernier instant d'intercession avant la mort, le confesseur engageait la foule à réciter avec lui l'antienne *Salve Regina*. Cette prière de dévotion mariale s'illustre, on le sait, par le don de miséricorde dont elle est chargée : avocate des pénitents, la Vierge est capable de fléchir la justice divine. Le *Salve Regina* est une supplique, une plainte que la récitation collective constituait en caution du salut, rassurante pour la communauté. On ne connaît malheureusement rien de la façon dont elle fut récitée ou chantée dans le Paris d'Ancien Régime. Il est possible qu'elle ait été prononcée en latin par le prêtre, puis répétée par la foule ; mais on connaît dès le XVe siècle une

---

Execution in Seventeenth-Century England », *Past and Present*, 107, 1985, p. 144-167.

43. Claude La Charité, « L'éthos pathétique de Marguerite d'Auge dans "Les Pitoyables et Funestes Regrets" (1600) », *Tangence*, 77, 2005, p. 73-106.

multitude de traductions et de paraphrases poétiques en français qui peuvent avoir joué un rôle plus sensible dans des moments d'une telle intensité, à travers des formules simples, plus intimes, voire plus propices à la préparation au pardon[44].

Dans les procès-verbaux d'exécution qui permettent de retracer les différentes étapes du rituel, on lit alors cette conclusion laconique du greffier, écrite comme le bruit sec d'une corde qui se tend : « Le *Salve* chanté, ledit arrêt a été entièrement exécuté, et nous nous sommes retirés avec les huissiers susdits. » Il ne semble pas que le rituel de Tyburn ait institutionnalisé une pratique similaire, même si de nombreux témoignages rendent compte du chant des psaumes dès la fin du XVIe siècle.

Quel qu'ait été le spectacle offert par le condamné, la justice royale s'exerçait dans un espace reconnu par tous et déjà pétri de souvenirs vécus ou imaginés. Le supplice était légitime. Dans les cris, les injures, la colère ou la violence, autant que dans les larmes et la résignation, la justice du roi rechargeait sa propre légitimité à chaque exécution. Il est certes difficile de mettre au jour les indices de la mémoire des citadins et encore plus de leur éventuelle indifférence. Les histoires tragiques qui formèrent une mémoire particulière du crime et de l'échafaud se composèrent à travers un recrutement très sélectif de suppliciés : on choisissait les personnages dignes du registre tragique, dont les petits coupeurs de bourse et autres gibiers de potence étaient exclus[45]. Mais les archives si diverses posent dans leur dispersion des indices dont le croisement atteste une véritable culture de la mort judiciaire : une culture de la banalité, où l'exécution capitale, surtout à Paris, n'était pas toujours un événement. Le consentement paraît généralisé et, malgré quelques très rares épisodes de contestation, l'exécution capitale fut un théâtre auquel on

44. Gérard Gros, *« Ave, Vierge Marie ». Étude sur les prières mariales en vers français (XIIe-XVe siècles)*, Lyon, Presses universitaires de Lyon, 2004, p. 151-184.

45. Bettie Anne Doebler, « Execution and Ritual Dying : Lord Essex as Cultural Event », *Rooted Sorrow. Dying in Early Modern England*, Londres/Toronto, Associated University Presses, 1994, p. 60-75 ; Thierry Pech, *Conter le crime. Droit et littérature sous la Contre-Réforme. Les histoires tragiques (1559-1644)*, Paris, Champion, 2000.

assistait souvent, auquel on accourait parfois et, somme toute, duquel on sortait habituellement content.

LE GIBET ET SES PROIES

Et si la mort refusait le condamné ? Si la corde se rompait, que la potence s'écroulait, que la tempête dispersait les fagots ? Si le corps du supplicié résistait à la hache ou à l'épée de l'exécuteur maladroit ? Si, détaché du gibet et conduit en charrette vers la fosse commune, le pendu reprenait son souffle et revenait à la vie ? Dieu avait bel et bien quitté le procès et n'intervenait plus dans le déroulement des procédures ; mais le gibet restait un espace de mystère et de surnaturel, un jeu de poutres esseulées sous lesquelles on cueillait des plantes magiques, un lieu où le craquement du bois était souvent pris pour celui des os. La France et l'Angleterre partagèrent une longue et savante culture des spectres, revenants et apparitions d'outre-tombe que la littérature a abondamment et brillamment récupérée et réinventée[46]. À Londres, jusqu'au XVIIIe siècle, les cadavres des suicidés étaient enterrés sous Tyburn avec un pieu fiché dans le cœur, pour prévenir leur retour sous forme de vampire. À Paris, la ville et son animation semblent avoir modéré la peur des revenants autour des lieux de supplice, comme en Grève ou aux Halles ; mais Montfaucon formait aussi, jusqu'à sa destruction au XVIIe siècle, une forteresse de revenants gardée par les feux follets. Le gibet était un seuil qu'on franchissait parfois dans les deux sens. Or le miracle judiciaire fut aussi, d'une certaine manière, un refus de la mort.

46. Kathryn A. Edwards (dir.), *Werewolves, Witches and Wandering Spirits. Traditional Belief and Folklore in Early Modern Europe*, Kirksville, Truman State University Press, 2002.

Divin, trop divin ?

La grâce dont pouvait bénéficier un condamné à mort relevait, jusqu'à la Réforme, de deux autorités : celle de Dieu et celle du roi. Fontaine de toute justice, le roi pouvait sauver le criminel de la potence à tout moment – le dernier de préférence – pour manifester son extraordinaire mansuétude et le pouvoir de vie, christique, qu'il exerçait sur tous ses sujets. Pendant longtemps, traités politiques, ordonnances et textes de lois appelaient à une répression rigoureuse du désordre ; mais le pouvoir de mort s'accompagnait toujours d'un pouvoir de vie, et si la théorie portait à la rigueur, la pratique faisait abondamment usage du pardon. Nous l'avons vu dans les pages précédentes, aux XIVe et XVe siècles, les rémissions et les grâces auraient pu voiler, par leur nombre, le recours au dernier supplice, si celui-ci n'avait été aussi spectaculaire.

La croyance au miracle judiciaire est avérée pour la France, au moins jusqu'au XVIe siècle[47]. La tapisserie de Saint-Quentin, aujourd'hui conservée dans l'aile Richelieu du musée du Louvre, témoigne bien de cet imaginaire à la fin du Moyen Âge. Réalisée au XVe siècle dans le Nord de la France, cette tapisserie illustre le crime, l'exécution puis la grâce d'un voleur de cheval dont le salut, terrestre et céleste, est dû à l'intervention du saint. Parce qu'elle raconte les modalités et l'état d'une croyance qui connaîtra un certain nombre de déplacements au cours du siècle suivant, il convient de suivre la tapisserie dans l'*exemplum* qu'elle est par l'image et par une légende que les tapissiers ont pris soin de tisser.

La tapisserie peut être divisée en deux parties, qu'oppose la figure centrale de la cour prévôtale de justice rendant son arrêt de mort : en amont, le crime du voleur et son arrestation par les hommes du prévôt ; en aval, l'échec de l'exécution et les grâces rendues par le condamné à saint Quentin.

47. Pascal Bastien, « Erreurs et miracles judiciaires dans la France d'Ancien Régime », in Benoît Garnot (dir.), *L'Erreur judiciaire, de Jeanne d'Arc à Roland Agret*, Paris, Imago, 2004, p. 85-106.

Le récit s'amorce donc logiquement par le vol, dans une étable, d'un cheval. Le propriétaire est un prêtre qui, lorsqu'il constate le larcin, somme la justice de retrouver sa bête. Les hommes du prévôt parviennent aisément à mettre la main au collet du voleur et à restituer le cheval au prêtre. Pour le crime, rétribution est nécessaire et la justice est formelle : le voleur mérite la mort. Bon et généreux, le prêtre ne souhaite pas ce sort à son larron et implore le prévôt de gracier le malheureux. Le prévôt doit pourtant obéir aux principes de la justice et ne peut défaire ce que la loi ordonne. L'arrêt est rendu, le voleur doit mourir.

La seconde partie de la tapisserie est d'autant plus intéressante qu'elle met en scène une série de particularités du miracle judiciaire qui n'auront plus cours dès le début du XVIe siècle, lorsque le sacré ne pourra intervenir qu'en des circonstances et sous des conditions précises et restreintes. À la droite du tribunal prévôtal se retrouve le prêtre, cette fois agenouillé face à la châsse de saint Quentin et implorant le saint – dont c'est alors la fête – de sauver le criminel. Il s'agit ici d'un détail important, puisque l'intercesseur est le prêtre et l'appelé saint Quentin. Seul le culte marial permettra, au XVIe siècle, des miracles à la potence ou à l'échafaud, et c'est le condamné qui priera la Vierge pour son salut : condition indispensable pour empêcher le protestant de pouvoir prétendre à une grâce. Dans ce cadre, le prêtre active un miracle qu'accomplira saint Quentin.

La section suivante représente le cérémonial de l'exécution, à laquelle assistent le prévôt et ses hommes : ils sont donc témoins d'une rupture miraculeuse de la chaîne qui devait pendre le voleur. Le bourreau, au sommet de l'échelle, regarde tomber le condamné sur le sol. La dernière section de la tapisserie reprend le motif du prêtre implorant saint Quentin, mais en remplaçant l'homme de Dieu par le voleur pardonné et repenti.

De cette croyance médiévale que reconstitue clairement la tapisserie du Louvre, le miracle judiciaire devait connaître en France toute une série de transitions et de remises en cause qui, de la foi vers la croyance, puis de la croyance vers la superstition, marquèrent le déclin du sacré religieux dans l'événement que fut l'exécution capitale. Après avoir abandonné l'organisation du jugement, Dieu s'effaça lentement, aussi, de son exécution. Le miracle judiciaire, longtemps laissé à la discrétion du peuple à laquelle se soumettait le roi de temps en temps, fut un véritable casse-tête pour les juristes et les magistrats confrontés au problème. Dans la tapisserie du Louvre, le prêtre fut le premier responsable du miracle puisque ce fut son intercession auprès de saint Quentin qui provoqua la rupture de la chaîne. Certains journaux de bourgeois de Paris du XVe siècle rapportèrent le réveil d'un pendu sans que l'on sache si le miracle était une réponse à une prière ou une initiative mystérieuse et absolue de Dieu. Progressivement, cependant, les traités et les témoignages des contemporains se rejoignent et, d'abord, admettent qu'un miracle est possible seulement si la Vierge a été ouvertement implorée ; ensuite, seulement si le condamné a toujours nié sa culpabilité – c'est le principe fermement affirmé par le juriste André Tiraqueau dans son *De Poenis Temperandis* (1559). *Exit* le prêtre intercesseur, et *exit* le pardon de Dieu : seul l'innocent pouvait être sauvé d'un égarement de la justice humaine. Mais déjà pour Jean Papon, en 1556, dans son *Recueil d'arrests notables des cours souveraines de France*, la chose n'était plus possible. « Le gibet ne perdait pas sa proie » : la formule eut une longue histoire et fut constamment utilisée pour combattre la superstition du miracle judiciaire.

S'ouvrit alors une période transitoire où les juristes et les juges se contredirent, jusqu'à ce que les conflits religieux vinssent accélérer le basculement et régler toute forme d'hésitation. Dieu pouvait encore dénoncer l'injustice, mais il laissait désormais la justice humaine exécuter les arrêts qu'elle rendait. Paris resta longtemps le lieu de doutes et d'appels populaires au miracle au pied de la potence. Le XVIe siècle fut une période de dialogues constants entre la justice et le peuple pour interpréter le surnaturel. Les Parisiens ne criaient pas systématiquement au miracle, tant s'en faut : on savait reconnaître la maladresse évidente d'un bourreau inexpérimenté. D'autant qu'on ne pouvait croire en une intervention divine lorsque le condamné était un scélérat notoire. On savait choisir sa cause et s'attendrir d'une domestique ou d'un jeune artisan : la rupture de la corde invitait alors le peuple à interpréter l'accident imprévu sous le sceau du miracle. Parfois, le condamné était de nouveau livré au supplice, tandis qu'à d'autres moments le roi consentait à accorder une grâce : mais dès les années 1560, c'est le souverain, « de sa propre science », qui gracia le condamné, non pour se plier à une intervention divine mais parce que celui-ci avait « expié son crime par la crainte de la mort et par le supplice mesme qu'il a souffert ». La justice du roi était totalement maîtresse de ses supplices.

On peut encore contempler dans la cathédrale de Rouen, à l'ouest du portail principal, une grande pierre tombale, aujourd'hui endommagée et difficile à déchiffrer : elle rappelle pourtant le souvenir de trois jeunes Rouennais injustement condamnés à mort en 1625.

> Cy gisent les corps de Jacques Turgis, Robert Tallebot et Charles Lebrasseur natifz de Rouen exécutez à mort par jugement présidial d'Andely le XXV jour doctobre Mil DC XXV pour un prétendu assassinat dont ils furent faussement accusez et depuys déclarez innocents dudict crime par arrest du Grand Conseil.

Cette erreur judiciaire devint un chapitre des *Histoires tragiques de nostre temps* de François de Rosset : Dieu, y écrivait-il, s'y manifesta mais n'interrompit rien.

> À la première prière qui Lui fut faite par les Innocents, Il voulut montrer qu'Il n'agréoit le misérable jugement, car l'exécuteur n'eut pas plutôt jetté Turgis que le Ciel commença à gronder et un bruit épouvantable se fit ouïr, semblable à celui que peuvent rendre sur un pavé bien deux cens chevaux[48].

48. François de Rosset, *Les Histoires tragiques de nostre temps*, Rouen, 1700, p. 612.

Le miracle appartenait toujours aux champs du possible, certes, mais non dans l'espace judiciaire du roi.

> Ce n'est pas par un esprit de cruauté que les Juges font conduire de nouveau au supplice un criminel qui s'en étoit échappé, écrivait le juriste François Serpillon au XVIIIe siècle. La Justice ne cherche pas à se rassasier de son sang, [c']est par nécessité et pour maintenir le bon ordre dans la société que quelqu'événement qui arrive, il faut que les jugements de mort soient exécutés. Si les juges suivoient les idées du peuple qui donne toujours dans le merveilleux et qui attribue ordinairement à miracle les événements extraordinaires, on en verroit souvent pour sauver les coupables[49].

L'Angleterre médiévale ne paraît pourtant pas avoir été une terre aussi fertile en miracles judiciaires que la France. Même avant la Réforme, le gibet ne semble avoir laissé échapper personne. Le miracle n'y était pas vraiment le bienvenu, sauf bien sûr dans une certaine culture hagiographique, du reste assez laconique à cet égard. Les accidents étaient-ils plus rares à Londres qu'à Paris ? Ce serait étonnant. Il faut donc que les croyances aient été différentes. Et avant la foi, il y a le droit.

La *common law* ne fait pas la distinction que le droit romano-canonique conçoit entre la loi et le droit ; dans la langue anglaise, d'ailleurs, il n'y a qu'un terme, *law*, duquel chacun retire ses droits (*rights*). À l'inverse, le droit romain distingue la *lex*, qui désigne le fondement de l'ordre juridique, et le *jus*, qui réunit les règles du fonctionnement de cet ordre. De la *lex* émane l'État législateur, source du droit. *A contrario* la *common law* considère qu'entre la loi et l'individu, il n'y a rien : à l'opposé du droit romain, la loi peut se penser sans l'État – ce qui explique du coup l'importance de la jurisprudence dans le système judiciaire anglais et la formule plaisante de William Geldart citée plus tôt[50]. En

49. François Serpillon, *Code criminel…*, *op. cit.*, t. II, p. 349.
50. Voir p. 36.

Angleterre, le droit criminel se trouvait dans des précédents tranchés par le jury et le juge, alors qu'en France il se fondait sur des interdits déterminés par l'État. S'il n'y avait rien entre la loi et l'individu, le monde pouvait être envisagé comme une collection d'individus disposant tous des mêmes droits – ce qui explique encore, entre autres choses, l'attachement des Anglais pour leurs libertés, leur prédisposition pour une certaine forme de protestantisme, leur attachement pour le débat contradictoire dans le procès criminel et leur méfiance, en définitive, à l'égard d'une notion, le miracle judiciaire, qui viendrait déstabiliser cet équilibre. Le miracle ne fut pas complètement écarté de la théologie anglicane, mais il est clair qu'on s'en méfiait et que l'imposture n'était jamais loin[51]. Encore au XVIIe siècle, certains *chapbooks* et ballades évoquaient des miracles dans leurs histoires criminelles, notamment pour dénoncer un coupable jusqu'alors insoupçonné ; mais ces récits empreints de modèles et de formules convenues ne mettaient en jeu ni le procès ni l'exécution de son jugement. La brochure *Newes from the Dead* imprimée à Oxford en 1651 retrace le cas d'Anne Greene, condamnée à mort pour infanticide, qui se réveilla après son supplice sur la table de l'anatomiste. Mais si l'auteur parle alors de miracle, ce fut surtout pour qualifier le talent et le succès des médecins qui avaient soigné la malheureuse. La survie d'Anne Greene ne tenait pas du miracle, intervention directe de Dieu, mais de la Providence, grâce plus diffuse[52].

Le bûcher des martyrs

Le processus fut donc multiple, déployé en une pluralité de déplacements, de croisements et de conjonctures particulières. La fin des ordalies mit en branle le développement des justices

51. Peter Marschall, « Forgery and Miracles in the Reign of Henry VIII », *Past and Present*, 178, 2003, p. 39-73.

52. *Newes from the Dead, or a True and Exact Narration of the Miraculous Deliverance of Anne Greene, Who Being Executed at Oxford, December 14, 1650, Afterwards Revived*, Oxford, 1651.

royales qui, du XIIIe au XVIe siècle, multiplièrent leurs tribunaux et leurs auxiliaires pour élargir leur champ d'action. Dans l'équilibre de la grâce, de l'arbitrage et de la peine, la justice du souverain devint progressivement un espace privilégié de résolution des conflits. Le spectacle des supplices, aux XVe-XVIe siècles, se fit plus fréquent, le souvenir des potences et des échafauds plus familier. Paris et Londres furent investis par l'exécuteur et son théâtre. Le bûcher des martyrs au XVIe siècle vint définitivement marquer la fin d'un imaginaire médiéval des supplices pour créer deux cultures modernes de l'échafaud.

Denis Crouzet et Frank Lestringant ont bien démontré, à travers l'analyse des textes imprimés au plus fort des crises religieuses du XVIe siècle, que la sécularisation de la pratique religieuse prônée par la Réforme n'eut pour conséquence immédiate ni le triomphe de la conscience individuelle ni le refus de l'extase mystique, du sacrifice et de l'exaltation du martyre. Les réformes religieuses du XVIe siècle déclenchèrent au contraire de formidables angoisses eschatologiques partagées, sous diverses formes, par les différentes confessions. L'abomination de l'autre religion, la révélation de l'Antéchrist, les assauts du diable et la vengeance sacrée construisirent rapidement un imaginaire du massacre nécessaire et de la fureur sainte. La crise religieuse déploya d'abord l'urgence d'une violence sacrée avant de provoquer, au bout d'un imaginaire de malheur et d'épouvante, le basculement de cette sacralité dans le politique. Le temps des supplices du XVIe siècle doit se saisir, en France, à travers l'hérésie (1534-1559) puis, avec le déclenchement de la résistance armée et des guerres civiles, à travers la rébellion contre le roi (1559-1598). Ces deux moments forts transformèrent radicalement le rituel de l'exécution capitale, rompant avec la tradition médiévale et élargissant, plus que jamais, l'écart entre les pratiques parisiennes et londoniennes de la peine de mort.

En octobre 1534, des placards étaient affichés partout dans les rues de Paris, dans certaines villes du royaume et jusqu'à la chambre du roi au château d'Amboise, dénonçant comme pratiques sanguinaires et superstitieuses la consécration de l'hostie, le dogme de la transsubstantiation et les prières pour l'intercession des saints. L'affaire des Placards déclencha à Paris une répression spectaculaire : François Ier était resté jusqu'alors relativement indifférent aux questions religieuses, plutôt sensible même aux récriminations des réformés, et Marguerite de Navarre, sa sœur, entretenait d'excellentes relations avec le mouvement évangéliste dont elle protégeait les grandes figures intellectuelles : Guillaume Briçonnet, Lefèvre d'Étaples et Clément Marot, entre autres. L'affront des Placards, attaque contre sa foi et, surtout, contre son autorité, mit le feu aux bûchers.

> L'an 1534, environ le vingt-quatriesme octobre, furent affichez par hérétiques des placars contre le sainct sacrement de l'autel et honneur des sainctz. Ce qu'entendu par la cour, fut sonné par deux trompettes et crié au Palays sur la pierre de marbre, que s'il y avoit personne qui sceut enseigner celuy ou ceulx qui avoient fisché les dictz placars, en les révélant avec certitude, il leur seroit donné cent escus par la cour. Autrement ceulx qui se trouveroient les receler seroient bruslez[53].

Le bourgeois de Paris fut un témoin exceptionnel des premiers mois de cette chasse aux luthériens particulièrement cruelle mais, dès la fin de l'année 1534, il s'en lassa tant les supplices s'accumulaient[54]. Artisans, libraires et petits marchands étaient conduits au bûcher, entretenant chez les spectateurs l'angoisse de l'agression diabolique. Le parlement de Paris retira rapidement à l'officialité la direction de la répression, et s'engagea dans une lutte soutenue contre les protestants. Les exécutions capitales suivaient alors le rituel judiciaire en usage à Paris : place Maubert, à la Croix-du-Trahoir, aux Halles ou en Grève, les bûchers furent édifiés directement sur le sol ou sur un échafaud pour favoriser la visibilité. L'amende honorable

53. *Journal d'un bourgeois de Paris sous le règne de François Ier*, éd. Ludovic Lalanne, Paris, Société de l'histoire de France, 1854, p. 441-442.
54. *Ibid.*, p. 444.

interrompait le parcours entre les prisons de la Conciergerie et le lieu du supplice : devant Notre-Dame, les condamnés devaient renoncer à la « secte de Luther », demander pardon à Dieu, à la Vierge et au roi pour leur erreur et embrasser de nouveau le dogme catholique. Certains prononçaient leur amende honorable et acceptaient de retrouver l'Église ; mais d'autres résistaient et recevaient le supplice, commentent certains, « comme les chrétiens de l'Église primitive recevaient les tortures des tyrans païens ». La prise de parole sur l'échafaud, le chant des psaumes ininterrompu jusque dans les flammes, l'absence de peur du condamné et sa joie de souffrir pour le Christ conférèrent au spectacle une toute nouvelle nature : l'exemplarité ne servit pas nécessairement, alors, ceux que l'on croyait. Eustathius de Knobelsdorff, un jeune catholique allemand de passage à Paris en 1542, fut témoin en Grève d'une double exécution de luthériens. Le supplice le révolta ; il en rapporta les détails dans une lettre adressée à son maître, le théologien George Cassander.

> Quand on exhorta [le jeune luthérien] à se rétracter, loin de le faire, il se déclara prêt à confirmer même par sa mort ce qu'il avait avancé. Il fut amené devant les juges et condamné à avoir la langue coupée et à être brûlé ensuite. Sans changer de visage, le jeune homme présenta sa langue au bourreau en la sortant autant qu'il pouvait. Le bourreau la tira encore davantage avec une pince, la coupa et en frappa plusieurs fois les joues du patient. On dit que ceux de la foule qui étaient le plus près (ô piété des Français) ramassèrent cette langue encore palpitante et la jetèrent à la figure du jeune homme ! [E]n vérité, cher Cassander, je doute que les illustres philosophes qui ont tant écrit sur le mépris de la mort eussent supporté avec la même constance de si cruels tourments, tant cet adolescent paraissait élevé au-dessus de ce qui est de l'homme[55].

55. Eustathius de Knobelsdorff, « Deux exécutions à Paris pour cause d'hérésie », *Bulletin de la Société de l'histoire du protestantisme français*, 6, 1858, p. 420-423.

Véritable boîte de Pandore, l'échafaud contribua directement à la formation d'une culture protestante du martyre[56]. Le martyrologe de Jean Crespin, les œuvres de Simon Goulart ou *Les Tragiques* d'Agrippa Aubigné soutinrent avec éclat, dans la seconde moitié du XVIe siècle, l'horreur des corps sacrifiés par la justice pendant les années 1520-1560. Ces textes de propagande du parti protestant soulignaient deux éléments que le martyre unissait sans contradiction : le corps souffrant du supplicié, tourmenté par le bourreau, humilié par la foule, lentement détruit par le feu et la parole vive, audible et ferme du martyr. C'est cette parole qui fit du supplice une peine cruelle ; ce fut le courage, la force, voire la prédication héroïque au cœur des flammes qui insufflèrent au spectacle un caractère sacré pour ceux qui ne voyaient pas, ou plus, la volonté de Dieu dans la justice du roi.

La diffusion du luthéranisme en Angleterre n'eut pas les mêmes conséquences qu'en France. La piété des masses laïques à Londres était assez traditionnelle, attachée à la messe et aux rituels collectifs et partagée, dans les années 1520, entre un anticléricalisme virulent et un mécontentement superficiel qui ne cherchait pas à changer le dogme ou les cérémonies : d'une façon générale, les Londoniens, comme leur roi, se méfiaient des luthériens. À l'instar de Paris à la même époque, la répression fut rare. C'est la question politique qui devait accélérer la rupture confessionnelle.

En 1533, les liens avec Rome furent définitivement rompus par le mariage d'Henri VIII avec Anne Boleyn et l'excommunication par Clément VII du roi, de sa nouvelle épouse et de l'archevêque de Canterbury, Thomas Cranmer. L'Acte de suprématie de 1534 déclara le roi chef de l'Église d'Angleterre. Le serment qui en fut tributaire (*Oath of Supremacy*) confirma ce transfert obligé de la loyauté ecclésiastique du pape vers le roi, révolution politique de tout premier ordre. Les premiers bûchers

56. David El-Kenz, *Les Bûchers du roi*, *op. cit.* ; Frank Lestringant, *Lumière des martyrs. Essai sur le martyre au siècle des Réformes*, Paris, Champion, 2004 ; William Monter, *Judging the French Reformation. Heresy Trials by Sixteenth-Century Parlements*, Cambridge, Harvard University Press, 1999.

contre les hérétiques dans les années 1520-1530 paraissent avoir suscité plus de sympathie envers les suppliciés que de soutien aux condamnations : l'incertitude confessionnelle et la lente formation de la doctrine anglicane ne permettaient pas encore de fonder, comme en France, un véritable imaginaire de l'adversaire hérétique. Mais le supplice d'Elizabeth Barton à Tyburn, en avril 1534, recèle les premiers indices de l'important déplacement religieux et politique en cours. Servante dans une maison bourgeoise du Kent, à l'extrême sud-est de l'Angleterre, puis devenue religieuse à Canterbury, Barton eut des visions portant témoignage de la réalité du purgatoire et de l'efficacité de la confession et de la prière aux saints. Sa réputation ne tarda pas à faire le tour du royaume où l'on se réjouissait, très largement, de cette jeune catholique aux vertus et aux pouvoirs de sainte. Pourtant, elle fut inquiétée par la justice lorsque, au plus fort des discussions entre Londres et Rome sur le divorce du roi, elle prophétisa que Henri VIII ne resterait pas roi plus de six mois s'il se séparait de la reine Catherine… C'est cette politisation des visions de la « sainte servante du Kent » (*the Holy Maid of Kent*) qui la conduisit à Tyburn en 1534[57]. Le supplice du franciscain John Forest en 1538, brûlé pour hérésie (c'est-à-dire, alors, pour catholicisme) à Smithfield, marqua peut-être une autre transition vers la liaison, bientôt inextricable, entre l'anglicanisme et la nation anglaise : Forest fut brûlé pour « papisme[58] », c'est-à-dire pour avoir opposé à l'autorité ecclésiastique du roi celle du premier évêque de Rome, le pape. À Londres, la persécution et la répression religieuses furent rares[59] ; les catholiques ne furent pas punis pour leur foi mais, rapidement, pour leur trahison

57. Diane Watt, *Secretaries of God. Women Prophets in Late Medieval and Early Modern England*, Cambridge, D. S. Brewer, 1997.

58. Peter Marshall, « Papist as Heretics : the Burning of John Forest, 1538 », *Historical Journal*, 41, 1998, p. 351-374.

59. Sauf pendant le règne de la catholique Marie Tudor, que Londres avait d'abord accueillie avec enthousiasme comme garante de la légitimité dynastique. Mais les persécutions religieuses contre les protestants eurent tôt fait d'indigner les Londoniens. Susan Brigden, *London and the Reformation*, Oxford, Clarendon Press, 1989.

politique. Alors que l'imaginaire catholique du protestant fut solidement fondé sur le sacrilège et les liaisons diaboliques des « mal-sentants de la foi », l'imaginaire anglican du catholique fut marqué par la peur de la persécution, de l'allégeance au pape, de la trahison politique et du complot. Henri VIII avait cherché à définir un « juste milieu confessionnel » mais ce fut sous les règnes d'Édouard VI puis d'Élisabeth que la foi anglicane progressa très largement et se définit au carrefour du catholicisme et du luthéranisme[60]. La Réforme progressa en Angleterre grâce à l'appui des gouvernements et c'est cette doctrine de l'obéissance au souverain comme fondement de l'anglicanisme qui, lentement, en détermina les dogmes. L'exécution par le feu de Forest reste un hapax ; considérés comme de simples traîtres, les catholiques furent désormais pendus et coupés en quartiers.

Paris, comme le reste du royaume de France, connut des variations dans la répression. La multiplication des feux neutralisait une partie des réformés, certains se cachaient, d'autres se convertissaient ; mais les cycles reprenaient lorsque des protestants redevenaient audacieux et que, *via* le Parlement, la rigueur dut s'imposer de nouveau.

La Réforme parisienne s'inscrit réellement entre 1555 – création de l'Église réformée de Paris – et 1562 qui marque, avec le massacre de Wassy, le début des guerres de Religion. Entre la pénétration silencieuse du calvinisme dans le milieu des notables parisiens et le cycle brutal des condamnations et des bûchers, les peurs et les ressentiments rendaient de plus en plus improbable le succès durable des compromis religieux auxquels on ne croyait plus. 1559 prépara la fin du temps des martyrs : en décembre, Anne du Bourg, conseiller au Parlement de Paris, fut pendu et brûlé comme hérétique en place de Grève pour avoir attaqué la politique royale d'Henri II contre les protestants. Un cycle de gravures de Tortorel et Perrissin (1570) a immortalisé la scène du supplice. Trois mois plus tard, le coup de force manqué de

60. G.W. Bernard, « The Making of Religious Policy, 1533-1546 : Henry VIII and the Search for the Middle Way », *The Historical Journal*, 41, 1998, p. 321-349.

la conjuration d'Amboise, organisée par les protestants pour soustraire François II à l'influence des Guise, amorçait la résistance réformée.

> Aux martyrs qui acceptaient le supplice, avant 1559, sans se défendre, qui éprouvaient même une joie intense à périr pour Dieu, se substituent maintenant des hommes qui résistent[61].

Le début de la première guerre de Religion en mars 1562 mit ainsi fin à l'hérétique : le huguenot était désormais un rebelle, il cessa d'être mis à mort pour sa foi et fut pendu pour lèse-majesté humaine plutôt que brûlé pour lèse-majesté divine. De la sorte, le pouvoir royal s'appropria complètement l'ennemi protestant. En fait, jusqu'à la fin des années 1550, le supplice des hérétiques avait posé la justice du roi dans une symbolique conflictuelle qui, progressivement, avait sans doute infléchi l'ensemble des exécutions capitales.

Le miracle judiciaire devint d'abord totalement inenvisageable pour les protestants ; Dieu ne pouvait pas intervenir pour sauver celui qui souillait sa majesté. Avant de disparaître complètement, seule la recommandation à la Vierge, jointe aux déclarations d'innocence du condamné, pouvait attester le miracle. Le bûcher des martyrs rendit impossible l'intervention divine pour contredire un roi qui cherchait à le défendre.

D'autre part, le statut de la parole sur l'échafaud fut totalement réévalué. Jusque-là, Paris et Londres avaient partagé une relative similarité dans l'importance de la parole prise par le condamné. Prérogative du mourant, cette parole était collective, décisive, marquait le salut du supplicié, communiquait, dans une ultime leçon à la foule, sa résignation ou, au contraire, son obstination diabolique. À Paris, sur l'échafaud, la confession de foi protestante conférait à la parole une spectaculaire puissance capable de faire basculer les loyautés. Elle devint donc suspecte,

61. Denis Richet, « Aspects socio-culturels des conflits religieux à Paris dans la seconde moitié du XVIe siècle », *Annales ESC*, 32, 1977, p. 768-769.

dangereuse et ne répondit plus aux impératifs des nouveaux pouvoirs en place : une contre-réforme qui allait faire de la relation entre le pénitent et son confesseur la seule voie vers le salut et une justice royale rigoureuse, plus présente dans l'imaginaire des populations, qui devait fonder le « temps des supplices[62] » et se construisait sur l'élimination absolue du condamné à mort. Infâme, le condamné n'eut plus droit à la parole ; écarté de la communauté, il ne put plus s'adresser à elle. Prendre la parole sur l'échafaud devint un rituel uniquement anglais. À Paris, le discours de dernier instant était interdit. Ce n'est pas seulement la vision du spectacle que le XVIe siècle avait modifiée, ce fut aussi son écoute.

62. Robert Muchembled, *Le Temps des supplices. De l'obéissance sous les rois absolus, XVe-XVIIIe siècle*, Paris, Armand Colin, 1992.

Chapitre IV

Mourir à tue-tête

« Je crois que c'est à ce moment-là que le prêtre s'est remis à me parler », fait dire Victor Hugo au criminel du *Dernier Jour d'un condamné* (1832). « J'avais déjà dans l'oreille le bruit des roues, le galop des chevaux, le fouet du postillon. C'était un bruit de plus[1]. »

L'univers sonore du supplice n'est pas anecdotique. La lecture à haute voix du jugement de mort, le dernier discours au pied du gibet, les cris du supplicié, le craquement des os brisés sur l'échafaud jusqu'aux applaudissements ou aux rires des spectateurs, constituèrent les sons communs, gorgés de significations, qu'entendait la foule lors d'une exécution capitale. En amont, la parole qui ordonnait, comme chez les sergents du guet ou les *under-sheriff* qui devaient maintenir l'ordre lorsqu'ils escortaient les condamnés ou ceinturaient le lieu d'exécution. En aval, le silence ou la rumeur qui pouvaient succéder au *Salve Regina* ou aux psaumes chantés par l'assistance. Tout au long de l'événement, que l'exécution ait été expéditive ou que le spectacle se soit prolongé, les sons du supplice furent un langage. Au-delà des gestes auxquels la recherche sur les rituels s'est surtout intéressée[2], le bruit de la trompette ou des cloches annonciatrices de la mort, puis celui des paroles complices ou concurrentes qui fondaient la légitimité de la violence punitive firent aussi partie

1. Victor Hugo, *Le Dernier Jour d'un condamné* (1832). Le chap. XXII est particulièrement attentif aux bruits de l'exécution capitale.

2. Edward Muir, *Ritual in Early Modern Europe*, Cambridge, Cambridge University Press, 1997.

de l'expérience. Ce chapitre entend saisir l'exécution capitale à travers ses sons et ses voix. À travers la cohue urbaine, c'est la voix des condamnés à mort qu'il convient maintenant de dégager aux XVIIe et XVIIIe siècles.

La ville sonore

Poursuivons la promenade engagée au premier chapitre dans les rues de Londres et de Paris, mais au lieu de regarder ponts, palais et quartiers de misère, le promeneur, ici, dressera l'oreille.

Les journaux de voyage répètent le même lieu commun. Les étrangers qui approchaient Londres ou Paris s'étonnaient du bruit de tonnerre qui débordait des remparts. Effervescence pour le paysan venu chercher richesse, vacarme pour le voyageur qui ne reconnaissait pas les bruits de la ville et qui ne pouvait déchiffrer, en parcourant les rues et en traversant les places publiques, les nombreux codes sonores que les citadins discernaient et comprenaient. Il se dégageait de la ville un paysage sonore régulé et partagé[3]. Il est évidemment difficile de reconstituer les systèmes de classification sonore alors en place dans les deux capitales, même si l'on sait que les oreilles de l'époque étaient exercées à distinguer les tonalités et les rythmes des cloches et des voix se détachant, la nuit comme le jour, des autres bruits urbains. On ne saura sans doute jamais ce que les diaristes et les mémorialistes retenaient de ce qu'ils avaient vu ou entendu, ce qui constituait leurs repères sensoriels et quelle était l'« image cognitive[4] » qu'ils avaient de leur espace urbain.

3. Frédéric Billiet, « Pouvoir et culture sonore dans les rues d'Amiens au XVIe siècle », in Laure Gauthier et Mélanie Traversier (dir.), *Mélodies urbaines. La musique dans les villes d'Europe (XVIe-XIXe siècles)*, Paris, PUPS, 2008, p. 25-43.

4. L'expression est de Pascal Brioist, « Hooke et Pepys : deux espaces-vécus du Londres du XVIIe siècle », in Claude Petitfrère (dir.), *Images et Imaginaires de la ville à l'époque moderne*, Tours, Publication de la Maison des Sciences de la Ville, 1998, p. 15-34.

Mais on sait que les rues et les places publiques furent des caisses de résonance du quotidien citadin : le son des cloches, bien sûr, mais aussi le bruit des sabots et des roues de carrosses, le cri des marchands et des artisans, les trompettes du juré-crieur, l'homélie du prédicateur, le tapage des étudiants, le *hue and cry* lancé contre un pickpocket pris en flagrant délit ou le service du guet qui dictait les heures nocturnes, tous ces sons retentissaient dans la ville et suggèrent, dans ce qui apparaît d'abord comme vacarme et tumulte, une autre sensibilité, une autre façon de dialoguer avec son environnement[5].

Les condamnés étaient entourés par les bruits de la mort. La veille d'une exécution à Tyburn, peu après le souper, le chapelain de Newgate faisait un sermon aux malheureux, après lequel le sonneur, derrière le mur de la cellule, récitait quelques vers de consolation aux condamnés.

> Vous tous qui dans votre cachot attendez la mort,
> Préparez-vous, car demain vous mourrez.
> Soyez témoins, et priez, l'heure s'approche,
> Où devant le Tout-Puissant vous devrez comparaître.
> Rentrez en vous-mêmes, repentez-vous,
> Pour que vous ne soyez pas précipités dans les flammes éternelles.
> Et lorsque les cloches de Saint-Sépulcre demain sonneront,
> Que le Seigneur ait pitié de vos âmes[6].

À minuit, la cloche de Saint-Sépulcre, l'église adjacente à la prison, sonnait une sorte de tocsin funèbre pour prévenir la ville du supplice à venir.

Lorsque, à 9 ou 10 heures du matin, les condamnés à mort sortaient de la prison pour amorcer la marche au supplice,

5. Alain Corbin, *Les Cloches de la terre. Paysage sonore et culture sensible dans les campagnes au XIXe siècle*, Paris, Albin Michel, 1994. Pour l'Angleterre, Bruce R. Smith, *The Acoustic World of Early Modern England. Attending the O-factor*, University of Chicago Press, 1999.

6. *The Complete Newgate Calendar*, éd. G. T. Crook, Londres, Navarre Society Limited, 1926, t. II, p. 325. Je traduis.

déclenchée par le nouveau tintement des cloches, ils s'arrêtaient quelques instants à l'église où ils retrouvaient le sonneur qui leur récitait encore quelques psaumes : trois, pour rendre le moment plus solennel. Saisissant la « clochette des supplices » (*execution handbell*), le sonneur accompagnait le convoi jusqu'à Tyburn. Sans doute était-il posté à sa tête, agitant la cloche avec régularité mais lenteur, en laissant suffisamment de temps entre chaque tintement pour que les condamnés pussent s'adresser aux spectateurs qui les accompagnaient. La clochette du sonneur retentissait seulement pour les félons, jamais pour les traîtres qui étaient conduits en silence – ou sous les injures – vers le lieu de leur mort. D'autres cloches pouvaient se joindre à celle du sonneur de Saint-Sépulcre lorsque la procession passait devant une église, notamment celle de Saint-Gilles. De là, le convoi prenait High Street, puis Oxford Street jusqu'à ce que celle-ci s'élargisse et devienne Tyburn Road. On devait sans doute déjà y entendre l'écho des bruits de la foule réunie autour du gibet. À l'extrémité de la route, à la croisée de Tyburn, les spectateurs étaient nombreux et commençaient lentement à se taire : tous attendaient avec impatience le dernier discours du condamné.

Francis Place (1771-1854) se souvient avec quel intérêt les Londoniens se préparaient, le long du parcours, à voir passer le convoi des suppliciés. Certains tenaient leur chopine de bière ou leur mesure de gin pour l'offrir aux criminels, serraient les mains liées des malheureux pour les encourager ou, au contraire, invectivaient ceux dont le crime interdisait toute compassion. Le cortège respectait ces échanges (car le condamné pouvait à son tour remettre un billet, un mouchoir ou un livre de prières à quelque spectateur familier ou inconnu) et s'arrêtait à la demande des criminels.

> Des chansons étaient chantées et les ballades, achetées au coin des rues, se faisaient entendre le long d'Holborn, Saint-Gilles et Oxford Street. Des charrettes étaient immobilisées au milieu des rues dans lesquelles, en échange d'une petite

somme, on pouvait s'asseoir ou se dresser pour voir les condamnés passer[7].

L'exécution était un événement que l'on attendait. Toutes les six à huit semaines, on allait à ce spectacle avec curiosité, porté par ses souvenirs et ses habitudes.

Le supplice parisien fut aussi un univers enveloppé et agité par le son et la voix. Pour le condamné, tout commençait dans la Conciergerie par les paroles qu'il échangeait avec le greffier, le prêtre et le bourreau. Car aucune cloche n'était sonnée la veille de son exécution, aucun cri de colporteur ne venait annoncer la mort à venir[8]. Certes, depuis la chambre de la question où on les avait conduits pour la lecture de leur sentence, la Brinvilliers, Cartouche, Damiens ou Desrues entendirent sans doute l'agitation ou les clameurs extérieures, tant Paris attendait avec impatience leur supplice. Mais on doit aussi imaginer que le procès de petits voleurs sans envergure n'avait pas été ébruité du Palais et que les Parisiens, le jour de l'exécution, vaquaient à leurs occupations sans s'attendre à trouver aux Halles ou en Grève la potence dressée pour le supplice. Les cris du bourreau pendant le convoi et la parole du greffier faisant lecture de l'arrêt à chaque halte annonçaient aux citadins la préparation du spectacle. À l'appel de ces voix, les spectateurs lentement s'agglutinaient autour du tombereau, se réunissaient sur la place

7. Cité par Tim Hitchcock et Robert Shoemaker, *Tales from the Hanging Court*, Londres, Hodder, 2006, p. 203.

8. Le libraire Hardy témoigne à quelques reprises de l'étroite surveillance dont faisaient l'objet les colporteurs de sentences de mort, que la police pouvait mettre à l'amende ou incarcérer pour avoir crié et distribué un jugement avant qu'il ait été prononcé au condamné. Au plus tôt, le colporteur ou le juré-crieur pouvait publier la sentence lorsque le cortège du bourreau avait amorcé son parcours ; c'est ce moment que dénonce Mercier dans son *Tableau de Paris*, *op. cit.*, t. I, p. 709 : « Quelle voix sinistre et retentissante, emplissant les rues et les carrefours, se fait entendre jusqu'au sommet des maisons, et crie qu'un homme plein de jeunesse va périr, égorgé de sang-froid par un autre homme, au nom de la société ? Le colporteur, en courant et hurlant, vend la sentence encore humide. On l'achète pour savoir le nom du coupable, et apprendre quel est son crime : on a bientôt oublié l'un et l'autre. »

publique… ou haussaient simplement les épaules en se promettant d'y aller la prochaine fois. À travers la confusion, ces paroles tranchaient le bruit pour se faire entendre[9]. Qui ne reconnaissait la voix de Sanson dans les rues de Paris ? Les archives du Parlement confirment aussi qu'un commis au greffe était chargé d'accompagner les suppliciés à la mort et de dresser le procès-verbal de leur supplice : la voix de ces hommes d'écriture fut aussi familière que celle du bourreau, dont le cri rituel précédait toujours la lecture du jugement de mort par le greffier. À l'endroit où le supplice devait être exécuté, l'agitation de l'assistance pouvait laisser place à une dernière lecture de la sentence, à la solennité des derniers instants d'un condamné en larmes, ou tout simplement au *Salve Regina*, là où le bruit, la parole impérieuse ou la prière collective effaçaient la parole individuelle du malheureux.

Chansons d'échafaud et voix d'outre-tombe

Ces bruits et ces voix enveloppaient le spectacle de l'exécution. Mais le crime et la mort avaient aussi leur musique : celle des théâtres et des églises, des scènes improvisées en plein air où, sur des tréteaux montés sur la place, le chanteur, le violoneux ou le colporteur convoquaient les spectateurs par le son et par le papier : c'étaient les chansons, les complaintes et les ballades tantôt insolentes, tantôt moralisatrices qu'écoutaient les passants pour se divertir ou s'informer. Les chansons, tout comme les autres types de littérature d'échafaud, eux aussi souvent lus à haute voix, donnaient au supplice une autre forme de théâtralité.

9. « Il existe un ordre, plutôt une hiérarchie entre les hauteurs et les intonations de voix, l'inflexion des phrasés et les timbres choisis pour dire ou annoncer. La voix n'est pas qu'une incrustation du souffle dans l'air, elle obéit d'une part à des injonctions venues de plus haut, de l'Église ou de la monarchie, d'autre part à des types de sensibilités tonales face à qui doit dire et faire, à propos de tel ou tel événement. » Arlette Farge, *Essai pour une histoire des voix au XVIIIe siècle*, Paris, Bayard, 2009, p. 43.

La chanson peut sembler une curieuse façon d'appréhender l'imaginaire du supplice. Pourtant, les complaintes et les ballades d'échafaud constituèrent, surtout en France, en Angleterre et dans le monde germanique, une littérature et une pratique familières au monde urbain. Les estampes de l'époque représentent à foison ces colporteurs et « chantres de vaudevilles » qui diffusaient imprimés et airs à chanter, où les lamentations et repentirs des condamnés à mort figuraient parmi les préférés de la population[10].

> Il y a encore les complaintes sur les pendus et les roués, que le peuple écoute la larme à l'œil et qu'il achète avec empressement. Quand, par bonheur pour le poète du Pont-Neuf, quelque personnage illustre monte sur l'échafaud, sa mort est rimée et chantée avec le violon. Ainsi à Paris tout est matière à chanson ; et quiconque, maréchal de France ou pendu, n'a pas été chansonné, a beau faire, il demeurera inconnu au peuple. Je soutiens ici que Desrues dans les carrefours de la capitale est plus illustre que Voltaire[11].

Dix ans plus tard, un Londonien signalait les mêmes habitudes sur la capitale anglaise.

> Quelque chose qui soit écrit pour la voix et sur un vieil air traditionnel anglais s'enracinera et s'inscrira beaucoup plus profondément dans la mémoire des jeunes gens et de la populace

10. Voir par exemple la représentation du colporteur Jean Pompesac et sa femme, chantant une ballade consacrée au bandit Cartouche : gravure colorée, 1721, Kunstbibliothek, Staatliche Museen, Berlin, Inv. Lipp. 32, 111.

11. Louis-Sébastien Mercier, *Le Tableau de Paris*, *op. cit.*, t. I, chap. DLXIII, « Chanteurs publics », p. 1285. Antoine-François Desrues fut rompu vif en mai 1777 pour escroquerie et empoisonnement. Tout Paris suivit l'affaire avec attention, au gré des bruits échappés du Palais. Après son exécution, des dizaines de brochures et d'estampes en poursuivirent l'écho. Voir Annie Duprat, « L'affaire Desrues ou le premier tombeau de l'Ancien Régime », *Sociétés et représentations*, 18, 2004, p. 125-134 ; Pascal Bastien, « Les arrêts criminels et leurs enjeux sur l'opinion publique à Paris au XVIIIe siècle », *Revue d'histoire moderne et contemporaine*, 53, 2006, p. 34-62.

que quoi que ce soit écrit en prose et oublié aussitôt après avoir été lu[12].

Les mots du crime et du châtiment furent ainsi lus, entendus, réinventés et mémorisés au profit d'un imaginaire du supplice fait de rythmes, de références et d'attentes. Fleurissant du XVIIe au XIXe siècle, la littérature et la chanson d'échafaud firent partie intégrante de la littérature de colportage à l'époque moderne. Hans-Jürgen Lüsebrink divise le genre en deux catégories : les complaintes, c'est-à-dire la poésie en chanson, et les relations, ou le récit en prose. Les deux appartenaient pleinement à l'« espace public populaire » entre 1600 et 1850[13], pliés dans la poche de son pardessus ou mis en mémoire pour les avoir chantés la veille avec des amis. La complainte, type de cantique spirituel influencé par le genre plus connu des complaintes du Juif errant ou des complaintes de Notre-Dame, s'adressait directement au public : le narrateur disparaissait derrière le criminel, le supplicié parlait et racontait ses forfaits, toute la scène s'incarnait dans sa voix.

Approchez-vous pour écouter,
Petits et grands je vous en prie,
Et vous entendrez réciter
Les crimes que j'ay fait en ma vie.
N'estois-je pas bien malheureux
De faire un crime si odieux[14].

Moi et cinq autres étions préparés,
À voler et piller sans hésiter,
Nous nous sommes dirigés vers Hyde Park

12. Cité par Victor A. C. Gatrell, *The Hanging Tree*, *op cit.*, p. 141. Je traduis.
13. Hans-Jürgen Lüsebrink, « La letteratura del patibolo. Continuità e trasformazioni tra '600 e'800 », *Quaderni Storici*, 49, 1982, p. 285-301.
14. BnF, ms Clairambault 1083, f° 302, *Exécution remarquable du nommé Berry, lequel est atteint et convaincu d'avoir assassiné sa Maistresse Madame Mazel et de luy avoir donné cinquante coups de couteau, estant couché dans son lit ; et pour réparation condamné d'estre rompu vif*, 1690.

Pour attaquer promeneurs et carrosses.
Nous en avons trouvé un qui faisait notre affaire
Avec une paire de [?] et une bague à diamant;
Nous lui avons pris tout ce que nous pouvions,
Avec une épée au pommeau d'argent et un chapeau galonné d'or[15].

Chacun pouvait alors chanter la complainte comme s'il s'agissait de son propre crime, s'avouant coupable sans pâlir et reconnaissant l'horreur de ses actions et la justesse du châtiment promis[16].

Les auteurs de ces petites chansons patibulaires, et des canards tragiques qui en sont les pendants, étaient de petits clercs, des instituteurs, de petits officiers de justice, des étudiants, des imprimeurs ou des comédiens. Produites à petite échelle jusque dans les années 1750, peu ont été conservées. En France comme en Angleterre, les complaintes et les ballades consacrées aux crimes et aux exécutions restent minoritaires dans les bibliothèques et, parmi les histoires religieuses et les passions romanesques, ne constituent approximativement que 5 % du lot[17]. Elles étaient imprimées sur des feuillets de mauvaise qualité et souvent utilisées comme papier d'emballage ou papier hygiénique, ce qui explique leur destruction massive et leur relative rareté dans les collections historiques. Les traces de leur lecture, repérables dans la correspondance ou les journaux personnels de l'époque,

15. Cité par Victor A. C. Gatrell, *The Hanging Tree*, *op. cit.*, p. 154. Je traduis.

16. « Le sujet parlant porte visiblement son meurtre, s'isole en lui, appelle la loi, invoque à la fois et la mémoire et l'exécution. On a là comme la position lyrique du sujet meurtrier, position définie de l'extérieur par ceux qui avaient la charge de rédiger ces feuilles volantes. » Ce que Michel Foucault analyse pour les canards du XIXe siècle s'entend aussi pour la littérature d'échafaud d'Ancien Régime. « Les meurtres qu'on raconte », *Moi, Pierre Rivière, ayant égorgé ma mère, ma sœur et mon frère… Un cas de parricide au XIXe siècle*, éd. Michel Foucault, Paris, Gallimard, 1994 (1re éd., 1973), p. 327.

17. Susan Pedersen, « Hannah More meets Simple Simon : Tracts, Chapbooks and Popular Culture in Late Eighteenth-Century England », *Journal of British Studies*, 25, 1986, p. 101-104; et Roger Chartier, « Figures littéraires et expériences sociales : la littérature de la *gueuserie* dans la Bibliothèque bleue », *Lectures et lecteurs dans la France d'Ancien Régime*, Paris, Seuil, 1987, p. 271-351.

indiquent toutefois que cette littérature connut longtemps un immense succès éditorial.

La chanson d'échafaud s'inscrit dans un ensemble de chansons populaires, morales, religieuses ou grivoises, mais aussi d'images, de relations et de livrets bleus, d'arrêts, de jugements et d'ordonnances publiés par ordre des cours de justice. Le commerce et l'ordre public furent au fondement de la production de ce type de littérature presque toujours lu à haute voix, pour soi ou pour d'autres. Grub Street, à Londres, petite rue étroite entre Chiswell Street au nord et Fore Street au sud, située à proximité des quartiers pauvres de Moorfields et de l'église Saint-Gilles où s'arrêtaient souvent les convois des suppliciés, fut le lieu de prédilection de cette littérature criminelle à faible prix, produite à la chaîne, dévorée par les citadins passionnés d'histoire des bas-fonds et des coupe-gorge[18]. À Paris le colporteur, armé d'une affiche ou d'une peinture portative, diffusait le récit en le chantant, mimait l'« histoire véridique et admirable », pointait l'image avec sa baguette et invitait le spectateur à suivre du regard le poème chanté qu'il pourrait s'approprier et mémoriser en achetant le livret. L'auditoire des complaintes dépassait largement les acheteurs : colporteurs et goualeurs chantaient aux marchés et aux foires, sur les places publiques, à travers les rues des grandes villes et au pied des gibets et des échafauds. On chanta la mort de Cartouche sur l'« air des Pendus », celle du brigand Poulaillier sur « Il pleut il pleut bergère »[19].

> Un parricide, un empoisonneur, un assassin, le lendemain, que dis-je, dès le jour même de leur supplice, enfantent des complaintes qui sont chantées dans tous les carrefours, et composées par les chanteurs du Pont-Neuf.

18. Pat Rogers, *Grub Street. Studies in a Subculture*, Londres, Methuen, 1972.

19. Les chansons réunies par Rolf Reichardt et Herbert Schneider furent chantées sur 109 airs différents, partie d'un fonds beaucoup plus important de mélodies disponibles dans la culture des Français d'Ancien Régime. « Chanson et musique populaires devant l'histoire à la fin de l'Ancien Régime », *XVIIIe siècle*, 18, 1986, p. 117-142.

> Ces couplets lugubres sont débités par des voix plus lamentables encore. Les grands voleurs obtiennent aussi cette espèce d'oraison funèbre. La canaille écoute ces Jérémies ambulants : les moralités sur les dangers du vice et du libertinage sont renfermées dans les derniers couplets[20].

Dès les premières strophes de la chanson, la violence était mise en scène ; à Paris comme à Londres, le mal se racontait, il ne s'expliquait pas. La principale violence était linguistique ; mieux (ou pis), une violence de parole, une mise en voix de la violence qui noyait le style plus précis du droit dans une esthétique de l'émotion, dans le mot sonore, parfois enflé, qui devait réinventer le crime et faire frissonner l'auditoire. La complainte et la ballade n'avaient pas pour objectif de prescrire, même si quelques vers moralisateurs les concluaient généralement ; elles devaient constituer une réponse digne à l'émotion, frapper de stupeur le citadin par un récit emphatique qui ne faisait l'économie ni de l'excès ni de la redondance. Ces chansons ne tendaient pas nécessairement vers l'héroïsation du criminel[21] ; au contraire, cette orientation fut plutôt rare.

Dans ces chansons, comme dans les feuilles volantes en prose, on référait à des « mythes », à des lieux communs capables d'intégrer l'événement – réel ou non – dans une mémoire qui lui donnait une signification et qui influençait les jugements du public. La chanson, surtout lorsqu'elle était entendue plutôt que lue, n'était pas une interprétation ; elle était une manifestation, la « re-présentation » d'une histoire émouvante. Le langage n'était pas celui de la cohérence, mais de la référence. Un brigand était conduit au supplice : on évoquait alors Cartouche ou Nivet,

20. Louis-Sébastien Mercier, *Le Tableau de Paris*, *op. cit.*, t. II, chap. CMXLI, « Criminalistes », p. 1266.

21. Patrice Péveri, « De Cartouche à Poulaillier. L'héroïsation du bandit dans le Paris du XVIIIe siècle », in Claude Gauvard et Jean-Louis Robert (dir.), *Être parisien. Actes du colloque organisé par l'école doctorale d'histoire de l'université Paris-I-Panthéon-Sorbonne et la Fédération des Sociétés historiques et archéologiques de Paris Île-de-France (26-28 septembre 2002)*, Paris, Publications de la Sorbonne, 2004, p. 135-150.

Jack Sheppard ou Dick Turpin. Leur nom suffisait à raconter les forfaits, l'audace du crime et la justesse du châtiment. La mélodie pouvait aussi activer des souvenirs, et les noms de la Voisin, chanté sur le Pont-Neuf, ou de Jonathan Wild, répété sur Grub Street, inscrivaient le récit de sensation dans un vaste imaginaire urbain.

La formation d'une mémoire collective du crime et du supplice à Londres aux XVIIe et XVIIIe siècles se situe au carrefour de la ballade d'échafaud, des biographies criminelles et des spectacles de Tyburn. Les rues de la capitale anglaise convoyaient mille images de la criminalité. Placardées de textes de lois et d'annonces publicitaires de *chapbooks*, *broadsides* et autres formes de biographies criminelles[22], animées par les spectacles des marionnettes Punch et Judy où le shérif et son exécuteur n'étaient jamais loin, ou décorées de petits gibets dessinés à la craie sur les façades des boutiques et des églises, les rues de Londres furent les veines d'une mémoire collective en constante circulation, pompée par Old Bailey, les feuilles volantes et l'ensemble de l'architecture patibulaire de la capitale. Les ballades d'échafaud anglaises étaient chantées par tous et pour tous, souvent dans un argot (le *cant*) difficile mais inventif[23] et capable de faire du criminel un héros picaresque évoluant dans un récit dont la morale n'était pas toujours très claire. Les récits de Grub Street et la mémoire orale établirent une figure du supplicié qui fut, sans aucun doute, un modèle pour les condamnés menés au gibet. Les chansons de Jack Hall, Jack Sheppard ou Dick Turpin, reprises et chantées dans les *pubs*, perdurèrent dans l'imaginaire de tous et fixèrent des codes de comportement que les suppliciés semblent avoir pleinement intégrés. Chaque procès était l'occasion d'un nouveau roman, la possibilité d'une nouvelle chanson sur un air ancien.

22. Lincoln B. Faller, *Turned into Account. The Forms and Functions of Criminal Biography in Late Seventeenth- and Early Eighteenth-Century England*, Cambridge, Cambridge University Press, 1987 ; et Hal Gladfelder, *Criminality and Narrative in Eighteenth-Century England*, Baltimore, The Johns Hopkins University Press, 2001.

23. Victor A. C. Gatrell, *The Hanging Tree*, *op. cit.*, p. 109-155.

De fait, il ne faut évidemment pas attendre Sweeney Todd et Jack l'Éventreur pour constater à Londres une fascination pour la littérature criminelle et d'échafaud. Dès la seconde moitié du XVIIe siècle, le criminel fut pleinement un héros de roman : celui des petites brochures de Grub Street, mais surtout celui des comptes rendus d'Old Bailey (*Proceedings of the King's Commission*) et des rapports du chapelain de Newgate (*Ordinary's Account*), non seulement admis par la cour mais conservés dans leurs dépôts comme archives officielles. Cette littérature criminelle fondée sur les affaires les plus diverses de la capitale fut l'une des principales lectures des Londoniens. Étonnés, les continentaux en témoignaient dans leur correspondance ou leur relation de voyage ; inspirés, les écrivains anglais les récupéraient pour leurs propres intrigues. Daniel Defoe en fut un lecteur gourmand et participa, semble-t-il, à la rédaction de plusieurs « confessions criminelles[24] ». On considérait ces *Proceedings*, écrivait en 1725 le Suisse Louis de Muralt, « comme l'une des choses les plus divertissantes qu'on lise à Londres[25] ».

À partir de 1674, cette publication rapporta, avec une parfaite régularité, les affaires criminelles tenues et jugées à la cour d'Old Bailey. Entre 1674 et 1834, après chaque session, soit huit publications par an pendant cent soixante ans, les *Proceedings* consignèrent le débat des procès. S'adressant à une population non formée au droit, ils accompagnèrent en quelque sorte la littérature d'échafaud à laquelle ils fournirent de très nombreux canevas. Le grand succès des ballades, des *last dying speeches* et des biographies criminelles au cours des années 1670-1730 avait favorisé une fascination certaine pour le criminel et c'est à sa voix, audible pendant le spectacle de Tyburn mais pérennisée dans ces publications à deux *pences*, qu'on s'attachait désormais. En octobre 1678 parut, pour la première fois, l'édition intégrale d'une session d'Old

24. Hal Gladfelder, « Defoe and criminal fiction », *The Cambridge Companion to Daniel Defoe*, éd. John Richetti, Cambridge, Cambridge University Press, 2009, p. 64-82.

25. Louis Béat de Muralt, *Lettres sur les Anglais et les Français* [1725], éd. Eugène Ritter, Paris, Le Soudier, 1897, p. 85.

Bailey. En janvier 1679, la cour des échevins de Londres décida que les *Proceedings* ne pourraient être publiés qu'avec l'approbation du lord-maire et des cours de justice. En 1684, cette condition fut réitérée, avec l'imposition d'un titre officiel : *The Proceedings of the King's Commission of the Peace and Oyer and Terminer, and Gaol-Delivery of Newgate, held for the City of London and the County of Middlesex, at Justice-Hall, in the Old Bailey* (« les comptes rendus de la Commission royale de justice et de la prison de Newgate tenus pour la cité de Londres et le comté du Middlesex, au palais de justice d'Old Bailey »[26]). Jusqu'à la fin du XVIIIe siècle, les imprimeurs devaient payer des frais annuels pour garantir leur privilège d'imprimer les *Proceedings*, évitant ainsi – ce qui s'était vu dans les années 1670 – que des comptes rendus vinssent à se concurrencer. Offert quelques jours après la fin de la session, les citadins ne tardaient pas à se procurer ce « programme » des prochaines exécutions de Tyburn. À la fin de l'année, les rapports des huit sessions étaient reliés et vendus aux Londoniens et devinrent, dès le début du XVIIIe siècle, un périodique régulier lu avec enthousiasme. Le potentiel commercial particulier de Londres et l'émergence d'un public lettré ouvrirent à cette nouvelle production juridique et littéraire une extraordinaire carrière éditoriale. En 1778, sur la demande des échevins de Londres, les imprimeurs, à qui l'on avait enjoint de respecter scrupuleusement le déroulement et les propos prononcés au cours des procès, durent remettre gratuitement à la ville 320 exemplaires des *Proceedings :* une partie de cette livraison constitua les archives officielles de la ville et ce furent ces pièces qu'on utilisait, entre autres documents, pour appuyer une demande de grâce.

Des collections de procès vinrent tout de même faire compétition aux *Proceedings*[27] et, au cours du XVIIIe siècle, la mise

26. Un tel titre est particulièrement difficile à traduire. La formule *Oyer and Terminer* désignait la cour qui entendait (*oyer*) et concluait (*terminer*) chaque affaire criminelle qui lui était présentée. Le *Goal-Delivery* était, de son côté, une lettre patente permettant à la justice à qui elle est octroyée, de tirer les prisonniers de leur prison pour les juger.

27. *Selected Trials for Murders, Robberies, Rapes, Sodomy, Coining, Frauds, and Other Offences. At the Session-House in the Old-Bailey*, Londres, 1734-1735, 2 vol.

en page et le format furent retravaillés au goût des lecteurs : une vingtaine de pages, accompagnées d'index, de renvois et même d'annonces et de publicités en quatrième de couverture. Les *Proceedings* augmentèrent également leur recours aux *verbatim*, transcrits lors des procès par des annotateurs rémunérés, donnant vie aux témoignages des plaignants, des témoins et des accusés. Les paroles du plaideur ivre, les rugissements du plaignant furieux, le bégaiement du témoin étaient parfois transcrits phonétiquement, en une mise en écriture du réel qui amusait les lecteurs[28]. Les paroles du criminel furent au cœur de l'univers judiciaire et des attentes des lecteurs et, partant, elles furent aussi au cœur du spectacle pénal et de ce qu'allait y chercher le public.

À Paris, le secret de la procédure inquisitoire ne permettait pas la même divulgation officielle des éléments de l'enquête (dévoilés, dans les tribunaux de la *common law*, au cours du *trial*). On ne publiait pas le travail du juge, la joute des interrogatoires ou le déroulement des séances de torture. Jusqu'à la vogue des causes célèbres et des mémoires judiciaires des années 1760-1770[29], la littérature criminelle et judiciaire française ne dépendit pas du prétoire[30]. Réalisées dans l'urgence par de petits auteurs

28. On peut désormais consulter l'intégralité des *Proceedings* grâce à leur mise en ligne par l'équipe des universités d'Hertfordshire, de Sheffield et de la Open University : www.oldbaileyonline.org.

29. Sarah Maza, *Vies privées, Affaires publiques. Les causes célèbres de la France prérévolutionnaire*, Paris, Fayard, 1997.

30. Il faut donc prendre garde de saisir dans le texte des complaintes la réalité d'une affaire judiciaire ou d'une scène d'exécution. Le croisement des plumes s'avère indispensable pour comprendre la mémoire d'un événement comme celui du supplice. Les Ravalet de Tourlaville en sont un excellent exemple. L'exécution du frère et de la sœur Ravalet de Tourlaville en place de Grève en 1603 constitue l'un des rares exemples où nous avons pu conserver les différentes étapes de la transmission d'un récit dans l'imaginaire. La littérature tragique s'est rapidement emparée de ces amants malheureux condamnés à la décapitation pour relations incestueuses. Robert Muchembled a retracé les différents témoignages sur cette affaire et leurs nombreuses réécritures entre le XVIIe et le XIXe siècle. Le registre d'écrous de la Conciergerie signale l'incarcération des deux prévenus ; les pièces du procès, puis le procès-verbal d'exécution, ont été conservés aux archives. Pierre de L'Estoile racontait à son tour l'exécution dans son journal, à l'entrée du 2 décembre 1603. Un canard fut publié en 1604.

en fonction des derniers faits divers, des chansons d'échafaud s'emparaient du condamné et de ses crimes sordides et, depuis au moins le XVIIe siècle, le théâtre s'empara souvent sur des affaires judiciaires[31] : Thomas Corneille fit jouer *La Devineresse ou les Faux Enchantements* (1679) en pleine affaire des Poisons, et l'anecdote raconte que Cartouche chercha, lors d'une ultime tentative d'évasion, à quitter son cachot du Châtelet pour « s'aller voir jouer » dans la pièce de Marc-Antoine Legrand, *Cartouche ou les Voleurs* (1721). Les histoires tragiques ont aussi eu un rôle aux XVIe et XVIIe siècles dans la formation d'une certaine culture de la norme et de la transgression, en une construction littéraire souvent savante du juste, du méchant et de la punition inévitable de la justice divine : François de Rosset, l'évêque Camus et nombre de récits de la Bibliothèque bleue ont écrit le « salut par l'excès » et joué d'une poétique qui est venue inventer la publicité de la justice, que la procédure criminelle n'admettait pourtant pas[32]. Des feuilles volantes, celles des chansons et des courtes « Circonstances effroyables », « Horrible crime », « Histoire extraordinaire » et autres canards sanglants circulant dans la ville, émergeait un certain discours sur les normes, les institutions et le sacré.

François de Rosset en fit le sujet de sa septième histoire dans ses *Histoires mémorables et tragiques de ce temps.* Puis une correspondance apocryphe entre les amants fut publiée à Anvers en 1619. Barbey d'Aurevilly en écrivit de nouveau le récit en 1886. Chaque récit reprenait l'histoire sous un sens différent. Voir Robert Muchembled, *Passions de femmes au temps de la reine Margot, 1553-1615*, Paris, Seuil, 2003, p. 221-234. Pour un exercice similaire sur un cas anglais, voir James A. Sharpe, *Dick Turpin. The Myth of the English Highwayman*, Londres, Profiles Books, 2004. Sur cette question des expériences vécues et de leur mise en littérature, voir Christian Jouhaud, Dinah Ribard et Nicolas Schapira, *Histoire, Littérature, Témoignage. Écrire les malheurs du temps*, Paris, Gallimard, 2009.

31. Christian Biet, *Droit et Littérature sous l'Ancien Régime. Le jeu de la valeur et de la loi*, Paris, Champion, 2002 ; et Jeffrey Ravel, *The Would-Be Commoner. A Tale of Deception. Murder and Justice in Seventeenth-Century France*, Boston/New York, Houghton Mifflin Company, 2008.

32. Thierry Pech, *Conter le crime*, *op. cit.* ; Sylvie Robic-de Baecque, *Le Salut par l'excès. Jean-Pierre Camus (1584-1652). La poétique d'un évêque romancier*, Paris, Champion, 1999 ; et Lise Andriès et Geneviève Bollème, *La Bibliothèque bleue. Littérature de colportage*, Paris, Robert Laffont, « Bouquins », 2003.

L'espace judiciaire était ouvert à l'espace public de la lecture et de la chanson, entre les chefs d'accusation plus ou moins déformés d'une affaire judiciaire et le refrain piquant où pointait quelque leçon morale. En procédant à un scellé après décès dans la capitale, le magistrat Gueullette découvrit en avril 1739, parmi les papiers de la marquise de Tarzé, les images d'un condamné à mort exécuté quelque vingt ans plus tôt. «Je me rappelai alors que ce Vüon avait été brûlé il y a très longtemps et que même l'on avoit fait une chanson lamentable sur sa mort, dont j'avais ouï chanter quelques couplets il y a plus de vingt ans[33].» Chez Gueullette, comme chez Francis Place et sans doute beaucoup d'autres, dans l'une ou l'autre capitale, la mélodie et le récit rimé étaient devenus mémoire.

La littérature d'échafaud fut un «lieu de mémoire portatif» capable de réactualiser un spectacle qui, vers la fin du XVIIIe siècle, était de plus en plus rare. Certes, en chiffres absolus, le parlement de Paris confirmait un plus grand nombre de condamnations capitales jusqu'aux années 1780; mais les condamnés à mort étaient ensuite renvoyés à leur juridiction de première instance, alors que jusque dans les années 1750, il n'était pas rare que les exécutions aient lieu à Paris, dont le Parlement recevait les appels de près de la moitié du royaume: en place de Grève, souvent à des centaines de kilomètres du lieu où le crime avait été commis. Après 1750, les magistrats du Parlement respectèrent plus scrupuleusement la lettre des règles édictées par l'ordonnance de 1670[34]. Jamais autant de supplices ne furent prononcés par la Tournelle qu'entre 1750 et 1780; Sanson, pourtant, ne dressa pas plus souvent sa potence.

Or les Parisiens, s'ils croisaient moins souvent le bourreau ou l'échafaud à la fin de l'Ancien Régime, ne l'imaginaient pas moins: l'impression systématique des jugements de mort par les imprimeurs parisiens permit aux citadins de voir, lire et imaginer sur l'affiche grand format ou dans le petit livret *in octavo* le

33. Thomas Simon Gueullette, *Sur l'échafaud*, *op. cit.*, p. 83-84.
34. Titre XXV, article XV de l'ordonnance.

crime et la justice. Entouré de ses trois trompettes, le juré-crieur avançait à cheval et lisait à haute voix la sentence avant de la placarder. Le colporteur, à son tour, criait le jugement, le vendait sous sa forme réduite. Des arrêts de mort, les Parisiens en entendaient lire au moins une fois par semaine, souvent davantage. On y décrivait en détail le crime et on insistait, à coups de formules juridiques consacrées et d'adverbes et d'adjectifs psychologisants, sur la responsabilité du criminel et l'urgence de son élimination[35]. Il ne s'agissait pas de motiver la sentence – le magistrat, infaillible, y aurait vu un affaiblissement de ses prérogatives – mais d'illustrer, dans l'horreur, l'exigence de justice. Dans les sentences imprimées des années 1750-1790, l'effroi était causé par le criminel, c'est lui qui devenait exemplaire par sa monstruosité. En réunissant des fragments des pièces de l'instruction criminelle, les magistrats, grâce à la construction narrative du condamné, renversaient l'économie du supplice. Mis en voix par les colporteurs, ces jugements l'étaient aussi par le greffier, au début du rituel et juste avant l'exécution de la peine.

> A été déclaré duement atteint et convaincu d'avoir toujours mené une vie errante et vagabonde, dans le cours de laquelle il n'a subsisté que de ses rapines et brigandages dans les différents lieux qu'il a parcourus, et souvent avec armes offensives et muni de marteaux, qu'à raison de son oisiveté il ne pouvoit porter qu'à dessein de mal faire[36].

Il faut imaginer cette lecture longue, sans doute inégale du fait de l'essoufflement de la voix, grâce à laquelle les passants, acheteurs du jugement ou spectateurs de l'exécution, étaient informés des dangers du siècle et, par la même occasion, de la vigilance de la justice. Bien sûr d'aucuns se lassaient et noyèrent peut-être la parole du juré-crieur ou du greffier dans le bruit de

35. Pascal Bastien, *L'Exécution publique à Paris au XVIIIe siècle*, *op. cit.*, p. 17-57.
36. BnF, F 23676 (506).

leur propre conversation. Mais il est aussi vrai que certains mots s'élevaient d'entre les autres, soulignés par l'orateur par une voix plus haute ou une intonation plus grave, prononçant en majuscules les mots pénétrants de la culpabilité. Ainsi, tel autre criminel fut convaincu de

> s'être, de dessein prémédité, la nuit du 22 au 23 Avril dernier, introduit dans une chambre du Château de la Mothe, où couchoit la nommée Marie-Marguerite Chevalier, Femme-de-chambre, de s'être couché sous un second lit qui se trouvoit dans ladite chambre, et de s'y être resté jusqu'au moment où il a été découvert par ladite fille Chevalier ; de l'avoir suivie dans la cuisine dudit Château, où la frayeur l'avoit fait se retirer ; et là, de s'être muni d'un instrument de fer en forme de serpe, duquel instrument il a d'abord porté plusieurs coups, tant à ladite fille Chevalier qu'à la nommée Defaix, veuve de Pierre Nanty, Domestique-Cuisiniere audit Chateau ; d'avoir couru après ladite fille Chevalier, qu'il a terrassée et laissée baignante dans son sang, par les blessures qu'il lui avoit faites ; d'être revenu sur ses pas, et d'avoir porté sur la tête et sur la nuque du col de ladite Cuisiniere des coups si violens dudit instrument, qu'elle en est tombée morte sur la place ; d'avoir ensuite couru sur le nommé Duchesne, garçon d'écurie audit Château, et de lui avoir porté plusieurs coups avec le même instrument et fait des blessures graves[37].

Véritable petit roman, l'arrêt de mort ouvrait ainsi les portes à une imagination noire, sordide et tragique. Le condamné de papier commençait sa longue carrière[38].

37. BnF, F 23676 (829).
38. Dominique Kalifa, *L'Encre et le Sang. Récits de crimes et société à la Belle Époque*, Paris, Fayard, 1995.

« Les faits furent ce que je les dis[39] »
Mots du droit et paroles de voleurs

> S'il existoit des annales où l'on consignât scrupuleusement les derniers mots des suppliciés, et qu'on eût le courage de les parcourir ; si l'on interrogeoit seulement cette vile populace qu'une curiosité cruelle rassemble journellement autour des échafauds, elle répondroit qu'il n'est pas de coupable attaché sur la roue qui ne meure en accusant le Ciel de sa misère qui l'a conduit au crime, en reprochant à ses juges leur barbarie, en maudissant le Ministre des autels qui les accompagne, et en blasphémant contre le Dieu dont il est l'organe[40].

L'auteur de cet extrait, le conseiller au Châtelet André Jean-Baptiste Boucher d'Argis, a tort deux fois.

D'abord, il existe bel et bien des documents qui rendent compte des derniers mots des condamnés à mort. À Paris, les procès-verbaux d'exécution et les testaments de mort, conservés sous leur première forme manuscrite au greffe des cours criminelles, constituent un véritable trésor de témoignages et portent, à des degrés divers, une intention biographique qui transforme, au croisement de la parole du supplicié et de l'écriture du scribe, les chefs d'accusation en un véritable destin criminel. Chaque récit de mort est alors un récit de vie coupable duquel on peut dégager la peur, l'espoir, la vengeance ou la confiance. Ces archives, dont une petite part a survécu, déchirées, écrites dans l'urgence et difficiles à lire, sont des « cahiers de paroles » (l'expression est du juriste Antoine Bruneau) bavards et précieux.

En revanche, à Londres, la nature des documents qu'on voudrait y associer est complètement différente même si elle

39. Jean Genet, *Journal du voleur*, Paris, Gallimard, 1949.
40. André-Jean-Baptiste Boucher d'Argis, *Observations sur les loix criminelles de France*, Bruxelles, Flon, 1781, p. 89.

contient, elle aussi, les derniers mots des suppliciés. Au contraire de la procédure secrète parisienne qui enfermait les pièces d'archives dans les mystères du greffe, la procédure anglaise fit de la parole des prévenus et des condamnés, nous l'avons évoqué plus tôt, de populaires objets de commerce. À défaut d'un véritable témoignage, puisque toute écriture judiciaire est une reconstruction de paroles, on trouve, à Paris comme à Londres, deux rapports à la mort, ou à tout le moins deux pratiques d'écriture de la parole du mort capables, dans leurs composantes émotionnelles et spirituelles, de compléter remarquablement la mise en récit de l'exécution capitale. Car Boucher d'Argis avait aussi tort sur ce point : les paroles du supplicié ne furent pas seulement celles de la détresse. Pour plusieurs, elles furent celles de l'espoir ; et pour tous, elles furent un échange avec la justice.

Tyburn comme tribune

Chez l'imprimeur parisien Moutard, en 1775, paraissaient les *Derniers Sentiments des plus illustres personnages condamnés à mort* réunis par les hommes de lettres Antoine Sabatier de Castres et Joseph Donzé de Verteuil. Dans leur préface, les deux compilateurs expliquaient leur projet : présenter au public une œuvre véritablement philosophique en multipliant les exemples de « force héroïque », d'« intrépidité que le Ciel départit aux grandes âmes », de « vertu et de courage simple » si particuliers et si contraires à la nature lorsqu'on les choisit sur le théâtre infamant de l'échafaud. On y trouve une cinquantaine de discours, une cinquantaine de condamnés à mort s'adressant avec fermeté et résolution au peuple rassemblé pour les voir mourir. Or en feuilletant la table des matières, une particularité saute aux yeux du lecteur. Les préfaciers avaient prévu cette surprise et s'expliquaient rapidement dans une note infrapaginale.

> On s'appercevra aisément que nous avons rassemblé plus de personnages anglois que de ceux des autres nations ; c'est que, dans ce champ, la moisson a été plus abondante[41].

Pourtant la raison n'est pas là. Tous les contemporains s'étonnaient de l'assurance avec laquelle les condamnés anglais acceptaient le supplice.

> L'insensibilité, le mépris du supplice et de l'infamie accompagnent ordinairement les criminels jusqu'au dernier moment. Un malfaiteur, qu'on allait pendre avec son camarade, voyant celui-ci pleurer, lui dit « Lâche, tu n'es pas digne d'être pendu »[42].

Siméon-Prosper Hardy témoignait aussi, dans ses *Loisirs*, de cette étrange façon anglaise d'embrasser la mort sur l'échafaud. D'un gentilhomme irlandais pendu à la Croix-du-Trahoir pour fausse monnaie, en janvier 1767, Hardy remarquait qu'« il mourut à l'angloise » ; et l'on comprend mieux ce qu'il entendait par cette expression lorsque, presque trois ans plus tard, il rapporta le supplice d'un gentilhomme anglais décapité pour espionnage. « Ce jeune gentilhomme avoit montré jusqu'au dernier moment le courage le plus héroïque ; il avoit harangué assez longtemps[43]. » On pourrait multiplier les exemples similaires où le condamné anglais étonnait par sa voix ferme et assurée. Chez les contemporains, la mort était déjà comprise comme un phénomène profondément culturel[44].

41. Antoine Sabatier de Castres et Joseph Donzé de Verteuil, *Derniers Sentiments des plus illustres personnages condamnés à mort, ou Recueil des lettres qu'ils ont écrites dans les prisons, des discours qu'ils ont prononcés sur l'échafaud ; avec un précis historique de leur vie, de leurs procédures et des circonstances les plus intéressantes de leur mort*, Paris, Moutard, 1775, t. I, p. x.

42. Pierre-Jean-Baptiste Nougaret, *Londres, la cour et les provinces d'Angleterre, d'Écosse et d'Irlande, ou Esprit, mœurs, coutumes, habitudes privées des habitans de la Grande-Bretagne*, Paris, Briand, 1816, t. II, p. 292.

43. Siméon-Prosper Hardy, *Mes loisirs, ou Journal d'événemens tels qu'ils parviennent à ma connoissance (1753-1789)*, t. I, *1753-1770*, éd. Daniel Roche et Pascal Bastien, Québec, Presses de l'université Laval, 2008, p. 203 et 546.

44. Le sang-froid face à la mort semble avoir été caractéristique de la culture anglaise. En février 1772, en rapportant le suicide par pistolet d'un jeune orfèvre parisien, Hardy se plaignait que « les exemples de suicide se multiplioient

L'historiographie anglaise propose généralement trois lectures du discours du condamné à mort avant son supplice. De son analyse des *last dying speeches* de l'Angleterre du XVIIe siècle, James Sharpe concluait que la prise de parole avant le supplice, coordonnée par l'Église et la justice et commercialisée aussitôt après l'exécution, fut produite comme technologie de pouvoir pour modeler et dominer les justiciables. Les suppliciés y reconnaissant la légitimité du pouvoir, le discours d'échafaud aurait été l'indice de l'intériorisation de l'obéissance et l'instrument oratoire et imprimé pour diffuser cette idéologie[45]. On saisit rapidement, dans les documents analysés par Sharpe, le modèle type de ces discours. Dans un cadre plus ou moins respecté, le criminel exprimait de la contrition, exhortait la jeunesse à mieux agir, reconnaissait sa culpabilité, se résignait à la mort, convenait que bonne justice avait été rendue et demandait pardon à Dieu. Dans ce système, l'héroïsation du criminel à la fin du XVIIe siècle aurait été un accident du système – et la fin d'un modèle littéraire et politique.

Thomas Laqueur proposait pourtant une interprétation contraire. Selon lui, Tyburn aurait été une véritable foire, une célébration carnavalesque hors du contrôle du pouvoir, où les débordements étaient choses courantes et les discours sur l'échafaud généralement insolents envers la foule et critiques envers la justice[46]. Le gibet aurait donné en spectacle la dérision de la justice.

Peter Lake et Michael Questier, plus récemment, optaient pour un juste milieu, ni tout à fait foucaldien, ni tout à fait bakhtinien :

journellement dans notre capitale, où l'on sembloit adopter à cet égard tout le caractère et le génie de la nation angloise dont on prenoit à tâche de copier les vices et les défauts, tandis qu'on négligeoit ce qu'elle avoit de bon et de louable ». Siméon-Prosper Hardy, *Mes loisirs*, *op. cit.*, t. II, *1771-1772*, p. 485.

45. James A. Sharpe, « Last Dying Speeches… », *op. cit.*, p. 144-167 ; voir aussi Mervyn James, « English Politics and the Concept of Honour », *Past and Present Supplement*, 1978, p. 54-58 ; Richard Wunderli et Gerald Broce, « The Final Moment Before Death in Early Modern England », *op. cit.*

46. Thomas Laqueur, « Crowds, Carnival and the State in English Executions, 1604-1868 », in A. L. Beier, David Cannadine et James M. Rosenheim (dir.), *The First Modern Society. Essays in English History in Honour of Lawrence Stone*, Cambridge, Cambridge University Press, p. 305-355.

étape rituelle d'une exécution capitale aux lectures toujours plurielles, le discours sur l'échafaud – ce que le condamné voulait en faire et ce que le spectateur voulait en comprendre – était constamment réinventé par l'événement, les frontières entre trahison et martyre, religion et politique, voire culpabilité et innocence se déplaçant à chaque supplice[47].

Évidemment, l'interprétation la plus nuancée convainc davantage. Il est peut-être utile de prolonger la démonstration de Lake et Questier, fondée, comme chez Sharpe, sur des procès politiques, pour réfléchir plus largement à la parole au gibet de Londres en tant qu'institution culturelle. Car la voix de Tyburn ne consistait pas seulement en discours imprimés et vendus, mais fut bel et bien une pratique pleinement inscrite dans le rituel du supplice. Dans ses *Instructions and Devotions for the Afflicted* (1697), John Gother invitait les condamnés à se préparer à la mort, à renoncer au vice et à l'alcool à associer leurs souffrances avec celles du Christ en offrant trois prières appropriées à leur longue marche au supplice (« *After Sentence of Death* » ; « *Going to Execution* » ; « *At the Place of Execution* »)[48] et en les encourageant à préparer un dernier discours à l'échafaud. Ces discours étaient souvent écrits dans la prison, lus à haute voix à Tyburn puis, juste avant le supplice, remis au chapelain de Newgate pour qu'ils fussent imprimés. En fait, les Londoniens enviaient l'usage dublinois qui consistait à publier le discours des condamnés le jour de leur exécution[49] : plusieurs prisonniers de Newgate le réclamaient, arguant que cela leur aurait permis de « contrôler » leur œuvre et d'éviter tout acte de censure de la part du chapelain[50].

47. Peter Lake et Michael Questier, « Agency, Appropriation and Rhetoric Under the Gallows : Puritans, Romanists and the State in Early Modern England », *Past and Present*, 153, 1996, p. 74.

48. « Après la sentence de mort » ; « En route vers l'exécution » ; « Au lieu du supplice ». John Gother, *Instructions and Devotions for the Afflicted and Sick With Some Help for Prisoners, Such Especially as Are to be Tried for Life*, Londres, 1697.

49. Comme le suggère William Hogarth dans *The Idle Prentice Executed at Tyburn* (1747).

50. James Kelly, *Gallows Speeches from Eighteenth-Century Ireland*, Dublin, Four Courts Press, 2001, p. 56.

Les témoignages des contemporains rendent compte de cette prérogative du discours sous le gibet dont tous les suppliciés pouvaient profiter, du traître à la Couronne jusqu'au simple voleur de mouchoirs. Et la parole à Tyburn n'était pas le seul enjeu : pas plus que l'héroïsation du condamné ne fut nécessairement la cause d'une autorité contestée ou d'un rituel défaillant, il est possible que ce ne soit pas le pouvoir comme entité foucaldienne, détenant les outils d'un appareil de contrainte qui fonctionne par ce qu'il appelait les « technologies politiques des corps », mais la tradition juridique comme culture du lien social qui fonda le spectacle londonien du dernier supplice. C'est d'ailleurs sans doute pour cela que le rituel demeura inchangé malgré l'éclatement de l'État royal anglais dans les années 1640.

Les *last dying speeches* furent le fruit et l'emblème d'un phénomène culturel et commercial qui varie selon l'espace et le temps. Quelquefois imprimés par des compilateurs privés, comme dans les documents analysés par Sharpe, les discours d'échafaud connurent une autre diffusion commerciale : le chapelain publiait parallèlement aux *Proceedings* ses « relations », *Accounts*, c'est-à-dire la vie et les discours de dernier instant (*lives and last dying speeches*) des condamnés à mort. Le chapelain accompagnait les condamnés depuis que leur sentence de mort avait été rendue : il les encourageait dans la prison, les invitait à « préparer leur sortie » avec un discours décent et moral et, sans doute, les aidait parfois dans leur rédaction. Car si certains condamnés se taisaient, bien sûr, d'autres acceptaient de jouer le rôle qu'on attendait d'eux.

> LA RELATION DE L'ORDINAIRE de NEWGATE, des comportements, confessions et derniers mots des SEIZE CRIMINELS qui furent exécutés à TYBURN ce lundi 23 MARS 1752.
> ÉTANT LA Troisième EXÉCUTION dans LA MAIRIE DE L'Honorable Thomas Winterbottom, LORD-MAIRE de la VILLE de LONDRES.
> NUMÉRO III de la dite ANNÉE[51].

51. Je traduis, en respectant les majuscules originales.

En règle générale, les *Accounts* suivaient une même structure. Le chapelain passait en revue l'ensemble des condamnés à mort, consignait les prières qu'il avait prononcées dans la chapelle de Newgate, rapportait les chefs d'accusation des criminels, puis transcrivait l'autobiographie de chaque supplicié (on note alors souvent un recours à la première personne qui accentue le sentiment de proximité avec le lecteur) ou rendait compte des échanges qu'il avait pu avoir avec eux. On y trouve des biographies de vies malheureuses, des regrets et des colères, des aveux et des dénégations. Les récits y sont au moins aussi détaillés que dans les lettres de rémission de la justice française du XVIe siècle[52]. Le livret se concluait par un chapitre « Au lieu du supplice » où les derniers sentiments, gestes et paroles des condamnés, mais aussi de la foule, étaient détaillés.

L'ordinaire de Newgate écrivait ou supervisait ces relations, leur donnait une rhétorique plus ou moins stéréotypée mais acceptait surtout d'écrire des paroles qui ne servaient en rien l'État ou la religion : incrédulité, insultes aux magistrats, parfois même discours désabusé sur l'inefficacité évidente de l'exemplarité de la peine capitale. La suppression de la censure suivant la Glorieuse Révolution semble avoir permis aux *Accounts* de transmettre les paroles des condamnés sans exercer de filtre trop serré.

> Il se trouve toujours quelques-uns qui ont rejeté les exhortations du ministre qui les visite et qui les doit préparer à la mort, ou qu'ils y ont paru insensibles et se sont résolus à la mort eux-mêmes : chose qui surprend peu de gens ici. Le ministre, de son côté, dans un raisonnement qu'il fait au lecteur, ne manque guère d'attribuer le malheur des criminels au peu de soin qu'ils ont eu d'observer le dimanche[53].

52. Natalie Zemon Davis, *Fiction in the Archives. Pardon Tales and Their Tellers in Sixteenth-Century France*, Palo Alto, Stanford University Press, 1990.
53. Louis Béat de Muralt, *Lettres sur les Anglais et les Français*, *op. cit.*, p. 85.

Tyburn maintenait, d'une certaine manière, les dernières formes des libertés garanties par la *common law*. Les relations du chapelain de Newgate paraissent confirmer la parole comme propriété inaliénable, fût-elle celle d'un criminel condamné à mort. La littérature criminelle, les chansons, les biographies et les relations du chapelain répétaient la leçon d'exemplarité du spectacle mais cette leçon, s'en désolaient Henry Fielding et plusieurs autres, était indécente de crânerie et de témérité.

> Le voleur qui est pendu a sans doute appris son intrépidité par l'exemple des suppliciés qui l'ont précédé, engagé par ce modèle à mépriser la mort et à la recevoir avec hardiesse[54].

Sous le gibet de Tyburn, le condamné lisait ou improvisait. Les spectateurs s'émouvaient du discours, s'amusaient des tirades. On faisait rarement taire le criminel et il était fréquent qu'une, deux ou trois heures se passent en prières ou en discours avant que les supplices fussent exécutés. La foule voulait voir et entendre les dernières paroles des condamnés : pour être témoin du mourir des criminels, la patience était de mise et les délais acceptés sans plainte.

Le lundi 24 septembre 1722 fut à Londres un jour d'exécution. Le 7 septembre précédent, la cour criminelle avait prononcé dix-huit condamnations capitales, mais six d'entre elles avaient reçu une grâce (*pardon*) du roi. Dès le lendemain des procès, toute la capitale en avait lu les détails et connaissait les acteurs du spectacle qui devait bientôt se mettre en place. La mémoire de cette journée peut donc être reconstituée à partir des principaux *best-sellers* de la capitale : les *Proceedings* de la cour du 7 septembre, les *Ordinary's Accounts* du 24, puis le 25, « vers midi », les suppléments du célèbre libraire et imprimeur John Applebee

54. Henry Fielding, *An Enquiry into the Causes of the Late Increase of Robbers* (1751), éd. Malvin R. Zirker, Middletown, Wesleyan University Press, 1988, p. 168. Je traduis.

(1690-1750), ami (et employeur[55] ?) de Daniel Defoe et grand marchand de discours de condamnés. Le spectacle de Tyburn fut alors, comme c'en était l'usage, un moment d'exécutions en série. Mais c'est sur un homme en particulier qu'il convient de s'arrêter pour mieux appréhender le déroulement du rituel londonien.

Condamné pour avoir poignardé à mort son épouse pendant une querelle de ménage et soupçonné de relations incestueuses avec sa fille, Matthias Brinsden n'était donc pas seul à entendre les paroles du chapelain dans le convoi qui le conduisait à Tyburn. À raison de quatre criminels par tombereau, la procession était constituée de trois charrettes dans lesquelles les condamnés, assis sur leur cercueil, les mains attachées vers l'avant, lisaient leur missel ou leur psautier ou discutaient, voire peut-être crânaient, tout au long du parcours. C'étaient les shérifs de Londres et du Middlesex qui étaient responsables du rituel de l'exécution ; leur présence, ou celle de députés nommés pour les remplacer, était indispensable. On trouvait à la tête du cortège, à cheval, le *City Marshall*, suivi de l'under-shérif, de plusieurs *peace-officers* et d'un corps de *constables*. Le chapelain ne l'écrivit pas dans sa relation mais on peut tout à fait imaginer que des haltes vinrent régulièrement interrompre le parcours, afin de faire boire les condamnés au *Crown Inn*, au *Bowl Inn* ou au *Mason's Arm*, sur la route vers Tyburn, ou grâce aux spectateurs venus encourager les malheureux avec une chopine d'*ale*.

À travers la foule réunie, avant même que la charrette ne la traversât pour l'une des trois branches du gibet, s'entendaient à coup sûr les cris des colporteurs : l'abrégé du procès de Brinsden était vendu, avec celui de ses compagnons d'infortune.

> Matthias Brinsden fut accusé du meurtre de Hannah sa femme d'un coup mortel de couteau sous le sein gauche, d'une longueur d'1 pouce et de 6 pouces de profondeur, le 16 juillet

55. P. N. Furbank et W. R. Owens, « The Myth of Defoe as "Applebee's Man" », *The Review of English Studies*, 48, 1997, p. 198-204.

> dernier, de laquelle blessure elle mourut immédiatement. Hannah Brinsdon [*sic*] témoigna, qu'à environ 9 heures du soir, sa mère (la victime) assise sur le lit et allaitant son enfant, demanda à son père (l'accusé) ce qu'elle aurait pour le souper ? Il répondit, du pain et du fromage, les enfants et toi ne pouvez-vous pas manger cela ? Non, répondit-elle, je veux un peu de viande. Je n'ai pas d'argent pour t'en acheter, dit-il. Tu sais, dit la victime, je n'en ai mangé que très peu aujourd'hui. Foutre, chienne, dit l'accusé, je te poignarde au prochain mot que tu dis. La victime ayant encore demandé de la viande, l'accusé la repoussa de sa main gauche et lui porta un coup sous le sein avec le couteau qu'il avait dans sa main droite. Le témoin voyant le sang couler si abondamment de sa mère, courut et prit l'enfant de son sein ; et sa sœur aînée Betty, pleurant, Mon père, vous avez assassiné ma mère ! Il jura, Foutre, chiennes, retenez vos langues ou je vous poignarderai aussi. Et alors portant le couteau à sa bouche, il envoya le témoin pour du sucre et de l'onguent ; après les avoir appliqués sur la blessure, il s'en alla, et la victime mourut une demi-heure après[56].

À ce témoignage tiré de la déposition de la propre fille de Brinsden se succédaient, dans les *Proceedings*, ceux du *constable* ayant arrêté le suspect, du chirurgien ayant examiné le cadavre de la victime, de plusieurs voisins confirmant la violence du mari envers sa femme, puis du prisonnier lui-même, arguant l'accident. Un seul mot, lourd et puissant, concluait le récit des plaidoyers : *Guilty*, « coupable ». C'est ce mot que gardait en tête l'assistance, qu'elle pouvait lancer, enveloppé d'autres invectives, au condamné jusqu'à ce qu'au gibet il lui adressât la parole pour la dernière fois. Ce même jour ou dès le lendemain, on sait qu'au moins deux récits de la vie de Brinsden, deux biographies criminelles, circulèrent dans la capitale et dans ses environs[57]. Sa confession et son récit de vie criminelle furent « si étendus

56. Je traduis.
57. *Select Trials…*, *op. cit.*, vol. 1, p. 212.

et remarquables, en raison tout particulièrement de l'inceste commis avec sa fille[58] », que l'imprimeur Applebee décida de publier dès le lendemain un supplément contenant en détail les derniers moments du supplicié.

> Conduit hors du tombereau et placé sous Tyburn, tandis que d'autres ajustaient la corde à leur cou, ou faisaient leurs adieux à leurs amis, ou leur lançaient livres ou mouchoirs à travers la foule, M. Brinsden ne regarda personne mais demeura entièrement pénétré dans ses pensées, sans étonnement ni consternation. Mais après, les prières ayant commencé, il devint sincère et attentif. Alors, demandant à la foule de se taire, il me demanda de répéter tout haut ce qu'il me dirait, sa voix étant trop faible pour atteindre les spectateurs ; ce fut comme suit : « Je suis né d'aimables parents, qui m'ont donné une éducation. […] Bon peuple, je vous demande de revenir sur ce que le monde a calomnieusement répandu, que je connus charnellement et incestueusement ma fille aînée. Je déclare ici solennellement, au moment où je m'apprête à rencontrer Dieu, que je n'ai jamais su si c'était un homme ou une femme depuis qu'elle fut un bébé. Je l'ai souvent prise dans mes bras, souvent embrassée, parfois offert un gâteau ou une part de tarte lorsqu'elle me rendit service au-delà de ce qui était attendu ; mais je n'ai jamais couché avec elle, ni ne l'ai connue charnellement, encore moins eu un enfant d'elle. Mais quand un homme est malheureux, et est détesté comme je le suis, les femmes feront, de suppositions, des certitudes. Priez pour moi bons chrétiens ! Je mérite la mort ; je prends la mort en gré, car si mes péchés sont grands, la miséricorde de Dieu l'est davantage. »
> Il fut pendu à Tyburn, le lundi 24 septembre 1722. Au lieu du supplice, il remit un Thomas a Kempis à un ami ; et se comporta le plus calmement de tous les prisonniers[59].

58. *Ordinary's Account*, 24 septembre 1722, p. 6.

59. *Select Trials…*, *op. cit.*, vol. 1, p. 218-219. La traduction de ce genre de texte pose toujours un certain nombre de difficultés, non tant en raison du vocabulaire que de la ponctuation des textes anciens. Le déplacement d'une virgule

Avec les onze autres condamnés, Brinsden s'agitait désormais au bout de sa corde, dans les souffrances de l'asphyxie et les dernières convulsions de la mort, prolongeant dans les grimaces et les sursauts les adieux lancés à la mémoire des spectateurs. Composée de parents et d'enfants, de maîtres et d'apprentis, d'ouvriers et de laboureurs, d'écrivains et de parlementaires, la foule reprenait alors Tyburn Lane ou Oxford Street pour réintégrer, dans le désordre, la tête pleine de récits, d'anecdotes et de bons mots, leur atelier ou leur foyer où ils feraient résonner l'écho du spectacle de mort. La prochaine exécution se tiendrait dans six semaines, tel que le calendrier de la cour le prévoyait; sans doute y retourneraient-ils.

Le supplice de Brinsden permet de jeter un regard un peu plus précis sur le rituel, que je compléterai à la lumière d'autres témoignages réunis.

La lourde cloche de Saint-Sépulcre qui appelait les environs d'Old Bailey au spectacle annonçait aussi une journée chômée, car du son des premières cloches vers 9 heures du matin au retour des spectateurs à Londres en milieu d'après-midi, on pouvait compter jusqu'à six heures d'exécution. Les Londoniens connaissaient les condamnés : famille ou amis, pour quelques-uns ; objets de curiosité, pour ceux qui les avaient visités à Newgate (au profit du geôlier qui faisait payer les visites) ; et figures littéraires, pour les lecteurs des *Proceedings* ou autres biographies criminelles.

De Newgate à Tyburn, aucune distance ne séparait véritablement le spectateur du condamné, les échanges entre l'un et l'autre étant l'une des conditions essentielles du déroulement ordinaire de l'exécution. On plaisantait, on échangeait des derniers adieux, le condamné offrait un mouchoir ou un livre de prières, le spectateur l'invitait en retour à prendre deux ou trois lampées de gin de sa flasque d'étain. Le trajet semble avoir permis beaucoup de liberté. Ayant quitté Newgate vers 9 heures, les

---

peut changer radicalement le sens d'une phrase. Ma traduction n'est pas à l'abri des pièges que cela pose.

convois atteignaient sans doute Tyburn vers midi ; les bruits lointains ou les rumeurs constituaient sans doute une bonne part de l'événement pour les spectateurs les plus reculés.

Arrivé sous le gibet, le condamné prenait généralement une quinzaine de minutes pour se préparer à la mort. La corde était d'abord attachée à la poutre, puis autour de son cou. Dans les *Ordinary's Accounts*, l'acmé du récit est atteinte lors de ce moment d'urgence et d'intensité, entre l'arrivée au gibet et la mort, où toutes les réactions étaient possibles. Quelques jours plus tard, Londres pouvait en lire le compte rendu. Pour le condamné, ce moment était aussi l'occasion de recevoir des parents ou des amis, d'échanger quelques objets, quelques conseils ou d'obtenir un peu de réconfort. Les proches du condamné avaient le privilège de rester près du gibet, pour entendre le plus clairement possible le dernier discours du malheureux et, surtout, afin d'être prêts à lui tirer les jambes pour accélérer sa mort lorsque la charrette se serait dérobée sous ses pieds. L'exécuteur attendait une heure après la dernière pendaison, puis décrochait les cadavres.

Le chapelain était un consolateur et un témoin, pas un confesseur, et il n'avait donc aucun rôle à jouer dans le salut du condamné. Il levait la main droite pour appeler au silence. Les premiers rangs se taisaient, et Tyburn était bientôt entouré d'une attention inquiète. Chaque parole était publique : prononcée à voix haute, elle captait l'attention de tous ; dite à voix basse, le chapelain la répétait à haute voix. Préparée à Newgate, elle était lue puis remise au chapelain ; improvisée, ce dernier la prenait tout de même en note, quelque subversive qu'elle fût, pour la consigner dans ses comptes rendus. Tels qu'ils sont diffusés dans les *Ordinary's Accounts* toutefois, les discours ne paraissent pas toujours clairs et les leçons, si c'en étaient, semblent parfois confuses. Le shérif laissait très largement parler les condamnés, quelque effrontés qu'ils aient été et chacun d'eux pouvait prendre la parole. Lorsque le bénédictin John Roberts commença à prêcher sur l'échafaud en 1610, avant le début de son supplice, le shérif fit des reproches à quelques perturbateurs protestants qui souhaitaient le faire taire[60]. Certains entonnaient des psaumes, suivis ou non par la foule. Brinsden prit la mort en gré mais profita de la tribune du gibet pour récuser les accusations d'inceste qui pesaient sur lui. L'exécution fut, en quelque sorte, le dernier droit, la dernière liberté du supplicié londonien. Richard James, pendu le 23 octobre 1721 pour meurtre, confessa sans hésitation son crime mais tint à rappeler à la foule que Tyburn était une leçon bien inutile.

> Si je peux juger des hommes par ma propre expérience, je crois que le supplice des criminels a bien peu d'effets sur nos vieux compagnons ou sur le reste du public qui a déjà amorcé sa course dans la voie du vice. J'ai souvent été présent à de telles occasions et n'ai éprouvé ni peur, ni malaise et n'ai jamais été alarmé par la vue de la mort[61].

Une telle désinvolture face à la mort était fréquemment affichée par les condamnés ; sans être généralisée, elle devint pourtant caractéristique du supplicié anglais et, d'une certaine manière, l'une des conditions d'un supplice bien réussi.

> On voit les criminels traverser la ville sur des charrettes, parés de leurs plus beaux habits, avec des gants blancs et des bouquets si c'est la saison ; ceux qui se laissent pendre gaiement, ou du moins qui ne laissent paraître aucune crainte, font dire d'eux qu'ils sont morts en gentilshommes, et c'est pour mériter cet éloge que la plupart meurent comme des bêtes, sans marquer aucun sentiment, ou comme des fous, ne pensant qu'à divertir les spectateurs. [I]l se fait peu d'exécutions où il n'arrive quelque chose de semblable et où il n'y ait cinq ou six voleurs d'ennoblis en éloges[62].

60. Peter Lake et Michel Questier, « Agency Appropriation and Rhetoric… » *op. cit.*, p. 74.

61. *Ordinary's Account*, 23 octobre 1721, p. 4 ; *Select Trials…*, *op. cit.*, vol. 1, p. 70-71. Je traduis.

62. Louis Béat de Muralt, *Lettres sur les Anglais et les Français*, *op. cit.*, p. 51.

Même les déclarations d'innocence, extrêmement nombreuses, étaient consignées dans les imprimés. Au XVIIIe siècle, un condamné sur trois maintenait son innocence sous le gibet[63] : on est très loin du modèle de James Sharpe sur le discours d'obéissance.

Les condamnés étaient pendus par quatre, lorsque l'exécuteur tirait les chevaux qui dérobaient la charrette sous leurs pieds. La pendaison n'était pas honteuse. C'était la confiscation du corps qui pouvait le devenir : *gibetted* désignait une exposition au gibet, le corps pendu par des chaînes, parfois dans une cage de fer pour éviter que les morceaux ne s'échappent par la décomposition du cadavre. Depuis le *Murder Act* de 1751, le corps des assassins était livré aux chirurgiens, dénudé et disséqué publiquement dans le *Surgeon's Hall* : c'était le vol du corps par la justice, la confiscation de l'ultime propriété. Ce détournement de la propriété des corps causa des réactions vives, que Peter Linebaugh a retracées en étudiant des soulèvements et des violences d'échafaud. Selon lui, cette hostilité contre les chirurgiens en quête de dépouilles montre que la foule, loin d'être cannibale, était sensible et attachée aux malheureux que le supplice n'avait pas complètement marginalisés[64]. Comme l'exposition de la tête des traîtres, la dissection ou la pendaison en chaînes furent à Londres des aggravations de peine de mort, les seules véritables dégradations de la justice capitale.

Peter King évoque le « contre-théâtre du condamné » (*the counter theatre of the condemned*) pour insister sur l'immense responsabilité des Anglais dans le déroulement de l'exécution capitale qui, suggère-t-il encore, tenait moins de la majesté que du hasard[65], puisque tout le spectacle reposait entre les mains des justiciables, condamnés comme spectateurs. Le supplicié était le maître de parole, et non le shérif ou le chapelain, alors

63. L'estimation est de Peter King, *Crime, Justice and Discretion in England, 1740-1820*, Oxford University Press, 2000, p. 345.

64. Peter Linebaugh, « The Tyburn Riot Against the Surgeons », in Douglas Hay *et al.*, *Albion's Fatal Tree*, *op. cit.*, p. 65-119.

65. Peter King, *Crime, Justice and Discretion*, *op. cit.*, p. 350.

que les spectateurs étaient, d'une certaine manière, maîtres du spectacle. L'appel à la pénitence ne fut pas le nœud du drame ; le condamné disposait d'une liberté presque totale dans un discours sans censure. Son agonie était longue, pouvant atteindre jusqu'à quinze minutes pour que l'asphyxie ait enfin raison de lui : c'était alors entre les mains du public, et non de l'exécuteur, que reposait l'accélération du supplice. Ce ne fut qu'à partir de 1783, lorsque le gibet fut déplacé de Tyburn à Newgate, que la mort par rupture de la nuque (*the drop*, « la chute ») devint le modèle du supplice londonien.

Le « culte de Tyburn[66] » fut ainsi nourri de discours de suppliciés, parfois mis en ballades, et du souvenir de ces spectacles de morts en série. La mort à Tyburn se divisait entre la mort pieuse et l'effronterie mais, quelle qu'elle fût, il semble qu'elle ait été généralement acceptée avec fermeté. « Mourir à l'angloise », c'était bien mourir sans peur apparente.

> J'ai songé quelquefois d'où leur pouvait venir cette insensibilité, qui me paraît une chose tout à fait singulière ; mais je n'ai jamais pu me contenter là-dessus. Je crois bien que les exécutions fréquentes, le nombre de gens qui meurent en compagnie, et les applaudissements des spectateurs y font pour quelque chose ; le brandevin, qu'ils ont soin d'avaler avant que de se mettre en marche, peut aussi contribuer à les étourdir ; mais tout cela ne suffirait pas chez d'autres peuples et il faut qu'il y ait chez celui-ci quelques raisons plus fortes et qui vont au tempérament[67].

Pour le calviniste François Lacombe, ce « tempérament », cette particularité culturelle, trouverait son origine dans la confession religieuse : la Contre-Réforme aurait écarté la constance néo-stoïcienne portée par l'héritage des morts de Socrate et Sénèque,

66. John Rule, *Albion's People. English Society, 1714-1815*, Longman, 1992, p. 239.

67. Louis Béat de Muralt, *Lettres sur les Anglais et les Français*, *op. cit.*, p. 53.

au profit d'une mort sensible, inscrite dans la peur de Dieu et le soutien indispensable du confesseur.

> Les Anglais vont au gibet avec une indifférence qui approche de l'héroïsme. Le 11 décembre 1776, les huit criminels qui ont été pendus, ni jeunes ni vieux n'ont été ébranlés de l'appareil du supplice : ils ont conversé de sang-froid et chanté la prière avec une fermeté qui a étonné tous les étrangers, surtout les pauvres papistes, accoutumés à fondre en larmes à l'approche du Capucin qui les exhorte à se préparer à la mort[68].

À la vertu philosophique de la constance affichée par le condamné londonien, s'opposait la demande religieuse de consolation offerte par l'appareil catholique.

À coup sûr, la sensibilité religieuse eut son importance dans l'institution du discours d'échafaud. Il est vrai que les protestantismes insistaient davantage sur l'écoute que sur la vue, plus sensible à la séduction et plus propice aux tentations diaboliques[69]. Mais il n'est pas sûr qu'à partir de ces discours on puisse faire de Tyburn un « forum surnaturel » ou une préfiguration du tribunal de Dieu, comme le suggérait récemment Andrea McKenzie[70]. Certes, au cours du XVIe siècle, le pouvoir accordait au condamné toute liberté pour faire un discours où il se démasquerait du point de vue spirituel : pendant les temps de tension religieuse, la force et la fermeté montrées au gibet posaient la belle mort comme la victoire d'une confession sur une autre. Mais à partir des années 1580, pour éviter de transformer le supplice en une

68. François Lacombe, *Observations sur Londres et ses environs*, Londres, Leyde, 1777, p. 186-187. Voir, au sujet des influences du néo-stoïcisme dans les nouveaux rapports à la mort au XVIIe siècle, l'article de Michel Fournier, « La mort chrétienne d'un philosophe païen. Le fantôme de Sénèque : l'œuvre, le nom, la mémoire », *XVIIe siècle*, 232, 2006, p. 433-452.

69. Bien qu'à coup sûr, comme pour toute autre chose, il faille se méfier de ces dichotomies trop réductrices. Voir à ce sujet le très beau livre de Christian Grosse, *Les Rituels de la Cène. Le culte eucharistique réformé à Genève (XVIe-XVIIe siècles)*, Genève, Droz, 2008.

70. Andrea McKenzie, *Tyburn's Martyrs*, *op. cit.* Le livre est presque exclusivement construit à partir des *Ordinary's Accounts*.

fabrique de martyrs catholiques, les condamnés furent progressivement mêlés aux criminels de droit commun, conduits à Tyburn avec les voleurs et les assassins. Ni la justice ni la foule ne semblent avoir conféré à l'exécution capitale le *pouvoir* de déterminer les conditions de la vie éternelle du supplicié. Les aveux et la contrition, certes souhaitables, n'étaient pas indispensables à la justice, au moins pas avant les années 1770, lorsque dans le discours religieux anglais la peine capitale devint « réformatrice[71] ». La parole des condamnés ne fut pas, à Tyburn, l'instant du salut, mais le dernier sursaut d'une propriété de soi.

Le discours sur l'échafaud, pleinement inscrit dans le spectacle, fit partie intégrante de la publicité des procès de la procédure accusatoire, et fut la dernière joute oratoire de celui qui, quelques minutes avant la mort, espérait toujours gagner le débat. Rarement improvisés, les *last dying speeches* furent d'abord des textes écrits, ensuite des discours mis en voix et entendus, pour devenir enfin un objet de littérature criminelle. La parole du condamné fut toujours vivante. Elle aussi fut mise en mémoire, récupérée par les enfants dans leurs jeux ou réinventée par les romanciers qui y trouvaient le nœud de leurs plus inquiétantes intrigues.

Un rituel polyphonique
Paroles et jeux de voix à Paris

Le 19 mars 1743, Jean-Louis Camail fut exécuté en place de Grève pour vols et assassinats.

> Il fut rompu entre cinq et six heures du soir, mais quand il fut sur le guéridon, le confesseur le détermina à parler : quoiqu'il fît une petite pluie mais cependant assez forte, on apporta une table

71. Randal McGowen, « The Changing Face of God's Justice : The Debates Over Divine and Human Punishment in Eighteenth-Century England », *Criminal Justice History*, 9, 1986, p. 312-334 et « The Body and Punishment in Eighteenth-Century England », *Journal of Modern History*, 59, 1987, p. 651-679.

> sur l'échafaud et Monsieur Barassi commissaire au Châtelet, et Monsieur Nevet greffier au criminel, prirent ses déclarations. On lui tenait un parapluie sur la tête ainsi qu'au confesseur ; on m'a assuré qu'il avait fait venir du monde sur l'échafaud. Il a expiré sur la petite roue à près d'une heure de nuit. À six heures tout l'échafaud était emporté[72].

Celui qui rapporte cet épisode, le magistrat Gueullette, occupait une place privilégiée d'observateur de la justice criminelle parisienne. Ses témoignages, comme ceux qu'on lui rapportait, sont au plus près du théâtre des supplices. Un seul acteur semble pourtant jouir d'une meilleure position et prêter sa plume à un récit plus précis, avec plus de détails que ceux consignés par un spectateur, fût-il magistrat. Alors qu'à Londres le chapelain de la prison de Newgate semble jouer ce rôle de scripteur des derniers jours, à Paris le greffier fut sans contredit le témoin le plus fidèle des supplices de la justice d'Ancien Régime. Véritable chef d'orchestre du rituel, ce fut le greffier qui organisa le déroulement de l'exécution capitale et qui, maître d'écriture, fut aussi un maître de paroles : de la parole impérieuse d'abord, celle qui ordonne, fait et défait les statuts juridiques, de la parole confisquée ensuite, souterraine, celle de l'infâme, de la faute et des derniers aveux.

Le greffier criminel a presque toujours été réduit à un rôle d'assistance du magistrat : mise en état des dossiers, transcription des paroles des témoins et des prévenus et rédaction des jugements. Mais c'est lui qui veillait au bon ordre de l'exécution et qui, de bout en bout, rythmait le rituel par ses prises de parole. C'est lui qui déclenchait la marche au supplice, qui faisait « avancer tous les petits enfants près de la potence », qui surveillait et préparait l'éclatante grâce royale qui devait interrompre l'exécution. Ses commis ou lui côtoyaient tous les jours les témoins, les prévenus et les condamnés dont les discours, autonomes ou guidés par le juge, s'inscrivaient dans l'archive. Le greffe fut un formidable réservoir de paroles et, dans le cadre d'une procédure

72. Thomas-Simon Gueullette, *Sur l'échafaud…*, *op. cit.*, p. 96-97.

inquisitoire fondée sur le secret et l'écriture, constitua le laboratoire de la mémoire judiciaire de l'époque. À travers le procès-verbal d'exécution, systématique pour tout châtiment public, et le testament de mort, réservé aux exécutions capitales[73], le greffier reconstituait presque pas à pas, presque mot à mot, l'organisation du supplice. Le premier document était encadré par la parole du greffier, par ses interrogatoires et par les gestes qu'il dirigeait dans le cadre du rituel. Le second était la rédaction de la prise de parole libre et autonome du condamné qui décidait de livrer ses derniers mots sans que ceux-ci aient été suggérés par le greffier. Les testaments de mort réunissaient des aveux, généralement dépouillés de considérations religieuses si ce n'est qu'ils s'inscrivaient « pour la décharge de sa conscience ».

L'écriture juridique est, on le sait, fortement stéréotypée[74] ; les traités de jurisprudence, les « stiles juridiques » et les commentaires d'ordonnances réunissent généralement une série de formulaires énonçant le cadre linguistique et juridique dans lequel l'acte judiciaire devait s'inscrire. Cette écriture fut, en elle-même, un rituel de légitimité, une forme de mise en mots par laquelle on reconnaissait l'acte comme vrai, juste et légal. À travers ces deux documents de dernier instant, les dispositifs du texte faisaient alterner formalisme de la loi et narration tragique, description et justification, récit et aveu, avec le retour de certaines formules constantes : la confession comme répétition obsessive de la faute, et le travail du greffier dont on reconnaissait le ton et la rhétorique (ou ceux du prêtre avec lequel il était habitué à collaborer). On peut voir le greffier comme « auteur » de la parole du condamné ; mais il fut peut-être davantage son porte-parole, avec toutes les difficultés que ce travail de transcription

73. Marie-Yvonne Crépin, « Le chant du cygne du condamné : les testaments de mort en Bretagne au XVIIIe siècle », *Revue historique du droit français et étranger*, 70, 1992, p. 491-509 ; Emmanuel Gogniat, « Avouer au seuil du gibet. Enjeu social et judiciaire du testament de mort d'un brigand pendu à Genève en 1787 », *Crime, Histoire et Sociétés*, 8, 2004, p. 63-84.

74. Nicole Dyonet, « Les paroles et les écritures. Fonctionnement et bénéfices de la procédure inquisitoire en France au XVIIIe siècle », *Déviance et Société*, 11, 1987, p. 225-249.

suppose : si, depuis la fin du XVIe siècle en Angleterre, des techniques d'écriture rapide, c'est-à-dire de sténographie, émergent pour enregistrer la parole du prédicateur, les pièces de théâtre que l'on cherchait à copier, ou les débats de la cour criminelle[75], la France ne paraît pas user de telles méthodes avant le XIXe siècle[76]. Le greffier entendait, fragmentait, transcrivait, complétait ; s'assurait auprès du juge et du justiciable que le propos était respecté, corrigeait au besoin, et poursuivait. Dans son *Traité des matières criminelles*, Daniel Jousse insistait plus d'une fois sur le temps employé par le greffier pour noter « exactement » ce qui était dit, et sur le profit – hélas ! – que pouvait tirer l'accusé pour préparer sa défense[77].

On peut trouver chez les juristes les formulaires du procès-verbal d'exécution et de testament de mort.

Procès-verbal de l'exécution d'un jugement portant condamnation à mort

> L'an … le jugement ou l'arrêt ci-dessus a été prononcé par moi greffier … soussigné, en la chambre de … à … où il a été amené. Et après que le sacrement de confession a été administré audit … par … prêtre, icelui a été mis entre les mains de l'exécuteur de la haute-justice, qui l'a conduit le même jour … heures de relevée, en la place de … et a exécuté ledit jugement, selon sa forme et teneur. Fait les jour et an que dessus.

Testament de mort

> L'an … nous … étant en la place … pour faire exécuter … portant condamnation à mort, contre … l'exécuteur de la haute-justice nous a fait avertir que ledit … souhaitoit de nous faire

75. Roger Chartier, « "*Copied onely by the eare*" : le texte de théâtre entre la scène et la page au XVIIe siècle », in Larry F. Norman, Philippe Desan et Richard Strier (dir.), *Du spectateur au lecteur. Imprimer la scène aux XVIe et XVIIe siècles*, Fasano/Paris, Schena Editore/PUPS, 2002, p. 31-53.

76. Delphine Gardey, *La Dactylographe et l'Expéditionnaire. Histoire des employés de bureau (1890-1930)*, Paris, Belin, 2001.

77. Daniel Jousse, *Traité de la justice criminelle…*, *op. cit.*, t. II, p. 270 et suivantes.

> quelque déclaration pour la décharge de sa conscience, et nous requéroit de le recevoir, suivant lequel avis, nous avons ordonné de faire descendre ledit ... de l'échelle ou de l'échaffaud où il étoit monté, et de le faire conduire en ... ou étant descendu de l'échelle, ou nous étant approchés de l'échaffaud avec notre greffier, après serment fait par ledit ... de dire vérité, il nous a déclaré ... lecture à lui faite du présent procès-verbal, a dit que sa déclaration contient vérité, y a persisté, et a signé, ou déclaré ne sçavoir écrire ni signer; de ce enquis, ou a fait refus de signer, de ce interpellé; et a été ledit ... remis ès mains de l'exécuteur de la haute-justice. Fait les jour et an que dessus[78].

Les testaments de mort sont difficiles à réunir, dispersés dans les fonds d'archives au gré de l'utilisation qu'en ont fait greffiers et magistrats de la cour. Les procès-verbaux d'exécution sont plus nombreux et assurément beaucoup plus bavards que ce que ces formulaires peuvent suggérer. L'ordre même du rituel proposé par ceux-ci ne semble pas conforme à la réalité de la pratique. Du fonds des archives du Parlement de Paris, il convient donc d'en exhumer un et de suivre ce qu'il raconte. À sa lumière, il devient possible de disperser la foule des spectateurs, d'isoler

78. Guy Rousseaud de la Combe, *Traité des manières criminelles*, Paris, chez Bailly, 1769 (6e édition), p. 483. On trouve les mêmes modèles chez Daniel Jousse, *Traité de la justice criminelle*..., *op. cit*, vol. 4, p. 678-680. Il semble par ailleurs que certaines situations apparemment rares aient aussi été prévues par des formulaires, puisqu'on trouve chez Jousse le « style » d'un *procès-verbal de mort d'un condamné arrivée en chemin*:

« L'an ..., le jour de..., nous L. allant pour faire exécuter la sentence de mort rendue contre le nommé B.; comme nous étions environ à la moitié du chemin, dans la rue de ..., au-devant de la maison de ..., l'exécuteur se seroit arrêté, et seroit venu à nous pour nous dire que ledit B. étoit mort subitement entre les mains de son confesseur, ce qui nous auroit obligé de nous approcher avec notre greffier dudit B., et l'ayant vu et reconnu être sans parole, ni mouvement, aurions à l'instant mandé Z., l'un des chirurgiens-jurés, commis aux rapports, pour voir et visiter en notre présence ledit B.; ce qu'ayant été fait, ledit chirurgien nous auroit dit qu'il avoit trouvé ledit B. sans poulx, ni mouvement quelconque, ce qui lui avoit fait juger qu'il étoit décédé; au moyen de quoi avons ordonné à l'exécuteur de remener le corps dudit B. en la basse geôle des prisons de ce lieu, jusqu'à ce qu'autrement par nous il en ait été ordonné; dont, et de ce que dessus, avons fait dresser le présent procès-verbal pour servir et valoir en temps et lieu ce que de raison. »

les voix et d'entendre distinctement les dernières paroles prononcées avant la mort.

Ce fut Mathieu Drouet, commis au greffe criminel de la Tournelle, qui écrivit ce procès-verbal d'exécution, le 4 janvier 1608. En mauvais état, la pièce est déchirée par le milieu et l'écriture a beaucoup souffert de l'humidité et de la moisissure. Pourtant, l'essentiel reste visible. Des mots qui disent la mort et la peur.

Mathieu Drouet était chargé d'accompagner les condamnés à leur supplice. Autant que le confesseur, la figure du greffier était familière à la foule venue assister au spectacle de la mort judiciaire. Pendant plus de 25 ans, de la mort d'Henri III à celle d'Henri IV, l'écriture de Mathieu Drouet est celle que nous retrouvons dans ces dossiers judiciaires de la Tournelle. On reconnaît le trait de l'individu, bien sûr, mais aussi un certain vocabulaire qui paraît lui avoir été propre. En outre, certaines demandes de suppliciés avant le geste fatal du bourreau semblèrent disparaître des procès-verbaux lorsque Pierre Drouet, neveu de Mathieu, prit sa place en 1617. Signe du temps, peut-être, mais c'est aussi une certaine forme de dialogue avec le condamné qui, de l'oncle au neveu, paraît s'être perdue. Plus qu'un jeu rituel, la préparation à la mort fut aussi un échange de sensibilités entre le chantage et la réelle complicité.

Ce matin du 4 janvier, Mathieu Drouet s'était rendu à la chapelle de la Conciergerie du Palais. Assis derrière une petite table de bois sur laquelle il avait déposé son matériel d'écriture – plumes, papier timbré, petite fiole d'encre noire et sachet de craie pilée, le commis au greffe, vêtu de sa longue robe noire, demanda au geôlier qu'on lui amenât le prisonnier. Celui-ci, alors, était encore un accusé.

Vers midi donc, Pierre Mandé, laquais, fut conduit à la chapelle de la Conciergerie. Il y reconnut le confesseur, le greffier et le bourreau : le premier à son chapeau, le deuxième à sa simarre et son nécessaire d'écriture. Le troisième, non à son costume, qui était celui de n'importe quel bourgeois aisé, mais bien à l'épée qu'il portait à sa ceinture et la corde qu'il tenait entre ses mains. Sans doute, Pierre Mandé comprit. « L'avons faict mettre à genouz et a esté l'arrest contre luy donné, *prononcé.* » À la prononciation du jugement, le geôlier s'effaça derrière le bourreau : lorsque la voix du greffier avait articulé la décision de justice, l'exécuteur pouvait s'emparer du condamné et le préparer à la douleur judiciaire. Le châtiment avait été libéré par la parole du greffier : le corps était confisqué, la torture et la mort avaient été ordonnées par les juges.

Pierre Mandé était déjà mort puisque la lecture de l'arrêt venait de le déclarer infâme et mort civilement. Toutes les paroles qu'il pouvait prononcer auraient valeur d'indice, certes, mais jamais de vérité : c'étaient déjà des paroles d'outre-tombe. Mathieu Drouet transcrivit les premières paroles de Mandé : « Je suis mort », lança-t-il. À travers les aveux, les résistances, les délations et les requêtes, le greffier commençait à tracer le portrait flou, multiple et de dernier instant d'un mort-vivant.

Émouvante, cette parole confisquée qui tantôt enrage, tantôt se déchire, tantôt s'élève par la prière se fait rarement entendre puisque l'historiographie semble l'avoir largement ignorée. C'est toujours l'anecdote et le bon mot, le dérangement du rituel noté par un chroniqueur étonné, la somme, en fait, de tout ce qui déroge du banal, qu'ont généralement réunie les historiens qui se sont intéressés à l'exécution publique. L'expérience du mourir ne se saisit pourtant pas chez les diaristes, les mémorialistes ou les juristes. S'il n'est pas exclu de trouver, dans un procès-verbal d'exécution, les bousculades d'une émotion populaire ou l'incident imprévisible qui vient troubler le cours ordinaire du rituel, c'est la banalité tranquille de la marche au supplice qui, très largement, s'y révèle.

Derrière sa petite table de bois, Mathieu Drouet tenait toujours sa plume et se préparait à transcrire tous les mots, tous les gestes même, du condamné à mort Pierre Mandé. Après que le greffier a fait lecture de l'arrêt, le procès-verbal d'exécution se poursuit ainsi, vers les dernières paroles du condamné. Mandé avoua rapidement être coupable du meurtre à coup d'épée du sieur de Lagarde, mais soutint qu'il y avait été invité par son maître, François Chevalier, moyennant l'importante somme de 150 livres. Le greffier le mit en garde : il était impératif de ne charger personne à tort, au risque de perdre le paradis. Le condamné insista et maintint ses aveux : il avait bien donné le coup fatal, « ce dont il demande pardon à Dieu », mais il y « fut poussé par son maistre ». Il « dict la vérité pour descharger sa conscience » et demanda alors à Drouet de voir le confesseur afin de préparer son salut. La procédure, rappela pourtant le greffier, exigeait que la confession attende puisque François Chevalier, accusé par le condamné, devait comparaître à la chapelle de la Conciergerie pour être confronté à Pierre Mandé.

Les archers ne tardèrent pas à mettre la main sur Chevalier et à le conduire à la Conciergerie. Drouet transcrivit l'échange entre le maître et son laquais, entre les dénégations du premier et les accusations du second : Mandé « a dict à son maistre, Monsieur, priez Dieu pour moy », puis répéta que ce qu'il avait dit était vrai. Cette accusation ne constituait pas une preuve mais seulement un indice, une « rumeur » qui permettait à la justice d'entreprendre une enquête contre Chevalier. Du simple point de vue de l'information judiciaire, il s'agissait ici de présenter, d'une certaine manière, le suspect à un cadavre : attendre sa réaction, chercher les signes physiques de sa conscience coupable comme dans la procédure habituelle pour des affaires d'assassinat ; seulement ici, le cadavre, c'était Mandé. Chevalier disparut ensuite du document, peut-être pris de corps et mis dans une geôle du Petit Châtelet – rien cependant dans le document ne l'indique. Drouet et l'exécuteur quittèrent aussi la chapelle pour, enfin, laisser le condamné avec son confesseur ; sur le procès-verbal, un différent trait de plume vient confirmer cette interruption, alors que, à « deux heures de relevée », la rédaction reprit.

Cette parenthèse de l'absence laisse dans l'ombre les échanges que l'exhortation et la confession ont suscités entre le prêtre et le condamné. Contrairement aux *Ordinary's Accounts* de la justice anglaise, où le chapelain retranscrivait les échanges et les derniers moments des condamnés à mort pour les publier et les distribuer partout dans les rues de Londres, le confesseur parisien engouffrait la parole du supplicié et ne la livrait qu'à Dieu.

Quelques prêtres ont écrit, aux XVIe et XVIIe siècles, sur l'art d'exhorter les suppliciés à la repentance. *La Vie de Messire Benigne Joly*, écrite par dom Antoine Beaugendre à la toute fin du XVIIe siècle, révèle le zèle du docteur de Sorbonne auprès des suppliciés, prêt à toutes les stratégies pour les contraindre à recevoir la grâce.

> Il le fit bien paroistre un jour à l'égard d'un criminel condamné à la rouë. Aprés avoir passé la plus grande partie du jour auprés de ce malheureux, sans pouvoir le porter à la penitence ; aprés en avoir reçû une infinité de rebuffades et d'injures ; enfin l'heure fatale arriva qu'il fallut aller au supplice. L'image si prochaine de la mort n'amollit point ce cœur de roche ; il s'y laisse conduire ; il se laisse étendre et lier sur l'échaffaut ; il reçut même tous les coups qui luy briserent les membres, jusqu'à celuy qui luy devoit oster la vie, sans vouloir écouter ce que luy disoit M. Joly, toujours criant à ses oreilles pour luy toucher le cœur, sans en rien obtenir : Mais M. Joly ne se rebuttant point des emportemens de ce miserable, et se confiant toujours dans la misericorde de Dieu, qu'il imploroit sans cesse, et qu'il exhortoit les assistans d'implorer avec luy, obtint qu'on surseoiroit le coup qu'on appelle de grace, qui le devoit faire mourir, pour voir si enfin ce miserable ne se rendoit point à la vuë de la mort qu'il alloit souffrir dans un moment. Son esperance ne fut pas vaine ; car enfin dans cet estat affreux, par une grace toute extraordinaire, il se reconnut, et se confessa avec des marques sensibles d'une contrition sincere, et mourut apparemment de la mort du bon Larron[79].

Terrifiante, la méthode décrite par le père Beaugendre fut bien réelle et l'on trouve, en différents témoignages, de fréquents

79. Dom Antoine Beaugendre, *La Vie de Messire Benigne Joly, prestre, docteur de la faculté de Paris, de la Maison et Société de Navarre, Chanoine de l'Église Abbatiale et Collegiale de S. Estienne de Dijon, Instituteur des Religieuses Hospitalières de la même Ville, où l'on le nommoit. Le Père des Pauvres*, Paris, 1700, p. 170-171.

exemples de ce type de chantage du salut. Le prédicateur Pierre de Besse écrivait d'ailleurs que « le gibet est une eschelle pour prendre le Ciel de force[80] ». De même, bien qu'ils aient été rares, quelques brochures ou chapitres de manuel se consacrèrent aux criminels et aux condamnés à mort et cherchèrent à guider les confesseurs dans cette redoutable tâche. Les conseils étaient souvent les mêmes, où le discours du confesseur transformait les différentes étapes du supplice en un jeu de miroir hagiographique : associer le type de supplice auquel était condamné le criminel à celui subi par un saint ; et le réconforter en interprétant son jugement de mort comme une preuve de la grâce de Dieu.

Sur le papier du procès-verbal, l'écriture reprend. Le confesseur ne quitta pas le condamné, même si l'absolution avait vraisemblablement déjà été donnée dans la chapelle : avec le bourreau, le greffier et le condamné, le prêtre était un personnage indispensable à l'exécution capitale. Il ne quitta la scène qu'avec Drouet, lorsque le supplice fut « entièrement exécuté ». L'arrêt fut de nouveau prononcé à Mandé et, alors que le greffier voulait s'assurer du bien-fondé des précédentes déclarations, le condamné « a dict qu'il a toujours dict et recogneu la vérité ». Le bourreau conduisit le condamné et le confesseur vers le portail de la Conciergerie : le parcours pouvait enfin commencer. Le greffier et le bourreau connaissaient parfaitement leur rôle. Drouet n'évoque nullement la présence des spectateurs et il n'est pas possible de déterminer si quelques curieux attendaient aux portes de la Conciergerie pour accompagner Mandé vers le lieu de sa mort. Drouet se contenta de noter les étapes rituelles de la marche au supplice[81] : mise en place des acteurs ; déclen-

80. Pierre de Besse, *La Practique chrestienne pour consoler les malades et assister les criminels qui sont condamnez au supplice*, Lyon, Simon Rigaud, 1638, p. 327.

81. Directement issues de la pratique du droit romain, comme on le voit chez François Hinard, « Spectacle des exécutions et espace urbain », in *L'Urbs. Espace urbain et histoire (Ier siècle av. J.-C.-IIIe siècle apr. J.-C.)*, Rome, École française de Rome, 1987, p. 111-125 ; et Annette Ruelle, « Sacrifice, énonciation et actes de langage en droit romain archaïque ("agone ?", lege agere, cum populo agere) », *Revue internationale des droits de l'Antiquité*, 49, 2002, p. 203-239.

chement du spectacle par le cri et l'appel au silence lancés par le bourreau ; *legitima verba*, lecture à haute voix de l'arrêt de mort par le greffier – depuis les marches de la Conciergerie – informant les spectateurs du nom, du crime et du sort du condamné. La lecture de l'arrêt de mort pouvait être longue. Celui de Mandé fut sans doute assez bref mais, surtout au XVIIIe siècle où le texte des jugements tendait à s'allonger au profit d'une description plus faste des crimes du condamné, la mise en voix de la sentence fut généralement beaucoup plus lourde et longue. Comme pour les lettres pastorales, les ordonnances ou les autres publications officielles lues par le juré-crieur, il n'était pas rare, nous l'avons vu plus tôt, que la foule s'impatiente et bavarde un peu. Dans le cadre du rituel de l'exécution, le bourreau devait imposer silence à plusieurs reprises pour permettre que l'arrêt soit lu dans son intégralité par le greffier. Pour une sentence aussi détaillée que celle d'Antoine-François Desrues, l'épicier empoisonneur rompu et brûlé en Grève en mai 1777, chaque lecture, posée par le rythme grave et lent des circonstances, prit au moins une vingtaine de minutes[82]. Enfin, à cheval ou en carrosse, Drouet accompagna le tombereau où, entre l'exécuteur et le confesseur, Mandé fut conduit en place de Grève.

Ce n'est en somme qu'avec le cri du bourreau que les Parisiens comprirent qu'une exécution était en cours. Colporteurs et jurés-crieurs ne pouvaient vendre ou annoncer un jugement avant qu'il ait été prononcé au condamné ; souvent, ils n'en obtenaient la permission qu'après qu'il eût été exécuté. Mais la place de Grève constituait l'une des places les plus passantes de la capitale, elle réunissait donc déjà son lot de spectateurs. On y accédait par les quais, bien sûr, mais aussi par les rues étroites de la Tannerie, de la Vannerie, de la Mortellerie, de l'Épine ou du Mouton.

En face de l'Hôtel de Ville, où le rituel de lecture de l'arrêt fut repris par le bourreau et le greffier, Mandé descendit du tombereau puis, lentement, fut mené vers l'échelle de la potence.

82. Pascal Bastien, « Les arrêts criminels et leurs enjeux... », *op. cit.*, p. 58-62.

Drouet insista pour s'assurer que, au seuil de la mort, Mandé ne changeait pas ses déclarations. Avait-il chargé à tort son maître ? Le laquais répéta qu'il avait dit la vérité puis, « estant en haut de l'eschelle, a dict à luy mesme que son maistre estoit cause de sa mort, qu'il luy pardonnoit » et qu'il demandait pardon à Dieu pour tous ses péchés. Drouet transcrivit enfin la dernière demande de Mandé, « que son corps fust en terre saincte », puis, brutalement, le document se concluait par la phrase d'usage : « A esté le *Salve Regina* chanté, et l'arrest mis à exécution[83]. » Drouet n'écrit rien du retour au Palais, rien des dernières exhortations du prêtre, rien du travail du bourreau. Les juges déterminaient combien de temps le corps et la potence devaient rester au cœur de la place, généralement entre une et vingt-quatre heures : là encore, le greffier ne donne aucun détail. Le document ne rapporte rien non plus sur l'inhumation du corps de Mandé, malgré ce que le malheureux avait souhaité ; tout porte à croire que Drouet ne prit aucune disposition particulière et que la dépouille finit dans l'appentis du pilori des Halles puis, de là, dans la fosse commune du carré des suppliciés des Saints-Innocents.

Ce portrait d'un condamné ordinaire, d'une marche à la potence sans dérèglement et sans surprise, révèle deux choses.

D'une part, la structure serrée du rituel de l'exécution, où chaque étape est un moment scandé par une prise de parole. Chaque interruption exigeait une relecture, chaque halte imposait que le rituel redémarre à travers une prise de parole. L'arrêt fut d'abord une décision ; mais ce fut aussi l'histoire d'une violence criminelle mise en voix. Le greffier était son orateur et les Parisiens qui l'environnaient son auditoire. Il semble que la fin du XVIe et le début du XVIIe siècle correspondent à une nouvelle verticalité de la parole impérieuse, plus ancrée que jamais dans les formalités de l'espace visuel et acoustique des rituels judiciaires.

Les procès-verbaux d'exécution ne transcrivent pas le texte du jugement ; tout au plus insistent-ils sur les réactions, physiques

83. AN, X^{2b} 1331, procès-verbal d'exécution de Pierre Mandé, 4 octobre 1608.

ou verbales, du condamné à son écoute. À la potence ou sur l'échafaud, le *Salve Regina* concluait ce cortège de paroles. Le bruit sec de la mort en était le dernier mot.

D'autre part, ce qu'on peut saisir dans le procès-verbal d'exécution, c'est l'importance de la parole confisquée du condamné dans le déroulement de son supplice. D'abord sa réaction à l'arrêt. «Je suis mort», répond Mandé. Les procès-verbaux conservés aux Archives nationales rapportent des angoisses similaires. «Après ladite prononciation m'a dit qu'il estoit appellant», fait l'un qui n'était manifestement pas au fait de la procédure; «Miséricorde, n'y a-t-il poinct de miséricorde pour moy, je suis innocent de ce faict», implore un autre. «Il faut mourir?» interroge un troisième. Spontanées, ces paroles vives sont celles du désarroi, de l'inquiétude, du désespoir. S'ensuivent les réponses du condamné aux actions et aux réactions du greffier. «N'a rien voulu recognoistre», écrivent-ils en majorité. D'autres avouent en motivant leur crime: «A dict que son mary a esté tué et qu'elle l'a faict tuer et qu'il est cause de sa mort et que debvant Dieu c'est lui qui l'avoit menassée plusieurs fois de la tuer.»

Rares furent ceux qui se réfugièrent immédiatement en Dieu. On le sait sans pour autant le lire dans l'archive, le confesseur s'efforçait d'arracher les derniers aveux du condamné et de le convaincre de les répéter au greffier; certains manuels de confesseur déclaraient même que le condamné «ne peut recevoir l'absolution jusqu'à ce qu'il ait déclaré [ses] complices[84]». Les exhortations du prêtre au supplicié paraissent, d'après les formulaires qui semblent avoir été disponibles[85], surtout formalisées par le juridisme. L'espace poreux que représentait la mort civile entre la justice du roi et celle de Dieu rendait possible, et pertinente, la rédaction du testament de mort.

84. Roger Daon, *Conduite des âmes dans la voie du salut*, Paris, Berton, 1753, p. 323-324.
85. *Exhortation pour disposer un criminel à la mort*, Paris, Gilles Blaizot, 1671.

La mort sans cadavre

Il existait en France, juridiquement et culturellement, une mort sans cadavre. «Je suis mort», avait réagi Mandé à l'écoute de son jugement. Il avait tout à fait raison. Vie juridique et vie biologique sont deux réalités distinctes[86]. Au moment où le juriste Laurens Bouchel (1629) rappelait que le cadavre conservait «en luy quelques reliques de sentiment[87]», dont le phénomène de la cruentation aurait constitué l'exemple le plus éloquent, les juristes fixaient également les principes déjà bien ancrés dans le droit romain du «corps sans sujet et sans parole», vidé de sa substance civile. Dans le cadre du rituel de l'exécution capitale, les Parisiens entendaient cette infamie, la voix haute du greffier étouffant celle, interdite, du condamné. Ce n'est que sur le parvis de Notre-Dame ou face à quelque autre église de Paris que l'amende honorable[88] pouvait faire entendre à la foule la voix de l'infâme. En fait, à l'exception des belles études consacrées au duel, où la mort était alors préférée au déshonneur[89], il semble que peu de travaux se soient consacrés à la mort sociale sous l'Ancien Régime, aux effets de l'infamie et à son corollaire juridique et social, la mort civile[90]. Montesquieu avait pourtant suffisamment insisté sur l'honneur, les liens

86. La mort civile a été abolie, en France, par une loi du 31 mai 1854.

87. Laurens Bouchel, *La Bibliotheque ou thresor du droict françois*, Paris, Vve Buon, 1629, v° *Cadavre*.

88. «Cette amende honorable emporte infamie et perte de l'honneur, n'étant ainsi appellée que relativement à celui à qui elle est faite, pour réparation de son honneur offensé, et non par rapport à celui qui la fait». Claude Joseph de Ferrière, *Dictionnaire de droit et de pratique*, *op. cit.*, t. I, p. 109. Voir aussi Muyart de Vouglans, *Les Loix criminelles de France dans leur ordre naturel*, Paris, Mérigot et Morin, 1780, p. 67.

89. François Billacois, *Le Duel dans la société française des XVIe-XVIIe siècles. Essai de psychosociologie historique*, Paris, Éditions de l'École des Hautes Études en Sciences Sociales, 1986; et Pascal Brioist, Hervé Drévillon et Pierre Serna, *Croiser le fer*, *op. cit.* On lira aussi les nombreux travaux consacrés aux lettres de rémission, dont Robert Muchembled, *La Violence au village*, *op. cit*.

90. On lira cependant avec intérêt le livre de Grégoire Chamayou, *Les Corps vils. Expérimenter sur les êtres humains aux XVIIIe et XIXe siècles*, Paris, La Découverte, 2008.

sociaux qu'il garantissait et la rupture de ces liens par la justice du roi.

> Dans les monarchies, où l'on est gouverné par l'honneur, [l]a disgrâce y est un équivalent à la peine ; *les formalités mêmes des jugements y sont des punitions.* C'est là que la honte vient de tous côtés pour former des genres particuliers de peines[91].

Brissot de Warville parlait ainsi de la mort civile et de l'infamie comme d'une « espèce d'excommunication civile qui prive la victime de toute considération, qui rompt les liens qui lui attachaient ses concitoyens, qui l'isole au milieu de la société », qui l'isole au milieu même de la mort[92].

L'Angleterre de la fin de la période anglo-saxonne et du début de la période normande connaissait une pratique similaire d'exclusion. La mise hors-la-loi (*outlaw*) était infligée au fuyard que l'on dépouillait radicalement, après un rituel fondé exclusivement sur la parole, de tous les attributs du sujet de droit. À Londres, lorsqu'un accusé de félonie ne paraissait pas en cour après y avoir été solennellement convoqué trois fois par intervalle d'une quinzaine, son exclusion de la communauté des hommes était prononcée à l'assemblée populairc à cicl ouvert, le *folkmoot*[93], réunie sur le parvis de la cathédrale Saint-Paul. Tous les citadins y avaient été appelés par les cloches de l'église. On déclarait publiquement que le fuyard « portait une tête de loup », *caput gerat lupinum*, l'association entre l'animal et le banni, largement répandue dans les cultures indo-européennes[94], étant clairement inscrite dans l'organisation du rituel anglais d'exclusion. L'*outlaw* n'était plus un homme, tout lien social venant d'être tranché par sa proscription. Comme il portait la tête de loup,

91. Montesquieu, *L'Esprit des lois*, livre VI, 21. Je souligne.
92. Jacques Pierre Brissot de Warville, *Théories des lois criminelles*, Berlin, 1781, t. I, p. 188.
93. James Tait, *The Medieval English Borough. Studies on its Origins and Constitutional History*, Manchester, Manchester University Press, 1936, p. 41-42.
94. Hanna Zaremska, *Les Bannis au Moyen Âge*, Paris, Aubier, 1996, p. 40-42.

personne ne pouvait plus l'héberger ou le soutenir sous peine d'être mis hors-la-loi à son tour. C'était un monstre à abattre, un sujet réduit au rang d'objet. Rédigé à Londres au tournant des XIIIe et XIVe siècles, le traité de *common law Le Miroir des Justices* expliquait, à la suite du juriste Henri Bracton dans sa compilation *De legibus et consuetudinibus* (vers 1260), les relations entre l'*outlaw*, son jugement sans procès, sa nature, sa valeur et celles du loup, ennemi des hommes.

> Dès le bannissement, l'*outlaw* est tenu pour loup et crié « tête de loup » (*wolvesheved*) parce que le loup est une bête haïe de toute gent et qu'il est dès lors permis à chacun de le tuer au prix d'un loup. Car la coutume était autrefois de porter les têtes au chef-lieu du comté et l'on recevait un décime de marc du comté de chaque tête d'*outlaw* ou de loup[95].

Devenir tête de loup, devenir hors-la-loi, revenait alors à être soustrait à l'application des lois[96]. La parole du *folkmoot* avait désintégré celle du félon en fuite. Or dès le début du XIVe siècle, la proscription de l'*outlaw* n'avait déjà plus la même signification : le hors-la-loi était devenu un homme recherché, non pas banni. Il s'agissait de le prendre de corps et de le réintégrer dans le processus judiciaire, non de l'en exclure et de le maintenir hors du monde des hommes. La mise hors-la-loi cessa d'être une peine infamante pour devenir un instrument du processus judiciaire, une contrainte pour être livré à la justice des tribunaux. L'homme à la tête de loup et la destruction sociale qu'elle impliquait disparurent ainsi de la pratique pénale anglaise dès le début du XIVe siècle, lorsque la justice royale multiplia ses cours itinérantes et élargit ses champs d'action[97]. En France,

95. Cité par Robert Jacob, « Le faisceau et les grelots. Figures du banni et du fou dans l'imaginaire médiéval », *Droit et Cultures*, 41, 2001, p. 80.

96. Robert Jacob, « Bannissement et rite de la langue tirée au Moyen Âge. Du lien des lois et de sa rupture », *Annales HSS*, 55, 2000, p. 1039-1079.

97. Susan Stewart, « Outlawry as an Instrument of Justice in the Thirteenth Century », in John C. Appleby et Paul Dalton (dir.), *Outlaws in Medieval and Early*

c'est le processus inverse qui se produisit et l'existence sociale du sujet fut la principale cible des évolutions pénales tout au long de l'Ancien Régime.

Dans la théorie juridique française, la mort éteignait le crime : le procès engagé contre un accusé surpris par la mort était interrompu et l'affaire close. « L'ourse mesme, écrivait le juriste Pierre Ayrault en citant Ésope, ne sévist point contre les morts, ou [ceux] qui font semblant de l'estre[98]. » Cette règle souffrait pourtant trois exceptions : le rebelle à la justice tué dans sa lutte contre les forces de l'ordre ; le criminel de lèse-majesté, qui défie toujours le droit en multipliant les exceptions juridiques ; le suicidé. L'ordonnance criminelle de 1670 confirmait cette pratique et réglait les étapes du processus judiciaire que les juges devaient entreprendre contre le cadavre et sa mémoire[99].

Il est important de rappeler ici, ne serait-ce que sommairement, cette procédure. Le magistrat désignait d'abord un curateur pour défendre le cadavre. Il pouvait s'agir d'un parent ou, plus souvent – puisqu'il fallait savoir lire et écrire –, d'un quelconque praticien du Palais, voire d'un archer ou d'un guichetier de prison. Le procès s'instruisait alors contre le curateur ; c'était son nom qui figurait dans toute la procédure judiciaire, c'était lui qui répondait des accusations prononcées contre le défunt : il devait prouver l'innocence du mort, s'il était accusé de subversion ou de lèse-majesté, ou réunir les preuves de sa folie, dans le cas d'un « homicide de soi-même ». À la fin de l'instruction, le jugement était rendu sans autre possibilité que l'absolution ou la culpabilité. S'il s'agissait d'une condamnation,

---

Modern England. Crime, Government and Society, c. 1066- c. 1600, Surrey, Ashgate, 2009, p. 37-54 ; et Frederick Pollock et Frederic William Maitland, *The History of English Law Before the Time of Edward I*, Cambridge, Cambridge University Press, t. I, p. 476-478 et t. II, p. 578-582.

98. Cité par Julien Brégeault, « Procès contre les cadavres dans l'ancien droit », *Revue historique de droit français et étranger*, 3, 1879, p. 619-644.

99. Voir Jeffrey Merrick, « Patterns and Prosecution of Suicide in Eighteenth-Century Paris », *Historical Reflections*, 16, 1990, p. 1-53 et Paul Friedland, « Beyond Deterrence : Cadavers, Effigies, Animals and the Logic of Executions in Pre-modern France », *Historical Reflections*, 29, 2003, p. 295-317.

elle devait impérativement être confirmée par un arrêt du Parlement puisqu'elle ne pouvait, en définitive, qu'être capitale. Si le cadavre n'avait pas encore été inhumé, il était généralement condamné à être tiré sur une claie, face contre terre, jusqu'à une potence où il était pendu, tête vers le bas, pendant vingt-quatre heures, mais si son état de conservation l'interdisait, la condamnation était exécutée par effigie ou inscrite sur un tableau et placardée sur les portes du Palais. Plus rare dans la seconde moitié du XVIIIe siècle, les juges convenant presque toujours du « dérangement subit » du suicidé, ce type de supplice disparut progressivement des usages de la capitale et, lorsqu'il était exécuté, étonnait les citadins qui voyaient passer le convoi. Juridiquement, il restait pourtant essentiel de tuer le mort.

Il existait, en fait et en droit, différents types de mort. Toutes les morts ne séparaient pas de la même manière, et les défunts que l'on pourrait qualifier de « normaux » n'étaient exclus ni de l'Église ni de la vie juridique. Le cadavre à qui l'on faisait un procès était encore un mort ordinaire ; il était considéré comme un sourd-muet dont le curateur était l'interprète. Mais dès qu'une condamnation capitale était prononcée contre lui, la nature, le statut de sa mort était changé. Il ne s'agissait plus d'une mort ordinaire mais d'une mort *séparante*, qui ne l'excluait pas seulement du monde des vivants, mais aussi de la communauté des vivants et des morts[100].

La condamnation à la mort civile était une peine capitale, même si elle n'était pas nécessairement jointe à une peine de mort naturelle[101]. Elle supprimait le patrimoine de l'individu – elle entraînait donc nécessairement la confiscation des biens[102] – et ce que l'on pourrait appeler la *parole vive* du justiciable : il

100. Je reprends ici la très belle analyse des effets de la proscription au Moyen Âge de Robert Jacob, « Le faisceau et les grelots », *op. cit.*, p. 78.

101. La mort civile se déclarait par une condamnation au dernier supplice, au bannissement perpétuel hors du royaume ou par les galères à perpétuité.

102. Pascal Bastien, « La "seconde punition" : quelques remarques sur la confiscation des biens dans la Coutume de Paris au XVIIIe siècle », in Benoît Garnot (dir.), *Justice et Argent. Les crimes et les peines pécuniaires du XIIIe au XXIe siècle*, Dijon, Éditions universitaires de Dijon, 2005, p. 271-279.

ne pouvait plus témoigner, contracter aucun mariage[103] ni administrer ou aliéner le moindre bien. Le mort civil perdait également sa puissance paternelle et le noble ses titres.

L'avocat parisien François Richer publia en 1755 le premier et seul *Traité de la mort civile* que l'ancien droit eût produit. Il reprit et réunit les avis des juristes qui l'avaient précédé, compila des arrêts qui avaient, depuis trois siècles, défini le cadre d'une telle condamnation et proposa ses conclusions lorsque la divergence des opinions juridiques et judiciaires posait une certaine confusion.

> Il faut se rappeler, écrivait-il, ce que c'est que la mort civile. C'est la proscription absoluë d'un citoïen; c'est le retranchement qu'on en fait de la société civile; c'est un membre qu'on lui arrache; c'est l'état d'un homme sur le front duquel on imprime une infamie publique; c'est l'état d'un citoïen avec lequel on défend tout commerce, tout engagement, toute alliance; *c'est l'état d'un homme qu'on retranche du catalogue des vivans*; enfin c'est l'état d'un homme que la société est avertie de ne point connoître pour tel, de le regarder comme étant déjà dans la classe des morts, et qu'on réduit à n'avoir ni patrie ni famille[104].

Avant la mort physique provoquée par l'exécution capitale, aboutissement ultime du processus judiciaire au pénal, la justice royale devait ainsi *tuer* l'existence sociale du condamné. La justice devait exécuter un homme déjà mort, sans quoi le bourreau devenait un assassin et le roi un tyran. Qu'il s'agisse du galérien, du banni à perpétuité ou du condamné à mort avant son supplice, ces individus avaient cessé d'exister : leur parole était

103. « Quand même l'église pourroit souffrir de pareils mariages, sa tolérance ne pourroit influer sur les effets civils, qu'il faut toujours distinguer du sacrement. C'est assez que l'honneur de la femme soit à couvert, que sa conjonction soit autorisée et que ses enfans passent pour légitimes : mais pour ce qui concerne les droits successifs et autres qui dépendent des loix civiles, elles les refusent à tout mariage qui choque leur autorité ». François Richer, *Traité de la mort civile*, Paris, Desaint, 1755, p. 234.

104. *Ibid.*, p. 159. Je souligne.

infâme, morte. « La société regarde ceux qui se trouvent dans ce cas comme n'étant pas des êtres vivants, continuait Richer. [C]e n'est plus, à ses yeux, qu'un être sans vie, qui ne communique avec personne et avec qui personne ne communique[105]. »

La notion d'infamie, Richer y insistait suffisamment, était étroitement liée à l'opinion ; mais elle était aussi profondément inscrite dans le langage. Le latin *fama*, qui désigne la « rumeur » et la « réputation », est à l'origine du terme. Dérivé du *for*, « parler », *fama* peut être traduit par « renommée », ce que fut tout à fait l'infamie de l'ancien droit français : un acte légal de nomination, un *sacer esto*[106] qui privait le condamné de tous les attributs du sujet de droit. On doit bien comprendre que l'arrêt de mort n'était pas destiné au bourreau, qui y aurait trouvé l'ordre d'agir, mais au condamné, qui cessait alors d'exister et conférait à l'exécuteur, en conséquence, la possibilité d'agir.

Dès le XIIIe siècle, nous l'avons vu[107], l'épreuve physique et visible de l'ordalie judiciaire avait disparu au profit de l'échange oratoire : la parole juridique servit le débat contradictoire en Angleterre, alors qu'elle fut au service de sa suppression en France, au profit d'un dialogue secret entre les hommes de loi et les justiciables. Ce ne fut plus le signe physique ou matériel du jugement de Dieu qui révélait le coupable, mais la voix impérieuse d'un porte-parole de la justice humaine qui condamnait les criminels. La mort civile désintégrait le lien social et construisait, à travers cette rupture de la parole, une sortie du droit. Le mort civil fut même moins qu'un mort puisque la sépulture lui était interdite, comme s'en était désolé Pierre Mandé à la potence. La société des hommes est celle de la parole, du lien, de la culture, et il était impératif d'en sortir le condamné afin que la justice pût légitimement s'exercer sur lui à travers le bourreau. Le criminel qui entendait la lecture de son arrêt de mort de la bouche du greffier

105. *Ibid.*, p. 6 et 203.

106. Robert Jacob, « La question romaine du *sacer*. Ambivalence du sacré ou construction symbolique de la sortie du droit », *Revue historique*, 639, 2006, p. 523-588.

107. Voir chap. III.

devenait, de droit, un mort-vivant pris entre deux mondes. Le condamné n'existait plus, sinon pour l'exemple. Il ne parlait plus, sinon pour son confesseur. Entre ces deux natures (un corps sans parole, une parole sans corps), entre la justice du roi et celle de Dieu, le mort pouvait cependant aider les vivants[108] à travers le testament de mort, c'est-à-dire le testament *d'un* mort.

> La loi l'a jugé digne de mort, en connoissance de cause, rappelle encore Richer : elle ne peut plus le connoître pour un homme vivant. S'il en était autrement, ce seroit faire dépendre de la négligence d'un bourreau, ou d'autres motifs encore plus criminels, le *merum imperium*, ce droit de glaive que le souverain a remis à la justice pour la punition, la proscription et la mort civile des coupables[109].

On peut ainsi entendre le mort à travers ce document rédigé dans l'« entre-deux-mondes » que fut le testament de mort. « Il ne peut être dit testament de mort, écrivait le juriste Ferrière, qu'après que le coupable est mort civilement par la prononciation de son arrêt et qu'il a été livré à l'exécuteur[110] ». Paroles de l'infâme, celles-ci n'avaient jamais valeur de preuve, puisque la mort civile invalidait *de droit* les mots prononcés par le condamné. Elles pouvaient sceller une affaire judiciaire, comme on le constate souvent dans les archives du Châtelet ou du Parlement[111], ou orienter une enquête en ouvrant quelque présomption, voire un « soupçon violent » si plusieurs testaments de mort correspondaient les uns avec les autres à l'égard de complices ou d'autres criminels connus ou non de la justice. Le testament de mort ne constituait jamais une preuve complète, mais soufflait des indices

108. Le « bien public », tels que juristes et théologiens le formulaient alors.
109. François Richer, *Traité de la mort civile*, *op. cit.*, p. 155-156.
110. Claude-Joseph de Ferrière, *Dictionnaire de droit et de pratique*, *op. cit.*, t. II, p. 1031.
111. Puisque les dossiers criminels parisiens présentent aujourd'hui leurs pièces dans l'ordre chronologique inversé de leur production, les liasses s'ouvrent avec le testament de mort, tandis qu'elles se terminent avec la plainte ou la constatation du corps du délit.

à la communauté des vivants.

Les « précis de vie » qu'on retrouve dans ces archives – l'expression en est tirée – démontrent un véritable sens du récit. Moins travaillé que les lettres de rémission analysées par Natalie Zemon Davis[112], le testament de mort reste tout de même le petit roman d'une vie coupable. On y trouve des regrets et des accusations, mais aussi l'aventure d'une jeunesse que le condamné acceptait soudain de raconter, de lui-même ou sous les exhortations du confesseur : le récit d'une tentation à laquelle il avait cédé, l'histoire détaillée d'une évasion de la prison ou de la galère, les amitiés ou les amours criminelles racontées par celui qui dénouait l'intrigue au juge et au greffier. La mort étant inévitable, la parole n'était pas toujours abondante. Parce qu'on ne détachait pas un homme lié aux instruments du supplice, le greffier rédigeait souvent ses dernières paroles dans le cadre du procès-verbal d'exécution. À l'Hôtel de Ville où le condamné devait monter pour faire son testament de mort, on pouvait demeurer quelques minutes, plusieurs heures, voire quelques jours. Le testament de mort interrompait l'urgence du rituel.

Toute exécution capitale ne produisait pas nécessairement un testament de mort. Lorsqu'on les consulte aujourd'hui, on ne remarque aucune correction sur leurs feuillets. Certes, le greffier corrigeait quelquefois, par des ratures, certaines erreurs de transcription, dans l'immédiateté de la prise de notes ; mais les juges n'écrivaient pas en marge pour commenter, supprimer ou compléter ces paroles de vies coupables. Paroles d'outre-tombe, dont la justice ne savait trop que faire et dont il fallait d'ailleurs se méfier.

> Ceux que leur mauvaise manœuvre a réduits à finir leur vie par un supplice qu'ils ont mérité, ne respirent souvent que rage, que désespoir, que fureur, et qu'un désir funeste d'en voir tomber d'autres en de semblables malheurs. Ainsi leur testament de

112. Nathalie Zemon Davis, *Fiction in the Archives*, *op. cit.*.

mort ne peut jamais faire une preuve complète, tant à cause de l'infamie qui environne celui qui est ou qui va être conduit au dernier supplice, et qui le rend intestable, que parce qu'il n'est point en état de pouvoir être ni recollé, ni confronté, qui sont les formes essentielles pour rendre un témoignage légitime et complet en matières criminelles[113].

Ces paroles ne furent jamais publiques et la foule ne devait pas les entendre. Les Parisiens en lisaient parfois une transcription, lorsque la justice convenait qu'elle était particulièrement édifiante[114]; ils en lisaient parfois une fiction, à travers la littérature de colportage qui la réinventait[115]; mais le condamné qu'ils voyaient mourir était généralement un condamné muet. Bien sûr, certains effrontés prirent la parole sur l'échafaud, mais on avait tôt fait de les faire taire; bien sûr, certains condamnés exemplaires purent s'adresser rapidement aux spectateurs des premiers rangs pour leur recommander la prudence et une ferme éducation chrétienne pour leurs enfants: mais vers la fin du XVIIe siècle, la mort chrétienne, à Paris, était une mort privée, exécutée en public mais préparée en tête-à-tête avec le confesseur. « Le patient, tant la coutume a d'empire, ne harangue jamais le public, ce qu'il fait si souvent en Angleterre: il n'en obtiendroit pas la permission[116]. » Seules les douleurs du passage vers l'autre-monde – les blasphèmes ou les prières – produisaient une voix que l'assistance pouvait garder pour mémoire. C'est cette voix qu'on lit dans les correspondances et les journaux d'événements; et c'est elle dont Mercier rendait compte lorsqu'il commentait et s'indignait des supplices que mettait en scène la capitale[117].

113. Claude-Joseph de Ferrière, *Dictionnaire de droit et de pratique*, *op. cit.*, t. II, p. 374; voir aussi Antoine Bruneau, *Observations et Maximes sur les matières criminelles*, Paris, Cavelier, 1715, p. 202.

114. *Le Procez verbal d'exécution de mort de Simon Morin, bruslé vif en la place de Grève le 14 mars 1663. Contenant l'abjuration de son hérésie et mauvaise doctrine*, slnd.

115. *Étrange et Desplorable Relation des cruautez d'une mère, de l'exécution de mort de son fils, et le sujet pourquoy*, Paris, Pierre Petit-Jan, 1632.

116. Louis-Sébastien Mercier, *Tableau de Paris*, *op. cit.*, chap. CCLXXX, « Place de Grève ».

117. *Ibid.*

L'autre parole, secrète, cachée dans le testament de mort, circulait dans les couloirs du Palais, parfois pour crier vengeance ou justice, mais non pour être exemplaire.

Le testament de mort ne fut pas un discours ordonné comme la lettre de rémission, ni un récit du crime structuré par un interrogatoire. On y devine parfois la rhétorique du greffier ou celle du confesseur, mais entre elles se saisit aussi la parole du mort, qui alterne entre description et aveu. Le condamné affichait et revendiquait alors la même devise que le juge : *dire vrai.*

Double mort, donc. Civile par la confiscation de la parole et naturelle, par le supplice brisant le corps du condamné. Ce corps n'était plus rien. Il était parfois réduit en cendres et jeté au vent ou exhibé sur une roue, le long d'une route, telle une marque exemplaire de la justice du roi. Le plus souvent pourtant, les juges l'abandonnaient entre les mains du bourreau. Le corps était pris en charge par l'oubli.

La justice est une institution de la parole. Dans son étude classique sur le vocabulaire des institutions indo-européennes, Émile Benveniste a bien mis en lumière les relations entre la parole et le droit. La justice n'existe que si elle est dite ; il ne s'agit pas seulement des mots, mais de la mise en voix : ce sont les mots mis en sons par la bouche qui donnent valeur d'autorité à la décision de justice. « Ce n'est pas le faire, mais toujours le prononcer qui est constitutif du "droit" : *ius* et *dicere*, *iu-dex* nous ramènent à cette liaison constante[118]. » Aussi, tous les juristes de l'ancien droit français insistèrent sur la parole comme fondement du jugement[119]. Seule la vertu performative de la parole

118. Émile Benveniste, *Le Vocabulaire des institutions européennes*, Paris, Minuit, 1969, t. II, p. 99 et suivantes. Voir aussi Robert Jacob, « *Judicium* et le jugement. L'acte de juger dans l'histoire du lexique », in Olivier Cayla et Marie-France Renoux-Zagamé (dir.), *L'Office du juge. Part de souveraineté ou puissance nulle ?*, Paris, LGDJ, 2001, p. 35-72.

119. Il n'est pas inintéressant de noter que la formule « donner sa parole » ne s'impose en France qu'au XVIIe siècle ; jusque-là on « donnait sa foi ». Anita Guerreau-Jalabert, « Parole/Parabole. La parole dans les langues romanes : analyse d'un champ lexical et sémantique », in Michel Lauwers et Rosa Maria Dessi (dir.),

qui dit le droit – dans un contexte et des formes particuliers – pouvait transformer le statut juridique d'un accusé pour en faire un coupable. Et si la parole fut fondatrice du jugement, elle fut aussi profondément intégrée dans les rituels d'exécution.

À Londres, à travers la peine, la propre parole du condamné fut au cœur des préoccupations des spectateurs et parfaitement intégrée dans une culture judiciaire du débat contradictoire et d'un régime juridique de loi. À Paris, la parole impérieuse détenue par le greffier fut la condition de l'organisation du rituel tandis que la parole confisquée, celle d'un mort avant la mort, celle de l'infamie, fut l'issue logique de la verticalité du droit pénal et d'une conception particulière des notions de justice et de culpabilité.

La Parole du prédicateur. Ve-XVe siècle, Nice, Collection du Centre d'études médiévales de Nice, 1997, p. 314. La parole, c'est la loi : « parlement » est un dérivé du mot parole et appartient à son registre sémantique, avec un sens plus restreint il est vrai ; c'est le lieu où la parole s'exerce.

CHAPITRE V

Le supplice éclairé
Vers une nouvelle exemplarité

La seconde moitié du XVIIIe siècle ajouta une autre parole au concert de voix judiciaires et criminelles que le chapitre précédent a cherché à relever : elle vit la parole des justiciables, celle des spectateurs, celle de la communauté, s'inscrire dans l'univers du débat, de la critique et de l'opinion publique, ce « tribunal indépendant de toutes les puissances et que toutes les puissances respectent[1] ». Évidemment, à Londres, tout commence toujours un peu plus tôt ; mais Londres comme Paris, villes des Lumières, libérèrent les voix, les lectures et les idées par un investissement de plus en plus fort des citadins dans les préoccupations politiques du moment. Sous toutes ses formes, l'« espace public » invitait à la remise en cause, même si celle-ci, notamment à Paris, était surveillée, dénoncée et punie. Le monde des promenades et des salons, les échanges épistolaires ou les publications de libelles, pamphlets et mémoires sur les questions du jour ouvrirent la critique sur tous les sujets, proposèrent des réformes sur tous les problèmes et, comme l'écrivait Sarah

1. Comme le formulait Malesherbes dans un discours à l'Académie française en 1775. La bibliographie sur la question de l'espace et de l'opinion publics est immense : pour un bilan historiographique récent, voir Stéphane Van Damme, « Farewell Habermas ? Deux décennies d'études sur l'espace public », à paraître in Patrick Boucheron et Nicolas Offenstadt (dir.), *L'Espace public au Moyen Âge*, en préparation (texte disponible sur http://lamop.univ-paris1.fr/W3/espace public).

Maza à propos des factums et des causes célèbres[2], confondirent et transformèrent des affaires privées en polémiques d'intérêt public. Les mots circulaient, s'agitaient, faisaient des émules et poursuivaient leur route, de la taverne où on les prononçait sans se méfier jusqu'à la chambre de justice où on les répétait pour les dénoncer[3].

Dans son ouvrage classique sur l'émergence de la société civile bourgeoise, Jürgen Habermas avait utilisé le *coffee-house* londonien d'après la Restauration comme le lieu par excellence du développement de la critique, les hommes y discutant de leurs dernières lectures, sans égard à leur classe sociale[4]: on commentait et interprétait les nouvelles du *Tatler*, du *Spectator*, du *London Evening Post* ou du *Gentlemen's Magazine*, mais aussi celles des *Proceedings* et des *Ordinary's Accounts* parus récemment. Au XVIIIe siècle, la hausse de la criminalité à Londres et l'apparente faillite de la justice d'Old Bailey à contenir voleurs et assassins étaient, de Grub Street à Russell Street, sur toutes les lèvres. De même, à Paris, la critique et l'opinion ne furent pas qu'affaires de salon: les rumeurs entourant quelque procès en cours ou les réflexions tirées d'un supplice exécuté la veille alimentèrent toujours, aux halles, à l'atelier ou dans le cabinet de lecture, les façons d'imaginer la ville et ses dangers: ceux du crime bien sûr, mais aussi, notamment depuis les affaires Calas, Sirven et La Barre (1762-1764), ceux de la justice et des erreurs qu'elle pouvait commettre.

De fait, le monde judiciaire fut, à Londres comme à Paris, parmi les plus importants sujets de débat du moment. Si les philosophes et publicistes français faisaient largement l'éloge de

2. Sarah Maza, *Vies privées, affaires publiques*, *op. cit.*

3. Gilles Malandain, « Les mouches de la police et le vol des mots: les gazetins de la police secrète et la surveillance de l'expression publique à Paris au deuxième quart du XVIIIe siècle », *Revue d'histoire moderne et contemporaine*, 42, 1995, p. 376-404; Arlette Farge, *Dire et mal dire. L'opinion publique au XVIIIe siècle*, Paris, Seuil, 1998.

4. Jürgen Habermas, *L'Espace public. Archéologie de la publicité comme dimension constitutive de la société bourgeoise*, Paris, Payot, 1978 (1re éd. allemande, 1962), p. 67 et suivantes.

la procédure criminelle anglaise et des vertus du jugement par jury, les cours de justice britanniques reçurent aussi leur lot de satires, de jugements indignés et de propositions de réformes. Le traducteur anonyme de la première édition anglaise (1767) du *Dei Delitti e delle pene* (1764), du jeune marquis de Beccaria, rappelait dans sa préface que la justice anglaise n'était pas à l'abri de la critique.

> On pourra nous opposer qu'un traité de ce genre est inutile en Angleterre, où de l'excellence de nos lois et gouvernement, on ne trouve aucun exemple de cruauté ni d'oppression. Mais nous devons convenir qu'il reste encore beaucoup à faire pour parfaire notre système judiciaire : l'emprisonnement pour dettes, la saleté et l'horreur de nos prisons, la cruauté des geôliers et les malversations des auxiliaires de la justice, à quoi nous pouvons ajouter la triste considération que le nombre de criminels exécutés en Angleterre est beaucoup plus élevé que partout ailleurs en Europe, suffisent à répondre à toute objection[5].

Au cours de la première moitié du XVIIIe siècle, le changement politique et administratif revendiqué (et parfois mis en œuvre par les États) passa du retour à l'ordre ancien, rhétorique traditionnelle de l'âge classique, à la philosophie du progrès caractéristique des Lumières : l'innovation était valorisée et l'argument utilitariste, en Angleterre comme en France, constamment mis en avant[6]. Les appels à la réforme judiciaire s'étaient déjà fait entendre en Angleterre dès les années 1720-1730, notamment pour améliorer les conditions lamentables d'incarcération dans les prisons du royaume ; à Paris, une génération plus tard, ce fut l'arbitraire des juges de la procédure inquisitoire qui concentra une large part des critiques.

5. Beccaria, *An Essay on Crimes and Punishments*, Londres, J. Alman, 1767, p. VII-VIII. Je traduis.

6. Philippe Minard, « La "réforme" en France et en Angleterre au XVIIIe siècle : sens et fortunes d'un mot d'ordre », *Revue d'histoire moderne et contemporaine*, 56-4bis, 2009, p. 5-13.

Or les questions de la valeur du spectacle de la peine et des limites de l'exemplarité judiciaire firent aussi, de part et d'autre de la Manche, l'objet de grandes préoccupations : au nom de l'utilitarisme des Lumières et de l'humanité des penseurs éclairés, le châtiment capital, défendait-on à Londres et à Paris, devait être réinventé en profondeur. Ce chapitre n'entend pas refaire l'histoire de l'impact fondamental qu'eut en Europe l'opuscule de Beccaria sur le chapitre de la justice criminelle. On connaît bien le mouvement d'ampleur européenne qu'il allait impulser en faveur d'une réforme générale des institutions judiciaires[7]. Il s'agit plutôt de voir « localement », si j'ose dire, la justification et les changements précis que connut le théâtre des supplices à Londres et à Paris à la toute fin du XVIIIe siècle. Les années 1780-1790, auxquelles se consacre ce dernier chapitre, mirent fin au spectacle de Tyburn ainsi qu'aux supplices traditionnels de l'ancien arsenal français. Moment charnière dans l'histoire de la peine de mort, ces années posent avec acuité le difficile équilibre entre les idées et les émotions, la communication entre les unes et les autres et le déplacement progressif des modalités de l'exemplarité dans la légitimation puis l'élaboration du spectacle de l'exécution capitale.

Homo spectator

Depuis le premier chapitre, ce livre cherche à faire l'histoire d'un spectacle. La force, pour être juste, doit se manifester publiquement afin que le peuple, par son regard, y consente ; et la justice, pour être forte, doit s'exprimer avec éclat pour asseoir sa souveraineté sur les populations[8]. L'exécution publique fut au cœur de ces enjeux politiques.

Qu'est-ce donc que l'exemplarité judiciaire ? C'est un sentiment de peur marqué dans la chair du spectateur. C'est aussi

7. Marcello Maestro, *Cesare Beccaria and the Origins of Penal Reform*, Philadelphie, Temple University Press, 1973 ; Michel Porret (dir.), *Beccaria et la Culture juridique des Lumières*, Genève, Droz, 1997.

8. Je paraphrase ici Pascal, *Pensées*, éd. Brunschvicg, 298.

une conscience du droit inscrite dans une mémoire du crime et du gibet. C'est une émotion et un savoir. Toute la question, au XVIIIe siècle, fut de statuer si l'émotion était morale et si le savoir était utile.

Une bonne partie des débats sur la justice criminelle a porté sur les significations qu'on devait prêter à la notion d'exemplarité, si fondamentale dans la tradition pénale depuis au moins la fin du Moyen Âge : c'est évidemment sur ce concept que reposait tout le fondement de la publicité du spectacle des exécutions. Or parce que le supplice ne semblait pas retenir les criminels, parce que la garde continuait de mettre la main sur de petits voleurs pris en flagrant délit pendant une pendaison, parce que tous les criminels condamnés à mort répétaient avoir été les spectateurs les plus assidus du théâtre des supplices et que le sentiment d'insécurité urbaine augmentait parmi la population des deux capitales, les contemporains s'interrogèrent de plus en plus sur les conditions d'un supplice efficace.

La fréquence du spectacle

Les têtes fichées au sommet du pont de Londres étaient un spectacle encore commun à la fin du XVIIIe siècle. Si la pendaison fut, sans contredit, le supplice le plus familier des Londoniens, le bûcher pour les femmes et l'écartèlement en quatre pour les hommes restèrent en usage jusque dans les années 1780. Les pendaison, décapitation, éviscération et démembrement du condamné politique François de la Motte, exécuté à Tyburn pour espionnage en juillet 1781, attira une foule immense mais ne suscita aucun témoignage immédiat de scandale ; au contraire, le raffinement cruel du supplice – appliqué largement, il est vrai, sur un cadavre, puisque l'exécuteur avait reçu l'ordre de ne pas dépendre la Motte avant qu'il ait expiré – s'était pratiqué dans le calme général. À Londres, au temps de Samuel Arnold et de Thomas Gainsborough, on arrachait toujours publiquement le cœur des traîtres avant de le jeter au feu.

Malgré les discours parfois vengeurs des condamnés au pied du gibet, les désordres et les indécences illustrés par William Hogarth et commentés par Bernard Mandeville[9] méritent pourtant d'être nuancés. Bien sûr, quelques bousculades pouvaient avoir lieu pendant l'exécution des sentences : la dépouille d'un meurtrier emportée par la foule, une bataille de boules de neige en plein supplice ou des estrades écroulées sous le poids des curieux étaient, sans être courants, des spectacles possibles. Le Suisse François Lacombe insistait toutefois, dans ses *Observations sur Londres* de 1777, sur le calme général du spectacle de Tyburn. L'exécution « dure une heure, et tout se fait avec ordre et lenteur, et ni les acteurs ni les spectateurs ne témoignent la moindre impatience[10] ». La notion d'exemplarité fut, de fait, toujours discutée à l'aune des agitations de la foule spectatrice et de la dignité qu'elle affichait ou non face au spectacle de la mort. Les témoignages sur l'attitude des Londoniens au cours des exécutions sont contradictoires et si plusieurs Anglais dénoncèrent le mépris et l'indécence d'un peuple canaille, d'autres étrangers s'étonnèrent au contraire du calme général de Tyburn où les émeutes furent exceptionnelles et la foule, habituellement complice de la détresse ou la témérité des condamnés.

Quand on y regarde de plus près cependant, c'est le parcours des prisons de Newgate à Tyburn, c'est-à-dire le long trajet permettant les échanges entre les justiciés et les justiciables, qui suscita, d'après les critiques, le plus de réactions de la part des spectateurs[11]. C'était pendant ce chemin, rythmé par la clochette du sonneur de Saint-Sépulcre, que les rires, les danses, les injures ou autres comportements de foire accompagnaient

9. Et réunis par Thomas Laqueur pour son analyse bakhtinienne des exécutions capitales anglaises. Thomas Laqueur, « Crowds, Carnival and the State in English Executions, 1604-1868 », in A. L. Beier, David Cannadine et James M. Rosenheim (dir.), *The First Modern Society*, *op. cit.*, p. 305-355.

10. François Lacombe, *Observations sur Londres et ses environs*, Londres, 1777, p. 186.

11. C'est d'ailleurs le trajet de Tom Idle vers les fourches de Tyburn, conduit à travers une mer de Londoniens, qu'Hogarth capture dans sa célèbre planche de la série *Industry and Idleness* (1747).

l'appareil de justice. Mais arrivée au dernier instant, au moment où les discours des suppliciés se préparaient à être prononcés, la foule semble avoir adopté un tout autre comportement. Les chapelains de Newgate concluaient fréquemment leur récit en saluant la piété des Londoniens et leur soutien moral envers les patients les plus malheureux. D'autres témoignages révèlent que face à un supplicié riant et crânant, fier d'offrir à *son* public le spectacle d'une belle mort, les Londoniens pouvaient à leur tour manifester les comportements et les humeurs d'une assistance venue se divertir et non se recueillir[12].

Car tout le problème était là, se désolait le juge de paix et romancier Henry Fielding en 1751, dans sa célèbre *Enquête sur les causes de la récente augmentation des voleurs* : « Réunir les idées de la mort et de la honte n'est pas aussi facile qu'on pourrait l'imaginer[13]. » Comment croire en l'exemplarité d'un jugement lorsque celui qui en subissait l'exécution s'en gaussait ou se faisait une gloire de l'affronter sans frémir ? « Le petit peuple ne regarde pas comme une grande ignominie d'être pendu »[14], constataient

12. Contrairement à la verticalité du droit français, l'horizontalité de la *common law* paraît engager un investissement collectif jusque dans les sphères du pénal. À Londres, jusqu'à son abolition au XIXe siècle, le rituel du pilori à Charing Cross était un châtiment où l'arbitraire (*discretion*) appartenait à la foule car c'était elle qui, avec ordures, cailloux ou quelque autre projectile, exécutait la peine. Si elle était rétributive parce qu'elle répondait à un jugement de la cour, son exécution tendait largement vers une justice *vindicative* où l'évaluation des valeurs, des vices et des vertus du criminel reposait entièrement sur les Londoniens. Alors qu'à Paris il était strictement interdit de lancer quoi que ce soit qui pût blesser le condamné au carcan ou au pilori, à Londres, la mort du criminel était concevable et une condamnation au pilori pouvait être capitale par ses conséquences aux mains des citadins. C'est d'ailleurs cette exécution du châtiment par la foule, *the common mob*, qui, dans la capitale anglaise, fit du pilori une peine honteuse… la plupart du temps : tous ne pouvaient pas être traités comme Daniel Defoe, mis au pilori en 1703 et couvert de roses par la foule. Dans quelle mesure le châtiment fut-il exemplaire si ceux à qui on destinait la leçon, furent ceux qui prenaient en charge son exécution ? Voir Greg Smith, « "Civilized People Don't Want to See That Kind of Thing" : the Decline of Public Physical Punishment in London, 1760-1840 », in Carolyn Strange (dir.), *Qualities of Mercy. Justice, Punishment and Discretion*, Vancouver, UBC Press, 1996, p. 21-51.

13. Henry Fielding, *An Enquiry…*, *op. cit.*, p. 168. Je traduis.

14. César de Saussure, *Lettres…*, *op. cit.*, p. 133 ; Louis Béat de Muralt, *Lettres sur les Anglais et les Français*, *op. cit.*, p. 86.

avec étonnement les continentaux. Les exécutions ne paraissent effrayer personne, écrivait encore la philanthrope Elizabeth Fry en 1827, parce que le concept de prédestination, « largement majoritaire parmi les voleurs », soutient que « si nous devons être pendus, nous serons pendus et rien ne pourra nous en prévenir »[15].

Henry Fielding se plaignait que l'une des principales raisons de l'indifférence des foules au spectacle des supplices fut la fréquence des exécutions. Certes, jusqu'à la seconde moitié du XVIIIe siècle, Tyburn n'était animé que huit fois par an ; mais il s'agissait alors d'exécutions en série où cinq, dix, quinze, vingt condamnés étaient pendus à la fois. S'encourageant alors les uns les autres par la prière ou par la plaisanterie, les criminels arrivaient parfois, écrit Fielding, à dédramatiser le drame. Or le *Murder Act* de 1751 vint aggraver le problème puisque la loi statuait désormais que tout meurtrier condamné à mort, non seulement ne pourrait bénéficier d'une grâce du roi à travers le *Recorder's Report*, mais devrait être exécuté dans les deux jours suivant son jugement de culpabilité. À partir de 1752, les jours d'exécution furent donc plus fréquents : entre 1720 et 1751, on compta en moyenne 6,1 jours d'exécution par an pour les condamnés de la cour d'Old Bailey, et entre 1752 et 1783, cette moyenne s'éleva à 8,4, une augmentation d'environ 40 %. Entre 1770 et 1783, il y eut 132 jours d'exécution capitale à Tyburn[16], à une époque où la cour criminelle ne fut sans doute jamais aussi

15. Citée par Victor A. C. Gatrell, *The Hanging Tree*, *op. cit.*, p. 110. Randall McGowen a démontré que le discours religieux employé par les ministres et les magistrats anglais au XVIIIe siècle, plutôt que de servir un adoucissement des peines et d'inviter à une modération de la répression, inscrivait en fait la justice dans une conception étroite de l'ordre, du péché et de la morale justifiant la sévérité des cours criminelles. Les ministres considéraient la loi comme l'instrument qui devait soutenir les efforts de Dieu : si le peuple n'écoutait pas les bienfaits du Seigneur, seule la loi anglaise et la terreur qu'elle suscitait pouvaient constituer une possibilité d'action. Randall McGowen, « "He Beareth Not the Sword in Vain" : Religion and the Criminal Law in Eighteenth-Century England », *Eighteenth-Century Studies*, 21, 1988, p. 192-211 ; « The Changing Face of God's Justice : The Debate Over Divine and Human Punishment in Eighteenth-Century England », *Criminal Justice History*, 9, 1988, p. 63-98.

16. Simon Devereaux, « Recasting the Theatre of Execution : The Abolition of the Tyburn Ritual », *Past and Present*, 202, 2009, p. 147.

active et où ces jours d'exécution réunirent, en outre, davantage de suppliciés. Entre 1776 et 1783, le nombre de condamnations capitales prononcées par Old Bailey s'accrut plus que partout ailleurs dans le royaume, alors que la révolution américaine avait bloqué la principale peine secondaire utilisée par la métropole : les déportations en Amérique, formalisées par les *Transportation Acts* de 1718 et 1719, ne pouvaient plus être prononcées, et il fallut attendre 1787 pour que soit mise en place la colonie pénitentiaire de Botany Bay en Australie. Le nombre absolu des peines capitales réellement exécutées ne déclina qu'à partir de 1787[17]. Après la période élisabéthaine puis celle du règne de Charles II, la justice sous Georges III mit en place un véritable temps des supplices : dans ces circonstances et avec le succès phénoménal du pamphlet de Beccaria partout en Europe, l'exemplarité de la peine capitale paraissait particulièrement inefficace pour nombre de Londoniens. Chaque nouveau pendu en était la preuve.

En 1751, convaincu que le rituel de Tyburn était d'une telle indécence qu'il pouvait être directement responsable de la criminalité croissante de Londres, Fielding, dans son *Enquête*, appelait à un renversement des usages en prescrivant trois conditions à l'organisation des exécutions : réduire le délai entre une sentence et son exécution pour que les spectateurs puissent les associer l'une et l'autre ; restreindre la publicité du supplice, privilégiant l'angoisse de la suggestion à l'émotion éphémère de la représentation ; et intensifier la gravité de l'événement en étouffant le caractère festif du supplice au profit de la solennité de la justice et du grand acte de mourir. Chacun de ces aspects était absent du spectacle de Tyburn que connaissait Fielding. Sans eux, défendait-il, l'exemplarité du système pénal était nulle[18].

17. Il y eut encore une augmentation en 1820, mais 1822 fut la dernière année d'un taux élevé d'exécutions capitales ; la chute devint alors drastique. En 1833, aucune exécution ne fut tenue à Londres. Simon Devereaux, « Recasting the Theatre of Execution… », *op. cit.*

18. Henry Fielding, *An Enquiry*…, *op. cit.*, p. 171.

L'éclat des supplices à Paris s'étend approximativement des années 1640 à 1750[19], où se multiplièrent pendant plus d'un siècle les exécutions de toutes sortes : fouet, carcan, promenade sur l'âne, marque au fer rouge et peines capitales. Le bourreau ne fut sans doute jamais aussi actif sur une aussi longue durée ; les Parisiens ne furent sans doute jamais aussi souvent spectateurs d'exécutions que sous les règnes de Louis XIV et Louis XV. Scarron s'en lassait :

> Je vous dirai, par pure stérilité de nouvelles, que l'on pend et roüe ici tous les jours de la semaine, que le bourreau même en est fatigué, et que Mme …, qui, après M. de …, n'aime rien tant que de voir mourir en public, commence à en être rassasiée[20].

Tandis que l'avocat Mathieu Marais ironisait : « Le public devroit une statue à toute la Tournelle, qui purge Paris de tous ces fripons : on n'entend crier que des Arrests du Parlement[21]. » Il n'est pas étonnant que ce soit à cette époque que les dynasties des Guillaume et des Sanson se formèrent et que les revenus de la fonction prirent à Paris une ampleur qu'aucune autre ville ne pouvait offrir. Paris connaît, à cette époque, un véritable quotidien patibulaire : non seulement parce que la capitale était alors la plus importante ville d'Europe, mais aussi parce que la politique pénale du Parlement permit à Paris de concentrer, entre ses murs, l'essentiel des condamnations à mort du royaume. À moins qu'elle eût été de dernier ressort, toute sentence capitale rendue par un tribunal de sa juridiction devait absolument être portée en appel au Parlement. On sait que, en pratique, l'appel ne fut pas systématique avant la décennie 1750 et que plusieurs bailliages ou prévôtés firent exécuter leur jugement sans avoir

19. Robert Muchembled, *Le Temps des supplices*, *op. cit.*

20. Lettre de Scarron au Maréchal d'Albret du 20 août 1659, dans *French Classics. A Selection from the Letters of Madame de Sévigné and Her Contemporaries*, éd. Gustave Masson, Oxford, Oxford University Press, vol. 4, 1868, p. 220. Je remercie Paul Friedland de m'avoir signalé cette référence.

21. BnF, ms fr. 25002, f° 170 v. Marais commentait alors, en juillet 1722, l'exécution massive des cartouchiens.

transmis la révision du procès à la cour souveraine. Pourtant, de la fin du XVIIe siècle jusqu'aux années 1750, les parlementaires de la Tournelle confirmant en appel un jugement capital ne renvoyaient pas les condamnés à leur juridiction de première instance : enfermés à la Conciergerie en attente de la décision, les criminels entendaient finalement leur arrêt de mort de la bouche du greffier du Parlement, qui les conduisait aussitôt en Grève, place Maubert ou en quelque autre lieu de supplice, souvent à des centaines de kilomètres de là où le crime avait été commis. Dépouillant les justices inférieures des exécutions qu'elles auraient dû mettre en scène, sous prétexte qu'il était moins cher et plus prudent de limiter les déplacements, la Tournelle fit de Paris la capitale des supplices. Juristes et réformateurs se plaignirent souvent de cette pratique plus ou moins courante dans certaines cours souveraines[22].

Comme pour tant d'autres choses, la seconde moitié du XVIIIe siècle fut différente à cet égard. La mort amorça lentement sa sortie de scène de Paris. On connaît les polémiques parisiennes sur l'insalubrité des cimetières et sur la nécessité de les déplacer au-delà de l'espace urbain : la surpopulation de cadavres de la capitale fut alors en partie transférée à l'extérieur de la ville, suscitant un tollé dans une population profondément attachée à ses morts[23]. Or un mouvement parallèle toucha les exécutions capitales, progressivement renvoyées en juridiction de première instance ou concentrées presque exclusivement en place de Grève. La justice du roi ne considéra plus l'horreur des

22. « Dans quelques provinces de la France l'exécution du jugement se fait toujours dans la ville de la résidence de la Cour Souveraine, qui a jugé définitivement le coupable. On prive par-là les habitans du lieu du délit d'un spectacle qui, par sa rareté, feroit sur eux une impression qui se perpétueroit pendant plusieurs générations ; impression que l'habitude affoiblit et rend même nulle dans les lieux où on la renouvelle fréquemment. Ce n'est qu'une espèce de Tragédie où la canaille accourt en foule parce que, comme dit M. de Voltaire, on y entre sans payer. » Brissot de Warville, *Les Moyens d'adoucir…*, *op. cit.*, p. 211. Voir également François Serpillon, *Code criminel…*, *op. cit.*, t. I, p. 422.

23. Madeleine Foisil, « Les attitudes devant la mort au XVIIIe siècle : sépultures et suppressions de sépulture dans le cimetière parisien des Saints-Innocents », *Revue historique*, 510, 1974, p. 303-330.

supplices comme le langage privilégié de son dialogue avec les populations. Le 27 avril 1770, pour la mise à mort de Jacques-Martin Bouvier, le libraire Hardy constatait que « c'étoit la première exécution à mort qui se faisoit cette année dans l'intérieur de la ville de Paris, ce qui ne s'étoit pas vû depuis plus de dix ans[24] ». Le 20 décembre 1782, même étonnement du diariste à propos du brocanteur Jean-François Leclerc, pendu pour vols avec effraction :

> Les âmes sensibles étoient satisfaites de voir que personne n'eût été exécuté à mort dans la ville, fauxbourgs et banlieue de Paris depuis le mardi 24 avril 1781, et déjà elles commençoient à espérer que l'année présente 1782 seroit vierge à cet égard, et la seule peut-être depuis la naissance de la capitale ou l'établissement des Tribunaux de Justice pendant le cours de laquelle on n'auroit vu personne condamné à subir le dernier supplice ; lorsqu'elles avoient entendu les colporteurs publier l'arrêt mentionné au présent article[25].

C'est enfin à la rubrique du 31 décembre 1788 que Hardy signalait la disparition étonnante de la mort judiciaire de la ville de Paris.

> On observoit que très probablement pour la première fois depuis qu'il existoit une ville de Paris, ou depuis l'établissement des Tribunaux de Justice dans cette Capitale du Royaume de France, il ne s'étoit exécuté ni dans son intérieur, ni dans ses environs, aucune espèce de jugement quelconque portant condamnation de mort. Loin qu'une remarque aussi singulière m'ait paru pouvoir être obmise ou passée sous silence, j'ai cru devoir l'insérer ici et en former la clôture de la présente année[26].

24. Siméon-Prosper Hardy, *Mes loisirs…*, *op. cit.*, t. I, p. 660.
25. BnF, ms fr. 6684, f° 249.
26. BnF, ms fr. 6687, f° 189.

Forme juridique et officielle de la littérature d'échafaud, les arrêts publiés par le juré-crieur et vendus par les colporteurs, nous l'avons évoqué au chapitre précédent, vinrent suppléer à la rareté du spectacle. Pour l'oreille des Parisiens, jamais l'exécution ne fut aussi fréquente, même si le spectacle était imaginé. Le récit remplaça le supplice et c'est le crime qui, désormais, devait être le fondement de la peur. « Que l'arrêt de condamnation à mort rappelle surtout l'atrocité du délit, pour empêcher la pitié que pourroit produire le spectacle du supplice[27] ! » Dans les témoignages des contemporains, comme dans les procès-verbaux d'exécution et les relations du chapelain de Newgate, c'est autour du criminel que se construisait l'événement. En fait, prisons, écoles de médecine ou maison du bourreau ouvraient leurs collections de crânes de criminels à la curiosité des meilleures familles, fascinées et inquiétées par ces fragments d'assassins. Alors qu'à Londres, le cabinet de Madame Salmon, sur Fleet Street, présentait à la curiosité des visiteurs des figures de cire de criminels notoires, à Paris, dans les années 1750, l'auteur de l'*Année littéraire* s'indignait de la fascination généralisée pour les héros de la Grève.

> Raux, émaillard à Paris rue du Petit Lion, a représenté en émail l'infâme et célèbre Lescombat[28] en deux morceaux différents. [A]u lieu d'ensevelir pour l'honneur de l'humanité dans la nuit la plus profonde les attentats de cette femme abominable, on travaille à leur donner de la célébrité. L'un fait sa figure en cire et la montre à tout Paris ; l'autre se procure son cadavre et passe six mois à l'injecter pour remettre ensuite son visage odieux sous les yeux du public. Celui-ci l'a gravé et reprend son portrait dans

27. François-Michel Vermeil, *Essai sur les réformes à faire dans notre législation criminelle*, Paris, Savoye et Delalain, 1781, p. 245.

28. Condamnée à mort pour avoir fait assassiner son mari par son amant, Marie Catherine Taperet, veuve Lescombat, fut pendue en place de Grève en mai 1755, après avoir fait retarder par deux fois son exécution pour raison de grossesse. Voir Sabine Juratic, « Meurtrière de son mari : un destin criminel au XVIIIe siècle ? L'affaire Lescombat », *Revue d'histoire moderne et contemporaine*, 34, 1987, p. 123-137.

> tout le royaume, celui-là fait son oraison funèbre, un cinquième fait des chansons, des épigrammes, des épitaphes, des madrigaux; jusqu'à quand plaisantera-t-on ainsi en France avec les crimes et voudra-t-on immortaliser la scélératesse et l'atrocité[29] ?

On connaît aussi la célèbre « caverne des grands voleurs » de Philippe Curtius dont devait hériter la future Madame Tussaud en 1794 : on pouvait enfin approcher ces criminels de cire et lire, en les dévisageant à loisir, la noirceur de leur âme. Les *Mémoires secrets* rapportaient, dans leur entrée du 11 mai 1783, l'intérêt et le succès de ce nouveau muséum du boulevard du Temple.

> L'artiste ingénieux qui a l'art de représenter au naturel toutes sortes de personnages connus sous le nom de figures du sieur Curtius, a imaginé de rassembler dans un même lieu celles des illustres scélérats étrangers ou nationaux, qu'il appelle la caverne des grands voleurs. Il s'est établi sur les boulevards depuis quelques années et suit les foires. Comme à mesure que la justice en expédie quelqu'un, il le modèle et le place dans sa collection, elle offre ainsi toujours quelque chose de nouveau aux curieux ; et ce spectacle n'est point cher, puisqu'il ne coûte que deux sous[30].

Les recherches entreprises dans les archives du parlement de Paris ont pu démontrer la diminution évidente des condamnations capitales dans les jugements criminels de la Tournelle après l'année 1780[31] ; les mêmes conclusions ont également été retirées par le dépouillement des registres du Châtelet pendant

29. *Année littéraire, ou Suite des lettres sur quelques écrits de ce temps*, t. VIII, 1758, p. 50.

30. *Mémoires secrets pour servir à l'histoire de la République des Lettres en France*, Londres, Adamson, t. XXII, 1784, p. 270. Pour plus de détails sur les collections de Curtius, voir David McCallam, « Waxing Revolutionary : Reflections on a Raid on a Waxworks at the Outbreak of the French Revolution », *French History*, 16, 2002, p. 153-173.

31. Dominique Muller, « Magistrats français et peine de mort au XVIIIe siècle », *XVIIIe siècle*, 4, 1972, p. 79-107 et Colin Kaiser, « The Deflation in the Volume of Litigation at Paris in Eighteenth Century and the Waning of the Old Judicial Order », *European Studies Review*, 10, 1980, p. 309-336.

les quinze dernières années de l'Ancien Régime[32]. Pratiques molles d'indulgence où des peines moins rigoureuses, au cœur d'un appareil policier beaucoup plus efficace, étaient privilégiées au temps des supplices terrifiants et exemplaires[33], la justice pénale de la deuxième moitié du XVIIIe siècle eut recours à d'autres modalités de représentation pour exister et se légitimer dans l'opinion publique.

La justice devait rester présente en tout temps, se manifester à chaque instant puisque plus qu'une institution, elle était un idéal qui ne connaissait aucune interruption[34]. La mémoire devait constamment être activée pour rappeler aux Parisiens la rigueur des lois et l'ordre moral que les magistrats étaient chargés d'assurer par leur vigilance. Si l'on en croit l'avocat et criminaliste Antoine Bruneau, chaque année à Paris, depuis trois siècles, l'« exécution de la rue aux Ours » était reconstituée pour rappeler l'horreur des crimes qui avaient conduit un Suisse sacrilège au bûcher. Fête sacrée et laïque, cet étrange anniversaire ancrait le supplice dans la mémoire de la capitale.

> Nous voyons tous les ans une belle présentation le 3 juillet rue aux Ours, vis-à-vis la rue Sale-au-Comte, par le feu d'un phantosme de carte qu'on brûle, pour faire ressouvenir qu'un soldat, pis qu'un enragé d'avoir perdu son argent au jeu, donna des coups de couteau à l'image de la Sainte-Vierge, qui étoit au coin de cette rue, que l'on nomme Notre Dame de la Carole, portée dans une belle Chapelle, au derrière du Chœur de l'Église du Prieuré Royal de Saint Martin des Champs[35].

32. Gérard Aubry, *La Jurisprudence criminelle du Châtelet de Paris sous le règne de Louis XVI*, Paris, LGDJ, 1971 ; et Richard Mowery Andrews, *Law, Magistracy and Crime in Old Regime Paris, 1735-1789*, t. I, *The System of Criminal Justice*, Cambridge, Cambridge University Press, 1994.

33. Robert Muchembled, *Le Temps des supplices*, *op. cit.*

34. Les magistrats du Parlement étaient les seuls, lors des obsèques du roi, à ne pas porter les habits du deuil. Voir Ralph E. Giesey, *Le roi ne meurt jamais. Les obsèques royales dans la France de la Renaissance*, Paris, Flammarion, 1987, p. 111.

35. Antoine Bruneau, *Observations et Maximes sur les matières criminelles*, Paris, Cavelier, 1715, p. 463.

La cérémonie, que Mercier raillait dans son *Tableau de Paris*[36], ne fut supprimée qu'en 1789. Pendant tout l'Ancien Régime, elle avait célébré les liens entre l'Église et l'État et rappelait, chaque année pendant trois siècles, que l'exécution capitale était un extraordinaire instrument de solidarité et un agent toujours efficace du vivre-ensemble.

La foule impossible

Que le supplice ait été exemplaire ou non, on y assistait parce qu'on allait à la chasse aux souvenirs, pour s'approprier des images et des émotions, regarder la violence et chercher à y donner sens. Car la violence n'est pas irrationnelle ; elle ne manque d'ailleurs pas de raisons et, comme l'écrivait René Girard, elle sait au contraire en trouver de fort bonnes[37]. Par son regard, le spectateur manifestait au souverain son accord : il recevait une leçon, mais il offrait surtout son consentement. Que ressentait-il lorsqu'il voyait le bourreau jeter le condamné de l'échelle ?

Démesurés et excessifs, les tourments d'une exécution capitale auraient tenu du sublime.

> Aucune passion ne dépouille aussi efficacement l'esprit de tous ses pouvoirs d'agir et de raisonner que la peur ; car étant l'appréhension de la douleur ou de la mort, elle agit d'une manière qui ressemble à la douleur véritable. C'est pourquoi tout ce qui est terrible pour la vue est également sublime[38].

36. Louis-Sébastien Mercier, *Le Tableau de Paris*, *op. cit.*, t. I, chap. CCCXVII, « Le Suisse de la rue aux Ours », p. 837.

37. René Girard, *La Violence et le Sacré*, Paris, Grasset, 1972.

38. Edmund Burke, *Recherche philosophique sur l'origine de nos idées du sublime et du beau* (1751), Paris, Vrin, 1998, p. 102. Voir aussi les remarques de Malebranche sur la puissance – et les dangers – de l'imagination lors du spectacle des supplices : Nicolas Malebranche, *De la recherche de la vérité* (1674-1675), livre II, chap. VII, « De l'imagination ».

Et avant le grand traité de Burke, Jean-Baptiste Dubos insistait aussi sur l'étrange attrait que les supplices pouvaient exercer sur les populations. La chasse aux souvenirs fut d'abord une chasse aux émotions.

> Un mouvement que la raison réprime mal, fait courir bien des personnes après les objets les plus propres à déchirer le cœur. On va voir en foule un spectacle des plus affreux que les hommes puissent regarder, je veux dire le supplice d'un autre homme qui subit la rigueur des loix sur un échafaud et qu'on conduit à la mort par des tourmens effroiables : on devroit prévoir néanmoins, supposé qu'on ne le sçut pas déjà par son expérience, que les circonstances du supplice, que les gémissemens de son semblable feront sur lui, malgré lui-même, une impression durable qui le tourmentera longtemps avant que d'être pleinement effacée ; mais l'attrait de l'émotion est plus fort pour bien des gens que les réflexions et que les conseils de l'expérience. Le monde dans tous les pays va voir en foule les spectacles horribles dont je viens de parler[39].

Ces réflexions sur la peur sublime et l'esthétique de l'horreur, si elles s'inscrivent dans un discours éminemment savant, méritent toutefois d'être considérées pour penser le regard – ou toute autre forme d'appréhension – des citadins face aux exécutions capitales. Les élites reprochaient au peuple sa curiosité qui, face aux exécutions, aurait tenu de l'insensibilité ; pourtant, à Londres comme à Paris, elles partagèrent avec lui le goût du morbide, entretinrent même avant lui un certain attrait pour l'érotisme macabre et, en dépit des remarques outragées de certains auteurs, prirent part, comme lui, au théâtre des supplices.

C'est à la littérature de témoignage – journaux, Mémoires et correspondance – que les historiens se fient généralement pour

39. Jean-Baptiste Dubos, *Réflexions critiques sur la poésie et sur la peinture*, Paris, 1733, p. 12-13.

retracer, par fragments, l'expression de ce regard sur le supplice. L'écart entre le discours savant sur le sublime, l'écriture bourgeoise du témoignage et la culture « ordinaire » des populations est large, très certainement. C'est d'ailleurs toute la difficulté de penser historiquement la foule, alors qu'il est déjà si difficile de la définir sociologiquement. Nous l'avons vu au premier chapitre grâce à Philippe de Vigneulles, le plus souvent, l'écriture des journaux ou des Mémoires ne marque rien de la banalité du spectacle de la mort, preuve que la mémoire ne percevait pas nécessairement cet événement comme tel. Familier et répétitif dans ses gestes, le rituel n'avait pas à s'écrire, de même qu'on n'écrit pas le son quotidien des cloches de l'église ou les gestes liturgiques de la messe dominicale. Seuls certains prêtaient une attention particulière à un objet qui, pour d'autres, manquait d'intérêt. En règle générale, si le spectacle intéressait, si même, pendant quelques instants, il galvanisait, il ne déclenchait pas nécessairement les passions de l'assistance. Pour un pendu, on ne se déplaçait pas nécessairement s'il pleuvait ; encore moins en plein hiver s'il neigeait ou s'il faisait un froid « très piquant » – d'autant plus quand, comme à Paris, le condamné décidait de monter à l'Hôtel de Ville pour y faire, au chaud, de longs aveux. Il suffisait de s'enquérir, le lendemain, des nouvelles de sa mort. « L'homme s'accoutume à tout, même à l'horreur des supplices », se désolait Louis-Sébastien Mercier[40].

Entre plaisir, fascination, inquiétude et compassion, l'émotion mise en jeu dans le spectacle du supplice est extrêmement complexe. L'affectivité[41] n'est pas impulsive, elle est aussi culturellement construite ; il ne s'agit pas simplement de l'intérioriser ou de la refouler, comme on a pu le lire à travers le schéma éliassien

40. Louis-Sébastien Mercier, *Le Tableau de Paris*, *op. cit.*, t. II, chap. CMXLI, « Criminalistes », p. 1266.

41. Lorsqu'on fait l'histoire des exécutions publiques, il est sans doute plus judicieux d'utiliser la notion d'affectivité à laquelle ont recours les historiens du Moyen Âge (Piroska Nagy et Damien Boquet, *Sensible Moyen Âge. Histoire de l'affectivité au Moyen Âge*, Paris, Seuil, à paraître) qu'à celle d'émotion, qu'on pourrait confondre avec les émeutes d'échafaud.

du processus de civilisation des mœurs, mais de l'élaborer et de lui donner sens. On pouvait être dégoûté par un supplice sans éprouver de la pitié pour celui qui le souffrait, ou au contraire être fasciné et séduit par le spectacle d'un corps brisé tout en affichant par ses larmes et ses prières une sincère et profonde compassion pour le malheureux.

Ce que les écrits du for privé suggèrent cependant, ce sont les enjeux sociaux des exécutions, particulièrement sensibles au XVIIIe siècle[42]. Si le crime que l'on châtiait et l'attitude du condamné avant son supplice furent fondamentaux à la lecture des spectateurs, la condition du condamné, sa classe sociale, l'ordre ou l'identité professionnelle qu'il représentait orientaient à coup sûr l'impression laissée par l'exécution. Tout comme les supplices par effigie qui rendaient justice sans punir les méchants, ainsi que l'ironisait Esprit Fléchier dans ses *Mémoires sur les Grands-Jours d'Auvergne en 1665*[43], certaines exécutions – ou non-exécutions – révélaient avec de plus en plus d'acuité l'écart ressenti, tout au long du siècle, entre la légalité du spectacle et sa légitimité. L'impunité de la noblesse fut une question sensible ; c'est ce qui motiva le régent, à la grande indignation de la cour, à refuser sa grâce au comte de Horn, finalement rompu vif en place de Grève pour vol et assassinat en 1720. En commentant avec dégoût les

42. Je reprends ici les remarques formulées par Déborah Cohen dans son compte rendu de « L'Exécution publique à Paris au XVIIIe siècle », *Revue d'histoire moderne et contemporaine*, 56, 2009, p. 224-227.

43. « Il suffit de savoir que les assassinats, les meurtres, les enlèvements et les oppressions étoient les matières communes des jugements, et qu'il y avoit un si grand nombre de criminels qu'on en fit effigier un jour près de trente à la fois. Il faisoit beau voir dans la place des exécutions tant de tableaux exposés, dans chacun desquels un bourreau coupoit une tête. [Tout] le peuple par curiosité vint voir cette foule de criminels en peinture, qui mouroient sans cesse et ne mouroient point; qui étoient prêts à recevoir le coup sans le craindre et qui ne cesseroient point d'être méchants en effet, tant qu'ils ne seront malheureux qu'en figure. » *Mémoires de Fléchier sur les Grands-Jours d'Auvergne en 1665*, Paris, Hachette, 1862, p. 274-275. Dans une lettre à sa fille du 11 novembre 1671, Mme de Sévigné racontait la surprise du marquis de Pomenars qui, de passage à Paris, assista à sa propre exécution par effigie : « Il approcha, il trouva que le peintre l'avoit mal habillé; il s'en plaignit; il alla souper chez le juge qui l'avoit condamné. »

dernières fresques du jeune Sade, le 8 avril 1768, Hardy s'indignait aussi :

> Si la justice n'en prend connoissance et n'en fait un châtiment exemplaire, [cette affaire] fournira à la postérité un exemple de plus de l'impunité qui suit d'ordinaire dans notre siècle les crimes les plus abominables, dès que ceux qui les commettent ont le bonheur d'être grands, riches ou accrédités[44].

Cette sensibilité fut bien réelle et alimenta nombre de discussions dans les rues de Paris, critiques et mauvaises plaisanteries que cherchèrent à capturer les mouches de police.

Pourtant, cette insatisfaction ne s'exprimait pas encore dans l'émotion populaire, ne provoquait pas encore d'agitations subversives ou de mouvements populaires d'insurrection. On a souvent cherché dans l'émeute d'échafaud les premières étincelles de la Révolution ; mais Jean Nicolas a bien montré que ce genre de révoltes était extrêmement rare et qu'il fallait les saisir localement et ponctuellement, sans en faire l'indice d'une exaspération sociale partagée contre la justice[45]. À Paris, on n'exécutait plus les condamnés devant les lieux du crime pour éviter que les spectateurs puissent se venger d'un plaignant trop zélé : reconnus pour leur turbulence, les domestiques, près de 10 % de la population parisienne au XVIIIe siècle, s'étaient quelquefois signalés lors du supplice d'un des leurs, non pour l'arracher des mains du bourreau mais pour se venger du maître insensible. Les juges comprirent la leçon. Dans la seconde moitié du XVIIIe siècle, la Grève, « territoire neutre », ne fut pas un espace d'émotions d'échafaud.

On a également voulu voir dans l'augmentation des troupes armées sur les lieux d'exécution une initiative des autorités pour prévenir les émeutes : l'augmentation des forces militaires

44. Siméon-Prosper Hardy, *Mes loisirs…*, *op. cit.*, t. I, p. 291.
45. Jean Nicolas, *La Rébellion française. Mouvements populaires et conscience sociale, 1661-1789*, Paris, Seuil, 2002, p. 379-386.

encadrant les lieux d'exécution aurait été la preuve d'une fissure dans la force du rituel, désormais insuffisante à contenir l'insatisfaction d'une foule. Il était pourtant rare qu'on sollicitât des troupes pour des condamnés de droit commun. Les corps armés faisaient d'ailleurs des difficultés pour participer au déroulement d'une exécution et résistaient farouchement à une collaboration avec le bourreau[46], à tel point qu'un réformateur proposa de constituer, pour la capitale, une troupe spéciale assignée au « service des supplices » :

> Le service des supplices ordonnés par le Châtelet et le Parlement ne peut s'accorder avec celuy d'une troupe militaire, disciplinée, aguerrie, et par conséquent respectable. Le premier moyen d'éviter le service des supplices au régiment des dragons de Royal-Paris seroit d'établir purement et simplement une compagnie d'archers du prévôt des bandes du régiment qui serviroit ainsi qu'il vient d'être dit[47].

Plus d'un exemple confirme la porosité des ceintures armées et la facilité avec laquelle un spectateur pouvait approcher l'échafaud, ou un condamné se sauver sans être rattrapé. Le cas anglais est aussi particulièrement éloquent à cet égard car si des *watchmen* accompagnaient le cortège, les échanges de paroles ou d'objets entre les condamnés et les spectateurs étaient une pratique admise qui ne prit fin, somme toute, qu'avec l'arrêt du parcours vers Tyburn en décembre 1783. L'historien Victor Gatrell fonde l'ensemble de sa démonstration sur la disparition du spectacle du supplice en Angleterre, sur la « fausse émotion » des classes moyennes dont le discours humanitaire et sensible n'aurait été que lâcheté et hypocrisie. La moralisation des discours et l'argument humanitaire n'auraient été que des instruments de distinction sociale[48]. Il est vrai que la garde fut plus présente à la Grève

46. BnF, ms Joly de Fleury 2424, f° 67 et suivants.
47. AN, F7 4296, *Mémoire pour l'établissement d'un régiment de dragons destiné à la garde de la ville, faubourg et banlieue de Paris.*
48. Victor A. C. Gatrell, *The Hanging Tree*, *op. cit.*, *passim.* Voir aussi Déborah

au XVIIIe siècle qu'au siècle précédent, mais les troupes, lors de l'exécution de Damiens et de Poulaillier, n'étaient pas là, comme Foucault a pu le suggérer, pour prévenir une émotion populaire ou un désaccord du peuple à l'égard des jugements de la justice du roi. Il ne s'agissait, ni plus ni moins, que du développement d'une stratégie de gestion de foule. Ce n'était pas le supplice qui créait l'angoisse du pouvoir, c'était l'étouffement d'une foule comprimée dans une place trop petite pour la recevoir[49]. Bien sûr, certains jugements fâchaient, certaines foules grondaient, certains spectateurs s'agitaient et menaçaient : mais ce fut très largement contre les *formes* de la violence du supplice et non contre la violence du supplice à proprement parler, qu'on s'élevait. Qu'un criminel soit condamné à la roue, à la bonne heure ! Mais qu'on le rompe sans faillir ! Qu'on brise ses membres sans avoir à s'y reprendre ! Le supplice devait s'inscrire très exactement dans les formalités prescrites par la justice. Car la mémoire, c'était aussi cela : donner sens et légitimité à une mort dont on savait qu'elle était infligée selon les cadres fixés par l'usage. Ni plus, ni moins.

> Imaginez-vous un monstre remué par un certain instinct, et composé de toutes les bonnes et mauvaises qualités ensemble ; prenez la fureur et l'emportement, la folie, l'ingratitude, l'insolence, la trahison et la lâcheté ; ajustez tout cela, si vous le pouvez, avec la compassion tendre, la fidélité, la bonté, l'empressement obligeant, la reconnaissance et la bonne foi, la prudence même ; en un mot, formez votre monstre de toutes ces contrariétés ; voilà le peuple, voilà son génie.
> [O]n allait un jour faire mourir deux voleurs de grands chemins ; je vis une foule de peuple qui les suivait ; je lui remarquai deux mouvements qui n'appartiennent, je pense, qu'à la populace de Paris. Ce peuple courait à ce triste spectacle avec une avidité curieuse, qui se joignait à un sentiment de compassion pour ces

---

Cohen, *La Nature du peuple. Les formes de l'imaginaire social (XVIIIe-XXIe siècles)*, Seyssel, Champ Vallon, 2010.

49. Julie Allard, « La généalogie d'une figure de l'angoisse. Formes, pratiques et représentations de la place de Grève (Paris, 1667-1789) », *op. cit.*, p. 142-150.

> malheureux ; je vis une femme qui, la larme à l'œil, courait tout autant qu'elle pouvait, pour ne rien perdre d'une exécution dont la pensée lui mouillait les yeux de pleurs.
>
> Que pensez-vous de ces deux mouvements ? Pour moi je ne les appellerais ni dureté ni pitié. [J]e gagerais que le peuple pourrait, en même temps, plaindre un homme destiné à la mort, avoir du plaisir en le voyant mourir, et lui donner mille malédictions[50].

Parler d'exemplarité ne suffit évidemment pas pour qualifier le public et ses impressions à l'égard des supplices. Marivaux avait sans doute raison d'insister sur la pluralité des lectures du spectacle, mais certainement tort de la réserver au peuple, alors qu'elle s'étendait à l'ensemble des spectateurs. Non pas que le public fut indifférencié, tant s'en faut ; mais du gagne-denier au marquis de salon, chacun fut gagné par une réaction originale qu'il est difficile, faute de témoignages suffisants, de retracer, réunir et catégoriser. C'est dans ce contexte que les élites éclairées s'interrogèrent sur la diversité des impressions laissées par le supplice. L'effet des exécutions était si éclaté que les supplices ne semblaient ni rationnels ni utiles. À une époque où toute action, notamment du gouvernement, devait concourir au progrès de l'humanité, le spectacle des exécutions capitales paraissait, pour plusieurs, sortir d'un autre âge et, très clairement, manquer ses objectifs.

Moderniser la mort, mécaniser le supplice

Au cours des années 1780 et 1790, si la question des prisons occupa une large part du débat pénal londonien[51], les shérifs de

50. Marivaux, « Lettres sur les habitants de Paris », *Journaux et œuvres diverses*, éd. Frédéric Deloffre et Michel Gilot, Paris, Garnier, 1969, p. 12-13.

51. Michael Ignatieff, *A Just Measure of Pain. The Penitentiary in the Industrial Revolution, 1750-1850*, New York, Pantheon Books, 1978 et Randall McGowen, « The Well-Ordered Prison. England, 1780-1865 », in Norval Morris et David

Londres et du Middlesex, Barnard Turner et Thomas Skinner, se chargèrent, au nom de « l'humanité et de la décence du spectacle », de réformer en profondeur le théâtre de Tyburn pourtant fixé dans la mémoire des citadins depuis au moins deux siècles. Publié chez Stephen Clark en 1784, *An Account of Some Alterations and Amendments in the Duty and Office of Sheriff of the County of Middlesex and Sheriffs of the City of London, during the Sheriffalty of Sir Barnard Turner and Thomas Skinner* (« Compte rendu de quelques changements et réformes aux responsabilités et office de shérif du comté du Middlesex et shérifs de la ville de Londres, pendant l'administration de messieurs Barnard Turner et Thomas Skinner »), fait état des réformes policières et pénales mises en œuvre pendant leur mandat, de la nomination des officiers de justice à la condition des prisonniers pour dettes, sans négliger, en écho aux propositions de Henry Fielding en 1751, le théâtre des exécutions capitales. Pour remplacer l'« étrange foire » que d'aucuns s'étaient mis à dénoncer depuis le début du siècle[52], Turner et Skinner cherchèrent à élaborer un rituel plus grave et plus solennel, plus rapide et moins imprévisible, au cœur même de la capitale. Déjà, le décor des supplices avait quelque peu changé. Depuis octobre 1759 la fourche à trois piliers de Tyburn avait été remplacée par un gibet démontable, moins cher à entretenir – l'ancien aurait mérité d'être entièrement reconstruit – et vraisemblablement plus pratique pour un voisinage en constante expansion. On trouve plus d'une pétition de propriétaires terriens, dès les années 1760, pour réclamer un déplacement du gibet en raison des désordres entravant le commerce[53] qui désormais s'y faisait à proximité. En outre, le sac de jute visant à cacher les grimaces et les effusions de sang du pendu, et la doublure de tissu noir recouvrant la charrette

---

J. Rothman (dir.), *The Oxford History of the Prison. The Practice of Punishment in Western Society*, Oxford, Oxford University Press, 1995, p. 71-99.

52. Randall McGowen, « "Making Examples" and the Crisis of Punishment in Mid-Eighteenth-Century England », in David Lemmings (dir.), *The British and Their Laws in the Eighteenth-Century*, Suffolk, Boydell Press, 2005, p. 182-205.

53. Simon Devereaux, « Recasting the Theatre of Execution », *op. cit.*, p. 136.

du convoi, avaient déjà cherché à donner aussi au cours des années 1760 un peu plus de dignité au cérémonial. Scandalisés par le parcours de Newgate vers Tyburn, trop long et trop indécent pour la morale qu'ils souhaitaient défendre, Turner et Skinner décidèrent de le supprimer et, partant, de reconfigurer entièrement l'espace du supplice.

Ce fut le 7 novembre 1783 que se tint la dernière exécution à Tyburn ; le brigand John Austin, condamné à mort pour vol avec violence le 29 octobre précédent, fut pendu, seul, au gibet. Il y fut conduit selon le rituel habituel, à travers la foule habituelle, et il répondit semble-t-il aux attentes habituelles, avec un discours repenti et résigné. Austin mit plus de dix minutes avant de mourir au bout de sa corde[54]. Turner et Skinner n'avaient pu empêcher que le supplice ait lieu, le crime d'Austin relevant du *Murder Act* de 1751. Ils avaient pourtant obtenu que les autres condamnés restent incarcérés jusqu'à ce qu'un nouveau gibet pût les accueillir, directement à la sortie de la prison. Un mois plus tard, en décembre 1783, un nouveau rituel était donc inauguré.

Réformateurs et philanthropes saluèrent ce basculement dans l'ordre des supplices et cet heureux déplacement dans les visées et la portée de l'exemplarité du spectacle pénal. Il s'agissait d'une rupture d'importance pour la mémoire et l'ordinaire des Londoniens[55] puisque la terrible cérémonie de mort n'était plus destinée aux citadins conviés à quitter leur atelier pour venir assister, à l'extérieur de la ville, au spectacle de la justice, mais aux prisonniers de Newgate. Les prisonniers en attente de jugement, les prisonniers pour dettes et les prévenus pour petites infractions étaient confrontés à la réalité du supplice, à travers le bruit et la proximité de l'exécution. Désormais, l'enfermement, le procès et l'exécution devaient partager le même espace ; c'était par ailleurs à la population modeste des quartiers

54. *Morning Chronicle*, 8 novembre 1783, cité *ibid.*, p. 129.

55. Steven Wilf, « Imagining Justice : Aesthetics and Public Executions in Late Eighteenth-Century England », *Yales Journal Law and the Humanities*, 5, 1993, p. 51-78.

avoisinant Newgate et Old Bailey que le spectacle de la justice cherchait aussi à s'adresser.

Les changements au rituel anglais furent vraisemblablement dus à une montée dramatique de la criminalité, largement causée par la démobilisation militaire de la fin de la guerre d'Amérique. Le rapatriement du gibet au cœur de Londres visait notamment à diminuer les risques associés aux processions d'un trop grand nombre de suppliciés. Le rituel de Newgate transforma profondément le spectacle, mais sans pour autant priver le condamné de son droit de parole à l'échafaud.

L'exécution se tenait à la sortie de la Debtor's Door, la « porte des prisonniers pour dettes », près de laquelle il semble qu'on ait alors pu réunir jusqu'à 5 000 personnes. Un grand échafaud de bois offrait une meilleure visibilité et une protection supplémentaire aux spectateurs. La corde au col, le condamné basculait dans le vide lorsque la trappe de l'échafaud se dérobait sous ses pieds. Plus rapide grâce à l'abolition du convoi vers Tyburn, l'exécution était aussi plus expéditive en raison d'une mort qui, sans encore être immédiate[56], était tout de même accélérée par la violence de la chute, contrairement à la mort par suspension jusqu'alors en usage. Pour Jeremy Bentham, l'innovation mécanique du *new drop* (« nouvelle chute ») avait le même objectif et le même effet que la guillotine : réduire la souffrance du condamné et prévenir, autant que faire se pouvait, l'imprévisibilité de la maladresse humaine[57]. Progrès technique, la mécanisation du supplice était aussi une victoire humanitaire.

À partir de 1783, le spectacle londonien des supplices était donc pensé et produit devant Newgate, à proximité de la cour d'Old Bailey. La durée n'était plus la même ; le bruit non plus. Même si les cloches de Saint-Sépulcre prévenaient toujours la ville du moment de la prochaine exécution, le sonneur n'accompagnait plus les condamnés jusqu'à leur mort, comme à l'époque

56. Le *long drop* n'apparut en Angleterre qu'en 1872, grâce aux mesures et aux calculs de l'exécuteur William Marwood.

57. *The Works of Jeremy Bentham*, éd. John Browing, Édimbourg, Simpkin, Marshall and Co., t. V, 1843, p. 119.

du long trajet vers Tyburn. Le calendrier même fut bouleversé puisque avec la disparition du parcours, les jours chômés n'eurent plus leur raison d'être. Seul le discours de dernier instant resta un droit inaliénable. Il ne disparut qu'avec la publicité des exécutions capitales en 1868.

À la veille de la Révolution française, Paris, de son côté, n'avait rien changé des supplices de son ancien arsenal. En 1789, les citadins étaient toujours appelés à croiser potences et échafauds et la place de Grève recevait encore ses pendus et ses rompus. Le spectacle restait le même. Plus continues en matière civile, les réformes en matière criminelle furent plus tardives, souvent très limitées, parfois même sans effet. Si Rétif de la Bretonne et Louis-Sébastien Mercier, parmi d'autres hommes des Lumières, s'indignaient du prolongement des douleurs des condamnés à la roue et, surtout, de la noire illusion de l'exemplarité des supplices, les Parisiens, très largement, se satisfaisaient des exécutions capitales, par ailleurs plus rares, qui étaient mises en scène. Pour sûr, la justice criminelle française connaissait ses scandales ; pour sûr elle avait, de plus en plus, ses critiques. Les réhabilitations s'étaient accélérées au cours du siècle : plus lentes dans les années 1760, elles s'obtenaient plus facilement dans les années 1780 car en cassant les arrêts de ses parlements, le Conseil du roi avait progressivement prouvé que la justice de ses cours supérieures n'était pas infaillible. Ce fut l'affaire des « trois roués », portée par Dupaty en 1785, succédant aux autres combats livrés farouchement par Voltaire depuis l'affaire Calas, qui convainquit nombre d'esprits éclairés qu'une réforme intégrale de la justice criminelle s'imposait ; plusieurs d'entre eux, d'ailleurs, devinrent députés à l'Assemblée nationale en 1789. Mais ce mouvement de réformes appartenait largement aux Lumières et, plus que celui du bourreau, c'était le travail des juges qui suscitait la méfiance. L'essentiel de la population parisienne, certes sensible aux erreurs judiciaires, n'avait pas la destruction du système pénal en tête pour autant.

Inventer une nouvelle mort

En dépit des critiques récurrentes, mais sans grand écho législatif, contre la procédure inquisitoire et le recours à la torture[58], peu s'émouvaient de l'exécution capitale et de ses supplices aggravés avant la seconde moitié du XVIIIe siècle. Le tirage à large échelle des mémoires judiciaires, rédigés sous une forme mélodramatique attrayante et émouvante, ne doit être à l'évidence ni négligé dans son impact, ni restreint au seul groupe des philosophes ; mais on aurait tort de croire que les cas de Sirven ou La Barre furent sur toutes les lèvres. La préparation de l'ordonnance criminelle de 1670 avait déjà suscité plusieurs débats[59]. Mais si Beccaria eut une influence incontestable sur la critique et l'esprit de réforme des philosophes des Lumières, il eut aussi ses opposants ; Daniel Jousse et Muyart de Vouglans parmi les plus connus, mais de nombreux autres juristes, polémistes et écrivains des Lumières qui n'envisagèrent pas d'adoucir les procédures auxquelles ils reprochaient d'ailleurs leur faiblesse répressive. Aux philosophes qui prétendaient que la nouvelle sensibilité des hommes des Lumières ne permettait pas qu'ils pussent soutenir leur regard sur un pareil spectacle d'horreur, d'autres répondaient qu'il fallait au contraire profiter de cette sensibilité pour les glacer d'effroi et les convaincre, par la terreur et le dégoût, de la force implacable des lois du roi. Trop doux, trop familier, insuffisamment symbolique, l'arsenal des supplices méritait d'être réinventé pour profiter de l'émergence de cette nouvelle sensibilité moderne. Il fallait repenser le théâtre de la peine, réinvestir l'imagination des spectateurs lassés de la familiarité du rituel. Pour le juriste réformateur Joseph de Bernardi,

58. En plus de Montaigne, La Bruyère ou Ayrault, on trouve le traité d'Augustin Nicolas au titre très évocateur : *Si la torture est un moyen sûr à vérifier les crimes secrets, dissertation morale et juridique par laquelle il est amplement traité des abus qui se commettent partout en l'instruction des procès criminels, et particulièrement en la recherche du sortilège*, Amsterdam, A. Wolfgang, 1682.

59. Marc Boulanger, « Justice et absolutisme : la grande ordonnance criminelle d'août 1670 », *Revue d'histoire moderne et contemporaine*, 47, 2000, p. 7-36.

la mise en scène devait être terrible et les accessoires sollicités parfaitement tragiques.

> Il faut tâcher de réunir les signes les plus capables d'inspirer la tristesse, la crainte, sur toute chose l'horreur du crime et le dessein de rester vertueux. Pour cet effet, il n'y aura point d'exécution, ne s'agit-il que des peines légèrement afflictives et infamantes, qui ne soit précédée des formalités suivantes.
> Le condamné sera promené au son du tambour, de place en place, de carrefour en carrefour, les mains liées derrière le dos, accompagné de satellites en nombre suffisant pour assumer l'exécution ordonnée et le bon ordre. À chaque place ou station, un crieur public annoncera à haute voix la loi violée, le crime commis, et l'arrêt prononcé. Si la marque au fer chaud est ordonnée, elle sera imprimée sur la joue droite pour la première fois, et en cas de récidive sur la joue gauche, afin que la condamnation produise son effet, l'infamie manifeste et publique du criminel. S'il y a peine de mort, outre ce qu'on vient d'observer, on revêtira le coupable d'une chemise ensanglantée, on lui assurera dans la main l'instrument du meurtre, six des satellites, destinés à le fusiller, seront autour de lui, portans des crêpes à leurs chapeaux ; le tambour également voilé d'un crêpe, et le tocsin répandant l'épouvante et la consternation ; et le cadavre de l'homicidé ou son effigie en cire, revêtue de ses habits teints de sang, étendu au lieu du supplice, achèvera de consterner les bons citoyens et d'effrayer les méchans. Le criminel, à genoux devant ce cadavre, fera tout haut l'amende honorable, avant d'être exécuté, et après que la lecture de la loi et de l'arrêt aura été faite pour la dernière fois, les coups de fusil seront lâchés au signal que donnera le greffier en élevant le livre de la loi, pendant que les cloches sonneront la mort.

Outre la fusillade que l'auteur souhaitait intégrer aux peines contre les criminels de droit commun, d'autres innovations pénales étaient suggérées dans son projet de réforme : la main écrasée sur un billot, la condamnation à tirer les tombereaux ou l'exposition « aux tentatives risqueuses et aux travaux meurtriers », c'est-à-dire « à des opérations de chirurgie ou à des épreuves dangereuses, comme de lever la pierre des latrines, placer un coq sur la flèche d'un clocher, etc. »[60]. Bernardi fut un parmi tant d'autres à imaginer de nouveaux supplices, à la lecture desquels Sade perd largement de son originalité. Et en aucun cas ces innovations ne furent mal reçues : au contraire, elles furent souvent couronnées par les concours des académies. On devait insuffler à l'exemplarité une nouvelle énergie ; une vraie réforme de la justice pénale devait passer par de nouveaux supplices.

À Londres, au début du siècle, des réformateurs avaient fait les mêmes réflexions pour combattre la croissance ininterrompue de la criminalité dans la capitale. L'auteur anonyme du célèbre pamphlet *Hanging not Punishment Enough for Murtherers, High-Way Men and House-Breakers* (« La pendaison n'est pas une peine suffisante pour les meurtriers, les brigands et les voleurs par effraction ») réagissait au climat de peur ambiant à Londres et dans ses environs, au sentiment d'insécurité alimenté par les *Proceedings* qui répétaient, presque mensuellement, la somme des crimes commis et la réalité des dangers de la ville. Si la pendaison était suffisante, assurait-il,

> nos routes ne seraient pas si affligées par cette méchante engeance, ni nos *Sessions-papers* mensuels [i.e. les *Proceedings* de la cour d'Old Bailey] et nos journaux quotidiens si remplis de récits de vols et d'assassinats, et tous les plaisirs du voyage détruits, comme ce l'est maintenant, en étant si dangereuses et hasardeuses[61].

Le gibet de Tyburn n'offrait vraisemblablement pas le spectacle terrible capable de contenir les criminels. L'auteur invitait donc la justice à les faire mourir de faim, à les fouetter jusqu'à

60. Joseph de Bernardi, *Discours sur les loix pénales* (1780), in Brissot de Warville, *Les Moyens d'adoucir…*, *op. cit.*, p. 42 et suivantes.
61. *Hanging not Punishment Enough for Murtherers, High-way Men and House-Breakers*, Londres, A. Baldwin, 1701, p. 1.

la mort ou à les briser sur la roue[62]. La cruauté des supplices était sollicitée pour effrayer les méchants mais aussi, peut-être surtout, pour rassurer les autres. « Cela serait le meilleur moyen de nous protéger contre la peur que nous avons d'eux[63]. » Ce pamphlet s'inscrit dans une littérature du crime et de la violence particulièrement abondante au XVIIIe siècle, dénonçant les inquiétudes de l'insécurité et engageant les autorités à l'adoption d'une pénalité plus redoutable[64].

La justice moderne passait donc par une modernisation – et un raffinement – des châtiments. Le supplice éclairé, en Angleterre comme en France, était un supplice théâtralisé de bout en bout. Dans un *Essai sur les réformes à faire dans notre législation criminelle*, François-Michel Vermeil proposait, à son tour, ses propres innovations pénales.

> Voici donc de quelle manière le crime de poison pourroit être puni. Le coupable arrivé au lieu de l'exécution, et étant monté sur un échafaud près duquel existeroit une grande chaudière d'eau bouillante ; le bourreau lui présenteroit une coupe dont il lui jetteroit la liqueur sur la face, comme pour l'accabler de l'horreur de son forfait en lui en offrant l'image ; et le renverseroit ensuite dans la chaudière d'eau bouillante. Le supplice de l'eau bouillante a lieu pour ce crime en Angleterre[65].

L'auteur poursuivait, cette fois-ci pour le cas du parricide.

> Ce seroit de crever les yeux au parricide ; de l'enfermer dans une cage de fer, élevée de terre à une assez haute distance ; dans laquelle

62. Non pas comme le supplice français, qui brisait les os du condamné avant d'attacher le malheureux sur la roue, mais comme le supplice germanique : le condamné était attaché nu soit sur une grande roue, soit sur un lit de bûches espacées, et une lourde roue était ensuite abattue sur chacun de ses membres par le bourreau. Richard van Dülmen, *Theater des Schreckens*, *op. cit.*, p. 131.

63. *Hanging not Punishment Enough*…, *op. cit.*, p. 3.

64. C'est dans ce courant que s'inscrit l'opuscule de Bernard Mandeville, *An Enquiry into the Causes of the Frequent Executions at Tyburn*, Londres, J. Roberts, 1725, qui réfléchit à son tour sur la spectacularité des exécutions.

65. Le supplice disparaît en fait de l'arsenal pénal anglais dès le règne d'Henri VIII.

> le coupable nu, à l'exception d'une ceinture formée de fer maillé, seroit nourri au pain et à l'eau jusqu'à la fin de ses jours ; et se montreroit ainsi, exposé à toutes les rigueurs des saisons, tantôt le front couvert de neige, tantôt calciné par un soleil brûlant. C'est dans ce supplice énergique, présentant plutôt la prolongation d'une mort douloureuse que celle d'une vie pénible, qu'on pourroit vraiment reconnoître un scélérat dévoué à l'horreur de la vie entière. [E]t quelle est l'âme atroce qui, à la vue d'un spectacle ainsi perpétué, pourroit encore concevoir le projet monstrueux de donner la mort à celui ou celle qui lui donna la vie[66] ?

Le thème de l'énergie, et donc de l'efficacité et du progrès, est récurrent dans la philosophie des Lumières et fut régulièrement mis en avant par les partisans de la terreur pénale. Bien qu'il voulut remplacer la peine capitale par celle des travaux forcés, Brissot de Warville tenait à ce que la mise en scène fut puissante, vive et, par conséquent, d'une infaillible exemplarité.

> Je voudrois que, pour rendre ce supplice plus terrible encore, on pût réunir tout ce que l'opinion publique a d'énergie, pour accabler le scélérat qui a osé troubler l'ordre. Je voudrois qu'avant d'être renfermé dans les mines, ou conduit à des travaux, il parût publiquement et à plusieurs reprises ; qu'on pût lire son crime, le lui reprocher ; qu'exposé aux regards, à l'indignation de ses concitoyens, on ne le vît qu'avec horreur. [...] La peine de la vie, lorsqu'on la sature, pour ainsi dire, du fiel du mépris, est plus terrible que la peine de la mort[67].

Les réformes souhaitées ne tendaient donc pas toujours à l'adoucissement des peines. Muyart de Vouglans ne fut pas le

66. François-Michel Vermeil, *Essai sur les réformes à faire dans notre législation criminelle*, Paris, Savoye et Delalain, 1781, p. 145-149. Michel Porret présente de nombreux autres exemples dans « "Effrayer le crime par la terreur des châtiments" : la pédagogie de l'effroi chez quelques criminalistes du XVIIIe siècle », in Jacques Berchtold et Michel Porret (dir.), *La Peur au XVIIIe siècle. Discours, représentations, pratiques*, Genève, Droz, 1994, p. 45-67.

67. Brissot de Warville, *Les Moyens d'adoucir...*, *op. cit.*, p. 85.

seul juriste à croire fermement à la pédagogie par l'effroi et un grand nombre d'« idées éclairées », c'est-à-dire portées par un souci de progrès, d'émulation et d'utilité sociale, cherchaient dans le vaste champ des douleurs les solutions les plus urgentes aux problèmes de la pénalité traditionnelle. Car si dans l'ordre général des réformateurs, l'exemplarité par l'horreur n'était pas toujours à l'ordre du jour, le consensus sur l'utilitarisme pénal, lui, fut général. Nous l'avons suggéré plus tôt avec les « travaux meurtriers » proposés par Bernardi ; l'abolitionnisme de Beccaria fut, à son tour, fondé sur un souci d'utilité sociale parce qu'au fond, écrivait-il, « la peine de mort n'a jamais rendu les hommes meilleurs ». Les projets de réforme répondaient moins à un souci de dignité humaine[68] qu'à l'obsession de l'utilitarisme pénal. Lorsqu'on croit à la pédagogie de l'effroi, la cruauté des supplices devient utile ; mais lorsqu'on n'y croit plus, c'est ailleurs que la mort et la douleur doivent être mobilisées.

Le débat sur le sort des dépouilles de suppliciés et la vivisection des condamnés à mort reflète le projet des Lumières privilégiant toujours l'Homme sur l'individu. Le *Murder Act* de 1751 cherchait autant à aggraver la peine capitale par la honte inspirée au cadavre, qu'à fournir aux chirurgiens les précieuses dépouilles nécessaires à leurs expériences anatomiques. La dernière gravure de *The Four Stages of Cruelty* (1751) de William Hogarth représente, au cœur du Surgeon's Hall de Londres, le corps éventré et disséqué de Tom Nero, meurtrier de sa maîtresse. Le supplice n'y était plus une simple élimination terrifiante ; il devint aussi un instrument du bien public. Dans l'article « Anatomie » de son *Encyclopédie*, Diderot appelait à une réforme de la pénalité française qui ferait de la vivisection une juste technique pour le rachat du criminel.

68. Même si la question des droits de l'homme apparaît déjà chez Henry Dagge et William Eden en Angleterre, ou Brissot de Warville en France. Voir Randall McGowen, « The Body and Punishment... », *op. cit.*, et Lynn Hunt, « Le corps au XVIIIe siècle. Les origines des droits de l'homme », *Diogène*, 203, 2003, p. 49-67.

> Me seroit-il permis d'exposer ce que je pense sur l'emploi qu'on fait ici d'*humanité*? Qu'est-ce que l'humanité ? sinon une disposition habituelle du cœur à employer nos facultés à l'avantage du genre humain. Cela supposé, qu'a d'inhumain la dissection d'un méchant ? Puisque vous donnez le nom d'inhumain au méchant qu'on dissèque, parce qu'il a tourné contre ses semblables des facultés qu'il devoit employer à leur avantage ; comment appellerez-vous l'Érasistrate, qui surmontant sa répugnance en faveur du genre humain, cherche dans les entrailles du criminel des lumières utiles ? […] De quelque manière qu'on considère la mort d'un méchant, elle seroit bien autant utile à la société au milieu d'un amphithéâtre que sur un échafaud ; et ce supplice seroit tout au moins aussi redoutable qu'un autre. [Q]uant aux criminels, il n'y en a guerre [*sic*] qui ne préférassent une opération douloureuse à une mort certaine ; et qui plutôt que d'être exécutés ne se soumissent, soit à l'injection de liqueurs dans le sang, soit à la transfusion de ce fluide, et ne se laissassent ou amputer la cuisse dans l'articulation, ou extirper la rate, ou enlever quelque portion du cerveau, ou lier les artères mammaires et épisgastriques, ou scier une portion de deux ou trois côtes, ou couper un intestin dont on insinueroit la partie supérieure dans l'inférieure, ou ouvrir l'œsophage, ou lier les vaisseaux spermatiques sans y comprendre le nerf, ou essayer quelqu'autre opération sur quelque viscère. Les avantages de ces essais suffiront pour ceux qui savent se contenter de raisons[69].

La proposition fut entendue par certains… notamment par les médecins qui y voyaient une formidable opportunité pour faire avancer leurs travaux[70]. Bernardi, ainsi que le réformateur genevois Benjamin Carrard, parmi d'autres, appuyèrent Diderot

69. Diderot et d'Alembert (dir.), *Encyclopédie*, *op. cit.*, p. 409-410.

70. Ainsi cet « Avis demandé à M. le Garde des Sceaux sur la proposition faite par le sieur Majault, médecin de Douay, d'accorder la grâce à une femme grosse condamnée à mort, à l'effet de lui faire subir l'opération de la symphise du pubis dans son accouchement (1781) », BnF, ms Joly de Fleury 496, f° 154 et suivants. Je remercie Rachel Couture d'avoir signalé cet étonnant dossier à mon attention.

et appelèrent de leurs vœux cette nouvelle forme de supplice si utile à la société[71]. Pour la sensibilité des Lumières, cette cruauté était compassion, pitié pour l'humanité, même si elle était brutale pour l'homme. Pendant longtemps, ce fut toute la logique paradoxale du châtiment légal : la peine capitale devait fonder le bien en l'articulant sur le mal qu'elle infligeait. Plus que l'intervention chirurgicale reprenant la métaphore très ancienne du corps politique et du corps humain, où le retranchement du membre malade était parfois nécessaire à la survie de l'ensemble, le supplice pour les Lumières pouvait participer à la civilisation.

Une « révolution absolue »

Lorsque la Bastille fut prise le 14 juillet 1789, ce fut tout un monde qui bascula. Les appels insistants pour une réforme de l'économie, du politique et du judiciaire avaient été vifs bien avant cette journée : le projet de destruction de la Bastille dès 1784, la convocation de l'Assemblée des notables en 1787, puis des États généraux en 1789, avaient précédé l'explosion du 14 juillet. En fait, la prise de la Bastille ne fut pas un geste révolutionnaire en soi ; ce fut l'absence d'une répression légale des séditieux qui en fit, après coup, le symbole de la marche révolutionnaire. Les Parisiens s'y étaient rendus non pour sauver les prisonniers qui s'y trouvaient (on en libéra sept, enfermés par lettre de cachet à la demande des familles), mais pour saisir l'arsenal de la forteresse afin de résister aux troupes étrangères que le roi avait fait venir le 26 juin précédent ; la veille, l'opération avait réussi aux Invalides. Se succédèrent alors maladresses et malentendus : fusillades sur les Parisiens, capitulation des occupants de la Bastille puis, après la victoire, massacre du gouverneur de la Bastille, le marquis de Launay, et de quelques-uns de ses hommes.

71. Benjamin Carrard, *De la jurisprudence criminelle*, ou *Essai sur la question proposée par l'illustre Société économique de Berne pour la confection d'un Code criminel*, Genève, Bonnant, t. I, 1785, p. 78-79.

La Révolution française commence peut-être là : de ces « vainqueurs de la Bastille », aucun ne fut pendu. Aucune poursuite criminelle ne fut engagée contre les insurgés ; ceux qui tuèrent et décapitèrent au couteau le gouverneur de Launay et le prévôt des marchands de Paris, Jacques de Flesselles, puis promenèrent leurs têtes sur des piques à travers Paris, ne furent menacés par aucun juge. Louis XVI annonça le retrait des troupes dès le lendemain ; le 16, il rappelait son ministre Necker, renvoyé peu de temps avant, et le 17 portait la cocarde tricolore remise des mains de Bailly, le maire de Paris. Le roi reconnaissait par ces gestes l'urgence du changement et, tacitement, les moyens employés pour l'obtenir. La poursuite criminelle des insurgés aurait fait de la prise de la Bastille une révolte ; l'impunité consentie en fit une révolution. Tout Paris en prit immédiatement conscience.

Le 22 juillet 1789, ce furent l'intendant de la généralité de Paris, Bertier de Sauvigny, et son beau-père, Foulon de Doué, accusés par la foule de spéculer sur les subsistances, qui furent conduits en place de Grève et exécutés : sans potence et sans bourreau, ce fut à la lueur de la lanterne située au coin d'une des maisons qui faisait face à l'Hôtel de Ville qu'on décida, avec le cordage trouvé sur les quais de la Seine, de pendre le beau-père d'abord, puis le gendre ensuite. La lanterne, qu'on brandit rageusement dans le « Ah ! Ça ira », fut rapidement érigé en symbole de la violence révolutionnaire[72]. Les têtes des deux malheureux furent ensuite tranchées et, comme celles de Launay et Flesselles, devinrent le trophée d'une justice populaire qu'on agitait à travers la ville. L'agressivité sociale à Paris fut bien réelle et la violence révolutionnaire impunie convainquit de la légalité des assassinats. Avec la grande peur d'une riposte ou d'un complot aristocratique gagnant en quelques semaines les campagnes et les villes de France[73], les révolutionnaires revendiquèrent

72. Michel Biard, *Parlez-vous sans-culotte ? Dictionnaire du Père Duchesne, 1790-1794*, Paris, Tallandier, 2009, p. 316-317.

73. Georges Lefebvre, *La Grande Peur de 1789*, Paris, Colin, 1932. Voir aussi Timothy Tackett, « La Grande Peur et le complot aristocratique sous la Révolution française », *Annales historiques de la Révolution française*, 335, 2004, p. 1-17.

et obtinrent le droit à la cruauté car celle-ci consacrait l'émancipation d'un peuple libre[74]. Pour Robespierre, la violence populaire témoignait d'un effort généreux des citoyens pour défendre les libertés du peuple[75].

Les réflexions et l'urgence de la réforme de la justice criminelle s'inscrivent dans ce climat. En 1788, les réformes obtenues par Lamoignon furent importantes : abolition de la question préalable, supprimant ainsi toute forme de torture du droit criminel ; abolition du dernier interrogatoire sur le tabouret infamant de la cour, la sellette ; obligation d'énoncer et de qualifier les sentences criminelles, confirmant un certain état de fait depuis les années 1750 ; et enfin, alors qu'il était d'usage qu'une exécution fût organisée la journée même où le jugement avait été prononcé, un délai d'un mois entre la sentence de mort et le supplice était désormais prévu pour permettre à la grâce du roi d'intervenir, comme à Londres avec le *Recorder's Report*. Ces réformes furent jugées insuffisantes par les contemporains, comme en témoignent les cahiers de doléances de 1789[76] ; mais on doit mesurer tout de même à quel point elles furent le signe d'un important changement de sensibilité. Les cahiers furent bien sûr rédigés, pour la plupart, par des hommes de lois qui avaient lu Beccaria, et sans doute aussi le *Commentaire sur le code criminel d'Angleterre* de William Blackstone (traduit en français dès 1776 par l'abbé Coyer). Dans ces circonstances, on ne doit pas s'étonner d'y trouver la participation de jurys ou la défense de l'accusé par un avocat au nombre des revendications pour une profonde réforme de la procédure criminelle.

Les révolutions de 1688 et de 1789 n'ont évidemment pas la même histoire, les mêmes fondements ni les mêmes conséquences. La Glorieuse Révolution ne cherchait pas à transformer

74. Sophie Wahnich, « Acculer un peuple à l'insurrection, acculer un peuple à la cruauté », *Les Émotions, la Révolution française et le Présent. Exercices pratiques de conscience historique*, Paris, CNRS éditions, 2009, p. 169-180.

75. Jacques Goulet, « Robespierre, la peine de mort et la Terreur », *Annales historiques de la Révolution française*, 53, 1981, p. 219-238.

76. Albert Desjardins, *Les Cahiers des États généraux en 1789 et la législation criminelle*, Paris, Pedone, 1883.

l'ordre politique mais, au contraire, à préserver la Constitution et les lois, alors que les révolutionnaires français renversèrent une souveraineté pour la remplacer par une autre et, partant, voulurent aussi remplacer les lois qui avaient été supprimées par le nouvel État législateur. La voie anglaise doit être comprise dans la logique de la *common law* alors que la voie française n'eut d'autre choix que de faire table rase des lois du passé pour réinventer un autre système juridique et judiciaire. La Glorieuse Révolution fut un retour à la constitution anglaise, une révolution au sens astronomique du terme, qui n'instaura pas le régime nouveau que cherchera à imposer la Révolution française en changeant le détenteur de la souveraineté[77]. On retrouve ce que nous signalions plus tôt : une différence entre la jurisprudence et la loi, entre le fait concret et le principe abstrait et, en définitive, entre l'horizontalité et la verticalité du droit[78].

C'est donc dire s'il était absolument nécessaire, en France, d'écarter l'ancien arsenal pénal pour le remplacer par une nouvelle forme de châtiment corporel. Le 4 août 1789, l'abolition générale des privilèges fut décidée, emportant avec elle la vénalité des offices. Le 26 août, la Déclaration des droits de l'homme et du citoyen posait les premiers jalons d'une « révolution absolue[79] » de la justice : la légalité des peines contre l'arbitraire d'Ancien Régime, l'égalité de tous devant la loi et la séparation des pouvoirs[80]. Le 10 septembre, un comité pour la réforme de la procédure criminelle fut créé par les constituants ; une première réforme fut votée à l'Assemblée le 8 octobre, rendant l'instruction criminelle publique et contradictoire, protégeant l'accusé par le conseil d'un avocat, exigeant que soit prononcée aux deux tiers des voix toute sentence à peine afflictive et infamante, et

77. Hannah Arendt, *Essai sur la révolution*, Paris, Gallimard, 1967, p. 58.

78. Voir aussi Philippe Raynaud, *Trois Révolutions de la liberté. Angleterre, Amérique, France*, Paris, PUF, 2009.

79. L'expression est de Nicolas Bergasse dans un discours tenu à l'Assemblée le 17 août 1789 sur l'organisation du pouvoir judiciaire. *Archives parlementaires*, Paris, Librairie administrative de Paul Dupont, 1875, t. VIII, p. 449.

80. Jacqueline Lucienne Lafon, *La Révolution française face au système judiciaire d'Ancien Régime*, Genève, Droz, 2001.

aux quatre cinquièmes toute condamnation capitale en dernier ressort. Le fonctionnement des tribunaux était bouleversé, la défiance envers les magistrats mise à l'ordre du jour : une autre justice était en invention[81]. Le lendemain 9 octobre, un député de Paris pour le Tiers-État, le médecin Joseph-Ignace Guillotin, proposait d'ajouter de nouveaux articles au texte adopté la veille, consacrant une nouvelle façon d'imaginer la peine[82].

> Article 29. Les mêmes délits seront punis par *le même genre de supplice, quels que soient le rang et l'état du coupable*.
> Article 30. Dans tous les cas où la loi prononcera la peine de mort contre un accusé, le supplice sera le même, quelle que soit la nature du délit dont il se sera rendu coupable. *Le criminel aura la tête tranchée*.

Ces deux règles furent maintenues dans le code pénal français jusqu'à l'abolition de la peine de mort en 1981. Les révolutionnaires cherchaient ainsi à mettre un terme à la hiérarchie sociale toujours visible sous l'ancien régime pénal, et à la cruauté des supplices symbolisée par le bûcher, l'écartèlement mais surtout la roue, presque aussi fréquente à Paris que la pendaison au cours de la seconde moitié du XVIIIe siècle.

> Article 31. Le crime étant personnel, *le supplice d'un coupable n'imprimera aucune flétrissure à sa famille*.

De fait, plus que les souffrances infligées au condamné ou que la mort elle-même, c'était la notion d'infamie collective qui avait indisposé les réformateurs français dans un consensus presque généralisé : la contagion infamante était une tare pénale

81. Robert Badinter (dir.), *Une autre justice, 1789-1799*, Paris, Fayard, 1989 ; Robert Allen, *Les Tribunaux criminels sous la Révolution et l'Empire, 1792-1811*, Rennes, Presses universitaires de Rennes, 2005 ; Emmanuel Berger, *La Justice pénale sous la Révolution. Les enjeux d'un modèle judiciaire libéral*, Rennes, Presses universitaires de Rennes, 2008.

82. *Archives parlementaires*, *op. cit.*, t. IX, séance du 9 octobre 1789, p. 393. Je souligne.

qui défiait la responsabilité individuelle, pourtant revendiquée depuis les premières institutes de l'ancien droit, à travers le principe juridique de la personnalité des peines. Sous l'Ancien Régime, si le châtiment proprement dit ne frappait que le seul coupable et ses complices, l'infamie entachait plus largement la famille du supplicié. Daniel Jousse déclarait explicitement que l'exécution publique cherchait, entre autres objectifs, à ajouter au « déshonneur de parents[83] ».

Depuis André-Hyacinthe Sabatier et son *Discours sur le préjugé qui note d'infamie les parents des suppliciés*[84] jusqu'au *Cri de la nature et de la raison*[85], publié anonymement trente ans plus tard, de nombreux publicistes s'étaient attachés à dénoncer la contagion infamante de la peine capitale. Muyart de Vouglans rédigea même un mémoire sur la question[86] et la Société royale de Metz en fit l'objet de son concours de 1784 : « Quelle est l'origine de l'opinion qui étend sur tous les individus d'une même famille, une partie de la honte attachée aux peines infamantes que subit un coupable ? Cette opinion est-elle plus nuisible qu'utile ? Et dans le cas où l'on décideroit pour l'affirmative, quels seroient les moyens de remédier aux inconvénients qui en résultent[87] ? »

L'infamie de fait, que l'on ne doit pas confondre avec l'infamie de droit attachée à la mort civile des criminels, fut un titre « déshonorifique » ruinant des carrières, contraignant à l'exil et condamnant à la marginalité. Dans une ville comme Paris où les arrêts de mort étaient criés à tous les carrefours puis vendus dans toutes les rues par les colporteurs, on échappait difficilement au déshonneur familial. Bien au-delà de la répression du

83. Daniel Jousse, *Traité de la justice criminelle*..., t. II, p. 550.

84. Lyon, 1769.

85. Anonyme, *Le Cri de la nature et de la raison, contre le préjugé barbare qui étend la tache d'infamie sur les familles du Tiers-État dont les membres ont été condamnés par la loi à subir le dernier supplice*, slnd.

86. Voir l'édition qu'en a fait Michel Porret, « Atténuer le mal de l'infamie : le réformisme conservateur de Pierre-François Muyart de Vouglans », *Crime, Histoire et Sociétés*, 4, 2000, p. 95-120.

87. En frontispice du mémoire de Pierre-Louis Lacretelle, *Discours sur le préjugé des peines infamantes, couronné à l'Académie de Metz*, Paris, Cuchet, 1784.

crime de lèse-majesté au premier chef, qui touchait directement les parents du régicide par le bannissement du royaume et le changement de patronyme[88], l'exécution capitale, pour quelque crime que ce fût, produisait une contamination de l'infamie à des proches complètement irresponsables, voire victimes du crime qui était puni. Tout au long du XVIIIe siècle, l'infamie ne semble pas avoir été remise en question en son caractère personnel : c'est la contagion de la tare infamante aux parents des suppliciés qui intéressa progressivement les publicistes[89]. Paradoxe culturel qui rend bien compte de la confusion des idées et des espoirs à la fin de l'Ancien Régime : le Tout-Paris s'indignait de la contagion infamante, tout en étant incapable de s'affranchir du préjugé stigmatisant les parents des suppliciés.

> Souffrir l'opprobre qu'on mérite est un état horrible, et pourtant juste ; mais endurer l'humiliation pour les crimes d'un autre, partager son infamie, essuyer, quoiqu'innocent, une peine plus rigoureuse que la mort ; être pur comme le jour et n'oser le regarder, de peur qu'il ne retrace l'opprobre qu'on traîne partout, cet état fait frémir ; c'est pourtant celui qu'éprouvent des Citoyens vertueux[90].

Le concours de 1784, dont Lacretelle et Robespierre allaient respectivement remporter les premier et deuxième prix, n'entendait interroger que le problème de l'infamie collective, pas celle du condamné. Cette question fut fondamentale dans les discussions qui animèrent l'Assemblée nationale lorsque les révolutionnaires réfléchirent à la peine capitale et aux modalités de son exécution.

La décision d'exécuter par décapitation tout condamné à mort posait évidemment la question de la méthode. On sait qu'à Paris

88. Voir p. 77, note 113.
89. Pascal Bastien, *L'Exécution publique à Paris au XVIIIe siècle*, *op. cit.*, p. 148-163.
90. André-Hyacinthe Sabatier, *Discours sur le préjugé qui note d'infamie les parents des suppliciés*, Lyon, 1769.

la décollation se pratiquait par l'épée[91], le condamné recevant le coup debout ou à genoux, mais le dos toujours droit, jamais courbé vers un billot comme à Londres. Charles-Henri Sanson, expert sur la question, fut consulté par la Constituante et rendit un mémoire exposant les dangereuses difficultés de soumettre indistinctement tout condamné, de quelque condition qu'il fût, à un tel supplice ; et ce sans compter sur la fatigue de l'exécuteur confronté à des exécutions en série en ces temps de trouble politique. Ayant fait un court séjour en prison pour une pendaison maladroite en 1784, Sanson connaissait les risques et les dangers du métier et l'imprévisibilité des exécutions.

> Pour que l'exécution puisse se terminer suivant l'intention de la loi, il faut que, sans aucun obstacle de la part du condamné, l'exécuteur se trouve encore très adroit, le condamné très ferme, sans quoi l'on ne parviendra jamais à terminer cette exécution avec l'épée, sans qu'il arrive des scènes dangereuses[92].

Lors de la séance du 1er décembre 1789, le député Guillotin, qui avait déjà imposé la décapitation comme supplice unique de la nouvelle pénalité capitale, proposa que le criminel qui aurait

91. La décapitation à la hache, telle qu'elle fut exécutée à Londres, portait un caractère humiliant pour le condamné français : un noble sait recevoir la mort sans courber l'échine. Condamné à la décapitation en août 1644, Armand-Jean de La Fontaine fut conduit en place de Grève par le bourreau Jean Guillaume et le greffier Pierre Drouet. D'après le procès-verbal qu'en dressa celui-ci, le rituel parut se dérouler sans difficulté jusqu'à ce qu'à son arrivée sur l'échafaud, le condamné commença à s'agiter : « Il avoit esté plus d'une heure ou deulx sans vouloir souffrir l'exécution dudit arrest. » La décapitation par l'épée était pourtant un privilège que la justice se réservait le droit de retirer : « après plusieurs interpellations que nous luy avions faictes et réitéré que s'il ne voulloit obéyr, on luy mettroit la teste sur le billot pour la couper », le condamné s'arrêta, se calma et voulut discuter. Le bourreau sut profiter du moment : « Parlant à nous, a esté ledit arrest mis à exécution. » Le bourreau profita donc de l'inattention du condamné pour lui faire sauter la tête d'un coup d'épée. Les Parisiens étaient généralement grands amateurs de ce genre de spectacle : à défaut de recevoir la mort en face, Armand-Jean de La Fontaine l'avait reçue debout. AN, X2b 1332, procès-verbal d'exécution d'Armand-Jean de la Fontaine, 11 août 1644.

92. Cité par Ludovic Pichon, *Code de la guillotine*, Paris, LGDJ, 1910, p. 75-76.

la tête tranchée le soit « par l'effet d'une simple mécanique ». Mirabeau, Brissot de Warville, Duport et Robespierre avaient été les rares qui aient souhaité et défendu ardemment une abolition totale de la peine capitale. Les discours avaient été passionnés, mais les constituants rejetèrent finalement la motion le 3 juillet 1791. Le 25 septembre 1791, après avoir adopté l'organisation d'une police correctionnelle et l'introduction de la procédure des jurés, on votait la proposition mécanique de Guillotin. Il ne restait plus qu'à construire la machine.

Le débat sur les nouvelles formes du supplice suscita un grand enthousiasme parmi les révolutionnaires. Les Lumières avaient dûment développé une fascination pour la machine, préparée par la révolution scientifique du XVIIe siècle[93]. Le projet d'une nouvelle peine capitale ne relevait plus vraiment des juristes ou des magistrats, mais désormais des savants et surtout des techniciens. Pour la Constituante, la mort ne pouvait plus être pensée qu'en termes de mécanique et d'exactitude, conditions indispensables d'un supplice modéré. D'artisan, le bourreau devenait ouvrier. C'est ce mécanisme qui devait permettre de tuer sans embarras ; une machine de mort sans passion, désincarnée, neutre et sans colère. Mais pour plusieurs, la décapitation, aussi exacte fût-elle, ne pouvait qu'être inopportune du fait de l'épanchement abondant de sang que le supplice ne pouvait éviter.

Le 28 novembre 1791, le citoyen Girardet, considérant que le projet de Guillotin manquait de modération, proposait plutôt d'élaborer une « chambre à suffocation ». Il s'agissait d'adapter, dans la construction élaborée d'un bâtiment de mort, le bûcher de l'ancien droit à la nouvelle pénalité révolutionnaire. Il se serait agi

> d'élever un échafaud à 6 ou 7 pieds [près de 2 mètres] de terre et qui s'élèverait encore de 7 pieds au dessus de l'estrade. Le serviteur de la mort[94] y attacheroit le condamné par le col, les

93. Paolo Rossi, *Les Philosophes et les Machines, 1400-1700*, Paris, PUF, 1996.
94. Pour effacer l'infamie attachée au nom du bourreau, les révolutionnaires

> pieds et les mains derrière le dos et revêtiroit ou enfermeroit le tout d'une espèce de guérite carrée de 5 pieds [1,52 mètre], garnie de vitres dans les quatre faces et surmontée d'une calotte ou chapiteau. On ménagera sous l'estrade une base pour y placer un brasier qu'on surchargera, au signal, de charbon noir non allumé avec du souffre et autres matières de nature à suffocquer, qui pourra communiquer par une espèce d'entonnoir renversé dans la guérite, de façon à ce que le condamné soit suffocqué et expire à l'instant[95].

Sans effusion de sang, la chambre à suffocation (étrange préfiguration de la chambre à gaz) aurait été plus décente tout en gardant, par la monumentalité de son architecture, le caractère spectaculaire et exemplaire de la justice royale. Quelques mois plus tard, un autre projet, celui d'une machine à étrangler « où on ne verroit rien de hideux », était encore soumis à l'Assemblée, mais sans connaître plus de succès auprès des députés que le précédent. Son auteur, le citoyen Thomas, réagissait aussi à la proposition de Guillotin et insistait fortement, dans la motivation de sa proposition, sur l'importance de transformer radicalement la nature des supplices anciens : en garrottant un condamné attaché à un fauteuil, « les ci-devant Grands ne seroient point ravalés au supplice jadis infamant de la potence, ni le prétendu bas-peuple élevé à l'honneur de la décollation : la plus sage et la plus juste égalité se trouveroit invariablement établie[96] ». L'Assemblée reçut d'autres propositions du même genre que celles de Girardet et Thomas mais, en définitive, résolut de confier au

---

avaient multiplié les formules pour désigner l'exécuteur de leur nouvelle justice : « guillotineur », « vengeur », « serviteur de la mort », etc. Une justice renouvelée ne devait pas employer de bourreau. Par un décret du 24 décembre 1789, l'exécuteur des sentences criminelles était en effet devenu un citoyen comme les autres et intégré à la société civile. Mais le terme de bourreau, pourtant, ne tarda pas à revenir en usage. Après une certaine heure de gloire pendant la Terreur où il fut traité comme un général vainquant sans relâche et sans défaite les armées ennemies, il retrouva son statut de marginal et la méfiance redevint la prémisse de ses rapports sociaux.

95. AN, AA 55, dossier 1513.

96. *Ibid.*

chirurgien Antoine Louis, bien connu du monde de la justice, le soin de dessiner une machine à décapiter.

Guillotine : de la Vierge à la Veuve

Jean-Baptiste Asselin fut le dernier assassin à être rompu en place de Grève en septembre 1790[97]. Les autres condamnés à mort furent pendus. Les peines capitales continuèrent ainsi à être exécutées selon l'ancienne échelle des peines jusqu'au décret des 20-25 mars 1792, qui décida officiellement de l'emploi d'une « machine à décapitation ». Entre le 25 mars et le 25 avril 1792, aucune condamnation à mort ne fut exécutée : il fallait d'abord penser et faire construire la machine de mort.

C'est la guillotine, peut-être plus que toute autre chose, qui symbolise la grande rupture révolutionnaire ; c'est elle qui aurait renversé un imaginaire et culturellement imposé l'égalité devant l'échafaud. La guillotine marque la fin de la mort aggravée ; elle marque aussi la fin de la hiérarchie sociale dans et par le supplice. Machine qui succédait à l'artisanat du bourreau, la guillotine engageait l'ère moderne de la peine capitale. Elle fut le fruit de l'utilitarisme des Lumières et l'aboutissement terrible de l'égalitarisme révolutionnaire et de l'adoucissement des supplices : supprimant la distinction des rangs dans l'application de la peine capitale, inhérente à la société d'ordre de l'Ancien Régime, la guillotine cherchait aussi à effacer la souffrance dans l'application du dernier supplice et, par la décollation, à débarrasser la culture pénale de l'infamie collective dénoncée et interdite par l'article 31 discuté à la séance du 9 octobre 1789.

C'est pour la substituer à la corde, à la roue, au bûcher et aux aléas de l'épée que Guillotin avait proposé la construction d'une machine à décapiter qui, « en un clin d'œil », devait faire voler la tête sans douleur. Suivant des modèles anciens de machines à décapiter, Guillotin espérait convaincre de la faisabilité de son

97. AN, X^{2b} 1789, jugement de mort rendu contre Jean-Baptiste Asselin, 3 septembre 1790.

projet et, surtout, de son humanité : mécaniser la mort, c'était la dépouiller de toute douleur – ou alors la réduire à sa durée la plus infime. On sait que le mécanisme de la guillotine existait depuis au moins le XIIIe siècle. Des estampes représentant une machine similaire avaient déjà circulé entre les mains des Français, telles les gravures allemandes de Pencz et Aldegrever ou la gravure sur bois d'Anton Koberger, *Martyre de saint Jacques le Majeur* (1488), tirée de *La Légende dorée* de Jacques de Voragine. Les relations de voyage, comme le *Voyage en Espagne et en Italie* de Lebat en 1730, en faisaient mention, si bien que le *Halifax Gibbet* était relativement familier aux députés. Tous connaissaient surtout la *Maiden*, l'étrange machine à trancher le cou en usage à Édimbourg dont le *Newgate Calendar* avait jadis diffusé la gravure. Ensemble imposant de poutres, de cordes et de métal, la *Maiden* était activée par un mécanisme simple que l'image exposait sans secret : la lame de la hache suspendue au sommet de deux potences s'abattait sur le cou dénudé du condamné lorsqu'on coupait ou détachait la corde qui la maintenait immobile. La *Maiden*, qui cessa d'être utilisée en Écosse au début du XVIIIe siècle, était alors apparue comme une invention bien étrange de raffinement et de mise à distance entre le condamné et son bourreau. De la « Vierge », Paris, en 1792, allait faire une Veuve.

Chargé de réfléchir à l'élaboration de la machine à décapiter, Louis était aussi un savant de la pendaison : il en avait tiré une étude très connue en 1763, aux lendemains de l'affaire Calas, pour prouver le suicide du fils et innocenter le père du meurtre dont on l'accusait. Une pendaison bien exécutée était rapide et presque sans douleur, avait-il alors conclu grâce aux enseignements du bourreau Sanson et à ses expériences anatomiques.

> J'ai fait des recherches, établi des correspondances, consulté de vive voix l'exécuteur de la justice, fait des expériences sur les cadavres humains et sur des animaux vivants, afin de me procurer par toutes les voies possibles les lumières nécessaires sur le point essentiel de cette importante discussion. [...] À Paris, un pendu a presque toujours la tête luxée, parce que la corde

placée sous la mâchoire et l'os occipital fait une contre-extension : le poids du corps du patient augmenté de celui de l'exécuteur, fait une forte extension. Celui-ci monte sur les mains liées qui lui servent comme d'étrier, il agite violemment le corps en ligne verticale, puis il fait faire au tronc des mouvements demi-circulaires, alternatifs et très-prompts, d'où suit ordinairement la luxation de la première vertèbre. Dès l'instant le corps du patient qui étoit roide et tout d'une pièce par la contraction violente de toutes les parties musculeuses, devient très-flexible ; les jambes et les cuisses suivent passivement tous les mouvements qui résultent des secousses qu'on donne au tronc ; et c'est alors que l'exécution est sûre[98].

La pendaison, avait déterminé Louis près de trente ans plus tôt, était un supplice sûr et généralement assez rapide. Le *new drop* du nouveau supplice londonien semblait même le confirmer à un moment où l'on s'inspirait du modèle anglais pour nourrir la formation de la nouvelle justice. Pourtant, si la machine à décapiter s'imposa en France, c'est qu'elle devait s'ériger sur l'infamie de l'ancien droit. Seule la décapitation, supplice sans déshonneur, pouvait prétendre renverser une tradition plurisé-culaire. Louis se mit à la tâche.

Les débats engagés sur les nouvelles formes du dernier supplice n'avaient pas interrompu l'activité des tribunaux criminels. Les prisons avaient continué à se remplir. Les correspondances échangées entre les différents responsables du dossier de la « machine à décollation », avec Roederer au premier chef, procureur général syndic, permettent de reconstituer l'urgence de la situation. Mars et avril 1792 virent s'engager une course contre la montre pour concevoir et faire construire l'instrument de mort. Plusieurs charpentiers proposèrent plans, maquettes et prototypes divers mais c'est Tobias Schmidt, facteur de clavecin, qui la mit sur pied. D'abord surnommée « louison » ou « louisette »,

98. Antoine Louis, *Mémoire sur une question anatomique relative à la jurisprudence, dans lequel on établit les principes pour distinguer, à l'inspection d'un corps trouvé pendu, les signes du suicide d'avec ceux de l'assassinat*, Paris, 1763, p. 15, 27-28.

la « machine humanitaire » prit toutefois rapidement le nom de « guillotine ». Des essais furent entrepris ; dans la cour de Bicêtre, on décapita des cadavres humains, puis des moutons vivants. Enfin, ce fut Nicolas-Jacques Pelletier, condamné à mort pour vol avec violence, qui fut le premier à être guillotiné, décapité le 25 avril 1792 à la place de Grève. L'exécution fut rapide et sans faux pas. Un spectacle sans spectacularité. Le supplice était d'autant plus foudroyant que le cadavre n'était plus exposé aux regards. Les Parisiens accueillirent mal ce changement. On cite souvent l'anecdote rapportée dans l'édition du 27 avril 1792 de la *Chronique de Paris* :

> Le peuple ne fut point satisfait ; il n'avoit rien vu ; la chose étoit trop rapide ; il se dispersa, désappointé, chantant, pour se consoler de sa déception, un couplet à propos : *Rendez-moi ma potence de bois, rendez-moi ma potence.*

Le peu d'enthousiasme suscité par le nouveau supplice inquiéta les révolutionnaires alors que les exécutions politiques devaient se mettre en place. Pour les rédacteurs des *Révolutions de Paris*,

> il faut suppléer à la promptitude de la guillotine pour électriser le peuple en conduisant ses ennemis à l'échafaud. Il faut que cela soit une espèce de spectacle pour lui. Les chants, la danse doivent prouver aux aristocrates que le peuple ne voit du bonheur que dans leur supplice. Il faut en outre faire en sorte qu'il y ait toujours un grand concours de peuple pour les accompagner[99].

La leçon, semble-t-il, fut entendue. Louis Collenot d'Angremont, Arnaud Laporte et Barnabé Durosoy, condamnés pour

99. Cité par Guy Lenôtre, *La Guillotine et les Exécuteurs des arrêts criminels pendant la Révolution, d'après des documents inédits tirés des archives de l'État*, Paris, Perrin, 1910, p. 310-311.

les massacres populaires du 10 août, furent décapités les 21, 23 et 24 août. Pour cette première exécution politique, la guillotine avait été déplacée sur la place du Carrousel, « lieu du crime ». Ils montèrent à l'échafaud, rapporta-t-on, sous les applaudissements de la foule. « Tout s'y est passé dans le plus grand ordre et aux vives acclamations du peuple qui a protégé la marche de la gendarmerie[100]. » Il fut décrété que la guillotine resterait en permanence, œil terrible qui surveillerait l'ennemi et qui confirmait, dans sa monumentale hauteur, la pérennité de la Révolution. Chaque exécution politique devait être une commémoration[101].

Dans la justice pénale révolutionnaire, la notion d'exécution désignait tout arrêt rendu par la justice et pris en charge par l'exécuteur. Tout châtiment judiciaire devait être exécuté par le bourreau et mis en scène pour le public. C'est donc dire que d'un point de vue strictement pénal, les noyades dans la Loire ou les fusillades des Vendéens ne furent pas des exécutions, mais bien des massacres qui, de fait, réagissaient alors à la lenteur des procédures judiciaires. Il faut ainsi distinguer les violences de juillet 1789 à septembre 1792 – qui mimaient parfois les rituels d'exécution d'Ancien Régime (par les lieux choisis, notamment) – ainsi que la répression militaire des années 1793-1794 de l'exécution à proprement parler qui, prononcée par un tribunal, cherchait justement à « ordonner » les violences et à les inscrire, en toute légitimité, dans la naissance douloureuse mais naturelle de la jeune République.

Revêtu d'une chemise rouge lorsqu'il était coupable d'assassinat, d'incendie ou de poison[102], le condamné allait au supplice les

100. « Rapport sur les premières exécutions », *Annales révolutionnaires*, 3, 1910, p. 244-245.

101. Mona Ozouf, *La Fête révolutionnaire*, Paris, Gallimard, 1976, notamment p. 121-122.

102. Le Code pénal de 1810 supprima cet usage mais imposa un rituel particulier pour le parricide. « Article 13 – Le coupable condamné à mort pour parricide sera conduit sur le lieu de l'exécution, en chemise, nu-pieds, et la tête couverte d'un voile noir. Il sera exposé sur l'échafaud pendant qu'un huissier fera au peuple lecture de l'arrêt de condamnation. Il aura ensuite le poing droit coupé et sera immédiatement condamné à mort. » La loi du 28 avril 1832 supprima la mutilation du poing. On remarque que la

mains attachées vers l'avant, tiré par un exécuteur et suivi par un autre. La machine était monumentale. Montée sur un échafaud surélevé auquel on accédait par un escalier de 3 mètres de long, la guillotine faisait au moins 5,5 mètres de hauteur au sommet de laquelle menaçait le couperet suspendu. L'exécuteur et ses assistants attachaient le condamné sur la planche qui, posée verticalement, basculait ensuite vers l'horizontale. La planche était poussée vers les montants de la guillotine, la tête du condamné passée par la « fenêtre » et immobilisée dans son carcan. Puis l'exécuteur tirait tout simplement la corde qui détachait le couperet : celui-ci se décrochait, prenant de la vitesse dans sa chute et tranchait le cou du condamné dans un bruit sourd et un flot de sang. La tête tombait alors dans une corbeille d'osier remplie de son. Le bourreau tirait la planche, déliait le corps et le renversait dans son cercueil. En cas d'exécutions en série, le couperet était hissé au sommet des montants par la corde, et la planche était alors immédiatement basculée à la verticale. Et l'on reprenait le même processus.

Au plus fort de la Terreur, lorsque les exécutions en série étaient plus ou moins quotidiennes, le sang restait généralement sur place, faute de temps pour l'en nettoyer, et l'on se plaignait car les chiens venaient s'y abreuver. Les traces de pas des passants s'y dessinaient lorsqu'on avait omis de nettoyer le pavé avec de l'eau et du sable. Place du Trône renversé (l'actuelle place de la Nation), la guillotine, élevée jusqu'au 9 thermidor, exécuta 1 300 condamnés en six semaines. Les 10, 11 et 12 thermidor, déplacée place de la Révolution (place de la Concorde), la guillotine trancha le cou de Robespierre, Saint-Just et de plus d'une centaine d'autres jacobins.

La guillotine est une image française, surinvestie par les révolutionnaires comme par les contre-révolutionnaires et exploitée par les puissances étrangères, l'Angleterre au premier chef, à travers discours et images. Dès l'été 1792, les Anglais cessèrent

---

lecture de l'arrêt par un agent de justice était encore fondamentale au rituel judiciaire.

de voir la Révolution française comme une nouvelle Glorieuse Révolution et jugèrent qu'il s'agissait d'un gouvernement républicain fanatique, qui n'était pas sans rappeler Cromwell et les têtes rondes du XVIIe siècle. Les caricatures anglaises de la Révolution, inspirées du trait excessif et violent de William Hogarth, firent de la guillotine la nature même de la politique jacobine. L'avocat londonien Samuel Romilly, grand réformateur du droit anglais et admirateur de Beccaria, reconnaissait à la guillotine son caractère expéditif et presque indolore ; mais il ne pouvait la dissocier des horreurs de la Terreur : cet « hideux instrument de mort » portait la mémoire des violences jacobines[103]. Métissage du grotesque et du politique qu'on saisit chez James Gillray, Thomas Rowlandson ou Isaac Cruikshank, la guillotine fut alors, dans l'esprit des Anglais, étroitement liée au bouleversement politique révolutionnaire et à la menace constante de la guerre. Elle n'avait plus rien d'un instrument du droit pénal pour lequel, pourtant, elle avait d'abord été conçue.

Pendant la Révolution, l'exécution capitale se divisait en deux catégories : celle qui s'inscrivait dans la justice pénale et l'autre, fondée par la justice révolutionnaire. Les tribunaux étant distincts, la géographie du supplice suivit aussi, pendant un temps, cette séparation. À Paris, les criminels de droit commun étaient promenés dans la capitale puis exécutés en place de Grève. Or les criminels politiques, dont la seule peine possible était la mort, connurent différents lieux d'exécution. Le 21 août 1792 s'amorcèrent les exécutions politiques à la place du Carrousel. On y dérogea pour l'exécution de Louis XVI le 21 janvier 1793, où l'on déplaça la guillotine à la place de la Révolution. La guillotine politique quitta définitivement la place du Carrousel le 17 mai 1793 pour s'installer place de la Révolution, où elle resta jusqu'au lendemain de la fête de l'Être suprême, le 9 juin 1794 (Bailly fut néanmoins exécuté au Champ-de-Mars le 11 novembre 1793). Jusqu'au 13 juin, elle fut place Saint-Antoine, pour ensuite se déplacer à la barrière du Trône renversé. Ce ne fut qu'à la chute

103. Cité par Victor A. C. Gatrell, *The Hanging Tree*, *op. cit.*, p. 46-47.

de Robespierre qu'elle retrouva la place de Grève, qui réunit alors les exécutions capitales, pénales et politiques jusqu'en 1832.

Depuis les discours des révolutionnaires jusqu'aux travaux des anthropologues et des historiens qui se sont intéressés à l'imaginaire de la guillotine, la « bascule à Charlot » ou la « Veuve » a souvent symbolisé la terrible efficacité républicaine de l'an II. Le symbole de la Terreur demeure l'exécution publique capitale, « avec son rituel rapidement codé : la condamnation par le tribunal révolutionnaire, les préparatifs à la prison, le transport en charrette au lieu de l'exécution, la guillotine et la mise à mort par le bourreau qui prend le nom d'exécuteur des jugements criminels[104] ». Même dans l'excès des exécutions en série, la violence de l'échafaud reste, par le mécanisme et le rituel qui en précédaient l'activation, une violence ordonnée.

L'exécution par la guillotine était un rituel judiciaire. Elle devait être strictement organisée, répondre à des règles fixées par la cour, être encadrée par un langage autorisé et reconnue par les usages de la communauté des spectateurs. Le bourreau, en ce sens, ne pouvait improviser : la légitimité de ses actions en dépendait. Ce fut d'ailleurs tout le problème des révolutionnaires. Comment transformer radicalement le spectacle pénal au nom de la Révolution, quand tous les codes de légitimité étaient ancrés dans des usages d'Ancien Régime ? La guillotine ne changea pas tout : ce n'est pas en modifiant le supplice, en effet, qu'on se débarrassait du rituel. Si l'échelle des peines fut transformée par la disparition (provisoire) des peines infamantes et l'application, à travers l'exécution capitale, d'une mort indolore, ni Paris ni les départements ne furent capables de bouleverser entièrement le cérémonial, au moins jusqu'en 1832.

Il est difficile de reconstituer le spectacle des exécutions pendant la Révolution. Les arrêts des tribunaux criminels de

104. Bronislaw Baczko, « Les peurs de la Terreur », in Jacques Berchtold et Michel Porret (dir.), *La Peur au XVIIIe siècle…*, *op. cit.*, p. 77. Voir aussi Daniel Arasse, *La Guillotine et l'Imaginaire de la Terreur*, Paris, Flammarion, 1987.

l'époque n'ont plus la même verve que sous les dernières décennies de l'Ancien Régime et les procès-verbaux d'exécution, lorsqu'on les trouve, rendent compte des personnes en présence, mais sans vraiment détailler le déroulement de l'événement. Secs, uniformes, routiniers, ils ne constatent que la date, le lieu et l'identité du condamné. Ce silence, qui tranche tant avec l'écriture des procès-verbaux d'Ancien Régime, paraît suggérer du pouvoir une nouvelle façon d'envisager l'exemplarité judiciaire et l'anéantissement des condamnés. La tension permanente entre ce qu'on pouvait montrer pour intimider les uns et satisfaire les autres et ce qu'il fallait soustraire au regard pour éviter tout soupçon de cruauté excessive et illégitime fut particulièrement sensible. Poursuivant le processus amorcé à la fin de l'Ancien Régime, l'exécution capitale, si rapide, s'investira dans les mots pour se prolonger. À coup sûr la monstration de la tête, qui existait déjà sous l'Ancien Régime, voulait faire durer un supplice qu'on trouvait trop court. Mais ce fut la littérature qui s'empara pleinement du théâtre de la guillotine et, à travers elle, de la tradition anglaise des derniers discours sur l'échafaud.

En réunissant des fragments de récits et en imaginant quelques liaisons probables, on peut tout de même recomposer, d'une certaine manière, le déroulement du spectacle. Les condamnés à mort sortaient toujours de la Conciergerie par la petite porte grillagée ouverte sur la cour du Mai. C'est dans l'une des pièces de la Conciergerie que le bourreau et ses assistants se chargeaient de la toilette des condamnés : comme sous l'Ancien Régime, pour la décapitation des membres de la noblesse, l'exécuteur détachait le col de la chemise pour découvrir la nuque et coupait les cheveux pour éviter toute entrave au fil de la lame. Les mèches et les tignasses étaient jetées dans un panier et des seaux d'aisance étaient laissés à la disposition des malheureux. On peut imaginer l'odeur forte et aigre des excréments imprégner les différentes pièces de la prison, surtout pendant les périodes les plus sanglantes de la Terreur où la Conciergerie débordait d'occupants.

Les prêtres constitutionnaires accompagnaient les suppliciés comme les prêtres de Sorbonne accompagnaient leur patient sous l'Ancien Régime. L'exécuteur était toujours responsable de l'appareil nécessaire au supplice : le bon nombre de charrettes, les liens pour attacher les poignets des condamnés, les assistants indispensables à la bonne complétion du spectacle. Dans le cadre des jugements du tribunal révolutionnaire, on exécutait les condamnés le jour même où l'arrêt de mort avait été prononcé. Le convoi traversait la cour puis la grille, tournait à gauche sur l'actuel boulevard du Palais et s'engageait sur le Pont au Change. Pour se rendre place de la Concorde, le cortège empruntait le quai de la Mégisserie, la rue de la Monnaie, la rue Saint-Honoré et la rue Royale. Pour affirmer sa souveraineté, prise dans l'espace contigu des rues de Paris, la République se résigna à se réapproprier l'organisation répressive du régime précédent, quoiqu'elle se permit, comme jadis le Châtelet et le Parlement, de réinventer l'itinéraire à son gré.

Le libraire parisien Nicolas Ruault témoignait régulièrement à son frère, le prêtre constitutionnaire Brice Ruault, curé à Évreux, des événements politiques pendant la Terreur. Dans une lettre du 21 juin 1794, peu après avoir rapporté l'exécution de Jaucourt, Choiseul et Malesherbes, il raconte avoir croisé un convoi de condamnés à mort.

> Une des choses qui m'ont le plus affligé dans les affreuses journées dont je viens de vous parler, c'est d'avoir rencontré allant à la mort un homme de connaissance intime avec lequel j'ai été lié comme d'amitié et que vous avez vu souvent chez le président Bonneuil, M. Anisson Duperron, directeur de l'Imprimerie royale. Je revenais des Tuileries, de loin j'aperçois le long du Louvre une charrette pleine de condamnés et suis étonné du chemin extraordinaire qu'on leur faisait prendre. Que vois-je dans cette fatale voiture ? le malheureux Anisson ! Il me reconnaît, il hausse les épaules, il lève les yeux au ciel. Frappé de stupeur, ignorant qu'il eût été arrêté, je porte mon mouchoir à mes yeux et m'appuie contre le mur. J'ai su que par un raffinement de barbarie, on avait ordonné à la charrette de marcher par le Louvre, à la place de la Révolution, afin que cet infortuné passât vivant

encore devant son domicile. Ces tristes et fatales rencontres sont très fréquentes et font sentir plus cruellement encore les horribles effets de la tyrannie révolutionnaire, les lois *draconales* du Comité de salut public adoptées par la Convention. On fait traverser aux condamnés pour aller au lieu de supplice la partie de Paris la plus populeuse et la plus mouvante ; il n'y a presque pas de jour que les allants et venants ne voyent parmi ces nombreuses victimes quelqu'un de leur connaissance, un ami, un parent[105].

Cette souplesse, cet espace, le tombereau, l'habit des prêtres et ceux des bourreaux : la mémoire des Parisiens ne fut pas bousculée par l'organisation d'un spectacle dont on n'avait, semble-t-il, réduit que la durée du dernier acte. Les *Révolutions de Paris* se plaignaient, le 27 avril 1793, d'un rituel pénal trop ancré dans l'Ancien Régime. « Tout cet appareil n'annonce pas les mœurs d'une nation éclairée, humaine et libre[106]. » Pourtant le condamné politique – rien ne changea du côté des criminels de droit commun – avait gagné un nouveau rôle. Aux cris du supplicié sur la roue succéda le monologue du condamné, la parole du personnage tragique de l'exécution. La guillotine chercha à combattre l'infamie du supplice ; pendant une courte période, la parole fut alors rendue au supplicié. Bien que Santerre eût empêché le roi de s'adresser au peuple en faisant rouler le tambour, la prise de parole du supplicié dont on garde, il est vrai, assez peu de témoignages, prit sa place dans le rituel. Sur l'échafaud, avant d'être basculé sur la planche et immobilisé dans la lucarne, le condamné pouvait dire d'ultimes paroles aux spectateurs des premiers rangs. Dans l'acceptation du sacrifice de soi au profit de la République, les condamnés politiques de la Révolution mettaient en scène leurs propres obsèques, faisaient eux-mêmes leur oraison et incarnaient, à travers cette

105. Nicolas Ruault, *Gazette d'un Parisien sous la Révolution. Lettres à son frère, 1783-1796*, Paris, Perrin, 1976, p. 353. Le 10 avril précédent, Ruault avait rapporté avec détails le supplice de Danton auquel il avait assisté.

106. Cité par Daniel Arasse, *La Guillotine et l'Imaginaire de la Terreur*, *op. cit.*, p. 124.

étonnante et nouvelle prise de parole, le « double corps » de la cause révolutionnaire.

Expéditive, l'exécution laissa pourtant place à de derniers adieux, alors que d'autres préféraient chanter leur « chanson de guillotine ». Fermes, sans cri ni larme. « L'intrépidité avec laquelle les contre-révolutionnaires que la loi condamne vont à la mort est vraiment incroyable et prouve que le crime a ses héros tout comme la vertu[107]. » Les mots et le rythme des phrases prononcées donnaient une énergie à la mort qu'on embrassait volontairement et qu'on inscrivait, chez les révolutionnaires, dans un temps politique. La propagande révolutionnaire et contre-révolutionnaire se saisit de cette prise de parole qu'on n'interdisait plus, nouvelle appropriation du modèle anglais où le discours de dernier instant constituait la dernière liberté du condamné. La littérature de la première moitié du XIXe siècle en fit un moment de grande puissance[108]. Pendant le temps de la Terreur seulement, jusqu'à la fin du Directoire, il semble qu'on retrouve les mêmes modalités que celles de l'exécution des luthériens au XVIe siècle : la parole fut d'abord permise parce qu'on croyait qu'elle servait la cause de la Révolution ; on l'étouffa ensuite lorsqu'on comprit tout le potentiel de débordement qu'elle contenait.

En 1800, celui qui traversait la place de Grève ou celle du Trône renversé pouvait rencontrer l'échafaud sur lequel la guillotine, montable et démontable au gré des arrêts de mort, avait été dressée pour l'exécution d'un condamné. La machine à décapiter était encore, à ce moment-là, une image de l'État jacobin dont le Directoire réussissait mal à se débarrasser. La relation avec l'au-delà avait depuis longtemps vacillé : déjà au XVIe siècle avec les hérétiques, au XVIIe siècle avec un petit nombre de libertins, davantage au XVIIIe siècle avec le scepticisme qui s'était plus ou moins largement diffusé dans la ville. Pourtant, la guillotine

107. *Le Thermomètre du jour*, 7 mai 1793.

108. Patrick Wald Lasowski, *Guillotinez-moi ! Précis de décapitation*, Paris, Gallimard, 2007.

avait conçu et fixé sa propre forme de sacralité et restait, à cette époque, bien qu'au service d'un autre ordre social, le véhicule d'une même inquiétude.

Si la question de l'abolition circula dans les débats anglais et français de la fin du siècle, la peine capitale demeura, pour la plus grande part de l'opinion, un instrument fondamental et nécessaire de l'institution judiciaire : seulement il fallait repenser son spectacle et adopter de nouvelles formes pour concevoir une nouvelle exemplarité. En 1800, Londres et Paris n'avaient plus qu'un seul supplice capital dans leur arsenal : innovations techniques, le *new drop* et la guillotine se voulaient plus expéditifs, moins cruels, plus solennels.

L'exemplarité fut aussi pensée selon les différences culturelles entre Londres et Paris. À Paris, on punissait pour qu'il n'y ait plus de crime ; à Londres, on punissait parce qu'un crime avait été commis. Entre le « pour que » et le « parce que », les justices anglaise et française pensèrent donc différemment les objectifs de la peine capitale.

CONCLUSION

La dette et l'ordre

Ce voyage de plus de trois siècles auprès d'exécuteurs, de suppliciés et de spectateurs change la perception de la peine capitale à l'époque moderne. Au XVIIIe siècle, le parallèle entre Londres et Paris était un genre en soi, où chacun s'exerçait à recenser similitudes et oppositions pour mieux comprendre les deux grandes capitales politiques et culturelles de l'Europe. « Londres, voisine et rivale, est inévitable à considérer en parlant de Paris », écrivait Louis-Sébastien Mercier en 1780. « Le parallèle vient s'offrir de lui-même. Elles sont si proches et si différentes »[1]. En s'intéressant à leurs tribunaux, leurs cachots et leurs gibets, ce sont deux cultures juridiques qui se sont peu à peu dégagées et opposées. Une culture juridique, c'est-à-dire une tradition, une identité, une manière d'être plutôt qu'un contenu, une conscience du droit qui se révèle tous les jours, souvent à l'insu des acteurs eux-mêmes, mais qui se saisit néanmoins dans des usages, des expériences et des discours que j'ai essayé de réunir, de confronter et de lire au plus près des principaux acteurs du supplice. Plutôt que de se promener dans le quadrilatère délimité par Hyde Park, Regence Street, Picadilly et Oxford Street où se réunissaient les plus grands esprits de la capitale anglaise, c'est entre Newgate Street, Old Bailey, Warwick Lane et Ludgate Street que nous avons marché : c'est là que la culture juridique des populations s'est signalée avec le plus d'acuité ; c'est dans cet univers, me semble-t-il, que la peine capitale s'est révélée

1. Louis-Sébastien Mercier, *Parallèle de Paris et de Londres*, *op. cit.*, p. 53.

capable de signaler, en les dénonçant par ses différences, quelques aspects particuliers du rituel parisien.

Le supplice fut bien autre chose qu'une destruction des corps. En réduisant son rituel et ses objectifs à l'élimination des criminels et à la préparation à l'au-delà, on risque de dépouiller la peine capitale de ce qui la fondait, l'animait, l'énonçait et l'organisait. La confrontation des deux spectacles sur trois siècles met au jour la parole et l'écriture comme les moteurs réels de l'exécution capitale : non seulement dans la rumeur ou le témoignage qui en auraient assuré l'écho, mais aussi en amont, comme principes de légitimité et conditions de consentement.

On a vu qu'à la cour criminelle d'Old Bailey, la procédure judiciaire cherchait à trouver une solution à la paix sociale, tandis que le juge parisien devait découvrir, ou à tout le moins écrire, une vérité. L'arbitre d'un côté, l'enquêteur de l'autre[2]. Si à Londres le condamné, comme tous les justiciables, fut à l'origine de la loi à travers le précédent qu'il pouvait créer, tout semble finalement avoir fait du rituel judiciaire parisien non pas un combat comme en Angleterre, mais une destruction où le statut de la parole décidait de tout. La parole du condamné était saisie au profit de l'État absolutiste, qui devait seul porter la parole légitime.

L'univers du supplice fut affaire d'écritures : une écriture des voix et de leur étouffement. La voix du greffier parisien, par le prononcé de l'arrêt, écrasait celle du criminel. La coutume si profondément enracinée chez les condamnés londoniens de parler avant la mort, de disposer d'une étonnante liberté de paroles au pied du gibet, souligne avec d'autant plus de force le statut si différent de la procédure pénale des tribunaux français. C'était la procédure horizontale contre la procédure verticale[3],

2. Antoine Garapon et Ioannis Papadopoulos, *Juger en Amérique et en France*, *op. cit.*, p. 147-171.

3. Dans un amusant exercice de droit comparé, Alain Supiot a récemment opposé la structure du minitel avec celui de l'Internet pour démontrer la différence entre deux traditions juridiques distinctes : une organisation pyramidale et centralisée contre une structure en graphe et aux contours insaisissables ; un rapport aux textes qui passe par la médiation d'un pouvoir central, contre un

la parole du Londonien qui circulait dans les rues de la capitale contre celle du Parisien capturée par l'archive, inhumée dans le testament de mort et qui, en règle générale, ne quittait pas l'oreille des juges, du bourreau, du greffier et du confesseur. Il me semble que le statut de la parole dans l'exécution des peines invite à revoir le spectacle ; qu'à l'aune de son écoute ou de son absence, l'expérience de la peine capitale peut être réévaluée.

La prise de parole du condamné anglais confirme qu'il restait propriétaire de son corps jusqu'à son dernier souffle. Il pouvait même être responsable d'une condamnation sans jugement, puisque le plaidoyer de culpabilité entraînait automatiquement la condamnation de l'accusé. Le condamné anglais était un soldat qui mourait sur le champ de bataille du prétoire – avec, s'en indignaient certains contemporains, une gloire toute militaire. Les bravades, la résignation et le flegme anglais s'opposaient au silence et aux larmes des Français. Au final, dans la procédure anglaise, la peine semble avoir été une dette de réplique, un retour à l'équilibre, même si le prix à payer paraissait souvent disproportionné ; les *Proceedings* et les discours sur l'échafaud consacrèrent la publicité du crime pour en faire une sorte de comptabilité de la faute capable, pour tous, de donner sens au supplice. La peine fut un tarif à payer.

À Paris, c'était tout le contraire : l'exécution capitale devait exprimer un déséquilibre auquel les justiciables consentirent longtemps parce que le pouvoir autoritaire, législatif et répressif faisait partie de la représentation que les Parisiens se faisaient de la cohésion sociale. Ce déséquilibre ne se jouait pas dans la somme des souffrances infligées : à ce jeu de comparaison, il n'est pas sûr que Londres s'en serait sorti avec les honneurs. Le vertige était ailleurs. Le propre d'un système de loi et de la procédure inquisitoire fut d'instituer une autorité qui excluait la nécessité de la réciprocité, qui s'érigeait « par nature » au

rapport direct aux textes sans médiation d'une personne publique. Cette réflexion sur la technique est aussi une réflexion sur la conscience des justiciables et, partant, sur la culture des populations. Alain Supiot, *Homo Juridicus. Essai sur la fonction anthropologique du droit*, Paris, Seuil, 2005, p. 179-180.

dessus des groupes. Les larmes remplacèrent, sur les échafauds, la parole confisquée.

La période révolutionnaire et l'univers de la guillotine n'ont pas été couverts par cette étude. Le chapitre V s'est interrogé sur les réflexions relatives à une nouvelle pénalité mais n'a pas poursuivi l'analyse au-delà. Ce sera l'objet d'un autre livre[4]. La guillotine a en effet échappé au projet pour lequel elle avait été conçue lorsque la Révolution la tira du fondement philanthropique qui avait justifié son adoption[5]. Les exécutions politiques noyèrent les exécutions pénales dans la construction d'une nouvelle mémoire des supplices que certains, à la fin du siècle, auraient voulu renverser[6]. C'est cette mémoire qui fut récupérée, réinvestie et renforcée par la littérature, dont on sait à quel point elle joue, à toutes les époques, un rôle capital dans la remise en cause – ou le maintien – des normes et des valeurs consacrées.

Au cours du XVIIIe siècle, l'écriture se substitua lentement à la vision de la mort et du sang[7]. Bien sûr, dans le champ pénal,

4. *La Bascule à Charlot. La guillotine et la révolution parisienne de la peine capitale (1792-1832)*, en préparation.

5. Jean-Clément Martin, *Violence et Révolution. Essai sur la naissance d'un mythe national*, Paris, Seuil, 2006.

6. Le 30 octobre 1800, le citoyen Étienne déposa au ministère de la Justice une demande pour abandonner la guillotine et réintégrer dans l'arsenal des peines la potence et la roue. « Le lendemain du 9 thermidor un décret solemnel eût dû ordonner le brûlement général de ces infernales machines, et la fonte de ces horribles couteaux qui ont tranché tant de têtes illustres et vénérables dont la patrie pleure encor la perte sans espoir de la réparer d'ici à longtemps. [...] Peut-on calculer combien cette idée, que la guillotine ne déshonore pas, une fois répandue, doit contribuer à rendre le crime plus commun parmi ceux que l'honneur pourroit encor retenir dans le devoir ? Ce n'est pas tout. L'idée que la guillotine est un instrument qui ne cause aucune douleur à celui qui en est frappé rend encore la peine de mort moins répressive et contrarie ainsi le but des loix criminelles. *Il faut que les grands criminels souffrent*; *ils l'ont mérité.* [...] La potence pour les criminels ordinaires, la roue pour les grands criminels. Ces supplices anciens font la terreur du peuple. “Si tu fais cela, tu seras pendu” est la plus terrible menace qu'on puisse faire au méchant. [...] On criera à l'ancien régime. Qu'importe. Si les loix étoient plus répressives dans ce régime-là, pourquoi ne pas les adopter ? Faut-il, parce que nous sommes libres, ménager les assassins ? » AN, AA55, dossier 1513.

7. Au théâtre, ce fut un peu plus tôt. C'est au XVIIe siècle que la violence disparut de la scène après avoir longtemps été au cœur du spectacle : les comédiens racontaient alors ce qui jadis avait été montré. Christian Biet (dir.), *Théâtre de la*

le supplice était toujours mis en scène et les arrêts de mort de plus en plus prononcés, au moins jusque dans les années 1780, principalement en raison de l'augmentation considérable de l'appareil policier et des affaires présentées en justice. Mais le spectateur se fit plutôt lecteur. À Londres, le phénomène fleurit surtout de 1680 à 1740 mais la littérature de pendus et d'assassins resta extrêmement populaire bien au-delà de la fin du siècle. Le voleur, le meurtrier, la crapule de tout acabit était alors un véritable héros de roman[8]. Lorsqu'à Paris, à partir des années 1750, les condamnés furent plus systématiquement renvoyés au lieu du crime par le Parlement, les jugements affichés sur les murs des églises, des corps de garde ou des cimetières rappelaient la dernière exécution, ou informaient de la tenue d'une autre dans un bailliage plus ou moins voisin couvert par la juridiction de la cour d'appel. Ce fut à ce moment que le texte des arrêts fut investi du vocabulaire du crime et que la mémoire de la justice transita lentement de la violence du supplice à la méchanceté du criminel.

L'exécution capitale resta publique et offerte aux regards des spectateurs jusqu'en 1868 dans l'Angleterre victorienne, et jusqu'en 1870 dans la France de la IIIe République[9]; mais elle le fut surtout à l'époque parce qu'elle était lue et qu'un public y trouvait, à travers le récit des assises, une nouvelle forme d'exemplarité qui se diffusait, très largement, dans la littérature. Le monde du crime et des bas-fonds fondait en lui-même une nouvelle pédagogie de l'effroi. À Londres comme à Paris, le sang se lisait; il s'achetait à bas prix, devint best-seller. Embarrassée, la

---

cruauté et récits sanglants en France (XVIe-XVIIe siècle), Paris, Robert Laffont, « Bouquins », 2006; Pierre Giuliani, « D'un XVIIe siècle à l'autre: la question du sang sur scène. Une mise en perspective », *Revue d'histoire littéraire de la France*, 104, 2004, p. 305-323.

8. Victor A. C. Gatrell, *The Hanging Tree*, *op. cit.*, p. 156-196.

9. C'est le 25 novembre 1870 que le gouvernement provisoire décréta la suppression de l'échafaud, fixant ainsi la guillotine au ras du sol et limitant, par le fait même, la visibilité du spectacle. Mais ce ne fut, en fait, qu'en 1939 que la guillotine disparut complètement du public pour ne s'activer qu'entre les murs des prisons.

peine capitale se cachait tout en restant inéluctable – et réclamée – pour les malfrats et les coupe-gorge. Elle communiquait alors avec un autre langage, mais sans cesser d'exister. La mort ne devait plus être du côté de l'État, elle passait désormais du côté des classes dangereuses, véritables responsables de l'échafaud.

L'exécution capitale a longtemps été l'instrument d'une certaine forme de consensus religieux, parfois d'un consensus social, souvent d'un consensus culturel. Même en s'effaçant, la peine capitale demeure un objet, une mémoire et une attente que, à dire vrai, l'abolition ne suffit hélas pas à écarter. Même désarmée, elle menace.

Bibliographie choisie

Abbiateci, André *et al.*, *Crimes et Criminalité en France. XVIIe-XVIIIe siècles*, Paris, Armand Colin, 1971.

Agamben, Giorgio, *Homo sacer. Le pouvoir souverain et la vie nue*, Paris, Seuil, 1997.

Allard, Julie, « La généalogie d'une figure de l'angoisse. Formes, pratiques et représentation de la place de Grève (Paris, 1667-1789) », thèse inédite, Université du Québec à Montréal/Université de Paris-Sorbonne, 2008.

Allen, Robert, *Les Tribunaux criminels sous la Révolution et l'Empire. 1792-1811*, Rennes, Presses universitaires de Rennes, 2005.

Amelang, James S., *The Flight of Icarus. Artisan Autobiography in Early Modern Europe*, Stanford, Stanford University Press, 1998.

Amussen, Susan Dwyer, « Punishment, Discipline and Power : The Social Meanings of Violence in Early Modern England », *Journal of British Studies*, n° 34, 1995, p. 1-34.

Andrews, Richard Mowery, *Law, Magistracy, and Crime in Old Regime Paris. 1735-1789*, t. I, *The System of Criminal Justice*, Cambridge, Cambridge University Press, 1994.

Andriès, Lise et Geneviève Bollème, *La Bibliothèque bleue. Littérature de colportage*, Paris, Robert Laffont, « Bouquins », 2003.

Arasse, Daniel, *La Guillotine et l'Imaginaire de la Terreur*, Paris, Flammarion, « Champs », 1987.

–, « Le théâtre de la guillotine : la leçon des images », in Paolo Bosisio (dir.), *Lo Spettacolo nella Rivoluzione Francese*, Rome, Bulzoni, 1989, p. 207-220.

Arendt, Hannah, *Essai sur la révolution*, Paris, Gallimard, 1967.

Asad, Talal, « Notes on Body Pain and Truth in Medieval Christian Ritual », *Economy and Society*, n° 12, 1983, p. 287-327.

Association française pour l'histoire de la justice, *La Justice en ses temples. Regards sur l'architecture judiciaire*, Paris, Errance, 1992.

Astaing, Antoine, *Droits et Garanties de l'accusé dans le procès criminel d'Ancien Régime (XVIe-XVIIIe siècle). Audace et pusillanimité de la doctrine pénale française*, Aix-en-Provence, Presses universitaires d'Aix-Marseille, 1999.

Aubry, Gérard, *La Jurisprudence criminelle du Châtelet de Paris sous le règne de Louis XVI*, Paris, LGDJ, 1971.

Augé, Marc, *Pouvoirs de vie, Pouvoirs de mort. Introduction à une anthropologie de la répression*, Paris, Flammarion, 1977.

L'Aveu. Antiquité et Moyen Âge. Actes de la table ronde organisée par l'École française de Rome avec le concours du CNRS et de l'Université de Trieste, Rome 28-30 mars 1984, Rome, École française de Rome, 1986.

Bachoffner, Pierre, « Bourreaux, pharmacie et chirurgie : un problème de santé publique en Alsace du XVe au XIXe siècle », *Revue d'Alsace*, n° 119, 1983, p. 139-150.

Baczko, Bronislaw, *Comment sortir de la Terreur. Thermidor et la Révolution*, Paris, Gallimard, 1989.

Badinter, Robert (dir.), *Une autre justice. 1789-1799*, Paris, Fayard, 1989.

– (dir.), *La Justice de la Révolution ou les Révolutions de la Justice. Musée de la Conciergerie, Palais de justice de Paris, 7 octobre-31 décembre 1989*, Paris, Ministère de la Justice, 1989.

Baecque, Antoine de, *Le Corps de l'histoire. Métaphores et politique, 1770-1800*, Paris, Calmann-Lévy, 1993.

–, *La Gloire et l'Effroi. Sept morts sous la Terreur*, Paris, Grasset, 1997.

Balandier, Georges, *Anthropologie politique* [1967], Paris, PUF, 1995.

–, *Le Pouvoir sur scènes*, Cher, Balland, 1980.

Baraz, Daniel, *Medieval Cruelty. Changing Perceptions. Late Antiquity to the Early Modern Period*, Ithaca, Cornell University Press, 2003.

Bardet, Jean-Pierre et François-Joseph Ruggiu (dir.), *Au plus près du secret des cœurs ? Nouvelles lectures historiques des écrits du for privé en Europe du XVIe au XVIIIe siècle*, Paris, PUPS, 2005.

Baschet, Jérôme, « Les conceptions de l'Enfer en France au XIVe siècle :

imaginaire et pouvoir », *Annales ESC*, n° 40, 1985, p. 185-207.

Bastien, Pascal, « Erreurs et miracles judiciaires dans la France d'Ancien Régime », in Benoît Garnot (dir.), *L'Erreur judiciaire. De Jeanne d'Arc à Roland Agret*, Paris, Imago, 2004, p. 85-106.

–, « La "seconde punition" : quelques remarques sur la confiscation des biens dans la Coutume de Paris au XVIIIe siècle », in Benoît Garnot (dir.), *Justice et Argent. Les crimes et les peines pécuniaires du XIIIe au XXIe siècle*, Dijon, Éditions universitaires de Dijon, 2005, p. 271-279.

–, *L'Exécution publique à Paris au XVIIIe siècle. Une histoire des rituels judiciaires*, Seyssel, Champ Vallon, 2006.

–, « Les arrêts criminels et leurs enjeux sur l'opinion publique à Paris au XVIIIe siècle », *Revue d'histoire moderne et contemporaine*, n° 53, 2006, p. 34-62.

Beattie, John, « Violence and Society in Early Modern England », in Anthony N. Doob et Edward L. Greenspan (dir.), *Perspectives in Criminal Law. Essays in Honour of John Edwards*, Aurora, Canada Law Book, 1985, p. 36-60.

–, « Scales of Justice : Defense Counsel and the English Criminal Trial in the Eighteenth and Nineteenth Centuries », *Law and History Review*, n° 9, 1991, p. 221-267.

–, « The Cabinet and the Management of Death at Tyburn after the Revolution of 1688-1689 », in Lois G. Schwoerer (dir.), *The Revolution of 1688-1689. Changing Perspectives*, Cambridge, Cambridge University Press, 1992, p. 218-233.

–, *Policing and Punishment in London, 1660-1750. Urban Crime and the Limits of Terror*, Oxford, Oxford University Press, 2003.

Beauthier, Régine, *Droit et Genèse de l'État*, Bruxelles, Éditions de l'université de Bruxelles, 1997.

Bée, Michel, « Le bourreau et la société d'Ancien Régime », in *Justice et Répression. De 1610 à nos jours. Actes du 107e congrès national des sociétés savantes, Brest, 1982*, Paris, CTSH, 1984, t. I, p. 61-73.

–, « Le théâtre de l'échafaud à Caen, au XVIIIe siècle », in Jean-Pierre Bardet et Madeleine Foisil (dir.), *La Vie, la Mort, la Foi, le Temps. Mélanges offerts à Pierre Chaunu*, Paris, PUF, 1993, p. 259-272.

–, « La société traditionnelle et la mort », *XVIIe siècle*, n° 106-107, 1975, p. 81-111.

–, « Vivre du métier de bourreau en Normandie au XVIIIe siècle », *Cahiers Léopold Delisle*, n° 32, 1982-1983, p. 99-114.

–, « Le spectacle de l'exécution dans la France d'Ancien Régime », *Annales ESC*, n° 38, 1983, p. 843-862.

Beeman, William, « The Anthropology of Theater and Spectacle », *Annual Review of Anthropology*, n° 22, 1993, p. 369-393.

Bellamy, John, *Crime and Public Order in England in the Later Middle Ages*, Londres, Routledge, 1973.

–, *The English Criminal Trial in the Middle Centuries. Felony Before the Courts from Edward I to the Mid-Sixteenth Century*, Toronto, University of Toronto Press, 1998.

Benveniste, Émile, *Le Vocabulaire des institutions européennes*, Paris, Minuit, 1969, t. II.

Berger, Emmanuel, *La Justice pénale sous la Révolution. Les enjeux d'un modèle judiciaire libéral*, Rennes, Presses universitaires de Rennes, 2008.

Bernard, G. W., « The Making of Religious Policy, 1533-1546 : Henry VIII and the Search for the Middle Way », *The Historical Journal*, n° 41, 1998, p. 321-349.

Bertelli, Sergio, *Il corpo del re. Sacralità del potere nell'Europa medievale e moderna*, Florence, Ponte alle Grazie, 1990.

Bertrand, Régis, « L'exécution et l'inhumation des condamnés en Provence (XVIIIe et XIXe siècles) d'après les archives des compagnies de pénitents », in Benoît Garnot (dir.), *Histoire et Criminalité de l'Antiquité au XXe siècle. Nouvelles approches*, Dijon, Éditions universitaires de Dijon, 1992, p. 75-84.

– et Carol, Anne (dir.), *L'Exécution capitale. Une mort donnée en spectacle. XVIe-XXe siècle*, Aix-en-Provence, Presses de l'université de Provence, 2003.

Biard, Michel, *Parlez-vous sans-culotte ? Dictionnaire du Père Duchesne, 1790-1794*, Paris, Tallandier, 2009.

Biet, Christian, *Droit et Littérature sous l'Ancien Régime. Le jeu de la valeur et de la loi*, Paris, Honoré Champion, 2002.

– (dir.), *Théâtre de la cruauté et récits sanglants en France (XVIe-XVIIe siècle)*, Paris, Robert Laffont, « Bouquins », 2006.

Billacois, François, *Le Duel dans la société française des XVIe-XVIIe siècles. Essai de psychosociologie historique*, Paris, Éditions de l'EHESS, 1986.

Billiet, Frédéric, « Pouvoir et culture sonore dans les rues d'Amiens au XVIe siècle », in Laure Gauthier et Mélanie Traversier (dir.), *Mélodies urbaines. La musique dans les villes d'Europe (XVIe-XIXe siècles)*, Paris, PUPS, 2008, p. 25-43.

Bleackley, Horace, *Hangmen of England. How They Hanged and Whom They Hanged. The Life Story of « Jack Ketch » Through Two Centuries*, Londres, Chapman and Hall, 1929.

Blok, Anton, « The Symbolic Vocabulary of Public Executions », in June Starr et Jane F. Collier (dir.), *History and Power in the Study of Law. New Directions in Legal Anthropology*, Ithaca, Cornell University Press, 1989, p. 31-54.

–, « Openbare strafvoltrekkingen als rites de passage », *Tijdschrift voor Geschiedenis*, n° 97, 1984, p. 470-481.

Blum, Claude, *La Représentation de la mort dans la littérature française de la Renaissance*, Paris, Champion, 1989, 2 vol.

–, « Le corps à l'agonie dans la littérature de la Renaissance », in Jean Céard, Marie-Madeleine Fontaine et Jean-Claude Margolin (dir.), *Le Corps à la Renaissance. Actes du XXXe colloque de Tours, 1987*, Paris, Aux Amateurs de Livres, 1990, p. 147-160.

Bongert, Yvonne, « Le juste et l'utile dans la doctrine pénale de l'Ancien Régime », *Archives de philosophie du droit*, n° 27, 1982, p. 291-347.

Boquet, Damien et Nagy, Piroska (dir.), *Le Sujet des émotions au Moyen Âge*, Paris, Beauchesne, 2009.

Bosco, Ronald, « Lectures at the Pillory : the Early American Execution Sermon », *American Quarterly*, n° 30, 1978, p. 156-176.

Bossy, John, *Christianity in the West. 1400-1700*, Oxford, Oxford University Press, 1985.

Boucher, Philippe (dir.), *La Révolution de la justice. Des lois du roi au droit moderne*, Paris, Jean-Pierre de Monza, 1989.

Boulanger, Marc, « Justice et absolutisme : la grande ordonnance criminelle d'août 1670 », *Revue d'histoire moderne et contemporaine*, n° 47, 2000, p. 7-36.

Boureau, Alain, *Satan hérétique. Naissance de la démonologie dans l'Occident médiéval (1280-1330)*, Paris, Odile Jacob, 2004.

Braun, Pierre, « Variations sur la potence et le bourreau. À propos d'un adversaire de la peine de mort en 1361 », in Jean-Louis Harouel (dir.), *Histoire du droit social. Mélanges en hommage à Jean Imbert*, Paris, PUF, 1989, p. 95-124.

Brégeault, Julien, « Procès contre les cadavres dans l'ancien droit », *Revue historique de droit français et étranger*, n° 3, 1879, p. 619-644.

Brigden, Susan, *London and the Reformation*, Oxford, Clarendon Press, 1989.

Brioist, Pascal, « Hooke et Pepys : deux espaces-vécus du Londres du XVIIe siècle », in Claude Petitfrère (dir.), *Images et Imaginaires de la ville à l'époque moderne*, Tours, Publication de la Maison des sciences de la ville, 1998, p. 15-34.

–, Drévillon, Hervé et Serna, Pierre, *Croiser le fer. Violence et culture de l'épée dans la France moderne, XVIe-XVIIIe siècle*, Seyssel, Champ Vallon, 2002.

Brizay, François, Antoine Follain et Véronique Sarrazin (dir.), *Les Justices de village. Administration et justice locales de la fin du Moyen Âge à la Révolution*, Rennes, Presses universitaires de Rennes, 2002.

Brooks, Peter, *Troubling Confessions. Speaking Guilt in Law and Literature*, Chicago, The University of Chicago Press, 2000.

Buc, Philippe, « Martyre et ritualité dans l'Antiquité tardive. Horizons de l'écriture médiévale des rituels », *Annales HSS*, n° 48, 1997, p. 63-92.

Cabantous, Alain, *Histoire du blasphème en Occident. Fin XVIe-milieu XIXe siècle*, Paris, Albin Michel, 1998.

–, *Histoire de la nuit. XVIIe-XVIIIe siècle*, Paris, Fayard, 2009.

–, *Entre fêtes et clochers. Profane et sacré dans l'Europe moderne, XVIIe-XVIIIe siècle*, Paris, Fayard, 2002.

Cagnat, Constance, *La Mort classique. Écrire la mort dans la littérature française en prose dans la seconde moitié du XVIIe siècle*, Paris, Honoré Champion, 1995.

Caillois, Roger, *L'Homme et le Sacré*, Paris, Gallimard, 1950.

–, « Sociologie du bourreau », *Instincts et Société. Essais de sociologie contemporaine*, Genève/Paris, Gonthier, 1964, p. 11-34.

Cantarella, Eva, *Les Peines de mort en Grèce et à Rome. Origines et fonctions des supplices dans l'Antiquité classique*, Paris, Albin Michel, 2000.

Carbasse, Jean-Marie, *Introduction historique au droit pénal*, Paris, PUF, 1990.

– et Depambour-Tarride, Laurence (dir.), *La Conscience du juge dans la tradition juridique européenne*, Paris, PUF, 1999.

Carbasse, Jean-Marie, « Note sur les fondements civilistes du *pactum pacis* médiéval », *Auctoritas. Mélanges offerts au professeur Olivier Guillot*, Paris, PUPS, 2006, p. 385-396.

Carbonnier-Burkard, Marianne, « Les manuels réformés de préparation à la mort », *Revue d'histoire des religions*, n° 217, 2000, p. 363-380.

Carey, John A., *Judicial Reform in France before the Revolution of 1789*, Cambridge, Harvard University Press, 1981.

Castan, Nicole, « Le régime des prisons au XVIIIe siècle », in Jacques-Guy Petit (dir.), *La Prison, le Bagne et l'Histoire*, Genève, Librairie des Méridiens, 1984, p. 31-42.

Castan, Yves, *Honnêteté et Relations sociales en Languedoc, 1715-1780*, Paris, Plon, 1974.

Castelli, Enrico (dir.), *Le Mythe de la peine. Actes du colloque organisé par le Centre international d'études humanistes et par l'Institut d'études philosophiques de Rome. (Rome, 7-12 janvier 1967)*, Paris, Aubier, 1967.

Cayla, Robert et Renoux-Zagamé, Marie-France (dir.), *L'Office du juge. Part de souveraineté ou puissance nulle ?*, Paris, LGDJ, 2001.

Chamayou, Grégoire, *Les Corps vils. Expérimenter sur les êtres humains aux XVIIIe et XIXe siècles*, Paris, La Découverte, 2008.

Certeau, Michel de, *L'Invention du quotidien* [1980], Paris, Gallimard, 1990, 2 vol.

Chartier, Roger, « Les arts de mourir, 1450-1600 », *Annales ESC*, n° 31, 1976, p. 51-75.

–, « Figures littéraires et expériences sociales : la littérature de la *gueuserie* dans la Bibliothèque bleue », *Lectures et Lecteurs dans la France d'Ancien Régime*, Paris, Seuil, 1987, p. 271-351.

–, « "Copied onely by the eare" : le texte de théâtre entre la scène et la page au XVIIe siècle », in Larry F. Norman, Philippe Desan et Richard Strier (dir.), *Du spectateur au lecteur. Imprimer la scène aux XVIe et XVIIe siècles*, Fasano/Paris, Schena Editore/PUPS, 2002, p. 31-53.

Chassaigne, Philippe, *Ville et Violence. Tensions et conflits dans la Grande-Bretagne victorienne (1840-1914)*, Paris, PUPS, 2005.

Chassan, Joseph-Pierre, *Essai sur la symbolique du droit*, Paris, Videcoq Fils aîné, 1847.

Chaunu, Pierre, *La Mort à Paris. XVIe, XVIIe et XVIIIe siècle*, Paris, Fayard, 1978.

–, Madeleine Foisil et Françoise de Noirfontaine, *Le Basculement religieux de Paris au XVIIIe siècle. Essai d'histoire politique et religieuse*, Paris, Fayard, 1998.

Chauvaud, Frédéric (dir.), *Le Sanglot judiciaire. La désacralisation de la justice (VIIIe-XXe siècles)*, Grâne, Créaphis, 1999.

Chiffoleau, Jacques, *Les Justices du pape. Délinquance et criminalité dans la région d'Avignon au XIVe siècle*, Paris, Publications de la Sorbonne, 1984.

–, « Dire l'indicible. Remarques sur la catégorie du *Nefandum* du XIIe au XVe siècle », *Annales ESC*, n° 45, 1990, p. 289-324.

–, « Avouer l'inavouable : l'aveu et la procédure inquisitoire à la fin du Moyen Âge », in Renaud Dulong (dir.), *L'Aveu. Histoire, sociologie, philosophie*, Paris, PUF, 2001, p. 57-97.

Clair, Jean (dir.), *Crime et Châtiment*, Paris, Musée d'Orsay/Gallimard, 2010.

Clément-Janin, Michel-Hilaire, *Le Morimont de Dijon. Bourreaux et suppliciés*, Dijon, 1889.

Cockburn, J. S., « The Nature and Incidence of Crime in England, 1559-1660 : a Preliminary Survey », *Crime in England, 1550-1800*, Londres, Methuen, 1977, p. 49-71.

Cohen, Daniel, *Pillars of Salt, Monuments of Grace. New England Crime Literature and the Origins of American Popular Culture, 1674-1860*, Oxford, Oxford University Press, 1993.

–, « In Defense of the Gallows : Justifications of Capital Punishment in New England Execution Sermons, 1674-1825 », *American Quarterly*, n° 40, 1988, p. 147-164.

Cohen, Déborah, *La Nature du peuple. Les formes de l'imaginaire social (XVIIIe-XXIe siècles)*, Seyssel, Champ Vallon, 2010.

Cohen, Esther, *The Crossroads of Justice. Law and Culture in Late Medieval France*, Leyde, Brill, 1993.

–, *Peaceable Domain, Certain Justice*, Hilversum, Verloren, 1996.

–, *The Modulated Scream. Pain in Late Medieval Culture*, Chicago, The University of Chicago Press, 2010.

Collins, Randall, « Three Faces of Cruelty : Towards a Comparative Sociology of Violence », *Theory and Society*, n° 1, 1974, p. 415-440.

Corbin, Alain, *Le Temps, le Désir et l'Horreur. Essais sur le* XIX*e siècle*, Paris, Aubier, 1991.

–, *Les Cloches de la terre. Paysage sonore et culture sensible dans les campagnes au* XIX*e siècle*, Paris, Albin Michel, 1994.

Cowan, Brian, *The Social Life of Coffee. The Emergence of the British Coffeehouse*, Yale, Yale University Press, 2005.

Crépin, Marie-Yvonne, « Le chant du cygne du condamné : les testaments de mort en Bretagne au XVIIIe siècle », *Revue historique du droit français et étranger*, n° 70, 1992, p. 491-509.

Crouzet, Denis, *Les Guerriers de Dieu. La violence au temps des troubles de religion (vers 1525-vers 1610)*, Seyssel, Champ Vallon, 1990, 2 vol.

Darnton, Robert, *The Great Cat Massacre. And Other Episodes in French Cultural History*, New York, Vintage, 1985.

Dauchy, Serge et Véronique Demars-Sion, *Les Recueils d'arrêts et dictionnaires de jurisprudence.* XVI*e*-XVIII*e siècles*, Paris, La Mémoire du droit, 2005.

Davis, Natalie Zemon, *Fiction in the Archives. Pardon Tales and Their Tellers in Sixteenth-Century France*, Palo Alto, Stanford University Press, 1990.

Dawson, John P., *The Oracles of the Law*, Ann Arbor, University of Michigan Law School, 1968.

Daye, J. M., « The Early History of Murder and Manslaughter », *The Law Quarterly Review*, n° 83, 1967, p. 365-395.

Delaney, John, « Morale bourgeoise – Châtiment public. Angleterre c. 1750-1830 », *Diogène*, n° 153, 1998, p. 64-82.

Delarue, Jacques, *Le Métier de bourreau*, Paris, Fayard, 1989.

Delumeau, Jean, *La Peur en Occident,* XIV*e*-XVIII*e siècles* [1978], Paris, Hachette, 1996.

–, *Le Péché et la Peur. La culpabilisation en Occident,* XIII*e*-XVIII*e siècles*, Paris, Fayard, 1983.

–, *Rassurer et protéger. Le sentiment de sécurité dans l'Occident d'autrefois*, Paris, Fayard, 1989.

–, *L'Aveu et le Pardon. Les difficultés de la confession.* XIII*e*-XVIII*e siècle*, Paris, Fayard, 1990.

Denis, Vincent, *Une histoire de l'identité. France, 1715-1815*, Seyssel, Champ Vallon, 2008.

Desjardins, Albert, *Les Cahiers des États généraux en 1789 et la législation criminelle*, Paris, A. Durand et Pedone-Lauriel, 1883.

Devereaux, Simon et Griffiths, Paul (dir.), *Penal Practice and Culture, 1500-1900. Punishing the English*, Londres, Palgrave Macmillan, 2004.

Devereaux, Simon, « The Abolition of the Burning of Women in England Reconsidered », *Crime, Histoire et Sociétés*, n° 9/2, 2005, p. 73-98.

–, « Recasting the Theatre of Execution : The Abolition of the Tyburn Ritual », *Past and Present*, n° 202, 2009, p. 127-174.

Doebler, Bettie Anne, « Execution and Ritual Dying : Lord Essex as Cultural Event », *Rooted Sorrow. Dying in Early Modern England*, Londres/Toronto, Associated University Presses, 1994, p. 60-75.

Dolan, Claire (dir.), *Entre justice et justiciables. Les auxiliaires de la justice du Moyen Âge au XXe siècle*, Québec, Presses de l'Université Laval, 2005.

Dolan, Frances, « Gentlemen, I Have One Thing More to Say : Women on Scaffolds in England, 1563-1680 », *Modern Philology*, n° 92, 1994, p. 157-178.

Douglas, Mary, *De la souillure. Essai sur les notions de pollution et de tabou* [1967], Paris, La Découverte, 1992.

Dubois, Alexis, *Justice et Bourreaux à Amiens dans les XVe et XVIe siècles*, Amiens, Caron et Lambert, 1860.

Duby, Georges, « Réflexions sur la douleur physique au Moyen Âge », *Mâle Moyen Âge*, Paris, Flammarion, 1988, p. 203-209.

Dülmen, Richard van, *Theater des Schreckens. Gerichtspraxis und Strafrituale in der frühen Neuzeit*, Munich, Beck, 1995.

Dulong, Renaud (dir.), *L'Aveu. Histoire, sociologie, philosophie*, Paris, PUF, 2001.

Duprat, Annie, « L'affaire Desrues ou le premier tombeau de l'Ancien Régime », *Sociétés et Représentations*, n° 18, 2004, p. 125-134.

Durand, Bernard, Jean Poirier et Jean-Pierre Royer (dir.), *La Douleur et le Droit*, Paris, PUF, 1997.

Durand, Bernard (dir.), *La Torture judiciaire. Approches historiques et juridiques*, Lille, Centre d'histoire judiciaire, 2002, 2 vol.

–, *Arbitraire du juge et consuetudo delinquendi. La doctrine pénale en Europe du XVIe au XVIIIe siècle*, Montpellier, Publications de la Société d'histoire du droit et des institutions des anciens pays de droit écrit, 1993.

Durkheim, Émile, « Deux lois de l'évolution pénale », *L'Année sociologique*, n° 4, 1899-1900, p. 65-95.

Dyonet, Nicole, « Les paroles et les écritures. Fonctionnement et bénéfices de la procédure inquisitoire en France au XVIIIe siècle », *Déviance et Société*, n° 11, 1987, p. 225-249.

Edwards, Kathryn A. (dir.), *Werewolves, Witches and Wandering Spirits. Traditional Belief and Folklore in Early Modern Europe*, Kirksville, Truman State University Press, 2002.

Elias, Norbert, *Über den Prozeß der Zivilisation*, Basel, Verlag Haus zum Falken, 1939.

El-Kenz, David, *Les Bûchers du roi. La culture protestante des martyrs*, Seyssel, Champ Vallon, 1997.

– (dir.), *Le Massacre. Objet d'histoire*, Paris, Gallimard, 2005.

Ellul, Jacques, « La désacralisation par le christianisme et la sacralisation dans le christianisme », *Corps écrit*, n° 2, 1982, p. 141-157.

Emsley, Clive, « Police, maintien de l'ordre et espaces urbains : une lecture anglaise », *Revue d'histoire moderne et contemporaine*, n° 50, 2003, p. 5-12.

Esmein, Adhémar, *Histoire de la procédure criminelle en France et spécialement de la procédure inquisitoire*, Paris, Larose et Farcel, 1882.

Evans, Richard J., *Rituals of Retribution. Capital Punishment in Germany, 1600-1987* [1996], Londres, Penguin Books, 1997.

Faller, Lincoln B., *Turned into Account. The Forms and Functions of Criminal Biography in Late Seventeenth- and Early Eighteenth-Century England*, Cambridge, Cambridge University Press, 1987.

Farge, Arlette et André Zysberg, « Les théâtres de la violence à Paris au XVIIIe siècle », *Annales ESC*, n° 34, 1979, p. 984-1015.

Farge, Arlette, *La Vie fragile. Violence, pouvoirs et solidarités à Paris au XVIIIe siècle*, Paris, Hachette, 1986.

–, *Le Goût de l'archive*, Paris, Seuil, 1997.

–, *Dire et mal dire. L'opinion publique au XVIIIe siècle*, Paris, Seuil, 1998.

–, *Le Bracelet de parchemin. L'écrit sur soi au XVIIIe siècle*, Paris, Bayard, 2003.

–, *Effusions et Tourments, le récit des corps. Histoire du peuple au XVIIIe siècle*, Paris, Odile Jacob, 2007.

–, *Essai pour une histoire des voix au XVIIIe siècle*, Paris, Bayard, 2009.

Favre, Robert, *La Mort dans la littérature et la pensée françaises au siècle des Lumières*, Lyon, Presses universitaires de Lyon, 1978.

Fearnow, Mark, « Theatre of an Angry God. Public Burnings and Hangings in Colonial New York, 1741 », *The Drama Review*, n° 40, 1996, p. 15-36.

Fiering, Norman, « Irresistible Compassion : An Aspect of Eighteenth-Century Sympathy and Humanitarianism », *Journal of the History of Ideas*, n° 37, 1976, p. 195-218.

Fineschi, Filippo, « La rappresentazione della morte sul patibulo nella liturgia Firentina della Congregazione dei Neri », *Archivio Storico Italiano*, 150, 1992, p. 805-846.

Fogel, Michèle, *Les Cérémonies de l'information dans la France du XVIe au XVIIIe siècle*, Paris, Fayard, 1989.

Foisil, Madeleine, « Les attitudes devant la mort au XVIIIe siècle : sépultures et suppressions de sépulture dans le cimetière parisien des Saints-Innocents », *Revue historique*, n° 510, 1974, p. 303-330.

Follain, Antoine (dir.), *Les Justices locales dans les villes et villages du XVe au XIXe siècle*, Rennes, Presses universitaires de Rennes, 2006.

Foucault, Michel, *Surveiller et punir. Naissance de la prison*, Paris, Gallimard, 1975.

–, « La mort chrétienne d'un philosophe païen. Le fantôme de Sénèque : l'œuvre, le nom, la mémoire », *XVIIe siècle*, n° 232, 2006, p. 433-452.

Foviaux, Jacques, *La Rémission des peines et des condamnations. Droit monarchique et droit moderne*, Paris, PUF, 1970.

Friedland, Paul, « Beyond Deterrence : Cadavers, Effigies, Animals and the Logic of Executions in Premodern France », *Historical Reflections*, n° 29, 2003, p. 295-317.

Furbank, P. N. et W. R. Owens, « The Myth of Defoe as "Applebee's Man" », *The Review of English Studies*, n° 48, 1997, p. 198-204.

Gaiffier, Baudouin de, « Un thème hagiographique : le pendu miraculeusement sauvé », *Revue belge d'archéologie et d'histoire de l'art*, n° 13, 1943, p. 123-148.

Garapon, Antoine, *L'Âne portant des reliques. Essai sur le rituel judiciaire*, Paris, Centurion, 1985.

– et Denis Salas (dir.), *La Justice et le Mal*, Paris, Odile Jacob, 1997.

– et Ioannis Papadopoulos, *Juger en Amérique et en France. Culture juridique française et* common law, Paris, Odile Jacob, 2003.

Garfinkel, Harold, « Conditions of Successful Degradation Ceremonies », *The American Journal of Sociology*, n° 61, 1955-1956, p. 420-424.

Garland, David, *Punishment and Modern Society. A Study in Social Theory*, Oxford, Clarendon Press, 1990.

–, « The Cultural Uses of Capital Punishment », *Punishment and Society*, n° 4, 2002, p. 459-487.

Gatrell, Victor A. C., *The Hanging Tree. Execution and the English People, 1770-1868*, Oxford, Oxford University Press, 1994.

Gauchet, Marcel, *Le Désenchantement du monde. Une histoire politique de la religion*, Paris, Gallimard, 1985.

Gaudemet, Jean, « Les ordalies au Moyen Âge : doctrine, législation et pratique canoniques », *La Preuve*, t. II, *Moyen Âge et Temps modernes*, Bruxelles, Librairie encyclopédique, « Recueils de la Société Jean Bodin pour l'histoire comparative des institutions », 1965, p. 99-135.

Gauvard, Claude, *« De grace especial ». Crime, État et société à la fin du Moyen Âge*, Paris, Publications de la Sorbonne, 1991, 2 vol.

– et Robert Jacob (dir.), *Les Rites judiciaires. Gestes et rituels judiciaires au Moyen Âge occidental*, Paris, Le Léopard d'or, 1999.

–, *Violence et Ordre public au Moyen Âge*, Paris, Picard, 2005.

–, « La violence commanditée. La criminalisation des "tueurs à gages" aux derniers siècles du Moyen Âge », *Annales HSS*, n° 65, 2007, p. 1063-1094.

Génestal, Robert, *Le « privilegium fori » en France du Décret de Gratien à la fin du Moyen Âge*, Paris, 1921-1924, 2 vol.

Germa-Romann, Hélène, *Du « Bel Mourir » au « Bien Mourir ». Le sentiment de la mort chez les gentilshommes français (1515-1643)*, Genève, Droz, 2001.

Gessler, Jean, « Mulier suspensa. À délit égal peine différente ? », *Revue belge de philologie et d'histoire*, n° 18, 1939, p. 974-988.

Giesey, Ralph E., *Le roi ne meurt jamais. Les obsèques royales dans la France de la Renaissance*, Paris, Flammarion, 1987.

Girard, René, *La Violence et le Sacré* [1972], Paris, Hachette, 1996.

Giuliani, Pierre, « D'un XVIIe siècle à l'autre : la question du sang sur scène. Une mise en perspective », *Revue d'histoire littéraire de la France*, n° 104, 2004, p. 305-323.

Gladfelder, Hal, *Criminality and Narrative in Eighteenth-Century England*, Baltimore, The Johns Hopkins University Press, 2001.

–, « Defoe and Criminal Fiction », in John Richetti (dir.), *The Cambridge Companion to Daniel Defoe*, Cambridge, Cambridge University Press, 2009, p. 64-82.

Gogniat, Emmanuel, « Avouer au seuil du gibet. Enjeu social et judiciaire du testament de mort d'un brigand pendu à Genève en 1787 », *Crime, Histoire et Sociétés*, n° 8, 2004, p. 63-84.

Gonthier, Nicole, *Le Châtiment du crime au Moyen Âge. XIIe-XVIe siècles*, Rennes, Presses universitaires de Rennes, 1998.

Goulet, Jacques, « Robespierre, la peine de mort et la Terreur », *Annales historiques de la Révolution française*, n° 53, 1981, p. 219-238.

Gros, Gérard, *« Ave, Vierge Marie ». Étude sur les prières mariales en vers français (XIIe-XVe siècles)*, Lyon, Presses universitaires de Lyon, 2004.

Grosse, Christian, *Les Rituels de la Cène. Le culte eucharistique réformé à Genève (XVIe-XVIIe siècles)*, Genève, Droz, 2008.

Guénée, Bernard, *Tribunaux et Gens de justice dans le bailliage de Senlis à la fin du Moyen Âge*, Paris, Les Belles Lettres, 1963.

Habermas, Jürgen, *L'Espace public. Archéologie de la publicité comme dimension constitutive de la société bourgeoise* [1962], Paris, Payot, 1978.

Harding, Christopher et Ireland, Richard W., *Punishment. Rhetoric, Rule, and Practice*, Londres, Routledge, 1989.

Harou, Alfred, « Les pendus », *Revue des traditions populaires*, n° 6, 1891, p. 295-296 et p. 666-667.

Hay, Douglas, Linebaugh, Peter, Rule, John G., Thompson, E. P. et Winslow Cal, *Albion's Fatal Tree. Crime and Society in Eighteenth-Century England*, New York, Pantheon Books, 1975.

Hénaff, Marcel, *Le Prix de la vérité. Le don, l'argent, la philosophie*, Paris, Seuil, 2002.

Herrup, Cynthia B., *The Common Peace. Participation and the Criminal Law in Seventeenth-Century England*, Cambridge, Cambridge University Press, 1987.

Hinard, François, « Spectacle des exécutions et espace urbain », *L'Urbs. Espace urbain et histoire (Ier siècle av. J.-C.-IIIe siècle apr. J.-C.)*, Rome, École française de Rome, 1987, p. 111-125.

Hindle, Steve, *The State and Social Change in Early Modern England. c. 1550-1640*, Londres, Macmillan, 2000.

Hitchcock, Tim et Shoemaker, Robert, *Tales from the Hanging Court*, Londres, Hodder, 2006.

Hoareau-Dodinau, Jacqueline, « Dieu, le Roi et le condamné à mort », in Jacqueline Hoareau-Dodinau et Pascal Texier (dir.), *Foi chrétienne et Églises dans la société politique de l'Occident du Haut Moyen Âge*, Limoges, Presses universitaires de Limoges, 2004, p. 435-461.

Hocart, Arthur Maurice, *Rois et Courtisans* [1936], Paris, Seuil, 1978.

Hood, Roger, « Capital Punishment – A Global Perspective », *Punishment and Society*, n° 3, 2001, p. 331-354.

Hubert, Henri et Mauss, Marcel, « Essai sur la nature et la fonction du sacrifice », in Henri Hubert et Marcel Mauss (dir.), *Mélanges d'histoire des religions*, Paris, Félix Alcan, 1909, p. 1-130.

Huizinga, Johan, *L'Automne du Moyen Âge* [1919], Paris, Payot, 1975.

Hunniset, R. F., *The Medieval Coroner*, Cambridge, Cambridge University Press, 1961.

Hunt, Lynn, « Le corps au XVIIIe siècle. Les origines des droits de l'homme », *Diogène*, n° 203, 2003, p. 49-67.

Ignatieff, Michael, *A Just Measure of Pain. The Penitentiary in the Industrial Revolution, 1750-1850*, New York, Pantheon Books, 1978.

Imbert, Jean, « La peine de mort et l'opinion au XVIIIe siècle », *Revue de science criminelle et de droit pénal comparé*, n° 19, 1964, p. 509-525.

– et Levasseur, Georges, *Le Pouvoir, les Juges et les Bourreaux*, Paris, Hachette, 1972.

Jacob, Robert, « Le jugement de Dieu et la formation de la fonction de juger dans l'histoire européenne », *Histoire de la justice*, n° 4, 1991, p. 53-78.

–, *Images de la justice. Essai sur l'iconographie judiciaire du Moyen Âge à l'âge classique*, Paris, Le Léopard d'or, 1994.

–, « Le jugement de Dieu et la formation de la fonction des juges dans l'histoire européenne », *Archives de philosophie du droit*, n° 39, 1995, p. 85-104.

– (dir.), *Le Juge et le Jugement dans les traditions juridiques européennes. Études d'histoire comparée*, Paris, LGDJ, 1996.

–, « Bannissement et rite de la langue tirée au Moyen Âge. Du lien des lois et de sa rupture », *Annales HSS*, n° 55, 2000, p. 1039-1079.

–, « Le faisceau et les grelots. Figures du banni et du fou dans l'imaginaire médiéval », *Droit et Cultures*, n° 41, 2001, p. 65-98.

–, « *Judicium* et le jugement. L'acte de juger dans l'histoire du lexique », in Olivier Cayla et Marie-France Renoux-Zagamé (dir.), *L'Office du juge. Part de souveraineté ou puissance nulle ?*, Paris, LGDJ, 2001, p. 35-72.

–, « Le droit, l'anthropologie et le microscope. Vers une nouvelle anthropologie juridique », in Édouard Delruelle et Géraldine Brausch (dir.), *Le Droit sans la justice. Actes de la rencontre du 8 novembre 2002 autour du* Cap des Tempêtes *de Lucien François*, Bruxelles, Bruylant, 2004, p. 41-109.

–, « *Jus* ou la cuisine romaine de la norme », *Droit et Cultures*, n° 48/2, 2004, p. 13-64.

–, « La question romaine du *sacer*. Ambivalence du sacré ou construction symbolique de la sortie du droit », *Revue historique*, n° 639, 2006, p. 523-588.

James, Mervyn, « English Politics and the Concept of Honour », *Past and Present Supplement*, 1978, p. 54-58.

Jenner, Mark S. R., « Body, Image, Text in Early Modern Europe », *Social History of Medicine*, n° 12, 1999, p. 143-154.

Jouhaud, Christian, Dinah Ribard et Nicolas Schapira, *Histoire, Littérature, Témoignage. Écrire les malheurs du temps*, Paris, Gallimard, 2009.

Kaiser, Colin, « The Deflation in the Volume of Litigation at Paris in Eighteenth Century and the Waning of the Old Judicial Order », *European Studies Review*, n° 10, 1980, p. 309-336.

Kalifa, Dominique, *L'Encre et le Sang. Récits de crimes et société à la Belle Époque*, Paris, Fayard, 1995.

Keirnan, V. G., *The Duel in European History. Honour and the Reign of Aristocracy*, Oxford, Oxford University Press, 1989.

Kelly, James, *Gallows Speeches from Eighteenth-Century Ireland*, Dublin, Four Courts Press, 2001.

King, Peter, *Crime and Law in England, 1750-1840. Remaking Justice from the Margins*, Cambridge, Cambridge University Press, 2007.

Klemettilä, Hannele, *Epitomes of Evil. Representations of Executioners in Northern France and the Low Countries in the Late Middle Ages*, Turnhout, Brepols, 2006.

Krieken, Robert van, « Violence, Self-Discipline and Modernity : Beyond the "Civilizing Process" », *The Sociological Review*, n° 37, 1989, p. 193-218.

Krynen, Jacques, *L'Idéologie de la magistrature ancienne*, Paris, Gallimard, 2009.

Kunzle, David, « Private Crime, Public Execution », *History of the Comic Strip*, t. I, *The Early Comic Strip. Narrative Strips and Pictures Stories in the European Broadsheet from c. 1450 to 1825*, Los Angeles, University of California Press, 1973, p. 157-196.

Lächele, Rainer, « "Maleficanten" und Pietisten auf dem Schafott : Historische Überlegungen zur Delinquentenseelsorge im 18. Jahrhundert », *Zeitschrift für Kirchengeschichte*, n° 107, 1996, p. 179-200.

La Charité, Claude, « L'éthos pathétique de Marguerite d'Auge dans "Les Pitoyables et Funestes Regrets" (1600) », *Tangence*, n° 77, 2005, p. 73-106.

Lafon, Jacqueline Lucienne, *La Révolution française face au système judiciaire d'Ancien Régime*, Genève, Droz, 2001.

Lake, Peter, « Deeds Against Nature : Cheap Print, Protestantism and Murder in Early-Seventeenth-Century England », in Kevin Sharpe et Peter Lake (dir.), *Culture and Politics in Early Stuart England*, Hampshire, Macmillan Press, 1994, p. 257-283.

– et Questier, Michael, « Agency, Appropriation and Rhetoric under the Gallows : Puritans, Romanists and the State in Early Modern England », *Past and Present*, n° 153, 1996, p. 64-107.

Langbein, John, « The Origins of Public Prosecution at Common Law », *American Journal of Legal History*, n° 17, 1973, p. 313-335.

–, *Torture and the Law of Proof. Europe and England in the Ancien Régime*, Chicago, The University of Chicago Press, 1976.

–, « The Criminal Trial Before the Lawyer », *The University of Chicago Law Review*, n° 45, 1978, p. 263-316.

–, « Albion's Fatal Flaws », *Past and Present*, n° 98, 1983, p. 96-120.

–, *The Origins of Adversary Criminal Trial*, Oxford, Oxford University Press, 2003.

Laqueur, Thomas W., « Crowds, Carnival and the State in English Executions, 1604-1868 », in A. L. Beir, David Cannadine et James M. Rosenheim (dir.), *The First Modern Society. Essays in English History in Honour of Lawrence Stone*, Cambridge, Cambridge University Press, 1989, p. 305-355.

Lasowski, Patrick Wald, *Guillotinez-moi ! Précis de décapitation*, Paris, Gallimard, 2007.

Lauwers, Michel et Dessi, Rosa Maria (dir.), *La Parole du prédicateur. Ve-XVe siècle*, Nice, Collection du Centre d'études médiévales de Nice, 1997.

Le Brun, Jacques, « Esthétique et christologie au XVIIe siècle », in Joseph Doré et Christoph Theobald (dir.), *Penser la foi. Recherches en théologie aujourd'hui. Mélanges offerts à Joseph Moingt*, Paris, Cerf, 1993, p. 631-643.

Lefebvre, Georges, *La Grande Peur de 1789*, Paris, Armand Colin, 1932.

Le Goff, Jacques, « Métiers licites et métiers illicites dans l'Occident médiéval », *Pour un autre Moyen Âge*, Paris, Gallimard, 1977, p. 91-107.

–, *La Naissance du purgatoire*, Paris, Gallimard, 1981.

– et Jean-Claude Schmitt (dir.), *Le Charivari. Actes de la table ronde organisée à Paris (25-27 avril 1977)*, Paris, Éditions de l'EHESS, 1981.

Lemercier, Pierre, « Une curiosité judiciaire au Moyen Âge : la grâce par mariage subséquent », *Revue historique du droit français et étranger*, n° 33, 1955, p. 464-474.

Lenôtre, Guy, *La Guillotine et les Exécuteurs des arrêts criminels pendant la Révolution, d'après des documents inédits tirés des archives de l'État*, Paris, Perrin, 1910.

Le Quang Sang, Julie, *La Loi et le Bourreau. La peine de mort en débats (1870-1985)*, Paris/Montréal, L'Harmattan, 2001.

Le Roy, Étienne et Trotha, Trutz von (dir.), *La Violence et l'État. Formes et évolution d'un monopole*, Paris, L'Harmattan, 1993.

Lestringant, Frank, *Lumière des martyrs. Essai sur le martyre au siècle des Réformes*, Paris, Champion, 2004.

Lévy, René et Xavier Rousseaux, « États, justice pénale et histoire : bilan et perspectives », *Droits et Société*, n° 20-21, 1992, p. 249-279.

Linebaugh, Peter, « The Ordinary of Newgate and his *Account* », in J. S. Cockburn (dir.), *Crime in England, 1550-1800*, Princeton, Princeton University Press, 1977, p. 247-269.

–, *The London Hanged. Crime and Civil Society in the Eighteenth Century*, Cambridge, Cambridge University Press, 1992.

Lüsebrink, Hans-Jürgen, « La letteratura del patibolo. Continuità e trasformazioni tra '600 e'800 », *Quaderni Storici*, n° 49, 1982, p. 285-301.

–, *Kriminalität und Literatur im Frankreich des 18. Jahrhunderts. Literarische Formen, Soziale Funktionen und Wissenskonstituenten von Kriminalitätsdarstellung im Zeitalter der Aufklärung*, Munich/Vienne, Oldenbourg-Verlag, 1983.

Maestro, Marcello, *Voltaire and Beccaria as Reformers of Criminal Law*, New York, Columbia University Press, 1942.

–, *Cesare Beccaria and the Origins of Penal Reform*, Philadelphie, Temple University Press, 1973.

Maffesoli, Michel et Pessin, Alain, *La Violence fondatrice*, Paris, Éditions du Champ urbain, 1978.

Maire Vigueur, Jean-Claude et Paravicini Bagliani, Agostino (dir.), *La parola all'accusato*, Palerme, Sellerio, 1991.

Malandain, Gilles, « Les mouches de police et le vol des mots. Les gazetins de la police secrète et la surveillance de l'expression publique à Paris au deuxième quart du XVIIIe siècle », *Revue d'histoire moderne et contemporaine*, n° 42, 1995, p. 376-404.

Mandressi, Rafael, *Le Regard de l'anatomiste. Dissections et invention du corps en Occident*, Paris, Seuil, 2003.

Maretz, G. des, « Note sur la peine de l'enfouissement », *Bulletin de la commission royale des anciennes lois et ordonnances de Belgique*, n° 10, 1921, p. 115-123.

Marshall, Peter, « Papist as Heretics : the Burning of John Forest, 1538 », *Historical Journal*, n° 41, 1998, p. 351-374.

–, « Forgery and Miracles in the Reign of Henry VIII », *Past and Present*, n° 178, 2003, p. 39-73.

Masur, Louis P., *Rites of Execution. Capital Punishment and the Transformation of American Culture, 1776-1865*, Oxford, Oxford University Press, 1989.

Maunier, René, *Introduction au folklore juridique*, Paris, Éditions d'art et d'histoire, 1938.

Mauss, Marcel, « La religion et les origines du droit pénal », *Revue de l'histoire des religions*, n° 34, 1896, p. 269-295.

Maza, Sarah, *Vies privées, Affaires publiques. Les causes célèbres de la France prérévolutionnaire*, Paris, Fayard, 1997.

McCloy, Shelby, *The Humanitarian Movement in Eighteenth-Century France*, Lexington, University of Kentucky Press, 1957.

McGowen, Randall, « The Changing Face of God's Justice : The Debates Over Divine and Human Punishment in Eighteenth-Century England », *Criminal Justice History*, n° 9, 1986, p. 312-334.

–, « The Body and Punishment in Eighteenth-Century England », *Journal of Modern History*, n° 59, 1987, p. 651-679.

–, « "He Beareth Not the Sword in Vain" : Religion and the Criminal Law in Eighteenth-Century England », *Eighteenth-Century Studies*, n° 21, 1987-1988, p. 192-211.

–, « The Well-Ordered Prison. England, 1780-1865 », in Norval Morris et David J. Rothman (dir.), *The Oxford History of the Prison. The Practice of Punishment in Western Society*, Oxford, Oxford University Press, 1995, p. 71-99.

–, « "Making Examples" and the Crisis of Punishment in Mid-Eighteenth-Century England », in David Lemmings (dir.), *The British and Their Laws in the Eighteenth-Century*, Suffolk, Boydell Press, 2005, p. 182-205.

McKenzie, Andrea, « "This Death Some Strong and Stout Hearted Man Doth Choose" : The Practice of Peine Forte et Dure in Seventeenth- and Eighteenth-Century England », *Law and History Review*, n° 23, 2005, p. 279-314.

–, *Tyburn's Martyrs. Execution in England, 1675-1775*, Londres / New York, Hambledon Continuum, 2007.

McManners, John, *Death and the Enlightenment. Changing Attitudes to Death among Christians and Unbelievers in Eighteenth-Century France*, New York, Oxford University Press, 1981.

Mead, George H., « The Psychology of Punitive Justice », *The American Journal of Sociology*, n° 23, 1918, p. 577-602.

Mellinkoff, Ruth, *Outcasts. Signs of Otherness in Northern European Art of the Late Middle Ages*, Berkeley, University of California Press, 1994.

Merback, Mitchell B., *The Thief, the Cross and the Wheel. Pain and Spectacle of Punishment in Medieval and Renaissance Europe*, Londres, Reaktion Books, 1999.

Merle, Roger, *La Pénitence et la Peine. Théologie, droit canonique, droit pénal*, Paris, Cujas, 1985.

Merrick, Jeffrey, « Patterns and Prosecution of Suicide in Eighteenth-Century Paris », *Historical Reflections*, n° 16, 1990, p. 1-53.

Métayer, Christine, *Au tombeau des secrets. Les écrivains publics du Paris populaire. Cimetière des Saints-Innocents, XVIe-XVIIIe siècle*, Paris, Albin Michel, 2000.

Minard, Philippe, « La “réforme” en France et en Angleterre au XVIIIe siècle : sens et fortunes d’un mot d’ordre », *Revue d’histoire moderne et contemporaine*, 56/4bis, 2009, p. 5-13.

Moeglin, Jean-Marie, « Pénitence publique et amende honorable au Moyen Âge », *Revue historique*, n° 604, 1997, p. 225-269.

Monter, William, *Judging the French Reformation : Heresy Trials by Sixteenth-Century Parlements*, Cambridge, Harvard University Press, 1999.

Moreau, Pierre-François (dir.), *Le Stoïcisme au XVIe et au XVIIe siècle. Le retour des philosophes antiques à l’âge classique*, Paris, Albin Michel, 1999.

Morel, Barbara, *Une iconographie de la répression judiciaire. Le châtiment dans l’enluminure en France du XIIIe au XVe siècle*, Paris, CHTS, 2007.

Mousnier, Roland, *La Vénalité des offices sous Henri IV et Louis XIII*, Paris, PUF, 1971.

Muchembled, Robert, *Sorcières, justice et société aux XVIe et XVIIe siècles*, Paris, Imago, 1987.

–, *L’Invention de l’homme moderne. Culture et sensibilités en France du XVe au XVIIIe siècle*, Paris, Fayard, 1988.

–, *La Violence au village. Comportements populaires et mentalités en Artois du* XV*e au* XVII*e siècle*, Paris, Brepols, 1989.

–, *Le Temps des supplices. De l'obéissance sous les rois absolus.* XV*e*-XVIII*e siècle*, Paris, Armand Colin, 1992.

–, *Le Roi et la Sorcière. L'Europe des bûchers,* XV*e*-XVIII*e siècle*, Paris, Desclée, 1993.

–, *Passions de femmes au temps de la reine Margot, 1553-1615*, Paris, Seuil, 2003.

–, « Fils de Caïn, enfants de Médée. Homicide et infanticide devant le parlement de Paris (1575-1604) », *Annales HSS*, n° 62, 2007, p. 1063-1094.

–, *Une histoire de la violence. De la fin du Moyen Âge à nos jours*, Paris, Seuil, 2008.

Muir, Edward, *Ritual in Early Modern Europe*, Cambridge, Cambridge University Press, 1997.

Muller, Dominique, « Magistrats français et peine de mort au XVIIIe siècle », *XVIIIe siècle*, n° 4, 1972, p. 79-107.

Nader, Laura (dir.), « The Ethnography of Law », *American Anthropologist*, n° 67, 1965 [n° 6/2, *Special Publication*].

Nagy, Piroska et Frandon, Véronique, « Pour une histoire de la souffrance : expressions, représentations, usages », *Médiévales*, n° 27, 1994, p. 5-14.

Nagy, Piroska, *Le Don des larmes au Moyen Âge*, Paris, Albin Michel, 2000.

Newman, Karen, *Cultural Capitals. Early Modern London and Paris*, Princeton, Princeton University Press, 2007.

Nicolas, Jean, *La Rébellion française. Mouvements populaires et conscience sociale, 1661-1789*, Paris, Seuil, 2002.

Ozouf, Mona, *La Fête révolutionnaire*, Paris, Gallimard, 1976.

Paglia, Vincenzo, *La morte confortata. Riti della paura e mentalità religiosa a Roma nell'età moderna*, Rome, Edizioni di storia e letteratura, 1982.

Palmer Thompson, Edward, *Customs in Common*, Londres, Merlin Press, 1991.

Panico, Guido, *Il carnefice e la piazza. Crudeltà di Stato e violenza populare a Napoli in età moderna*, Naples, Edizioni Scientifiche Italiane, 1985.

Papadopoulos, Ioannis et Robert, Jacques-Henri (dir.), *La Peine de mort. Droit, histoire, anthropologie, philosophie*, Paris, LGDJ, 2000.

Pardailhé-Galabrun, Annick, « Les déplacements des Parisiens dans la ville aux XVIIe et XVIIIe siècles », *Histoire, économie, société*, n° 2, 1983, p. 205-253.

Park, Katharine, « The Life of the Corpse : Division and Dissection in Late Medieval Europe », *Journal of the History of Medicine and Allied Sciences*, n° 50, 1995, p. 111-132.

Pech, Thierry, *Conter le crime. Droit et littérature sous la Contre-Réforme : les histoires tragiques (1559-1644)*, Paris, Champion, 2000.

Pedersen, Susan, « Hannah More meets Simple Simon : Tracts, Chapbooks and Popular Culture in Late Eighteenth-Century England », *Journal of British Studies*, n° 25, 1986, p. 101-104.

Péveri, Patrice, « De Cartouche à Poulaillier. L'héroïsation du bandit dans le Paris du XVIIIe siècle », in Claude Gauvard et Jean-Louis Robert (dir.), *Être Parisien. Actes du colloque organisé par l'école doctorale d'histoire de l'université Paris-I-Panthéon-Sorbonne et la Fédération des Sociétés historiques et archéologiques de Paris Île-de-France (26-28 septembre 2002)*, Paris, Publications de la Sorbonne, 2004, p. 135-150.

Piant, Hervé, « Des procès innombrables. Éléments méthodologiques pour une histoire de la justice civile d'Ancien Régime », *Histoire et Mesure*, n° 22/2, 2007, p. 13-38.

–, *Une justice ordinaire. Justice civile et criminelle dans la prévôté royale de Vaucouleurs sous l'Ancien Régime*, Rennes, Presses universitaires de Rennes, 2005.

Pichon, Ludovic, *Le Roy des ribauds. Dissertations de Du Tillet, Claude Fauchet, de Miraumont, Estienne Pasquier*, Paris, Claudin, 1878.

–, *Code de la guillotine*, Paris, LGDJ, 1910.

Poli, Sergio, *Storia di storie. Considerazioni sull'evoluzione della storica tragica in Francia dalla fine delle guerre civili alla mort di Luigi XIII*, Abano Terme, Piovan, 1985.

Pollock, Frederick et Frederic William Maitland, *The History of English Law Before the Time of Edward I*, Cambridge, Cambridge University Press, 1898.

Poncet, Olivier et Isabelle Storez-Brancourt (dir.), *Une histoire de la mémoire judiciaire*, Paris, École nationale des chartes, 2010.

Porret, Michel, « Mourir sur l'échafaud à Genève au XVIIIe siècle », *Déviance et société*, n° 15, 1991, p. 381-405.

–, « "Effrayer le crime par la terreur des châtiments" : la pédagogie de l'effroi chez quelques criminalistes du XVIIIe siècle », in Jacques Berchtold et Michel Porret (dir.), *La Peur au XVIIIe siècle. Discours, représentations, pratiques*, Genève, Droz, 1994, p. 45-67.

–, *Le Crime et ses Circonstances. De l'esprit de l'arbitraire au siècle des Lumières selon les réquisitoires des procureurs généraux de Genève*, Genève, Droz, 1995.

– (dir.), *Beccaria et la Culture juridique des Lumières*, Genève, Droz, 1997.

–, *Le Corps violenté. Du geste à la parole*, Genève, Droz, 1998.

–, « Atténuer le mal de l'infamie : le réformisme conservateur de Pierre-François Muyart de Vouglans », *Crime, Histoire et Sociétés*, n° 4/2, 2000, p. 95-120.

Potter, Harry, *Hanging in Judgment. Religion and the Death Penalty in England*, New York, New York Continuum, 1993.

Ravel, Jeffrey, *The Would-Be Commoner. A Tale of Deception. Murder and Justice in Seventeenth-Century France*, Boston/New York, Houghton Mifflin Company, 2008.

Raynaud, Christiane, *À la hache ! Histoire et symbolique de la hache dans la France médiévale, XIIIe-XVe siècles*, Paris, Le Léopard d'or, 2002.

Raynaud, Philippe, *Trois Révolutions de la liberté. Angleterre, Amérique, France*, Paris, PUF, 2009.

Reichardt, Rolf et Schneider, Herbert « Chanson et musique populaires devant l'histoire à la fin de l'Ancien Régime », *XVIIIe siècle*, n° 18, 1986, p. 117-142.

Renucci, Florence, « L'exécuteur des sentences criminelles en France au dernier siècle de l'Ancien Régime », *Tijdschrift voor Rechtsgeschiedenis*, n° 76, 2008, p. 373-391.

Rey, Michel, « Police et sodomie à Paris au XVIIIe siècle : du péché au désordre », *Revue d'histoire moderne et contemporaine*, n° 29, 1982, p. 113-124.

Reynolds, Elaine A., *Before the Bobbies. The Night Watch and Police Reform in Metropolitan London, 1720-1830*, Londres, Macmillan, 1998.

Richet, Denis, « Aspects socio-culturels des conflits religieux à Paris dans la seconde moitié du XVIe siècle », *Annales ESC*, 32, 1977, p. 764-789.

Rieger, Dietmar, « Histoire de loi – histoire tragique. Authenticité et structure de genre chez François de Rosset », *XVIIe siècle*, n° 46, 1994, p. 461-477.

Robic-de Baecque, Sylvie, *Le Salut par l'excès. Jean-Pierre Camus (1584-1652), la poétique d'un évêque romancier*, Paris, Champion, 1999.

Roche, Daniel, « "La mémoire de la mort". Recherche sur la place des arts de mourir dans la librairie et la lecture en France aux XVIIe et XVIIIe siècles », *Annales ESC*, n° 31, 1976, p. 76-119.

–, *Le Peuple de Paris. Essai sur la culture populaire au XVIIIe siècle*, Paris, Aubier, 1981.

Rogers, Pat, *Grub Street. Studies in a Subculture*, Londres, Methuen, 1972.

Rossi, Paolo, *Les Philosophes et les Machines, 1400-1700*, Paris, PUF, 1996.

Rougemont, Martine de, *La Vie théâtrale en France au XVIIIe siècle*, Paris, Champion, 1988.

Rouland, Norbert, *Aux confins du droit. Anthropologie juridique de la modernité*, Paris, Odile Jacob, 1991.

Rousseaux, Xavier et Lévy, René (dir.), *Le Pénal dans tous ses États. Justice, États et sociétés en Europe (XIIe-XXe siècles)*, Bruxelles, Publications des facultés universitaires Saint-Louis, 1997.

Rousseaux, Xavier, « Crime, Justice and Society in Medieval and Early Modern Times: Thirty Years of Crime and Criminal Justice History. A Tribute to Herman Diederiks », *Crime, Histoire et Sociétés*, n° 1, 1997, p. 87-118.

–, « Historiographie du crime et de la justice criminelle dans l'espace français (1990-2005) : du Moyen Âge à la fin de l'Ancien Régime », *Crime, Histoire et Sociétés*, n° 10, 2006, p. 123-158.

Royer, Katherine, « The Body in Parts : Reading the Execution Ritual in Late Medieval England », *Historical Reflections/Réflexions historiques*, n° 29, 2003, p. 319-339.

Rudé, George, « The Gordon Riots : A Study of the Rioters and Their Victims », *Transactions of the Royal Historical Society*, n° 6, 1956, p. 93-114.

Ruelle, Annette, « Sacrifice, énonciation et actes de langage en droit romain archaïque (*"agone"?, lege agere, cum populo agere*) », *Revue internationale des droits de l'Antiquité*, n° 49, 2002, p. 203-239.

Rule, John, *Albion's People. English Society, 1714-1815*, Londres, Longman, 1992.

Saintyves, Pierre, « Les cheminements d'un thème miraculeux : le pendu miraculeusement suspendu », *En marge de* La Légende dorée. *Songes, miracles et survivances. Essai sur la formation de quelques thèmes hagiographiques*, Paris, Nourry, 1930, p. 193-217.

Sarat, Austin et Boulanger, Christian (dir.), *The Cultural Lives of Capital Punishment. Comparative Perspectives*, Stanford, Stanford University Press, 2005.

Sbriccoli, Mario, *Crimen laesae majestatis. Il problemo del reato politico alle soglie della scienza penalistica moderna*, Milan, Giuffrè, 1974.

Schnapper, Bernard, « La répression pénale au XVIe siècle : l'exemple du Parlement de Bordeaux (1510-1565) », *Recueil de mémoires et travaux publié par la Société d'histoire du droit et des institutions des anciens pays de droit écrit*, n° 8, 1971, p. 1-54.

–, *Les Peines arbitraires du XIIIe au XVIIIe siècle (doctrines savantes et usages français)*, Paris, LGDJ, 1974.

–, *Voies nouvelles en histoire du droit. La justice, la famille, la répression pénale (XVIe-XXe siècles)*, Paris, PUF, 1991.

Schnerb, Bertrand, « Caboche et Capeluche : les insurrections parisiennes au début du XVe siècle », in Frédéric Bluche et Stéphane Rials (dir.), *Les Révolutions françaises*, Paris, Fayard, 1989, p. 113-130.

Sébillot, Paul, « Les pendus », *Revue des traditions populaires*, n° 5, 1890, p. 577-595 ; n° 6, 1891, p. 564-565.

Séguin, Jean-Pierre, *L'Information en France avant le périodique. 517 canards imprimés entre 1529 et 1631*, Paris, G.-P. Maisonneuve et Larose, 1964.

Sharpe, James A., « Last Dying Speeches : Religion, Ideology and Public Execution in Seventeenth-Century England », *Past and Present*, n° 107, 1985, p. 144-167.

–, « Civility, Civilizing Processes, and the End of Public Punishment in England », in Peter Burke (dir.), *Civil Histories. Essays Presented to Sir Keith Thomas*, Oxford, Oxford University Press, 2000, p. 215-230.

–, *Dick Turpin. The Myth of the English Highwayman*, Londres, Profiles Books, 2004.

Shoemaker, Robert, *The London Mob. Violence and Disorder in Eighteenth-Century England*, Londres, Hambledon and London, 2004.

Smith, Bruce R., *The Acoustic World of Early Modern England. Attending the O-factor*, Chicago, The University of Chicago Press, 1999.

Smith, Greg, « "Civilized People Don't Want to See that Kind of Thing" : The Decline of Public Physical Punishment in London, 1760-1840 », in Carolyn Strange (dir.), *Qualities of Mercy. Justice, Punishment, and Discretion*, Vancouver, University of British Columbia Press, 1996.

–, « "I could Hang Anything You Can Bring Before Me" : England's Willing Executioners in 1883 », in Simon Devereaux et Paul Griffiths (dir.), *Penal Practice and Culture, 1500-1900. Punishing the English*, Londres, Palgrave Macmillan, 2004, p. 285-308.

Smith, Philip, « Executing Executions : Aesthetics, Identity, and the Problematic Narratives of Capital Punishment Ritual », *Theory and Practice*, n° 25, 1996, p. 235-261.

Sorbier, Françoise du, « De la potence à la biographie, ou les avatars du criminel et de son image en Angleterre (1680-1740) », *Études anglaises*, n° 32, 1979, p. 257-271.

Spierenburg, Pieter, *The Spectacle of Suffering. Executions and the Evolution of Repression. From a Preindustrial Metropolis to the European Experience*, Cambridge, Cambridge University Press, 1984.

–, *A History of Murder. Personal Violence in Europe from the Middle Ages to the Present*, Cambridge, Polity Press, 2008.

Stavrena, Kirilka, « Scaffolds unto Prints : Executing the Insurbodinate Wife in the Ballad Trade of Early Modern England », *Journal of Popular Culture*, n° 31, 1997, p. 177-188.

Steedman, Carolyn Kay, *Dust. The Archive and Cultural History*, Chapel Hill, Rutgers University Press, 2002.

Stewart, Susan, « Outlawry as an Instrument of Justice in the Thirteenth Century », in John C. Appleby et Paul Dalton (dir.), *Outlaws in Medieval and Early Modern England. Crime, Government and Society, c. 1066-c. 1600*, Surrey, Ashgate, 2009, p. 37-54.

Ström, Folke, *On the Sacral Origin of the Germanic Death Penalties*, Stockholm, Walhström et Widstrand, 1942.

Stuart, Kathy, *Defiled Trades and Social Outcasts. Honor and Ritual Pollution in Early Modern Germany*, Cambridge, Cambridge University Press, 1999.

Supiot, Alain, *Homo juridicus. Essai sur la fonction anthropologique du droit*, Paris, Seuil, 2005.

Tackett, Timothy, « La Grande Peur et le complot aristocratique sous la Révolution française », *Annales historiques de la Révolution française*, n° 335, 2004, p. 1-17.

Tait, James, *The Medieval English Borough. Studies on its Origins and Constitutional History*, Manchester, Manchester University Press, 1936.

Terroine, Anne, « Le roi des ribauds de l'Hôtel du roi et les prostituées parisiennes », *Revue historique de droit français et étranger*, n° 56, 1978, p. 253-267.

Thomas, Yan (dir.), Du *châtiment dans la cité. Supplices corporels et peine de mort dans le monde antique*, Rome, École française de Rome, 1984.

Toureille, Valérie, *Vol et brigandage au Moyen Âge*, Paris, PUF, 2006.

Truchet, Jacques, « Note sur la mort-spectacle dans la littérature française du XVIIe siècle », *Topique*, n° 11-12, 1973, p. 281-298.

Turrini, Miriam, *La coscienza e le leggi. Morale e diritto nei testi per la confessione della prima Età moderna*, Bologne, Società editrice il Mulino, 1991.

Van Gennep, Arnold, *Les Rites de passage* [1909], Paris, A.et J. Picard, 1981.

Verdier, Raymond, *La Vengeance*, Paris, Cujas, 1982-1986, 4 vol.

Vernhes Rappaz, Sonia, « La noyade judiciaire dans la République de Genève (1568-1619) », *Crime, Histoire et Sociétés*, n° 15, 2009, p. 5-24.

Vigarello, Georges, *Histoire du viol. XVIe-XXe siècle*, Paris, Seuil, 1998, p. 20.

Vovelle, Michel, *La Mort et l'Occident. De 1300 à nos jours*, Paris, Gallimard, 1983.

Wahnich, Sophie, « Acculer un peuple à l'insurrection, acculer un peuple à la cruauté », *Les Émotions, la Révolution française et le Présent. Exercices pratiques de conscience historique*, Paris, CNRS éditions, 2009, p. 169-180.

Watt, Diane, *Secretaries of God. Women Prophets in Late Medieval and Early Modern England*, Cambridge, D. S. Brewer, 1997.

Watts, Sydney, « Boucherie et hygiène à Paris au XVIIIe siècle », *Revue d'histoire moderne et contemporaine*, n° 51/3, 2004, p. 79-103.

Weber, Max, *Le Savant et le Politique* [1919], Paris, Plon, 1963.

Wenzel, Éric, « Le clergé au service de l'État royal : le problème du monitoire à fin de révélations (XVIe-XVIIIe siècles) », *Cahiers d'histoire. Revue d'histoire critique*, n° 71, 1998, p. 96-108.

–, « La sellette… sur la sellette, ou les vicissitudes d'un séculaire instrument de la justice criminelle au siècle des Lumières », *Gens de robe et Gibier de potence en France du Moyen Âge à nos jours*, Marseille, Images en Manœuvres, 2007, p. 247-259.

Wilf, Steven, « Imagining Justice : Aesthetics and Public Executions in Late Eighteenth-Century England », *Yales Journal Law and the Humanities*, n° 5, 1993, p. 51-78.

Williams, Daniel, « Behold a Tragic Scene Strangely Changed into a Theater of Mercy : the Structure and Significance of Criminal Conversion Narratives in Early New England », *American Quarterly*, n° 38, 1986, p. 827-847.

Wright, Gordon, *Between the Guillotine and Liberty. Two Centuries of the Crime Problem in France*, New York, Oxford University Press, 1983.

Wunderli, Richard et Gerald Broce, « The Final Moment Before Death in Early Modern England », *Sixteenth Century Journal*, n° 20, 1989, p. 259-275.

Zaremska, Hanna, *Les Bannis au Moyen Âge*, Paris, Aubier, 1996.

Zorzi, Andrea, « Rituali di violenza, cerimoniale penali, rappresentazioni della giustizia nelle città italiane centro-settentrionali (secoli XIII-XV) », *Le Forme della propaganda politica nel Due e nel Trecento*, Actes du colloque international organisé par l'École française de Rome, l'université de Trieste et l'université La Sapienza de Rome (Trieste, 2-5 mars 1993), Rome, Palais Farnèse, 1994, p. 395-425.

Remerciements

À l'origine de ce travail se trouvent une éditrice, Laurence Devillairs, et un professeur, Robert Muchembled : leur confiance absolument inébranlable, dès nos premiers échanges à l'égard du projet, m'a permis de terminer ce livre qui, tout au long de sa rédaction, connut bien des entraves. Je leur suis extrêmement reconnaissant pour leur patience et leur sensibilité. Camille Wolff, qui m'a accompagné à travers les angoisses et les urgences du processus éditorial, mérite à son tour mes plus sincères remerciements.

Mes recherches en archives ont été financées par le Conseil de recherches en sciences humaines du Canada, sans le soutien duquel ce livre n'aurait pu être écrit.

Ma gratitude va ensuite aux étudiants du département d'Histoire de l'université du Québec à Montréal : que soient particulièrement remerciées Sofi Abdela, Julie Allard, Caroline Cantin et Rachel Couture, qui reconnaîtront aisément tout ce que ce livre leur doit. Ce sont des collègues de qui, tous les jours, j'apprends énormément.

Mes amis Carl Bouchard et Stéphane Inkel ont lu une version très préliminaire de ce livre : je leur sais gré de leur générosité, de leur humour et de la richesse de leurs remarques.

Merci également à tous ceux qui, dans le cadre de séminaires, colloques ou tout simplement autour d'une bouteille, m'ont conseillé, critiqué et nourri dans mes interrogations : Lise Andries, Robert Allen, Emmanuel Berger, Alain Cabantous, Claire Dolan, Julie Doyon, Paul Friedland, Jean-Philippe Garneau, Benoît Garnot, Françoise

Hildesheimer, Robert Jacob, Vincent Milliot, Piroska Nagy, Michel Porret, Pierre Serna, Laurent Turcot et Éric Wenzel.

On trouvera sans doute un certain mauvais goût à ce que, au final, je dédie à ma compagne un livre sur le bourreau et les supplices. Mais à celle qui, trop souvent, souffre de mon manque de mots, j'offre ceux-là, dans l'espoir qu'elle sache qu'ils n'existeraient pas sans sa présence, sa complicité, son amitié et son amour. Nicole, ce livre est le tien.

Table

RÉALISATION : PAO ÉDITIONS DU SEUIL
IMPRESSION : NORMANDIE ROTO S.A.S. À LONRAI (ORNE)
DÉPÔT LÉGAL : JANVIER 2011. N° 79754 (104468)
IMPRIMÉ EN FRANCE

DANS LA COLLECTION
L'UNIVERS HISTORIQUE

(derniers titres parus)

Nos ancêtres les Gaulois
par Jean-Louis Brunaux
2008

Les Années de persécution
L'Allemagne nazie et les Juifs (1933-1939)
Nouvelle édition
par Saul Friedländer
2008

Les Années d'extermination
L'Allemagne nazie et les Juifs (1939-1945)
par Saul Friedländer
2008

Aristote au Mont-Saint-Michel
Les racines grecques de l'Europe chrétienne
par Sylvain Gouguenheim
2008

Le Moment 68
Une histoire contestée
par Michelle Zancarini-Fournel
2008

Catastrophes
Une histoire culturelle (XVIe-XXIe siècle)
par François Walter
2008

Une histoire de la violence
par Robert Muchembled
2008

Sous le croissant et sous la croix
Les Juifs au Moyen Âge
par Mark R. Cohen
2008

Quelle heure est-il là-bas ?
Amérique et islam à l'orée des Temps modernes
par Serge Gruzinski
2008

L'Enfant juif de Varsovie
Histoire d'une photographie
par Frédéric Rousseau
2009

Le Camp de Natzweiler-Struthof
par Robert Steegmann
2009

« Sois un homme ! »
La construction de la masculinité au XIXe siècle
par Anne-Marie Sohn
2009

Choix fatidiques
Dix décisions qui ont changé le monde (1940-1941)
par Ian Kershaw
2009

Préhistoire
La fabrique de l'homme
par François Bon
2009

La Méthode Coué
par Hervé Guillemain
2010

Les Enfants de la République
L'intégration des jeunes de 1789 à nos jours
par Ivan Jablonka
2010

L'Art de la défaite (1940-1944)
Nouvelle édition
par Laurence Bertrand Dorléac
2010

La Mémoire désunie
Le souvenir politique des années sombres, de la Libération à nos jours
par Olivier Wieviorka
2010

Pie XII et le IIIe Reich
Nouvelle édition
par Saul Friedländer
2010

Les Métamorphoses du gras
Histoire de l'obésité
Du Moyen Âge au XXe siècle
par Georges Vigarello
2010

Aux armes citoyens !
Naissance et fonctions du bellicisme révolutionnaire
par Frank Attar
2010

Une certaine idée de la Résistance
Défense de la France. 1940-1949
par Olivier Wieviorka
2010

Une histoire politique du pantalon
par Christine Biard
2010

Pudeurs féminines
Voilées, dévoilées, révélées
par Jean Claude Bologne
2010

Une histoire de la peine de mort
Bourreaux et supplices
1500-1800
par Pascal Bastien
2011

Les Ripoux des Lumières
Corruption policière et Révolution
par Robert Muchembled
2011